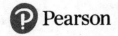

/ 教育治理与领导力丛书 / 王定华 总主编

[美]

加拉德·C.乌本
Gerald C. Ubben

拉里·W.休斯
Larry W. Hughes

辛西娅·J.诺里斯
Cynthia J. Norris

著

王定华

译

校长创新领导力：引领学校走向卓越

The Principal:
Creative Leadership for
Excellence in Schools

(Eighth Edition)

 华东师范大学出版社
全国百佳图书出版单位

第8版

图书在版编目(CIP)数据

校长创新领导力:引领学校走向卓越:第8版/(美)加拉德·C.乌本等著;王定华译.—上海:华东师范大学出版社,2020
(教育治理与领导力丛书)
ISBN 978-7-5760-0689-6

Ⅰ.①校… Ⅱ.①加… ②王… Ⅲ.①校长—学校管理 Ⅳ.①G471.2

中国版本图书馆 CIP 数据核字(2020)第 145576 号

教育治理与领导力丛书

校长创新领导力:引领学校走向卓越(第8版)

丛书总主编　王定华
著　　　者　加拉德·C.乌本　拉里·W.休斯　辛西娅·J.诺里斯
译　　　者　王定华
策 划 编 辑　王　焰
责 任 编 辑　曾　睿
特 约 审 读　徐思思
责 任 校 对　朱雪婷
封 面 设 计　膏泽文化

出 版 发 行　华东师范大学出版社
社　　　址　上海市中山北路 3663 号 邮编 200062
网　　　址　www.ecnupress.com.cn
电　　　话　021-60821666 行政传真 021-62572105
客 服 电 话　021-62865537
门市(邮购)电话　021-62869887
地　　　址　上海市中山北路 3663 号华东师范大学校内先锋路口
网　　　店　http://hdsdcbs.tmall.com

印 刷 者　青岛双星华信印刷有限公司
开　　本　16 开
印　　张　30
字　　数　413 千字
版　　次　2020 年 10 月第 1 版
印　　次　2020 年 10 月第 1 次
书　　号　ISBN 978-7-5760-0689-6
定　　价　108.00 元

出 版 人　王　焰

(如发现本版图书有印订质量问题,请寄回本社客服中心调换或电话 021-62865537 联系)

Authorized translation from the English language edition, entitled PRINCIPAL, THE: CREATIVE LEADERSHIP FOR EXCELLENCE, UPDATED 8TH EDITION, by UBBEN, GERALD C.; HUGHES, LARRY W.; NORRIS, CYNTHIA J., published by Pearson Education, Inc., Copyright © 2017, 2016, 2011, 2007 by Pearson Education, Inc.

All rights reserved. No part of this book may be reproduced or transmitted in any form or by any means, electronic or mechanical, including photocopying, recording or by any information storage retrieval system, without permission from Pearson Education, Inc.

CHINESE SIMPLIFIED language edition published by EAST CHINA NORMAL UNIVERSITY PRESS LTD., Copyright © 2020.

本书译自 Pearson Education, Inc. 2017 年出版的 PRINCIPAL, THE: CREATIVE LEADERSHIP FOR EXCELLENCE, UPDATED 8TH EDITION, by UBBEN, GERALD C.; HUGHES, LARRY W.; NORRIS, CYNTHIA J.。

版权所有。未经 Pearson Education, Inc. 许可，不得通过任何途径以任何形式复制、传播本书的任何部分。

简体中文版 © 华东师范大学出版社有限公司, 2020。

上海市版权局著作权合同登记　图字:09-2018-034 号

总　　序

人类社会进入 21 世纪第 3 个十年后,国际政治巨变不已,科技革命加深加广,人工智能扑面而来,工业 4.0 时代渐成现实,各种思想思潮交流、交融、交锋,人们的学习方式、工作方式和生活方式发生很大变化。中国正在日益走上世界舞台中央,华夏儿女应该放眼世界,胸怀全局,不忘本来,吸收外来,继往开来,创造未来。只是,2020 年在全球蔓延的新冠肺炎疫情,波及范围之广、影响领域之深,历史罕见,给人类生命安全和身体健康带来巨大威胁,给我国和各国的经济社会发展带来巨大挑战,对世界经济与全球治理造成重大干扰。教育作为其中的重要领域,也受到剧烈冲击。这是一次危机,也是一次大考。教育部门、各类学校、出版行业必须化危为机,抓住机遇,迎接挑战,与各国同行、国际组织良性互动,把教育治理及各项工作做得更好。

一切生命都需要新陈代谢,否则必然灭亡;任何文明都应当交流互鉴,否则就会僵化。一种文明只有同其他文明取长补短,才能保持旺盛活力。[①] 习近平总书记深刻指出:"改革开放已走过千山万水,但仍需跋山涉水,摆在全党全国各族人民面前的使命更光荣、任务更艰巨、挑战更严峻、工作更伟大。……必须坚持扩大开放,不断推动共建人类命运共同体。……我们必须高举和平、发展、合作、共赢的旗帜,……维护国际公平正义。"[②] 这些重要指示为新时代各行各业改革发展、砥砺前行、

[①] 习近平:《深化文明交流借鉴　共建亚洲命运共同体——在亚洲文明对话开幕式上的主旨演讲》,光明日报,2019 年 5 月 16 日。
[②] 习近平:《在庆祝改革开放 40 周年大会上的讲话》,新华网,2018 年 12 月 18 日。

建功立业指明方向、提供遵循。

在我国深化教育改革和改进学校治理过程中,必须立足中国、自力更生、锐意进取、创新实践,同时也应当放眼世界、知己知彼、相互学习、实现超越。我国教育治理的优势和不足有哪些?我国中小学校长如何提升办学治校能力、打造高品质学校?① 美国等西方国家的教育是如何治理的?其管理部门、督导机构、各类学校的权利与义务情况如何?西方国家的中小学校长、社区、家长是如何相互配合的?其教师、教材、教法、学生、学习是怎样协调统一的?诸如此类的问题,值得以广阔的国际视野,全面观察、逐步聚焦、深入研究;值得用中华民族的情怀,去粗取精、厚德载物、悦己达人;值得用现代法治精神,正视剖析、知微见著、发现规律。

现代法治精神与传统法治精神、西方法治精神既有相通之处,又有不同之点。现代法治精神是传统法治精神的现代化,同时也是西方法治精神的中国化。在新时代,现代法治精神包括丰富内涵:第一,全面依法治国。各行各业都要树立法治精神,严格依法办事;无论官民都要守法,官要带头,民要自觉,人人敬畏法律、了解法律、遵守法律,全体人民都成为法治的忠实崇尚者、自觉遵守者、坚定捍卫者,人民权益靠法律保障,法律权威靠人民维护;做到有法可依、有法必依、执法必严、违法必究,自觉守法,遇事找法,解决问题靠法。第二,彰显宪法价值。宪法是最广大人民共同意志的体现,规定国家和社会的根本制度,具有最高法律效力。全面贯彻实施宪法是建设社会主义法治国家的首要任务和基础性工作。第三,体现人文品质。法律是治国之重器,良法是善治之前提。法治依据的法律应是良法,维护大多数人利益,照顾弱势群体权益,符合社会发展方向;执法的行为应当连贯,注重依法行政的全局性、整体性和系统性;法律、法规、政策的关系应当妥处,既严格依法办事,又适当顾及基本国情。第四,具有中国特色。坚定不移地走中国特色社会主义法治道路,坚持党的领导、人民当家作主、依法治国有机统一,不断促进国家治理体

---

① 2018年1月《中共中央国务院关于全面深化新时代教师队伍建设改革的意见》提出"提升校长办学治校能力,打造高品质学校"。

系和治理能力现代化,为实现"两个一百年"奋斗目标、实现中华民族伟大复兴的中国梦提供有力法治保障。第五,做到与时俱进。顺应时代潮流,根据现代化建设需要,总结我国历史上和新中国成立后法治的经验教训,参照其他国家法治的有益做法,及时提出立、改、废、释的意见建议,促进物质、精神、政治、社会、生态等五个文明建设,调整公共权力与公民权利的关系结构,约束、规范公共权力,维护、保障公民权利。

树立现代法治精神,必须切实用法治精神推进社会治理创新。过去人们强调管理(Management),现在更提倡治理(Governance)。强调管理时,一般体现为自上而下用权,发指示,提要求;而强调治理,则主要期冀调动方方面面积极性,讲协同,重引领。治理是各种公共的或私人的机构,或者个人管理其共同事务的许多方式的总和,是使相互冲突的或不同的利益得以调和并且采取联合行动的持续过程。① 治理的实质是建立在市场原则、公共利益和认同之上的合作。它所拥有的管理机制不单是依靠政府的权威,还依赖合作网络的权威,其权力是多元的、相互的,而非单一或自上而下。② 治理是公共利益最大化的社会管理过程,其最终目的是实现善治,本质是政府和公民对社会公共生活的合作管理,体现政府、社会组织与公民的新型关系。

政府部门改作风、转职能,实质上都是完善治理体系、提高治理能力。在完善治理体系中,应优先完善公共服务的治理体系;在提高治理能力时,须着力提升公共事务的治理能力。教育是重要的公共事物,基础教育又是其重中之重。基础教育作为法定的基本国民教育,面向全体适龄儿童少年,关乎国民素质提升,关乎中华民族伟大复兴,是国家亟需以现代法治精神引领的最重要的公共服务,是政府亟待致力于治理创新的最基本的公共事务。

创新社会治理的体系方式、实现基础教育的科学治理,就是要实行基础教育的

---

① 李阳春:《治理创新视阈下政府与社会的新型关系》,中共中央党校学报,2014年第5期。
② Anthony R. T. et al.: *Governance as a trialogue: government-society-science in transition*. Berlin: The Springer Press, 2007:29.

善治,其特点是合法性、透明性、责任性、适切性和稳定性,实现基础教育治理体系和治理能力现代化。实行善治有一些基本要求,每项要求均可给改善基础教育治理以一定启迪。一是形成正确社会治理理念,解决治理为了谁的问题。基础教育为的是全体适龄儿童少年的现在和未来,让他们享受到公平而有质量的教育,实现全面发展和健康成长。二是强化政府主导服务功能,解决过与不及的问题。基础教育阶段要处理好政府、教育部门、学校之间的关系,各级政府依法提供充分保障,教育部门依法制定有效政策,学校依法开展自主办学,各方履职应恰如其分、相得益彰,过与不及都会欲速不达、事倍功半。三是建好社区公共服务平台,解决部分时段或部分群体无人照料的问题。可依托城乡社区构建课后教育与看护机制,关心进城随迁子女,照顾农村留守儿童。还可运用信息技术、人工智能,助力少年儿童安全保护。四是培育相关社会支撑组织,解决社会治理缺乏资源的问题。根据情况采取政府委托、购买、补贴方式,发挥社会组织对中小学校的支撑作用或辅助配合和拾遗补缺作用,也可让其参与民办学校发展,为家长和学生提供一定教育选择。五是吸纳各方相关人士参加,解决不能形成合力的问题。中小学校在外部应普遍建立家长委员会,发挥其参谋、监督、助手作用;在内部应调动教师、学生的参加,听其意见,为其服务。总之,要加快实现从等级制管理向网络化治理的转变,从把人当作资源和工具向把人作为参与者的转变,从命令式信号发布向协商合作转变,在加快推进教育现代化进程中形成我国基础教育治理的可喜局面。

2019年初,中共中央、国务院印发了《中国教育现代化2035》。作为亲身参与这个重要文献起草的教育工作者,我十分欣慰,深受鼓舞。《中国教育现代化2035》提出推进教育现代化的指导思想:以习近平新时代中国特色社会主义思想为指导,全面贯彻党的十九大和十九届二中、三中全会精神,坚定实施科教兴国战略、人才强国战略,紧紧围绕统筹推进"五位一体"总体布局和协调推进"四个全面"战略布局,坚定"四个自信",在党的坚强领导下,全面贯彻党的教育方针,坚持马克思主义指导地位,坚持中国特色社会主义教育发展道路,坚持社会主义办学方向,立足基本国情,遵循教育规律,坚持改革创新,以凝聚人心、完善人格、开发人力、培育人才、造福人民为工作目标,培养德、智、体、美、劳全面发展的社会主义建设者和接班人,加快推进教育现代化、建设教育强国、办好人民满意的教育。将服务中华民族伟大复兴作为教育的重要使命,坚持教育为人民服务、为中国共产党治国理政服务、为巩固和发展中国特色社会主义制度服务、为改革开放和社会主义现代化建设服务,优先发展教育,大力推进教育理念、体系、制度、内容、方法、治理现代化,着力提高教育质量,促进教育公平,优化教育结构,为决胜全面建成小康社会、实现新时代中国特色社会主义发展的奋斗目标提供有力支撑。

《中国教育现代化2035》提出了推进教育现代化的八大基本理念:更加注重以德为先,更加注重全面发展,更加注重面向人人,更加注重终身学习,更加注重因材施教,更加注重知行合一,更加注重融合发展,更加注重共建共享。明确了推进教育现代化的基本原则:坚持党的领导、坚持中国特色、坚持优先发展、坚持服务人民、坚持改革创新、坚持依法治教、坚持统筹推进。

《中国教育现代化2035》提出,到2035年,我国将总体实现教育现代化,迈入教育强国,推动我国成为学习大国、人力资源强国和人才强国,为到本世纪中叶建成富强、民主、文明、和谐、美丽的社会主义现代化强国奠定坚实基础。建成服务全民终身学习的现代教育体系、普及有质量的学前教育、实现优质均衡的义务教育、全面普及高中阶段教育、职业教育服务能力显著提升、高等教育竞争力明显提升、残疾儿童少年享有适合的教育、形成全社会共同参与的教育治理新格局。

立足新时代、推进教育治理体系和治理能力现代化,应当积极推进教育治理方式变革,加快形成现代化的教育管理与监测体系,推进管理精准化和决策科学化。提高教育法治化水平,构建完备的教育法律法规体系,健全学校办学法律支持体系。健全教育法律实施和监管机制。提升政府综合运用法律、标准、信息服务等现代治理手段的能力和水平。健全教育督导体制机制,提高教育督导的权威性和实效性。提高学校自主管理能力,完善学校治理结构。鼓励民办学校按照非营利性和营利性两种组织属性开展现代学校制度改革创新。推动社会参与教育治理常态化,建立健全社会参与学校管理和教育评价监管机制。要开创教育对外开放新格局。全面提升国际交流合作水平,推动我国同其他国家学历学位互认、标准互通、经验互鉴。扎实推进"一带一路"教育行动,加强与联合国教科文组织等国际组织和多边组织的合作,提升中外合作办学质量。完善教育质量标准体系,制定覆盖全学段、体现世界先进水平、符合不同层次类型教育特点的教育质量标准,明确学生发展核心素养要求。优化出国留学服务。实施留学中国计划,建立并完善来华留学教育质量保障机制,全面提升来华留学质量。推进中外高级别人文交流机制建设,拓展人文交流领域,促进中外民心相通和文明交流互鉴,鼓励大胆探索、积极改革创新,形成充满活力、富有效率、更加开放、有利于高质量发展的教育体制机制。

立足新时代、推进教育治理体系和治理能力现代化,应当全面落实立德树人根本任务。广泛开展理想信念教育,厚植爱国主义情怀,加强品德修养,增长知识见识,培养奋斗精神,不断提高学生思想水平、政治觉悟、道德品质、文化素养。树立健康第一理念,防范新冠病毒和各种传染病;强化学校体育,增强学生体质;加强学校美育,提高审美素养;确立劳动教育地位,凝练劳动教育方略,强化学生劳动精神陶冶和动手实践能力培养。①建立健全中小学各学科学业质量标准和体质健康标准。加强课程教材体系建设,科学规划大中小学课程,分类制定课程标准,充分利用现代信息技术,丰富创新课程形式。创新人才培养方式,推行启发式、探究式、参与式、合作式等教学方式,培养学生创新精神与实践能力。建设新型智能校园,提炼网络教学经验,统筹建设一体化智能化教学、管理与服务平台。利用现代技术加快推动人才培养模式改革,实现规模化教育与个性化培养的有机结合。创新教育服务业态,建立数字教育资源共建共享机制,完善利益分配机制、知识产权保护制度和新型教育服务监管制度。

立足新时代、推进教育治理体系和治理能力现代化,应当特别关注广大教师的成长诉求。百年大计,教育为本;教育大计,教师为本。教师是人类灵魂的工程师,是时代进步的先行者,承担着传播知识、传播思想、传播真理的历史使命,肩负着塑

---

① 王定华:《试论新时代劳动教育的意蕴与方略》,课程·教材·教法,2020年第5期。

造灵魂、塑造生命、塑造新人的时代重任,是教育改革发展的第一资源,是实现中华民族伟大复兴的重要基石。当前,工业化、信息化、新型城镇化、农业现代化迅速发展,国际竞争日趋激烈,国家经济社会发展对高素质人才的渴求愈发迫切,人民群众对"上好学"的需求更加旺盛,教育发展、国家繁荣、民族振兴,亟需一批又一批的好教师。所以,必须从战略高度充分认识教师工作的极端重要性,优先规划,优先投入,优先保障,创新教师治理体系,解决编制、职称、待遇的制约,真正加强教师队伍建设,造就师德高尚、业务精湛、结构合理、充满活力的高素质专业化创新型教师队伍。广大教师和教育工作者需要学习了解西方教育发达国家的新的教育理念和教育思想,并应当在此基础上敢于超越、善于创新。校长是教师中的关键少数。各方应加强统筹,加强中小学校长队伍建设,努力造就一支政治过硬、品德高尚、业务精湛、治校有方的校长队伍。

"教育治理与领导力丛书"是华东师范大学出版社为适应中国教育改革和创新的要求、推动中国教育现代化进程,而重点打造的旨在提高教师必备职业素养的精品图书。为了做好丛书的引进、翻译、编辑,华东师大出版社相关同志做了大量扎实有效的工作。首先,精心论证选题。会同培生教育出版集团(Pearson Education)共同邀约中外专家,精心论证选题。所精选的教育学原著均为培生教育出版集团和国内外学术机构推荐图书,享有较高学术声誉,被200多所国际知名大学广泛采用,曾被译为十多种语言。丛书每一本皆为权威著作,引进都是原作最新版次。其次,认真组织翻译。好的版权书,加上好的翻译,方可珠联璧合。参加丛书翻译的同志主要来自北京大学、北京外国语大学、北京师范大学、华东师范大学、浙江大学、南京大学等"双一流"高校,他们均对教育理论或实践有一定研究,具备深厚学术造诣,这为图书翻译质量提供了切实保障。再次,诚聘核稿专家。聘请国内相关专业的专家学者组建丛书审定委员会,囊括了部分学术界名家、出版界编审、一线教研员,以保证这套丛书的学术水准和编校质量。"教育治理与领导力丛书"起始于翻译,又不止于翻译,这套丛书是开放式的。西方优秀教育译作诚然助力我国教育治理改进,而本国优秀教育创作亦将推动我国学校领导力增强。

华东师范大学出版社王焰社长、曾睿编辑邀请我担任丛书主编,而我因学识有限、工作又忙,故而一度犹豫,最终好意难却、接受邀约。在丛书翻译、统校过程中,我和相关同志主观上尽心尽力、不辱使命,客观上可能仍未避免书稿瑕疵。如读者发现错误,请不吝赐教,我们当虚心接受,仔细订正。同时,我们深信,这套丛书力求以其现代化教育思维、前瞻性学术理念、创新性研究视角和多样化表述方式,展示教育治理与领导力的理论和实践,是教育现代化进程中广大教师、校长和教育工作者所需要的,值得大家参阅。

王定华

2020年夏于北京

(王定华,北京外国语大学党委书记,国际教育学院教授、博士生导师,国家督学、国家教师教育专家咨询委员会副主任委员,曾任教育部基础教育一司司长、教育部教师工作司司长、中国驻纽约总领事馆教育领事。)

英文版序言

第 8 版的《校长创新领导力:引领学校走向卓越》一书继续回顾了教育领导者职能的演变,需要每年改写工作职能描述。在领导力指导、数据分析、科技设备运用、教职工评估和社区关系方面,教育领导者的工作任务增加了,这些工作需要校长们扩展和增加他们的技能。

第 8 版新增内容

为与时俱进,我们在以下方面更新了本版的内容:

——在书中,每个段落和对应的"教育领导者的职业标准(PSEL 2015)"很好地整合了起来。新的 10 个标准清单也被收录进来。

——更多地运用了数字网络。即使附近没有专业的图书馆,未来的教育领导者也可以从网上获取更多的参考资料。

——决策相关的章节展示了霍奇金森(Hodgkinson)和赫尔曼(Herrmann)的作品,以确定决策过程中的要素,然后从道德伦理的角度将决策过程和斯塔雷特(Starratt)的作品联系起来。

——利用新的"先进(Advanced)教育"模型和关于学校使命及其目标描述的最新例子,完善系统的规划设计。

——最新课程章节关注近些年来的"标准运动",以及这些标准,例如通用核心课程标准,如何影响我们的学校。以下四个不同的课程理论被运用于分析这些标准:科技的重建、学术的重建、人文的重建、社会的重建。

——学生成就章节关注科技对教学和学生学习的影响,比如"翻转课堂"。本章也回顾了解决学生个体差异相关问题的新方法,比如干预反应法(RTI)。

——特殊教育章节关注上个版本发行后的新的政策变化,以及对新版学生识别系统的影响。新版的内容还讨论了 RTI 和这项方法对特殊教育的影响。

——第九章阐述了职业发展,这个部分和几年前的内容大不相同。不同之处源于两方面:其一是职业学习社群的发展和对高度个人化的职业发展的需求;其二是利用互联网技术和平台(比如 Youtube,TeacherTube),实施职业发展。

——人力资源发展的章节包含关于职业面试、教室评估和各州任期制政策变化的新板块。

——"学校教职工配置"被职业学习社群广泛参考,以便组织人员各司其职。

——使用好电脑日程安排系统,能够对学校计划安排的良好发展给予极大的帮助。日程安排软件可以为不同场景提供可选择的方案建议。日程安排章节还提出了建设新版电脑工具系统,比如建立 RTI 的方法。

——随着科技快速发展,我们在教务系统方面的科技手段也需要与时俱进。本版在这个板块最大的变化是阐述了如何利用学校的社交网络、社交网络的危险是什么,以及自带设备(Bring Your Own Device,BYOD)对学校的影响。

——运用社交媒体,比如脸书(Facebook)和推特(Twitter),以及其他的通信工具来和父母通话,极大改变了我们和自己所在社区交流的方式。我们如何更聪明地使用它们呢?

——解决校园安全问题的新办法被讨论出来,比如实行大楼门禁、运用校园安全系统(SRO)、可用手机登录的联网安全摄像头。

教育领导者职业标准(2015)

清晰和统一的标准有助于指导教育领导者制订计划以及规划自身职业生涯不断发展。标准能够为领导者提供他们所需求的工具。国家教育管理政策委员会,是致力于学校领导的专业联合体,其组织协调制定了新的标准,更新了 2008 年的 ISLLC 标准。《教育领导者职业标准》(2015)(PSEL)围绕三个主题展开:

■课程,教学和评估,以及关心和支持学生的社区。

■学校人员的专业能力,教师和教职员工的专业社区,家庭和社区有意义的参与以及运营和管理。

■ 使命,使命和核心价值观,道德和职业规范,公平和文化响应。

最后,学校革新这个主题影响了以上话题内容,以及改变了教育领导者的实践如何影响学生的成就。

为了更好地展现本套标准内涵更加广阔的知识、技能和概念,以及展现学校领导者的最新职责,新版的 PSEL 2015 标准从 6 条增加到了 10 条。这些标准强调了学校对提升学生生活的强大作用。

本版的《校长创新领导力:引领学校走向卓越》仍包含注释、参考文献,以及与 PSEL 2015 标准相关的更多重要内容,以此帮助读者更好地将书中的概念和具体的标准联系起来。

本书的读者可以通过输入密码登录加密网址(pearsonhighered.com),使用本书作者创建的测试题库(Test Bank)和演示文稿来辅助课程教学(联系当地出版商代表)。

《校长创新领导力:引领学校走向卓越》基于对学校领导和富有成效的学校之间关系的研究,尤其关注儿童和青少年的学习成果。上述研究支持了如下理论:正规的学校领导力培养是一个复杂的系统和多层次的任务,需要持续不断地进行学习,并且校方领导需要成为强有力的、高效的,以学习、教学和学校革新为核心工作任务的教育者。校方领导还必须成为社会道德的倡导者,为服务的学生和社区做好榜样。此外,领导者们一定要和学校相关的利益者建立紧密的关系,鼓励和授权他们建设关注个体成员的学习社区。

"教育领导者职业标准"委员会致力于形成一套更高标准的框架体系,为提供学校领导预备计划的组织打好项目开展的基础。新版的 PSEL 2015 标准聚焦于形成完整高效的领导力的核心问题,其中,学习和教学,以及创造强有力的学习环境这两个话题持续受到关注。框架体系为每一个具体标准提供支持。附录 B 中附有 10 个标准的详细清单。关于完整的标准清单,可以从美国国家政策协会官网(http://www.npbea.org)或者其相关成员的网站上查询,里面详细阐述了符合标准的具体要求。推荐每一位阅读本书的读者下载完整的 PSEL 标准,里边包括具体的细节信息和参考文献目录。

《校长创新领导力:引领学校走向卓越》为新版的"教育领导者职业标准"

提供参考、每章读后活动以及案例研究主题。

本书的内容构成

本书共有四个部分,以专门为学校领导者开发的 PSEL 2015 标准为核心。书中的每一部分包含两个或者更多的标准作为内容的主题,其他关于标准的全部内容可以从参考文献中找到。

第一部分:开创领导力和学习的新视野

PSEL 的第一部分阐述了以下话题:使命、愿景和核心价值;职业道德和行为准则;社区关怀和学生帮助;教职工的职业社群;学校革新。

第二部分:培养积极的学校文化

PSEL 的第二部分阐述了以下话题:公平和文化同理心;课程、教学和评价;学校教职工的职业能力;有意义的家庭和社区参与。

第三部分:组织管理

PSEL 的第三部分阐述了以下话题:课程、教学和评价;学校教职工的职业能力;教职工的职业社群;运营和管理。

第四部分:与校外环境互动

PSEL 的第四部分阐述了以下话题:使命、愿景和核心价值;社区关怀和学生帮助;意义深远的家庭和社区参与;学校革新。

接下来,我们会分别阐述本书封面提及的内容,无论偏于理想色彩的管理者还是务实的管理者均可发现,其实他们在学校治理上智力储备都是不足的,唯有不断进取,深入分析,方可不负时代。仅仅是一知半解、"大概也许"是不可以的。我们希望能够在理论和实践这两方面建立起桥梁,平衡好两者的关系。

感谢以下的审稿人:韦恩州立学院的弗兰克·D.亚当斯,得州大学玻门盆地校区的杰西卡·加里特-斯特博,中北学院的克瑞斯汀·瑟维斯,伊利诺伊大学香槟校区的琳达·斯洛特。与以前一样,我们仍期望读者们能够觉得本书对各位的工作有用,如有意见,请告诉我们。

目录

总　序 / 1

英文版序言 / 1

第一部分　开创领导力和学习的新视野 / 1

第一章　校长——内涵与风格的创造性融合 / 3

第二章　学习社群 / 30

第三章　决策 / 50

第四章　通过系统规划对学校进行改进 / 73

第二部分　培养积极的学校文化 / 109

第五章　创造积极的学习氛围 / 111

第六章　学校课程 / 134

第七章　提高学生成绩 / 157

第八章　特殊学生与特殊服务 / 194

第九章　人力资源开发 / 221

第三部分　组织管理 / 245

第 十 章　学校教职工——招聘、选拔和解聘流程 / 247

第十一章　教师队伍重组 / 269

第十二章　时间调整 / 295

第十三章　会计核算、预算、建筑管理 / 326

第十四章　技术在学校管理中的应用 / 357

第四部分　与校外环境互动 / 391

第十五章　学校营销 / 393

附　录 / 431

附录A　学校领导与管理案例研究 / 432

附录B　教育领导者职业标准
　　　　（Professional Standards for Educational Leaders）(2015) / 459

后　记 / 461

第一部分

开创领导力和学习的新视野

21世纪的学校领导必须掌握教育相关的知识,了解教育行为的目的、领导力在现代社会的作用、各种道德规范的观点,以及多元化学校教育共同体、职业道德准则、教育哲学和历史的价值。学校领导还应该相信、珍视、忠诚于公共利益的理想,坚信《权利法案》中的原则,每一个学生都有的接受免费优质教育的权利。同时,学校领导应该把这些伦理原则带入教育决策的过程中,鼓励坚持上述原则的行为,使个人的利益成为整个学校教育共同体的利益,建设性地、高效地运用校方的力量为所有的学生、他们的家庭以及学校教育共同体服务。

　　同样地,教育领导者必须具备以下知识并理解在多元化社会环境下学习的目标,比如:发展原则和实施策略、系统论概论、数据收集和数据处理、高效沟通、建立共识和沟通技巧。教育领导者们还必须坚信、珍视并致力于大众教育的开展、学校教育的高标准实行、学校教育的持续提升、学校教育共同体的集体参与;保证所有的学生拥有成长为优秀成年人所需的知识技能和价值观、持续内省个人价值观和实践的意愿;并开展对个人和集体均有高标准要求的工作。教育领导者职业标准(2015年)在这一部分具体阐述了如下内容:

标准1:任务、愿景与核心价值观。
标准4:课程、教学与评估。
标准6:学校员工的职业能力。
标准10:学校改进。

第一章 校长——内涵与风格的创造性融合

归根结底,领导力就是人类在寻求更完美结合的过程中相互深入联系的能力。领导力是一项具有共识的任务,是一种理念共享与责任分担,这里的"领导者"只是暂时的领导者,他所发挥的领导作用必须得到其追随者的认可,领导力存在于群体努力寻求自身意义的过程中。

——威廉·福斯特(William Foster)[1]

自从"小红屋学校"出现以来,校长的角色已经发生了很大变化。现今,校长角色是在学校改进的背景下形成的,其在多样且不断变化的人群中建立社群仍要面对巨大的道德和伦理挑战。

在《不让一个孩子掉队法》的推动下以及当前对通用核心课程更加重视的背景下,学校改进赋予了校长双重角色。首先,校长必须对托付给他们的所有学生的学业进步负责。其次,校长必须帮助所有学生实现社会化和情感上的发展,而不应因他们的年龄、种族、信仰或智商情况而区别对待。校长的这些不同角色构成了一种道德义务,福伦(Fullen)[2]认为这种义务意味着"可以带给学生人生机遇,对于改变弱势学生群体的人生机遇意义更大,因为他们还有更远的路要走"。

校长必须营造一种教师相互支持和社群的氛围,这样也许就能完成管理学校这一复杂任务。这种社群的建立需要一种执着精神,需要所有利益相关者建立一种深厚持久的关系,以便保持任务驱动并营造有利于充实学习的工作氛围。从这个角度来看,领导需要营造学习氛围而非强迫学习,需要鼓励学生向学习任务发起挑战而非直接指定任务。

因此,校长是学校学生进行有效学习的关键和催化剂。校长必须带着勇气和奉献精神来面对他们的本职义务、个人义务和专业义务[3]。对于那些愿意并准备接受这个职位的人来说,做校长确实是一项富有挑战而且有意义的任务。

本章中,我们将介绍校长作为教学领导者的角色和职责。本章也将讨论校长角色产生的情境、角色中的个人以及角色在特定情境中的本质。

社会系统理论

首先,我们通过探讨塑造校长角色的个人和制度力量来讨论学校校长的角色和责任。盖特泽尔斯(Getzels)和古巴(Guba)[4]的社会系统理论对这些力量之间的相互作用进行了阐述。从本质上讲,这一理论强调了分析组织的两个维度:常规的制度层面和具体的个人层面。

制度指组织及其必要的功能必须按照特定期望贯彻执行。角色是指为实现组织的宗旨和职能而设立的正式职位和办公室。形成角色的行为称为角色期望。每一种角色都有具体的规范性职责,这些职责会因角色而异。正是这些不同角色在常规的制度层面和具体的个人层面上的相互作用,才有了这些在组织中可观察到的个人行为。

校长必须了解自己职位的角色期望,并对自己的个性和性格有充分认识,进而他们必须考虑这些因素如何塑造他们特定的角色期望,并影响他们在校长领导角色中的行为。他们还必须认识到组织内的其他角色以及个人和制度期望如何影响这些角色。

社会系统模型中的个性可以被定义为"支配个人对社会环境做出独特反应的那些'需求—性格'的动态组织"。[5]换句话说,每个人都是有着过往(工作)经验的复合体,这些过往经验使其对生活、组织和他人有着不同的取向。这些经历会影响个人对快乐、重要性和现实的感知。这些经验决定了校长和其他组织成员对其角色的期望。

同时照顾到个人和组织的需要并尽可能达成共识和一致是件具有挑战性的事情。达成的共识和一致性越多,组织效率就越高。共识蕴发了个人和组织之间的相互依存和依赖,从而促进了个人成长,提高了组织工作效率。同时,校长应该意识到什么时候尝试影响组织期望，使其朝着更积极的方向发展才是合适和可取的。我们将在本章稍后讨论变革型领导力的概念时进一步讨论这一问题。

从系统的角度来看，组织期望代表着每个成员的集体期望。这些期望也可以从个人或子群的角度来考虑，如：

■ 集体期望组织完成什么，以及集体对领导角色中的负责人有什么样的期望？
■ 个人和子群希望从组织、领导以及彼此之间得到什么？

从以上讨论可以明显看出，在学校环境中，不同利益相关者的期望有很大差异。那么我们如何找到一致性，一个至少可以让我们一起开始工作的一致性呢？"学校改进计划"的框架可能会是一个切入点。

"学校改进计划"在系统理论中的应用

我们将在本书第四章中更详细地讨论"学校改进计划"，它是为在学校环境中发生的一切活动而设计的一个框架。从系统的角度来看，若得到校长的适当推动，这一计划就可成为领导力的焦点。该书面计划表明了制度因素的重要性，因为它对学校希望完成的任务或目标做了详细说明。这一计划是由各利益相关方制定的，他们通过协商一致明确了学校的宗旨和方向。为了执行计划，他们明确了个人的角色和责任。每一个角色都带有组织期望去完成任务。所有的制度因素结合起来就是一项全盘的计划。然而，值得注意的是，该计划仅仅是完成任务的书面意向，还有更多需要去落实。

仅仅有意向是不能完成任务的，我们必须针对该计划采取有目的的行动。这就要求社会系统理论中的个人层面与制度层面协同工作。个人期望必须与制度期望相结合。个人必须为学校发展规划做出贡献并努力去实现，才能真正实现学校改进。只有人人都尽心去实现学校共同目标，学校才能实现发展。

这一复杂的学校改进过程的策划者必须是校长。正如管弦乐队的指挥引导交响乐一样，校长也必须感受到学校的脉搏，跟着期望的节奏和人们的需求，汇聚不同意见建议，创建一个和谐校园去实现学校发展。校长这一努力能取得多大成功将在很大程度上取决于学校所处的组织环境，我们将在下一节中谈到这一点。

学校：领导力所处的环境

从领导力产生的组织环境出发，能透彻地理解学校领导力的责任。事实上，福伦[6]认为："领导者的工作是将新的要素引入相应的环境中，这些要素必然会对行为产生更好的影响，从而帮助改变环境"。在此环境中，领导者是指导聚集在一起的一群人完成某一目标的人。领导者是为组织服务的，是为组织的个体成员服务的，更是为组织所服务的对象服务的。正如霍奇金森[7]所说，"学校教育环境是由个体生命（教师、学生、家长和公民）、群体文化、社会政治与经济编织而成的复杂网状结构"。

我们可以通过比喻来看待和理解各种组织环境，摩根（Morgan）[8]提供了几个组织环境的隐喻，如机器、有机体和大脑。当我们分析这些情境时会发现领导者会影响组织环境的性质，相反地，领导者也会受到他们所处环境的影响。

学校当作机器

把学校当作机器反映了科学管理时代的品质，高效率和高度结构化的任务是组织日常运作的特点。以这种方式设计的学校是一个封闭系统，不了解也不响应其内外部环境不断变化的需要。其主要缺点是不能考虑到复杂社会不断变化的需要。这种情况下，弱势群体和少数群体的需要往往得不到充分满足，从而导致失败。尼尔托（Nieto）[9]认为"学不好的现象不是凭空产生的，它是由政策、实践、态度和信念等方面的因素造成的"。[10]以官僚层级为特征、像机器一样运作的学校是紧密耦合并由政策驱动的环境，往往会扼杀组织成员的主动性和创造性。这些学校的领导试图控制权力和知识，并掌控组织及成员，以便维持学校的秩序、可预测性和传统。

表面上看，这种学校处于平衡状态且平稳地运行，但在这种停滞的环境中，其更有可能变得落后。这些组织面临着被淘汰和落伍的危险。当组织被设计成机器时，会出现一种管理而不是领导的倾向，因为稳定能令人舒心。即使是那些环境更加开放的学校，也可能像机器一样运作。在受到威胁的情况下，这些学校和他们的领导有时会恢复到机器运作的模式，因为他们试图收紧他们的标准，并在面对批评时承担起责任。

当前,我们看到许多学校中存在这种趋势,它们仅仅从考试成绩的角度来理解和看待学校改进的任务。这些学校开始变得以考试为导向,而不是以学生为中心。领导的道德旨向不仅仅是提高考试成绩。如福伦[11]所述:"最高层次的道德目标是建立一个所有学生都能学习的体系,最好成绩和最差成绩之间的差距大大缩小了,人们学到的东西使他们能够在一个以道德为基础的知识社会中成为成功的公民和员工。"

学校当作有机体

类似有机体或自然系统的学校表现出成长和适应能力。这些学校以相互依存和合作为中心,强调个性、独特性和自我更新,它们是响应性的、开放的组织,能够满足其内部和外部环境不断变化的需求。在这些学校中,校长作为共同使命的推动者,通过有目标的承诺将组织成员团结在一起。方法程序的标准化远不如所取得的成果或所产生的影响重要。人的需要得到承认和满足,同时也促进了学校的成长。在学校中,学生的独特性是被赞赏的,因为学校鼓励学生最大化发掘自己的潜能,同时,学校也特别重视多元化,这样可以为组织的协同作用提供强大力量。

学校当作大脑

学习型组织以思维模式或学习模式为特征,将其比喻为大脑就体现了这一点。这种类型的学校强调反思,重视改进现状和发现问题的方法。我们将在第二章关于学习型社群中对这些内容进行详细讨论。但是,值得注意的是,必须对学校进行恰当设计,以促进学习型社群的发展。类似在大脑进行运作管理的学校里,从理性和直觉的层面来解决问题的做法发挥了作用。知识和权力在整个组织中得到了广泛传播。这种思想交流使得学校改进成为可能,同时也生成了新的设计,产生了新的方法。像大脑一样的学校是以社群为特征的,在这里,知识不仅可以共享和存储,而且是生成性的。在这些学校里,校长是思想自由交流的推动者,他创造了赋权他人的前置条件。

反思

从学校的角度来理解上述比喻，可以用一些问题来生动描绘出这些画面。当你反思这些环境背景时，请结合先前所述的每一种组织环境思考以下重要问题：

■教育的目的是什么？

■校长的角色是什么？（指导者、推动师、开发者？）

■教师的角色是什么？（劳动者、工匠、专业人士、艺术家？）

■学习者的角色是什么？

■学习应该是什么样子？

组织环境中包含对组织和领导者既隐性又显性的期望，即组织应该完成什么任务？领导者应该为目标的实现做些什么？萨拉森(Sarason)[12]认为：

> 环境或文化的现有结构详细规定了目标达成和问题解决的处理方式。但不太被人发现，尤其是对于构成现有结构的人来说不太会注意到的是，现有结构只是在既定情境中可能存在的许多替代结构中的一种，而这种既存结构对于去认识和尝试其他替代方案来说是一种障碍。

当你回答了前面的每一个问题，事实上，你已经发现造就领导力的组织信念和平台。一个由一系列教育信念、价值观和愿景等内容形成的正式平台。[13]该平台帮助人们明确个人和组织的期望。但是塑造这些期望和决定这些平台的因素是什么呢？

学校期望

组织期望受到各种因素的影响，包括学校社群、学区指令和政策、州和联邦政策和指令、法庭判决、社会大众、教育专业本身、各种利益群体和专业团体。组织内部的个人和子群也有自己的期望，这些期望来自他们独特的经历、个性和个人需求，在很多情况下，这些期望还来自他们的政治目的。所有这些都对塑造组织期望以及组织对其领导者的期望发挥着作用。

基于在学校环境中的经历,人们对学校的期望往往会随着时间推移而变得普遍且永恒。例如,长时间浸淫在特定的组织环境中可能产生舒适安逸感,让人认为这就是这里的工作方式。尽管从维持现状的角度看,我们可以保留许多重要的传统和结构,但它也可能产生负面结果。在许多情况下,这些过去的经验产生了期望,可能导致学校的知识过时没用,或是制定过时的学校宗旨。随着学校环境的变化和新的关键需求的出现,情况尤其如此。萨拉森[14]意识到了这个问题,他认为学校是很难改变的,因为大多数人在某个时候都有过在学校的经历。应该意识到此类危险并认识到有必要对学校进行结构重组,以更好地满足不断变化的社会需要,为此,许多群体都在努力改变过时的期望,重新塑造学校周围的环境或结构。

关于有效学校的研究和相关国家研究报告如《国家处于危机之中》[15]和《卡耐基报告》[16]已经对学校期望形成挑战。校长被寄予希望成为重构学校的领导者这一理念也面临挑战。引领新理念的两大机构——国家政策委员会[17]和州际学校领导者资格联盟(ISLLC)[18]制定了国家标准,试图使校长的角色更加清晰和明确。

紧密耦合和松散耦合的组织

对于什么构成了"好的学校教育"和"学校内部的良好领导力"这两个议题,人们往往存在很大的意见分歧。因此,学校往往发现自身都是试图在没有真正方向感以及对期望没有清晰理解的情况下勉强完成任务。学校和学校教育的本质使人们很难就期望达成一致,即使在特定的学校环境中也是如此。维克(Weick)[19]已经在"紧密耦合"和"松散耦合"现象中提到了这一点。紧密耦合的组织有四个重要特征:有明确的规则和期望;所有组织成员都能很好地传播和理解规则和期望;持续不间断的绩效监测;能针对评估结果中的反馈进行改正。这样的结构中存在平衡和秩序。这是一个合理的制度。这个紧密耦合的系统正好反映了将其比喻成机器的特征,它承载着对结构、标准化和控制的期望。

与紧密耦合组织不同的是,学校不是理性的实体,相反,学校的耦合性要松散得多,而且是不可预测的。尽管对所有学校都有一般性的期望,但每所学校都必须基于那些并不总是清晰和可预测的事物来重新定义这些期望。这为真正领导力的产生找到了明确方向。这种学校环境中的校长有更多机会将他们的组织变得个性化，使得教职人员能够表达他们自己的期望和组织中其他人的期望，而不是在更合理有序的学校环境中表达校长自己的期望。虽然对所有学校都存在着广泛的、一般性的期望，但各个学校根据自己独特的需要而产生的这些期望各不相同。这种情境下，校长通过精心策划一项学校改进计划，为真正的学校改进指明道路。这个计划首先要关注的一个重要问题是学校应该是什么样子的。每一所学校都必须根据它在自己独特的环境中受到的影响以及这些人在环境中不断变化的需要来重新定义自己的期望。

领导者视角

根据一套标准化的期望来管理学校很容易，根据学校环境内个人的需要审视这些期望就要难得多了。领导者在学校人员的反应中要么处于被动地位，要么处于主动地位。被动模式只要求对规定的秩序进行管理，而主动的模式就需要领导能力。前者的管理型风格通常指向交易型领导，这让人联想到将学校比喻成机器，校长将权力和责任掌握在自己手中。教师遵守学校宗旨是职务权力或高压权力下做出的被动性应对，这样教师们的工作就只是工作一天拿一天薪酬的简单交易，而很少会倾心奉献于学校事业。

当然，管理者应该是组织的基本传统、价值观、目标和历史的监护人和保护者，也应该是所有良好、有成效的措施的捍卫者。从这个意义上说，领导者应以管理者的身份对学校进行运作。同时，如果该组织要保持活力，满足其成员和更广大的服务范围的需要，领导者还必须对当前实践进行积极发问，转变当前对组织及其成员起反作用的政策、程序和实践。领导者不仅要推动学校传播知识，还应该保卫和维护所有个人的民主权利。这样做是在践行社会正义。领导者必须帮助学校提升和策划更高的目标以造福大众。换言之，应仔细考虑如何做才能使学生不论其种族、年龄、性别或智商，都能获得最大限度的发展机会。[20]从这个意义上说，这样的领导者是变革型的。有机体模式和大脑模式开始发挥作用。变革型领导者重视分权，赋予他人领导力，并鼓励所有成员参与实现学校的宗旨。

交易型领导与变革型领导

伯恩斯(Burns)在他的经典著作《领导力》[21]中,提出了交易型领导和变革型领导等术语。在他看来,这两种领导方式完全不同,它们之间几乎没有什么关系。交易型领导在奖惩的权力基础上运作,并试图基于交换获得追随者的配合。这样的交换换不来个人的倾心奉献,因为它仅仅依赖于个人的职责理解并确保这些职责能按照指示完成。这种意义上的领导被视为是组织立场的功能。它解决问题的方式是通过指挥人员和安排任务去完成既定目标。学校校长关注的是紧密耦合的目标、课程、教学策略和评价,教师在"做什么"和"怎么做"的管理指令中扮演着"劳动者"角色。在这里,学校似机器的比喻是非常恰当的。

相反,变革型领导激励组织成员朝着他们全身心投入的目标努力,进行协作并相互依存。这是一种以影响力为基础的领导风格,是领导者"为了取得成就和达到目标而授权和交出人事权力的一种领导风格"。[22]萨乔万尼(Sergiovanni)称变革型领导是一种"增值"的方法,因为其焦点是一个紧密耦合的目标,这个目标决定"为什么"而非"是什么"和"怎么样"。教师被看作是有机体或大脑般的学校中的工匠、专业人士或艺术家,而非劳动者[23]。与伯恩斯观点一致,福斯特[24]认为这两种领导风格具有截然不同的本质,然而,也有一些人认为这两种领导风格是密切相关且建立在彼此基础上的。

认为两者有联系的代表人物是巴斯(Bass)和阿沃利奥(Avolio)[25],他们提出了一阶和二阶变化理论。他们认为,领导者必先会管理才会真正领导。在一阶变化过程中,领导者关心的是理解下属需求,根据他们的贡献给予适当的奖励,帮助他们弄清楚个人目标和组织目标之间的关系。他们认为,只有在完成一阶任务之后,领导者才会真正激励其他人提高对其自身价值的认知,鼓励他们致力于组织目标的实现,或促进他们的个人或职业成长。在这个二阶阶段,领导者变成了变革型领导。

现在问题变成了:变革型领导在哪里产生?是否所有处于领导岗位的人都是变革型领导?只有指定的领导者或学校校长是变革型领导吗?变革型领导力是否等同于

是由既定目标和宗旨决定的学校效能？变革型领导是否可以不用履行管理职责？

这些问题是思辨的沃土。萨乔万尼[26]和福斯特[27]都提出了一个视角。萨乔万尼提出的有效教学领导者模型（第二章中阐述）介绍了领导行为连续体理论。处于低阶的三种技能——专业技能、人际技能和教育技能被视为是决定领导能力的基本技能。换言之，这些是实现学校良好管理的必备技能和取得教育成效的基础。校长必须充分掌握这些技能才能被认为是称职的，反之则意味着其不称职。校长要想实现有效领导或是我们提到的变革型领导，还需要另外两项高阶技能，即符号权力和文化权力。这个技能层级理论正好与巴斯[28]的理论不谋而合，巴斯认为校长要想成为变革型领导，他或她必须具备良好的管理经验基础。要想成为符号意义和文化意义上有效的校长领导者，那么他必须拥有能胜任管理的基础能力。然而，正如伯恩斯所言，"领导力不仅仅是一种管理工具"。[29]福斯特认为变革型领导超越了校长的角色，是"相互协商和共享领导角色"的结果。[30]他还说"没有追随就不存在领导力，而且很多时候这两者是可互换的。领导者通常需要与潜在的追随者一起协商愿景和交流想法，这些追随者也可能反过来成为领导者，从而重新谈判特定的事项"。[31]

变革型领导的道德责任

福斯特[32]认为，变革型领导有四个重要特征。第一，他们具备教育性，促进组织学习，协助组织成员开展重要探索，如下：

- 这所学校曾经发生了什么？
- 塑造学校文化的价值观是什么？
- 学校的宗旨是什么？
- 在整个组织中分配的权力是什么？

第二，变革型领导具有批判性。他们帮助组织成员审视组织目前的状况，并质疑其是否适合组织内的所有人。他们鼓励个人积极地采取行动，以求在似乎不公正或不适当的情况下有所作为。

第三，变革型领导具有合道德性。他们注重自我反省、民主价值观和道德关系。

他们努力改变人们，使其拥有更高层次的价值观觉悟。

第四，变革型领导具有变革性。他们的领导目标是通过提升人们意识来实现社会变革。他们寻求建立一个人人都相信自己能有所作为的社会。

单环学习与双环学习

阿吉里斯（Argyris）[33]提出的学习模式有助于更好地理解上述关于领导力的不同观点。阿吉里斯定义了两种学习方式：单环学习和双环学习。单环学习是指在既定运行规范中发现和纠正错误的能力。[34]它包括三个步骤：

1. 建立运行规范或标准（应该是什么样子？）；
2. 通过监测来确定当前状况与既定规范之间是否存在任何不相符的情况（是什么？）；
3. 采取纠正行动以确保情况符合先前建立的规范（需求以及确定的纠正方案）。

单环学习过程在既定规范的基础上提高了稳定性和可预测性。人们认为组织正在努力完成的是它本该做的事情，而很少考虑到学校内外环境的演变性质。这里，组织作为一个封闭的系统在运作。

"双环学习取决于能够通过质疑操作规范的相关性从而对形势采取'再次审视和确认'的态度。"[35]双环学习过程包括四个步骤：

1. 建立操作规范或标准（应该是什么样？）；
2. 进行监测以确定是否符合既定规范（是什么？）；
3. 如果存在差异，领导者需问为什么（它为什么是这样的？）？
4. 采取纠正行动，使现状重新符合规范（应该是什么样？）或重建新的规范（重新审视"应该是什么样"）。

双环学习促进了学校的成长和发展，因为它对学校内部和外部环境中不可避免的变化做出了反应。与其接受一个目标或规范是正确的，倒不如花时间根据不断变化的需求来质疑这个规范。

单环学习是一个解决问题的过程，而双环学习既是在解决问题，也是在发现问题。

在学校改进方面,必须对现行规范和做法提出质疑,审视它们是否符合所有群体的需要。

管理和领导

良好的管理为学校组织的各方面营造了一种必要的有序和令人信服的状态,但当新的目标和进程确立,学校和家庭需应对新的挑战,努力创造一个更有成效的未来时,也不能排除必然会出现一些混乱的状态。

这就需要论及领导和管理之间的区别。管理是以现状为导向的,依存于高度稳定的环境。正如阿吉里斯[36]在前面讨论的单环学习过程中所解释的,管理者的工作是使组织按照已经设定的规范正确运行。我们假定以前制定的标准或规范是适当的,那我们的工作应是确保组织环境与既定目标保持一致。如果组织没有有效运作,那么管理者的职责就是采取纠正措施确保其恢复正常的运作。管理是从解决问题的角度出发,很少有人会去质疑既定规范的适当性。

领导的概念则大不相同。当然,领导者也是在现状基础上开展工作,但他们远远超越了现状。就像双环学习过程一样,他们不断地重新检视规范,以确定组织正在做的是它应该做的事情。正如福斯特所说,"领导者总是有着改变的一面"。[37]人们不断重新审视现状,并构想新的可能性。领导力是一种发现问题的方法,也是一种解决问题的方法。推动组织获得更高层次的认知和成长是一个动态的过程。

当然,好的校长领导者也进行管理,但他们是从领导力的角度来管理的!领导型管理者的特点是他们拥有一种不同的心态。他们凭借自身对组织内外工作所需改变的看法来规划新方向,获取新资源,重新确定现有资源的重点,并对非常不稳定的现状或不可预见的未来作出回应。对这些领导者来说,变革是不可避免的,摆在面前的挑战是如何以更加有效的方式来充分利用这一机会。

校长:情境中的角色

实践中的领导理念

当校长来到一所学校,他便会给这所学校带来他的价值观、信念和理念。校长根据他的价值观进行领导。校长领导力的影响取决于校长的价值观是什么以及校长实现价值观的清晰度和奉献精神。

前面我们已经讨论过对组织内不同角色的个人期望和组织（规范）期望，不论组织对"校长"角色的期望或是组织内个人或子群的期望如何，角色中的个人必须权衡自己的期望和这些要求，并决定如何塑造这一角色。校长的个人价值观赋予校长角色的形式和内涵。

价值观塑造了领导的方向，赋予了领导的独特特征，也决定了他人对其进行追随的热情。因此，领导力是在对领导者的尊重和个人敬慕的关系中产生的。最终能将每个个体团结起来的价值观孕育了领导力，不管之前他们的观点有多么不一致。

校长的价值观通过两种重要的方式影响着学校。第一，校长的价值观决定学校的传承保护与坚守。[38]校长的价值观决定什么是应该保持稳定或不变的。第二，校长的价值观决定了变革和变化的本质。校长的价值观决定了对于学校所服务的人群来说什么是不公正的、什么是不适当的，查明并解决问题的本质、对现状批判或质疑的质量以及改变的方向。[39]诺里斯（Norris）说"价值观塑造了个人梦想和愿景"。[40]库兹和波思那（Kouzes and Posner）认为，这些价值观是"我们在生活中想要达到的个人目标、社会地位、道德行为以及如诚实和想象力类的个人能力的指导原则"。[41]

信奉的价值观和实践中的价值观

价值观既是被信奉和表达出来的，也体现在行动中。校长们相信的是他们所信奉的理论。他们将自身信念付诸实践就是实践中的理论。重要的是，校长所说的重要或有价值的事物，与他们实际上所做的事情或通过他们的行动来证明很重要的事物之间要保持一致。两者之间的一致性是领导者公信力的基础。[42]领导者所说和所做之间存有差异会导致别人对其产生不信任，进而无法影响他人的行为。

领导力取决于公信力！诚然公信力与价值观之间有着千丝万缕的关系，但要充分认识这一点就必须清楚地了解价值观的本质。接下来我们会呈现一个用以解释人的价值意识水平的模型。

价值观视角下的领导

领导者所拥有的价值观是交易型（或管理型）到变革型（领导型）的连续统一体。在理解价值观是如何塑造观点的过程中，让我们通过霍尔的著作[43]中对价值观发展的分类来思考价值观的发展。霍尔认为价值观的获得是通过成长周期实现的发展过程，形成了认知的四个阶段（在下一节中将探讨）。霍尔认为，从一个阶段到下一个阶段的转移要求个人通过以下几点意识到所处的阶段。一是从所处阶段的视角来理解世界；二是感知自己在该世界中发挥的作用；三是在所处阶段他或她想去满足的人们需要。价值观认知的阶段不仅是由个人在这个阶段中寻求满足的目标或需求所决定的，也可以通过实现这些目标所需的手段或技能来决定。霍尔认为领导者必须具备在特定认知水平上运作所需的技能，然后才能被欣赏或重视。领导者必须在自身已达到的价值认知层面上对别人进行领导。

霍尔的认知阶段理论

接下来我们陈述认知的每一个阶段，并讨论其对领导力的影响。[44]

第一阶段。这一认知阶段的重点是生存。个人在以一种稳定、安全的方式来保持安全感和保存东西方面有很强的积极性。在这一阶段，我们尤其需要确保生活是可预测且符合已知模式的。在压力或不确定性增加的时期，个人会增强自我保护的需要，对模糊性的容忍度降低。因为结构、可预见性和控制会给人一种"安全"的假象。处于价值认知第一阶段的校长经常在尝试和现实中寻求安慰，发现将学校比喻为机器符合他们的需求。处于这一阶段的个体被他们的自我利益所消耗，对他人的同情较少。此时，他们的领导力还处在交易型领导阶段。

第二阶段。在认知的这一阶段，对社会互动的需求变得普遍。个人超越了自我保护的需要，开始去理解他人的需要，人们越来越渴望归属感。不仅是在家庭和社会群体中的归属感，还包括在组织中的归属感。人事关系被视为是遵守规则、政策和程序，因此，这一阶段的管理者在努力地按照书上说的做，同时，也对下属表现出一种关心、体贴的态度。由于学校被看作是大家庭一样,因此会强调共同领导,并希望培养工作人员的归属感。此时的领导力仍然是处在交易型领导阶段。

第三阶段。这一阶段个性开始出现,作为对生活创新性的回应取代了遵循制度。个人开始真正做自己,自我实现的动机增加了,对他人的尊严和价值也有了更诚恳的认可。人们表现出了对生命的同理心和更深层次的尊重。在价值观认知的这一阶段,领导者认为学校环境类似有机体。他们强调个人的独特性及其持续发展的需求。他们塑造了一种更具变革性的领导风格。

第四阶段。处于这一阶段的个人开始更全面、更系统地去思考问题。他们更渴望和谐、社群以及价值观、信仰和思想的融合。校长们开始以超越学校边界的角度来认识世界,对更大的社群和社会问题的认识也越来越深刻。校长更加积极主动地参与到对当前现状的批判与质疑中来。此时的领导力有了变革的意味,那就是寻求在教育和改变他人的生活方面有所作为。建立真正意义上社群的强烈愿望油然而生。

领导自身发展的意义

通过个人反思,领导者会找到他们的信仰,强化他们的信念,向更高层次的道德敬业精神进发。校长所信奉的价值观构成了他们认为学校中重要事物的基础,构成了个人对学校应该是什么样的愿景的基石。森格(Senge)[45]讨论了愿景发展的重要性,并将其称之为"自我超越"。[46]领导者的任务是发现和明确自己的价值观,以此作为指导他们学校的基础。这是成为乔治(George)所说的"真正的领导者"的第一步。[47]真正的领导者理解自己的价值观,他们的领导力来自真正的信念和目标。乔治认为这些领导者具备五个基本特征:了解自身的目标;对正确的事情有很坚定的价值标准;与他人建立信任关系;表现得非常自律并按照自己的价值观行事;对自己的使命充满激情,也就是发自内心的行动。[48]

领导和愿景

愿景的定义是"生成关于事情的理想状态的看法并交流的能力,这种看法能引导大家在组织中敬业奉献"。[49]生成、交流和奉献是关键词。无论组织是公共部门还是私营部门,是学校还是企业组织,很多研究表明,其领导者都有愿景。本尼斯(Bennis)[50]发现在非常成功的组织中,管理者具备的关键特质就是拥有"引人注目的愿景"。无论是在本尼斯发现之前还是之后,其他学者都发现了相同的情况。例如,诺里斯[51]称其为"创新型领导",并写道:

创新型领导需要领导者:
■具有广泛的教育理论和理念方面的知识;
■具备根据学校应该是什么样的来分析现状的能力;
■能够发现问题;
■能够定义变革的新路径。

她继续说:"创新型领导需要领导者充分利用其善于分析和敏锐的头脑。"[52]有远见的领导者会提出以下问题:学校里的主体是谁?这些人的需要是什么?当他们寻求生命意义时面临着什么特有的问题?因此,愿景是在向未来的可能发问,对某些事情的坚持并让其他人知道这些事情是什么,进而为既定目标的实现制定适当的行动方案。

共同愿景和权威

共同愿景和校长分权赋予他人正在变得越来越重要。当其他人能够自由地表达他们对于学校愿景的看法,得到鼓励去贡献他们独特的才能和想法来解决与他们有关的重要问题时,他们就会付出更多努力。校长通过赋予他人完成任务所需的自主权和权力来鼓励人们勇担责任。

领导风格与情商

戈尔曼(Goleman)[53]认为情商和有效的领导之间存在直接关系。他指出在决定领导者的领导成效时,情商与智商同等重要。他认为,情商包含四个主要能力:

■自我意识：一种基于了解自己的情感、力量、局限性和对他人影响力的自我价值感。

■自我管理：管理自己情感、责任和机会的能力，以及值得信赖和追求卓越的能力。

■社会认知能力：对他人的同情，对组织需求的感知，察觉到他人需求并采取行动去满足。

■社交技能：有远见的领导力和影响力，以及沟通、促进变革、管理冲突和激励他人进行协作与合作的能力。

领导者必须努力提升其在各个领域的情商，以便能更富有成效地领导他们的组织。

情商的不同层面会形成不同的领导风格，每一种领导风格以不同的方式影响着组织成员。表1.1说明了这种联系。

表1.1 领导风格、情商能力和对他人的影响力

领导风格	情商能力	对他人的影响力
强制型	主动性、追求成就	服从
权威型	自信、同理心、远见	奉献
亲和型	同理心、交流、建立关系	知足
民主型	合作、团队建设	合作
标杆型	主动性、责任心、追求成就	挑战
指导型	自我意识、同理心、发展	成长

资料来源：D. Goleman. "Leadership That Gets Results". *Harvard Business Review*（March—April 2000）:78-90.

最有效的领导者是那些拥有所有六种领导风格并能适当运用每一种领导风格的人。权威式、民主式、亲和式和指导式领导风格可以产生最佳的组织氛围和绩效。

戈尔曼的研究表明，在创建结果导向的组织氛围时，最有效的领导风格是权威式。权威式领导者是有远见的人，通过向人们展示他们的工作如何符合组织的更大目标来

激励人们并使他们甘于奉献。"权威式领导会指出终极目标,但通常会给人们足够的空间去制定自己的方法路径。权威式领导给予人们充分的自由去创新和尝试,并承担预期风险。"[54]

这项研究表明,当校长能够感知到组织需要,并将他们风格中的优点都利用起来以满足组织不断发展的需要时,他们的工作才是最有成效的。这项研究也印证了先前关于应对变化的管理的相关研究,即鉴于当今学校的多样化和不断变化的需要,只凭一种方法路径无法实现有效领导。

接下来我们需要思考指令型领导的校长角色。我们将对比指令型领导和变革型领导,并思考两者在实现学术卓越方面所发挥的作用。

指令型领导和变革型领导

从早期"有效学校运动"倡导的领导模式开始,指令型领导就一直被争论所包围。其被视为是一种自上而下的模式,与命令式领导一同被喻为机器。[55]关于校长的这种指令型角色[56]存在许多"常见的谬论"。[57]其中一个谬误是"指令型领导意味着领导像独裁者一样管理学区、学校和教师。"勒卓特(Lezotte)对这一说法提出质疑,并指出"领导者是通过敬业奉献实现领导的,而非权威"[58],他们通过提供"专业自主"和"个人自由"[59]来邀请其他人"共担领导者的梦想"。[60]

海林杰(Hallinger)[61]帮助我们阐明了这一点,他认为有效的学校校长主要通过两种领导方式助推学术卓越,即"指令型领导与变革型领导"。[62]虽然二者之间存在不同,但它们是相辅相成的,且都是完成教育领导这一复杂任务所必需的。[63]接下来我们将对这些方法进行一一讨论,然后分析它们整合在一起的情形。

的确,指令型领导是带有命令性色彩的。校长负责一切,就像戈尔曼[64]所说的"权威型"风格一样。但值得注意的是,权威型领导风格虽然是指令型的,但不是专制型的。有成效的指令型领导风格也是如此。指令型或权威型领导风格可以有效促进巴斯和阿沃利奥[65]提到的一阶变化。在这一阶段,领导者'如校长'着力构建基础或框架,以完成学校改进这一更为复杂的任务。这种指令型领导风格在技能发展的早期阶段尤为重要,因为这个时候教师的"发展水平"往往都各不相同。[66] 指令型领导包括三大任务,分别是"制定学校愿景""管理教学计划"和"促进奋发向上学校氛围的形成"。[67]

海林杰将这三个任务类别进一步细分为 10 维度:

■制定学校目标和广泛交流;

■监督教学;

■评价教学;

■协调课程;

■监测学生进步;

■保证教学时间;

■促进教师发展;

■保持高度透明;

■为教师提供激励措施;

■为学习提供激励措施[68]。

这就引出了学校改进所必需的第二种领导方式:变革型领导。"变革"这个词就意味着变化,也就是巴斯和阿沃利奥所提到的"二阶变化"[69],要求对学校环境进行重组。伯恩斯对变革最初的定义是使得追随者和领导者拥有更高水平的动机和价值观。它指向态度和目标的改变,从而导致行为的改变。变革型领导力是一种关于建设的能力,它促进了目标统一,使所有人的价值观、信念和态度都能够协同一致。变革型领导是建立在信任基础上的,这种信任关系承认并确认追随者的才能和贡献。"领导者只是暂时的领导者"[70],因为领导的任务是广泛分布在组织成员中的。福伦认为,校长有很多"校长权"[71]可以与其他能干的教师分享,因为"成功的校长能以一种融入学校工作的方式培养他人"。[72]

正如本章前面提到的,一些研究人员将变革型领导视为交易型领导的衍生。巴斯和阿沃利奥认为"全方位领导模式"[73]是一种从交易型领导延伸到变革型领导的一个连续过程的领导风格。这些研究人员认为,领导者应该拥有所有这些风格,并根据领导力产生的背景情境有效地运用这些风格。这个连续过程与指令型领导（一种更具交易性的领导风格）是一致的，它是变革型领导的基础，变革型领导寻求围绕某一统一目标打造可持续文化。作为这个连续过程的终点，变革型领导风格包含四个要素。接下来我们将对每一因素做详细讨论。

第一要素包括"理想化的影响力"和"领袖气质"两部分。[74]它以影响力的权力基础聚焦领导者的个人权力。追随者认同领导者及领导的目标和方向。这样的领导者是受人钦佩、尊敬和信任的。[75]

第二要素是"动机激发"，指领导者能够激励下属更加敬业奉献于组织目标。领导者以身作则，通过自己对任务目标的热情和投入来实现这一点。领导者通过树立榜样来激发他人敬业奉献。

第三要素是"智力激发"[76]，其特点是领导者营造可以激发创造力和"双环学习"的开放且亲和的氛围，鼓励组织成员对现有做法提出质疑，并尝试采用更恰当的手段来解决问题。在这里，领导者支持发现问题和解决问题。

第四要素是"个性化关怀"[77]，充分信任个人。每个人都因他或她为组织带来的独特和有价值的贡献而被组织认可。关注个人需求和成长，并通过开放性的交流激励个人成长。

其他研究人员也提出了具有类似要素的变革型领导模式。库兹和波思那[78]认为变革型领导者应以身作则，激发共同愿景，在进程中敢于怀疑，能够促使其他人行动起来，并鼓舞他们的心。莱斯伍德（Leithwood）[79]将巴斯和阿沃利奥的模式应用于教育，认为教育领导者通过以下方式进行变革型领导：个性化支持、共享目标、愿景、智力激发、文化建设、奖励、高期望值和树立榜样。

回顾海林杰[80]提出的指令型领导模式，显然，正如他所说的，指令型领导和变革型领导这两种模式可以根据组织需要和成员智力水平进行有效整合。组织情境因素是该如何进行这种整合的重要考虑因素。从分析中可以得出一个重要观点，即领导并不是校长的唯一责任，也不应完全交给教师。它是一种协同努力，由校长在其中发挥着催化剂作用。福伦[81]很好地理解了这一观点，他说："就像由音乐家组成的世界级管弦乐团需要世界级的指挥家一样,拥有优秀教师的学校也同样需要校长的指令型领导。"

角色和职能

由于组织和社群的期望各不相同,因此校长的角色也需随之变化。然而,无论在什么学校或学校有多少学生,校长管理学校的职能都是相似的。

校长职能包含五方面。其中四个职能发生在学校内部,另一种职能发生在与外部世界的交往互动中。"内部"职能包括课程开发、教学改进、学生服务以及财务和设施管理。"外部"职能则是社区关系。

领导力和管理能力跨越了这五项职能。领导力是校长发挥所长去创造一种以学生多产、教师多产和创造性思维为特征的学校氛围的方式。良好的管理是系统地运用一系列技能,为学校营造有序有效的环境。

全国中学校长协会(NASSP)[82]和全国小学校长协会(NAESP)[83]等专业组织的研究发现了一些不太明显的技能,但正是这些技能的存在决定了学校成效。全国中学校长协会的研究[84]指出,对于一个成功的学校管理者来说,这些能力是很重要的。近来,全美教育管理政策委员会(NPBEA)将其中的许多技能吸收进校长国家标准中来。[85]全国中学校长协会提出的能力如下:

■ 规划和组织工作的能力;
■ 与他人合作和领导他人的能力;
■ 分析问题和决策的能力;
■ 口头和书面交流能力。

校长的五项职能对学校的成功至关重要,每一项职能都要求校长发挥其良好的管理技能和领导能力。本书的其余部分将聚焦于这些具体的职能,并讨论富有成效的校长领导力所需的性格、知识和技能。

领导面对的挑战

当今校长肩负着塑造学校成为高产学习标杆的重任。校长须阐明他们自己的价值观、信念和立场,并积极主动地参与学校的重新设计和改进。外界期望他们创造条件去分而赋权,促进组织成员发展,在校内外各方的决策和共治基础上发挥领导力。与此同时,社会期望校长建立一个由领导者和学习者组成的学校,从而将有效地营造学校环境,以提高学生的学习产出。的确,对校长来说,未来可期!

小　　结

要想充分理解学校领导,离不开领导所处的背景环境。在本章中,我们通过将学校比喻成机器、有机体和大脑探讨了组织环境。借此我们研究了个人和群体的期望,以及这些期望在组织情境中决定校长本质和角色的作用。

我们还探讨了交易型领导和变革型领导的概念,以此来理解校长角色范围内其价值和道德责任的重要性。我们强调了校长自身发展和领导艺术对于其成为反思型领导者的重要性。最后,我们认为指令型领导和变革型领导风格都是实现学校改进的途径。

活动

1. 运用本章涉及的概念思考在本书末尾附录 A 中的案例分析 12、19 和 24。关于变革型领导的各种观点对管理和领导有什么意义?它们与社会系统理论有什么关联?如果有,摩根的哪一比喻可以用来描述上述个案中的组织?

2. 找到"教育领导者职业标准",并复习标准 1 中有效领导者的行为。思考哪些标准与本章内容有直接关系。这些标准是否更好地体现了变革型领导或交易型领导的概念?根据每个标准中的某项功能在本章中找到对应的概念或观点。

尾注

1. William Foster. "Toward a Critical Theory of Educational Administration", in *Leadership and Organizational Culture*, ed. T. J. Sergiovanni and J. E. Corbally (Urbana, IL: University of Illinois Press, 1984), p.257.

2. Michael Fullen, *Change Forces: The Sequel* (Philadelphia, PA: Falmer Press, 1999), p. 1.

3. R. Katz, "Skills of an Effective Administrator". *Harvard Business Review* 52, no. 5(1974): 90—102.

4. Jacob W. Getzels and Egon G. Guba, "Social Behavior and the Administrative Process". *School Review* 65(Winter1957):423-441.

5. Ibid, p.428.

6. Michael Fullen, *The Moral Imperative of School Leadership* (Thousand Oaks, CA: Corwin Press, 2003), p.1

7. Christopher Hodgkinson, *The Philosophy of Leadership* (Oxford, UK: Basil Blackwell Publisher Limited,1983).

8. Garath Morgan, *Images of Organizations* (Cambridge MA: Sage, 1986).

9. Sonia Nieto, *The Light in Their Eyes: Creating Multicultural Learning Communities* (New York, NY: Teachers College Press, 1999).

10. Ibid.

11. Fullen, *The Moral Imperative*, p.1.

12. Seymour Sarason, *Revisiting the Culture of the School and the Problem of Change* (New York, NY: Teachers College Press, 1996), p.27.

13. T. Sergiovanni, "Leadership as Cultural Expression", in *Leadership and Organizational Culture*, ed. T.J. Sergiovanni and J.E. Corbally (Urbana, IL: University of Illinois Press, 1984).

14. Sarason, *Revisiting the Culture of the School and theProblem of Change*.

15. 在美国 1983 年出台的《国家处于危险中》(*A Nation In Risk*)报告中,全美卓越教育委员会(National Commission on Excellence In Education)向学校提出挑战,要求学校克服他们认为的不断上升的平庸浪潮。

16. 卡内基教学促进基金会(The Carnegie Foundation for the Advancement of Teaching)发布的《处于危险中一代:拯救城市学校》(普林斯顿,新泽西州:普林斯顿大学出版社,1988 年出版)。该报告讨论了阻碍在城市环境中学习的负面学校环境因素。

17. 国家教育管理政策委员会(The National Policy Board for Educational Administration, NPBEA),负责制定教育领导者专业标准(Professional Standards for Educational Leaders, PSEL),由以下单位赞助和支持:教师教育学院协会(Association of Colleges for Teacher Education)、学校商务官员协会(Association of School Business Officials)、州首席学校官员委员会(Council of Chief State School Officers)、全国中学校长委员会(National Association of Secondary School Principals)、全国小学校长协会(National Association of Elementary School Principals)、美国学校管理者协会(American Association of School Administrators)、督导和课程开发协会(Association for Supervision

and Curriculum Development)、国家委员会协会(National Boards Association)、全国教育管理教授委员会(National Council of Professors of Educational Administration)和教育管理大学委员会(University Council for Educational Administration)。

18. 州际学校校长资格联盟是州首席学校官员委员会的一个计划。来自州教育厅和各种专业协会的24个代表起草了该标准,并由州首席学校官员委员会不断完善。

19. Karl Weick, "The Significance of Culture", in *Organizational Culture*, ed. P. Frost, L. Moore, M. Lewis, C. Lundenberg, and J. Martin (Beverly Hills, CA: Sage, 1985).

20. Nieto, *The Light in Their Eyes*.

21. James Burns, *Leadership* (New York, NY: Harper, 1978).

22. Ibid.

23. Thomas Sergiovanni, "Leadership and Excellence in Schooling", *Educational Leadership* 41 (February 1984): 4—13.

24. Foster, "Toward a Critical Theory of Educational Administration".

25. Bernard Bass and Bruce Avolio, eds. *Improving Organizational Effectiveness through Transformational Leadership* (Thousand Oaks, CA: Sage, 1993).

26. Thomas J. Sergiovanni, *Moral Leadership: Getting to the Heart of School Improvement* (San Francisco, CA: Jossey-Bass, 1992).

27. Foster, "Toward a Critical Theory of Educational Administration".

28. Bernard M. Bass, *Leadership and Performance Beyond Expectations* (New York, NY: Free Press, 1985).

29. Burns, *Leadership*.

30. Foster, "Toward a Critical Theory of Educational Administration".

31. Ibid., p. 42.

32. Ibid.

33. Chris Argyris, *Reasoning, Learning and Action: Individual and Organizational* (San Francisco, CA: Jossey-Bass, 1982).

34. Ibid.

35. Ibid.

36. Ibid.

37. Foster, "Toward a Critical Theory of Educational Administration", p. 347.

38. Hodgkinson, C., *The Philosophy of Leadership* (Oxford, UK: Basil Blackwell, 1983).

39. Ibid.

40. Cynthia Norris, "Developing Visionary Leaders for Tomorrows Schools", *NASSP Bulletin* 74 (May 1990): 6—10.

41. James Kouzes and Barry Posner, *The Leadership Challenge* (San Francisco, CA: Jossey-bass, 1987).

42. Ibid.

43. Brian Hall, *The Development of Consciousness: A Confluent Theory of Values* (New York, NY: Paulist Press, 1986).

44. Ibid.

45. Peter Senge, *The Fifth Discipline: The Art and Practice of the Learning Organization* (New York, NY: Doubleday, 1990).

46. Ibid.

47. B. George, *Authentic Leadership: Rediscovering the Secrets to Creating Lasting Value* (San Francisco, CA: Jossey-Bass, 2003).

48. B. George, as cited in P. G. Northouse, *Leadership: Theory and Practice* (6th ed.) (New York, NY: Sage Publishers, 2013), pp. 258—261.

49. Warren Bennis, "Transformation Power and Leadership", in *Leadership and Organizational Culture*, ed. T. J. Sergiovanni and J. E. Corbally (Urbana, IL: University of Illinois Press, 1984), p. 66.

50. Ibid.

51. Cynthia Norris, "Cultivating Creative Cultures", in *The Principal as Leader* (2nd ed.), ed. Larry W. Hughes (NewYork, NY: MacMillan, 1999), p. 6.

52. Ibid., p. 8.

53. Daniel Goleman, "Leadership That Gets Results", *Harvard Business Review* (March—April 2000): 78—90.

54. Ibid., p. 84.

55. L. Lezotte, "The Nexus of Instructional Leadership and Effective Schools", *School Administrator* 51, no. 6 (June1994): 20.

56. Ibid., p. 20.

57. Ibid., p. 21.

58. Ibid., p. 20.

59. Ibid., p. 20.

60. Ibid., p. 20.

61. P. Hallinger, "Leading Educational Change: Reflections on the Practice of Instructional and Transformational Leadership", *Cambridge Journal of Education* 33, no. 4(November 2003): 329—351.

62. Ibid., p. 329.

63. Ibid., p. 337.

64. Goleman, "Leadership That Gets Results", p. 80.

65. Bass and Avolio, *Improving Organizational Effectiveness*, p. 2.

66. C. Glickman, (1980) The developmental approach to supervision, *Educational Leadership*, Nov: 178—180.

67. Hallinger, "Leading Educational Change", p. 332.

68. Ibid., p. 332.

69. Bass and Avolio, *Improving Organizational Effectiveness*, p. 2.

70. Foster, "Toward a Critical Theory of Educational Administration", p. ____.

71. M. Fullen, "The Awesome Power of the Principal", Principal (March/April 2010): 10—13.

72. Ibid.

73. Bass and Avolio, *Improving Organizational Effectiveness*, p. 2.

74. Ibid., p. 3.

75. Ibid., p. 3.

76. Ibid.

77. Ibid.

78. Kouzes and Posner, *The Leadership Challenge*, p. ____.

79. K. Leithwood and D. Jantzi, "The Effects of Transformation Leadership on Student Engagement with Schools", *Educational Administration Quarterly* 38, no. 2(1999): 112—129.

80. Hallinger, "Leading Educational Change," p. ____.

81. Fullen, "The Awesome Power of the Principal," p. ____.

82. 全国中学校长协会有各种描述性材料和研究报告,包括验证研究。可以写信给全国中学校长协会,地址是:NASSP,1904 Association Drive,Reston,VA 22091。全国中学校长协会确定的过程是为幼儿园到高中学段设计的,所提出的技能是通用的,适用于小学和中学校长。

83. 全国小学校长协会也开发了类似一套适用于小学校长的技能。

84. 在全国中学校长协会提出的标准中,有12项独立的技能和特质:问题分析、判断、组织能力、决断力、领导力、敏感性、抗压能力、口头和书面交流、个人动机、教育价值和兴趣范围。这些都是一般技能。

85. 国家教育管理政策委员会通过将学科内容纳入与工作相关的模式,使专家知识发挥作用,从而区分了学术知识基础和专业知识基础。

选读书目

Rass, Bernard. *Transformational Leadership Development* (Palo Alto, CA: Consulting Psychologist Press, 1990).

Beckner, Weldon, *Ethics for Educational Leaders* (BostonMA: Pearson Press, 2004).

Burns, James Mcgregor, "Prologue", in *Leadership* (NewYork, NY: Harper, 1978).

Depree, Max, *Leadership Is an Art* (New York, NY: DellPublishing, 1990).

Fullen, Michael, *The Moral Imperative of School Leadership* (Thousand Oaks, CA: Corwin Press, 2004).

Gardner, Howard, *On Leadership* (New York, NY: Free Press, 1990).

Gardner, Howard, *Leading Minds: An Anatomy of Leadership* (New York, NY: Basic Books, 1995).

Gilligan, Carol, *In a Different Voice* (Cambridge, MA: Harvard University Press, 1993).

Greenleaf. R. K., *Servant Leadership: A Journey into the Nature of Legitimate Power and Greatness* (New York, NY: Paulist Press, 2002).

Katz, Michael, Nell Noddings, and Kenneth Strike, *Justice and Caring: The Search for Common Ground in Education* (New York, NY: Teachers College Press, 1999).

Moore, B., "Improving the Evaluation and Feedback Process for Principals", *Principal* 88, no. 6 (2009): 38—41.

Noddings, Nell, *Educating Moral People* (New York, NY: Teachers College Press, 2002).

Northouse, P G, *Leadership; Theory and Practice* (6th ed.). (New York, NY: Sage Publishers, 2013).

Portin, B., "*The Roles That Principals Play*". Retrieved June 4, 2009, from *Educational Leadership* 61, no. 7(2006):14.

Rooney, J., "What New (Young) Principals Need to Know". *Educational Leadership* 66 (2008): 84—85.

Tschannen-Moran, M., "Fostering Teacher Professionalism in Schools: The Role of Leadership Orientation and Trust". *Educational Administration Quarterly* 45, no. 2(2009):217—247.

第二章 学习社群

社群颂扬自我和他人的尊严和价值,促进自我和他人的权力赋予,并鼓励和支持人类最大限度地发挥潜力,以造福于人类共同利益。

——辛西娅·诺里斯等(Cynthia Norris et al.)[1]

校长,作为人类和组织发展的助推者或催化剂,是一项具有挑战性的工作。同时,这也是一项了不起的任务,因为其需要认知、奉献精神和一颗真挚关心他人福祉的心。如果不首先谈及"赋权"的概念,即"授予权力",那么所谓的发展就无从谈起。我们认为校长有责任使个人和组织在既有条件下能够最大限度地发挥其潜力。尽管个人赋权一定是来自个人内心,但校长可以营造一种倡导勇于冒险、个人贡献和敢于挑战的氛围。

这里谈及发展的方向,与第一章中讨论的服务型领导的概念是一致的。从服务型领导的角度来看,担负"发展者"角色的校长正在为他人提供"服务",为他们的成长提供最大的机会。由于领导者需要时间来考虑他人的需要,所以他们重新强调了"关怀伦理"。

本章认为最有利于激励个人和组织发展的情境是学习社群。在接下来的讨论中,我们构建了"学习社群"这一概念,讨论了创建学习社群的条件,并讨论了领导者在促进学习社群发展中的作用。在了解学习社群时,首先需要考虑社群的本质。

社群的社会学与心理学本质

群体既有社会学研究的社群维度,也有心理学研究的个体维度。社会学层面关注的是群体本身是如何发展的,它又是如何与其他群体互动的。学校将被看作一个包含许多子群的群体。这些子群可以是职能部处、小组、集团学校内的学校、研究小组和合作学习小组。其他形式的子群还包括基于性别或族裔聚集的群落。每个子群与较大的学校、学校内的其他子群以及大环境中的群体可以进行互动。同理,更大的群体或学校,其发展也离不开所有个别子群、其他学校、学校伞式组织或学区。

在某些不太重视社会公正的学校里,有时可能无法平等照顾到所有群体及其需要。这种情况极大地阻碍了学校作为一个真正的学习群体的发展。甚至在正式学区之外,其他团体也会对学校及其子群做出反应。家长群体、支持机构和州教育厅就是为数不多的例子。学校与这些群体的合作方式会在后续涉及公共关系、特殊教育和法律问题的章节中予以讨论。

社群的心理学本质牵涉到群体中的个体。其中特别令人感兴趣的是个人发展的性质及其如何受到社群动态的影响,是什么因素造成或阻碍了个人发展?同样令人感兴趣的是个人对社群的影响,个体如何影响社群发展?个人如何降低整个社群的有效性?社群如何阻碍个人的发展?这些问题都会在学习社群中找到答案。

互惠性

理解社群和个人发展离不开的一个主要概念是"互惠性"。它基于"互给"一词,意思是"回馈",可以使个人和社群以富有成效的方式对彼此的影响做出反应。随着一个实体的增长和变强,它会向另一个实体提供影响和机会,从而鼓励彼此共同发展。这正是学习社群的核心内涵所在。研究者通过在大学同僚[2]中开展实验探索了互惠的概念。在多数大学的职能管理部门中,同僚之间工作正是典型的服务—传递模式。接下来,我们会讨论这一同僚研究中的主要发现,并提供一个对学校学习社群有启发的模型。

群模式(Cohort Model)

图 2.1 所示的模型是研究人员在为期六年的四个大学环境中对同僚进行研究的

结果。[3] 研究人员认为,作为真正社群存在的同僚间具有以下四个重要特征:互动性、目的性、相互依存性和个人成长性。前三种品质,通过三角形的三个顶点来表现,它们决定了社群或是同僚的力量或凝聚力。三角形的三个顶点展示了这种相互联系。三角形的内部展示了当群体成为有凝聚力、相互依存的实体时个体的发展情况。个体发展呈现的特征是支持、安全、友谊、知识和个人梦想实现,这些都是具有积极发展意义的。

让我们详细讨论社群的每一个组成部分,并将有关概念应用于学校。

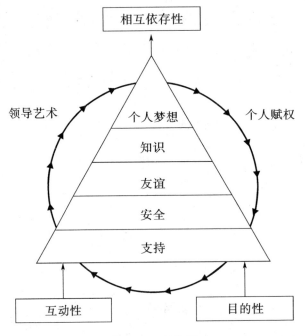

图2.1　群模型

资料来源:改编自 C.诺里斯和 B.巴尼特 1994 年在费城大学教育管理理事会年会上发表的论文"培养新的领导模式:从同僚到社群"。经许可使用。

互动性

互动性作为社群的基础,它通过个人经常聚在一起的机会而得到增强。起初,群组成员只是在思想方面的彼此联系更为强烈,但通常会有一些障碍阻碍了思想的自由交流,进而群组成员在向对方展示自己的真实想法和意愿方面会有些犹豫。群组规模在增加成员的互动方面也具有重要作用。当群组成员大于 20 人时,就难以确保所有人都可以为社群作出贡献。重要的是，校长要培养一种开放和信任的氛围，并为个人提供许多思想交流与分享的机会。

互动性可以在群组成员中建立联系并鼓励成员之间相互信任。它可以将群组内单纯的思想讨论推动到更深层次的交流，这也是森格[4]提出的"对话"概念。如诺里斯[5]所述：

> 当成员彼此互动并开始考虑他们的目标和宗旨议题时，对群体目标和宗旨的积极参与和问责就会加强。他们相互分享想法和创意，互相学习。通过这样的方式，他们审思并确定他们的方向和目的。正是这种互动性，最终为更深入地理解和致力于社群目标达成铺平了道路。这也是一个真正的学习群体必备的第二要素。

目的性。目的性是以一种有意义的方式将群体团结起来，并将其从简单的个人集聚变成创建一个社群。如果目的性要变得有意义，它就必须在群组成员之间进化和发展。

社群里的每一个人都必须从这个目标里看到一些对其自身有价值的东西，这样他或她才能致力于实现它。当个人通过集体意见交换确定自己的目标时，他们就会为了实现自己的目标而更加努力地工作。

相互依存性。相互依存性源于对共同目标的集体承诺。当群组中的个体为实现他们所珍视的目标而共同努力时，他们开始赞赏每个人为完成这项任务所展示的才能和带来的贡献。他们更充分地理解到，当其他人加入他们的共同事业时，他们的努力结果会得以增强。在教师专业学习群体中，这一点毋庸置疑，在合作学习小组和类似环境中的学生也是如此。然而，同样要注意的是，在相互依存性产生之前，首先学习社群的上述品质必须存在。尼亚托[6]在谈到建立合作学习小组以满足多元文化环境下学生的需求时，她就指出了这一点："例如，合作学习可以是在最欠缺合作精神和最压抑的环境中进行，而超常的高水平学习也可以发生在传统的有着一排排钉牢座椅的教室里。"

个体成长。在真正的社群中，个人成了施主。个人在支持和安全的环境中成长。

社群成员的思想交流形成一种对话氛围,可以对个人发展形成挑战,同时也会助力个人成长。在一个可持续发展的社群内,个人亦可在其发展中取得相应的进步。他们在社群中获得的感受由支持感转变为安全感。这种信任的增强加深了成员间的友谊,并促进了他们更高水平的学习。他们增加了对学习内容的认识,也加深了对自我的认知。通过肯定和反馈,个体对自我价值观有了更多的认识,并对自己的目标有了更深的理解。

学习社群

学习社群关注个体和组织的成长与持续的自我更新。因此,领导者负责建立组织,个体在其中不断地扩展他们的能力去塑造未来。某种意义上,领导者是对学习负责的。

琳达·兰伯特(Linda Lambert)[7]在《创建学校领导力》一书中指出,关于学习的领导是一项集体责任。她对领导力做出这样的定义:"领导力这一定义的关键概念是指一起学习、共同且合作性地建构意义和知识。"[8] 学习型组织从来没有"圆满完成任务",因为它们倾向于不断寻找新的发展可能和成长的机会。组织情境恰如第一章中提及的大脑比喻,可以使组织吸收和储存过去的知识,同时也要通过分享成员间的经验、想法和观点来构建新的知识。群组中每个成员都成为彼此的知识来源,而组织则成为思考和学习的催化剂。

值得注意的是,只有出现强大的社群基础,学习社群才能得以进化。如图2.1所示:支持、安全和友谊是获得知识的基础。当前许多学校犯的一个重大错误是一拥而上建立学习小组,却忽视了这种协作的根本基础是什么。

系统思维

许多当代学者对学习社群的构成提出了自己的观点。其中最简洁的定义之一是森格[9]给出的定义。他认为学习组织有五个重要的特征:

1. 系统思维。在学习组织或社群中,组织的各方面之间都有相互关联,在某部分发生的事情会影响到所有其他部分。成员之间统一的思路成为其共同的愿景或目标。在真正的学习社群中,个人和集体的发展也是互惠的,每一方对彼此的责任也是对等的。在学习环境中,不存在独立性或依赖性,而是相互依存关系。

2. 自我超越。知识是提高自我意识和理解的途径,而反过来又会促进他人对自己的欣赏。在真正的学习社群中,对个人潜力的认识和赞赏是存在的,开发这种潜力的机会也是存在的。

3. 团队学习。在学习社群中,大家会勠力同心形成一种对话的氛围,而不仅仅局限于简单的讨论。学校领导,不论是校长还是教师,应摒弃自己是高高在上的讲坛上的圣人这样的想法。学习型环境可以在学习进程中为教师和学生孕育有意义的联系。

4. 挑战思维模式。学习社群的运作模式在于持续不断地提问、发现问题和探索可能性的氛围。这种双循环学习过程是当前学校实现转变的基础。

5. 共同的价值观。在学习社群中,我们应鼓励所有社群成员探索自己的信念和价值观,在真正的学习经验中检验这些价值观,去质疑这些"有条件的"假设,并寻求将所有成员团结在一起的共识纽带。

梅齐罗(Mezirow)[10]将这种情境下产生的学习称之为"转化学习",因为正是学习改变了个人的看法。举个例子,一个群组可以从哲学、政策和程序等有关方面来检视当前的学校结构。通过对话,群组成员可能会质疑所有群组结构的合理性,并决定采取行动将学校发展推向一个新的方向。

转化学习

转化学习使得个人观点发生变化,并使个人行为方式变得不同。它与信息性学习不同,信息性学习仅仅是介绍一个内容领域的知识。梅齐罗将转化学习定义为"使用先前的解释来分析个人经验的意义,建立一个新的解释或修正已有的解释,以指导未来学习"[11]。

随着转化学习的进行,个人经历了一系列重要的思考步骤。通过这些步骤:

■他们根据目前的情况审视过去的经验(经验的集中性);

■他们意识到自己思维中的矛盾（批判性反思）；

■他们在与他人交流意见的基础上改变了自身的假设（理性的话语）。

这种思维的进步是在特定创设的环境中通过集体探究实现的。梅齐罗[12]将真正的学习社群称为"支持环境"。这种环境为群组成员提供支持和挑战。

尼亚托[13]也讨论了集体探究在学习过程中的重要作用。她认为，少数族裔儿童往往不容易受到各种不同观点的影响。因此，他们需要机会去探索他人的观点。这可以通过集体分享经验（批判教学法）来实现。在这一过程中，学生用他们的经验来扩展自身学习，学生的观点在课堂教学中得到尊重和运用。尼亚托认为赋权是"批判教学的目的和结果"。她认为学生赋权来源于"重新定义教师和学生、家长和管理者之间的关系"。[14]

在这些创设环境或支持环境中，个人形成了一种强烈的归属感和个人赋权感。但是，什么是赋权，它所依据的原则是什么？

赋权

赋权是"增强自己或他人对生活环境和决定影响力的行为。它传达着一种对个人控制或影响的心理感觉和对社会影响的关注"。[15]赋权不仅与个人影响力有关，而且还从个体身上散发出一种自我实现的感觉，这是马斯洛（Maslow）所说的创造性自我。[16]这种行为包括以下特点：

1. 经验的开放性。个体表现出缺乏稳定的信仰、观念和理念的特点。他们对歧义也有更大的容忍度，也更能接纳可能性。

2. 评价的内核。个人在确定个人价值时表现出自我评价和依靠个人判断的内在能力。

3. 整合原理与概念的能力。个人表现出对思想和想法的自发探索，以及对情境的创造性反应。

4. 毫不畏惧。个人表现出自我接受和自信，更愿意大胆尝试新的想法。

那么，一位校长能做些什么来增进这种个人赋权的条件，进而影响组织内部更高的生产力呢？拉思(Rath)和他的同事们[17]提出了三种可能指导校长行为的理论。这是一些关于需要、价值和思考的理论。

需求理论。正如马斯洛和奥尔德弗(Alderfer)[18]等理论家所指出的那样，情感安全是一种基本需求，它为其他更高层次的需求提供了基础。情感安全取决于一个人工作的环境和条件。关于有效学校的研究支持了这一观点，认为允许言论自由、勇于冒险和探索自由的积极氛围是使学校之所以有效的重要因素。戈尔曼[19]讨论了交际能力与学业成绩或职业成功之间的重要关系。他认为，若一个人的情商没有得到充分发展，学术也就不能得到最大化的发展。

对学习社群的研究表明，当个体感到自己有一个支持组群时，其情感安全也会得到最有效的发展。学习社群似乎促进了这种情感安全感的产生。

价值理论。支撑赋权的第二个理论是价值理论。我们已经讨论了校长认识到自己的价值观和教育愿景的重要性。领导若没有明确的目标和对自己价值观的认识，他就很难有信誉，也很难有领导所需的远见。重要的是，教师和学生也需要机会阐明他们的价值观，共享学校发展的愿景和宗旨。通过参加讨论小组、头脑风暴[20]和阐明价值观念的学校活动等机会中，学生的情商可以得到提高，学生与学校之间的纽带联系更加紧密。在本书第六章关于课程的论述中，我们会将这一概念作为人本主义课程理论的一部分来讨论。在第五章关于学校纪律的论述中，学校顾问委员会成立和其他咨询服务开展中，我们将就这一概念再次进行讨论。此外，我们还应通过平台开发[21]课题组和服务学校改进计划等途径向教师提供机会，以使得他们能够发现各自的价值。

思维理论。我们曾讨论过对话和对个人赋权进行批判性探究的重要性。个体可以通过这种合作交流获得必要的支持和挑战，以实现转化学习。当教师持续待在这样的支持环境中的时候，他们亦可获得在学校事务中担任领导的技能与信心。

教师赋权

比起依赖传统权力为基础形成的传统权威，一些领导者根据"经验丰富的技巧性知识和个人专长"授予教师"专业权威"。萨乔万尼将这种做法称为"领导力的替代品"。[22]

萨乔万尼认为使用领导力的替代品是一个道德的领导过程,在这个过程中,个人被赋予权威与责任,可以将自己的专业知识应用在与自己教育责任有关的决策中。教师赋权意味着教师是专业人员,可以从内在的或个人的角度看待自己的职业。这种价值观提升的途径取决于领导力的四个基本"替代品",如下:

1. 学校规范。一份可以团结群体中每个成员,使得他们努力实现共同价值和信念的集体契约。

2. 职业理想。组织内成员对学生的学习和自身的专业发展承担其个人责任。

3. 联合领导。每个个体在彼此支持中协作,但仍为自己的成长和领导承担个人责任。

4. 有成就感的工作。工作是有意义的,每个人都会为自己的成功和学生的成功负责。

指令型领导

最初的指令型领导模式是由一种有效学校的理念驱动的,这种理念将学校校长置于学习的顶端。这一理念对于建立共同领导仍然是具有指导意义的,因为校长在此进程中扮演着促进者的角色。正如萨乔万尼所指,真正指导这一进程方向的是"职业理想",而非以自上而下发出的指令为中心。学习社群的所有要素必须以一种有意义的方式聚集在一起,才能实现这一点。萨乔万尼列出了以下五种领导力技能或权力供校长使用,以促进专业学习社群的发展。[23]

1. 技术权力。技术权力包括做一个好的管理者,运用良好的计划、组织、协调和控制技术来确保组织的最佳效率。例如高效的办公室管理实践、良好的调度技巧以及目标和目的的恰当使用。技术含量高的领导力行为基本上是那些能确保良好、高效管理的行为活动。

2. 人际技巧。这些领导力行为强调人际关系技巧、良好的激励技巧和组织内部高昂士气的建设。适当使用参与式管理是这些领导力行为的组成部分,这些领导力行为成为学校氛围的主要贡献者。

3. 教育权力。教育的外力侧重于教育的概念知识,而教育技能包括诊断教育问题、履行监督职能、评估教育项目、帮助制定课程、开展职员培训以及为学生建立良好的个人教育计划。

4. 符号权力。这些领导力行为向其他人展示了领导者认为重要和对组织有价值的东西。它们包含明确的目标指向性,即"组织的正式领导会不断采取行动,促使成员们明确组织的基本目标,并对组织的基本目标达成共识和作出承诺"。[24]

5. 文化权力。这些领导力行为侧重于强化学校独特的价值观和信念。领导试图围绕那些最受重视的东西建立学校的传统。这是通过与他人分享学校最为重视的东西来实现的,通过新人(学生、职员和家长)教育来了解组织的价值与信念,通过讲述过去辉煌的故事来强化这些传统,或是向新人解释希冀其遵循的程序规范标准来达成。

领导的文化权力将学生、家长和教师联系在一起,使他们成为学校独特价值观念的真正信仰者。一种特殊的个人价值感和重要性因成为组织的成员而油然而生。建立专业学习社群(PLCs)是产生这种集体意识的一种深思熟虑的方法。接下来我们将关注学校改进和关系建立。

专业学习社群

专业学习社群的特点是群体成员"通过定期见面来加强他们自身的学习,服务学生学习"。[25] 杜富尔(DuFour)[26] 有三个"大观点"[27] 或"核心原则"可以用来区分该学习社群是否能充分发挥作用。第一个原则是"确保学生会学习"[28],重点应该放在学习者身上,即他需要知道什么,以及如何才能最好地完成他的学习。第二个原则是"合作文化"[29],合作不仅是表面上的努力,还应促进深入的对话和意见交换,让专业人员进行探究和改革,以改善学校的运作。第三个原则是"注重结果"[30],应通过评估学生学习来建立重要结构,以确保所有学生的学习质量。

森威治(Servage)[31] 将这些核心信念做了进一步阐释,认为:首先,教职员工的专业发展是提高学生学习水平的关键;其次,当这种专业学习社群实现合作和共治时,其专业发展是最有效的;最后,这种协作工作应该包括在日常教学实践的真实情境中的探究和问题解决。

专业学习社群可以使领导力由更直接的、自上而下的方式（第一章中所称的一级领导）转变为二级或更具参与性的模式。正如森威治所言，专业学习社群是"民主理想"、"分布式领导"以及"关系约束型"的社群。[32]

专业学习社群在帮助学校转型方面有很大潜力。然而，森威治指出了这一过程中经常出现的阻碍因素。她认为除非进行深入意见交换和对现行做法提出质疑，否则就不会发生真正的变革。她认为，只有通过转化学习实现了个人转变，组织变革才会发生[33]。（我们将在第八章中更充分地讨论转化学习这一概念）森威治[34]给我们留下了以下这句警告：

只要"数据驱动型决策"和"关注学生学习"是协同工作的唯一聚焦（这在关于学校改进研究的主流文献中几乎是毫无争议的），我们就不能期望有太多的时间或精力投入到梅齐罗所倡导的转化学习所需的批判性反思上。对协作工作而言，这种做法目光极度短浅且没有创造性。

她鼓励专业人士避免专注于"单独的技术工作"，而应处理"学习和集体工作潜在的社会和情感层面"。[35]

莱伯曼（Leiberman）和米勒（Miller）[36]还指出，要使专业学习社群成为变革的有效工具，就必须应对特殊的挑战。第一个挑战是专业学习社群的运作往往需要遵循一套"经常与其所在学校的规范和规则产生直接冲突"的规则。[37]（在第一章中，我们已经讨论了作为机器运作的学校和作为大脑运作的学校之间的冲突。）第二个挑战与"学习社群的议程内容和过程痕迹及控制"有关。[38]"随着联邦、州和地区的行政工作日益艰巨，对教师和学生学习的关注可能被推到议事日程的最后一项。"[39]第三个挑战是时间。正如这些学者所指出的，"在学科、教学方法、性别、种族和隐私观念等方面的分歧需要时间来解决"。[40]最后一个挑战是需要"在迅速变化的教师、教学和学习需求面前，维持一个作为学校组成部分的稳定社群"。

高绩效组织

高绩效组织这个词现在已经被普遍使用了。我们第一次发现它是在马歇尔(Marshall)的一部晦涩难懂的作品中。[41]在这部作品中,他描述了"高绩效"学校的五个条件。这些学校具有以下特点:

1.具有一种成果导向的学习环境,在这种环境中,所有学习者都能获得高标准的教育、社会发展和健康;

2.具有一种成果导向的学习环境,在这种环境中,教学决策和传递系统需响应每个学习者的需求、兴趣、能力、才能、学习风格和生活风格;

3.具有一种成果导向的学习环境,在这种环境中,课程评估和人力资源开发是相辅相成的;

4.具有一种成果导向的学习环境,在这种环境中,学习资源由教育者及家长与社会的共同努力下进行规划、聚焦和管理;

5.具有一种成果导向的学习环境,在这种环境中,沟通和社群参与是社会人力资源和经济发展不可或缺的一部分。

萨乔万尼观察到,在高绩效的学校里,校长不再强调"自上而下的层级结构和详细的规程来告诉人们该怎么做"。相反,校长将"人与结果联系起来而不是与规定联系起来"。有效领导的关键是只用宽松的手段就可将成员与目标紧密地联系在一起。[42]

森格为改进符合这一概念的教学过程提供了一个视角和结构。他的论文对于那些希望带领他们的学校达到新的绩效高度的校长来说是至关重要的。森格描述了建立他所称的"学习型组织"所需的技能。在这样一个组织中,领导者的责任是为员工提供参与"生发力"学习的机会。随着组织成员的学习,他们的能力和观念也在不断扩展。[43]科尔代鲁(Cordeiro)也以类似的方式指出:"一个能自主学习的组织能够以无数种方式获得成长和发展。大多数组织都是适应性的,但并非所有的组织都具有生发力。学校已经熟练地适应了外校模式。"[44]

外校模式或另一所学校的问题解决方案可能无法恰当地解决自己学校面临的问

题和挑战。模式的生搬硬套可能只会导致挫折,使本校问题得不到解决。在学习型组织中,人们会问某种情况为何是其所是并想出处理"为什么"的方法。我们应聚焦问题本身,而不是症状。

目标设定

高绩效组织的特点是召集一群有奉献精神且精力充沛的人坐到一起,审视他们组织面临的问题,并想出解决这些问题的方法。坦纳(Tanner)称这是"打破孤立的纽带",它创造了一种专业探究的氛围[45]。校长的工作是通过提出以下问题来促进这种交流:

■我们为什么要做我们正在做的事?(有关目标的问题)

■我们在做什么?我们如何实现我们的目标?(有关过程的问题)

■我们还能做得更好吗?(有关评估的问题)

校长让员工、学生和社区参与制定目标和解决问题,因为所有人都是利益相关者。在某种程度上,每个人对事物的现状均有贡献,也有责任承担。以下四项假设可以指导校长:

1. 在工作基层的人往往最了解问题;

2. 面对面交流的工作小组能做出最佳判断和变革;

3. 如果员工参与制定了组织目标,他们则会积极努力去实现这一目标;

4. 人们普遍具有主动性和创造性。

这些假设为高绩效组织奠定了基础。

任何高绩效组织都必须有明确的方向感,这是不言而喻的。一旦制定了这些目标,就需要用具体的小目标来详细说明,而这些目标的实现必须体现在课堂教学活动中。

对学校和课堂来说,对目标的充分理解和宣传是绝对必要的。学校氛围、决策的一致性、教学问责是追求高绩效的学校需要具备的三方面要素,这也是由既定目标的性质和目标制定过程的本质所决定的。简而言之,"使高绩效校长将决定付诸实践的是他们与教职工为学校制定的目标,以及为了实现这些目标,学校需要的价值观和具体行动方案"。[46]

那些共同为组织制定并实现目标的人可能是威格(Wenger)[47]所称的"实践社群"的一部分。实践社群是通过共享利益和共同参与而形成的。当人们对他们共同做的事情有激情时,实践社群就会出现。通过共同参与,他们不断学习。这种分享式学习本质上是可转化的,因为它不仅促进了个人学习,也增加了组织的集体性知识。

指令型领导模式

有效的指令型领导需要校长及他们的价值观和信念与学校周围环境之间形成一定复杂的关系。接下来我们将讨论校长的价值观和过往经历、社区期待和学校所处的制度环境。

校长的价值观和信念。校长的价值观和信念应传递给所有孩子,这也是校长对学校的贡献。当校长被问到对于孩子学习什么是最重要的,他们往往会说是兴趣。同时,大多数校长还会强调基本技能的重要性。但除了强调基本技能之外,其他事项也非常重要。

校长应对所有孩子的学习能力充满信心,这是极其重要的。对表现优异的学校进行研究,发现不论学生的种族、社会地位或性别如何,这些校长所有儿童的学习能力都有着强烈的信念和承诺。这些信念是极其重要的,因为教师员工会认同校长理念。这有力地促进了学校文化的建立,这种学校文化的特点对所有学生都寄予很高的期望。

社区影响和期望。本地社区也对校长的行为施加很大压力。市中心学校的校长发现,他们的大部分时间都花在关注学生的行为问题上,这是社区环境和家庭问题的直接结果。高失业率和高犯罪率、贫困和饥饿直接影响到学校和人们对学校的期望。处于富人区的郊区学校的校长深受社区需求和对高成绩期望的影响,拿到国家优秀奖学金、SAT高分、进入常春藤盟校以及学校运动员的身高都将成为校长的压力。

然而,对一所学校的要求和期望是可以改变的。对学校的学术要求可以通过要求测验时得高分来表达。有些社区不仅要求学生具备单纯学术能力上的卓越,他们还要求学生具备发展艺术鉴赏、好奇心、创造力、交际能力、问题解决能力、批判性思维能力、扎实的职业道德和沟通能力等品质。

社区还会影响校长的行为,因为他们愿意以资金和服务的形式直接向学校提供资源。除学校组织的学生或志愿者进行的常规募集资金之外,社区募集的大额资金通常会直接用于部分特别令人感兴趣的领域。家长和社区志愿者直接参与学校的各种活动,这是社区对学校产生影响的另一方式。

优秀的指令型领导能够很好掌握社区的根本利益,利用社区的优势,同时关注社区的需求。随着时间推移,有能力的指令型领导甚至会塑造社区对学校的期望,将社区原先满足于普通成才的目标或是对专项兴趣的期待转变成为全方位卓越的期望。

制度影响。作为组织,每一所学校都受到它所在组织群体的影响。每一所学校都是当地区域和州交织的复杂单元网络的一部分。地方学校的自主权因学区不同而有很大差异,有趣的是,甚至在同一学区内也是如此。所有学校都有联邦、州和地方课程的授权,但一些校长比其他校长能更有效地定制这些课程以满足学校的需要。例如,有个学区内的校长抱怨学区向他的学校强加学区统编课程的做法,他通过列举该地区目前高度分权的情况,最终在课程安排问题上获胜。他认为实行区级课程会把他的角色简化成一个简单的课程管理人员,而非一个领导者。

然而,该地区的另一位校长认为区级统编课程的出现实际上也是一次机会,可以汇集更多的资源来解决她所在学校的问题。她让学校大部分老师进入课程委员会,并自愿让她的学校作为该项目的试点。她认为学校对一些项目的热情参与使她有更大的权力在必要时对其他影响说不。

制度对学校的影响还表现在物资和人力资源的获取方面。学校校长经常发现他们的时间花在为这个或那个项目的资金筹募上,这削弱了他们作为指令型领导者的主要作用。如果说为了学校发展费尽心思去争取拨款还可说得过去,但是通过类似卖糖果和义卖方式来集资的活动通常都是枉费力气,还会消耗许多宝贵的时间。

学校的教职员工质量是另一个主要的制度性限制或影响力。最常见的情况是,校长在接任前后,学校的教职员工没有什么变化。影响教职员工努力的因素最初可能仅限于组织职员培训的活动。但是,通过遴选过程来提升教职员工质量可能是校长最重要且需长期坚持的行动,事实上一些研究也表明这种措施是有效的,因为校长可以让他们按照自己的行为行事。随着时间推移,校长在招聘事务上的自主权成为校长影响教职员工发展的一个主要因素。

<h2 style="text-align:center">小　　结</h2>

本章的重点是校长,其作为学习社群的建设者可以打造高绩效学校。校长担负着学习过程促进者的角色,然而,我们强调在教学和课程方面的领导并不是校长的唯一职责。事实上,只有鼓励包括教职员工、学生和社区在内的利益相关者具备领导才能,才能真正实现高绩效。尽管如此,制定高标准并以身作则是校长的一项基本领导行为。作为校长,应该促进教职员工发展、安排好时间和课程表,以使教师有机会共同努力解决教学与课程问题。

活动

1. 复习学习社群的要素,把这五个特征中的每一个应用到你自己的学校中,并举例说明你的学校达到这些要求的程度。作为校长,你会采取什么策略来克服这些弱点?

2. 复习本书结尾附录 A 所载的个案研究 9、10 及 17。分析提出的问题,运用本章提出的概念,找到解决问题的策略。你不必解决这个问题,但它必须是你现在面临的问题。根据合理的既有假设,提供一个框架。在这个框架中,即使你的问题得不到彻底解决,也应能相应地得到缓解。

3. 查找教育领导者职业标准,并复习标准六和七的有效领导者的行为。思考哪些标准直接与本章提出的内容有关。赋权的概念是如何反映在标准一中的?结合本章讨论的概念或理念理解其中一项功能。

尾注

1. Cynthia Norris, Bruce Barnett, Margaret Bassom, and Diane Yerkes, *Developing Educational Leaders*, *A Working Model*:*The Learning Community in Action*（New York, NY：Teachers College

Press, 2002), p. 5.

2. Cynthia Norris and Bruce Barnett, *Cultivating a New Leadership Paradigm: From Cohorts to Communities.* Paper presented at the University Council for Educational Administration Annual Meeting, Philadelphia, PA, 1994.

3. Cynthia Norris, Bruce Barnett, Margaret Bassom, and Diane Yerkes, "The Cohort: A Model for Developing Transformational Leadership", *Theory Into Practice* 27, no. 3/4 (Fall/Winter 1996): 146–164.

4. Peter Senge, *The Fifth Discipline* (New York, NY: Doubleday, 1990), p. 9.

5. Cynthia Norris, "Comparative Learning Within a Learning Community", *in My Place, Your Place, Our Place: Education for the Neighborhood and the World*, ed. Glenda Ross, Dianna Popova, and Gerald Ubben (Knoxville, TN University of Tennessee, 2005), pp. 130–138.

6. Sonia Nieto, *The Light in Their Eyes: Creating Multicultural Learning Communities* (New York, NY: Teachers College Press, 1999), p. 108.

7. Linda Lambert, *Building Leadership Capacity in Schools* (Arlington, VA: Association for Supervision and Curriculum Development, 1998).

8. Ibid., p. 7.

9. Senge, *The Fifth Discipline.*

10. J. Mezirow, "Learning to Think Like an Adult: Core Concepts of Transformational Theory", *Adult Education Quarterly* 44, no. 4 (2000): 158–172.

11. Ibid.

12. Ibid.

13. Nieto, *The Light in Their Eyes: Creating Multicultural Learning Communities.*

14. Ibid.

15. Louis Rath, Merrill Harmin, and Sidney B. Simon, *Values and Teaching* (2nd ed.) (Columbus, OH: Merrill, 1978), pp. 27–28.

16. Abraham Maslow, "Toward a Psychology of Being", in *The Creativity Question*, ed. A. Rothernburg and C. Housman (Durham, NC: Duke University Press, 1976), pp. 296–305.

17. Rath, Harmin, and Simon, *Values and Teaching.*

18. C. P. Alderfer, *Existence, Relatedness, and Growth: Human Needs in Organizational Settings* (New York, NY: Free Press, 1972).

19. Daniel Goleman, *Emotional Intelligence* (New York, NY: Bantam Books, 1995).

20. William Glasser, *School Without Failure* (New York. NY Harper & Row, 1969) and *Control*

Theory in the Classroom (New York, NY: Harper & Row, 1986). 这两本书都对如何促进学校价值清晰化有相当深刻的见解。

21. Thomas Sergiovanni and Robert Starratt, *Supervision: A Redefinition* (6th ed.) (New York, NY: McGraw‐Hill, 1998).

22. Thomas Sergiovanni, *Moral Leadership: Getting to the Heart of School Improvement* (San Francisco, CA: Jossey-Bass,1992).

23. Thomas J. Sergiovanni, "Leadership and Excellence in Schools", *Educational Leadership 41* (1984): 4–13.

24. Ibid.

25. Ann Leiberman and Lynn Miller, "Learning Communities," *Journal of Staff Development 32*, no.4 (August 2011), p. 10.

26. Richard Dufour, "What Is a Professional Learning Community?", *Educational Leadership* (May 2004): pp. 8–11.

27. Ibid., p. 7.

28. Ibid., p. 8.

29. Ibid., p. 9.

30. Ibid., p. 10.

31. Laura Servage, "Critical and Transformative Practices in Professional Learning Communities", *Teacher Education Quarterly* (Winter 2008): 63–77.

32. Ibid., p. 64.

33. Ibid., p. 69.

34. Ibid., p. 70.

35. Ibid., p. 72.

36. Leiberman and Miller, "Learning Communities", pp. 19–21.

37. Ibid., p. 19.

38. Ibid., p. 20.

39. Ibid.

40. Ibid.

41. R. Marshall, *Restructuring the American Work Place: Implications for the Public Sector Series.*

42. Thomas Sergiovanni, "The Roots of School Leadership", *Principal* 74, no. 2 (November 1994): 6–9.

43. Senge, *The Fifth Discipline.*

44. P. Cordeiro, "The Principal's Role in Curricular Leadership and Program Development", in *The Principal as Leader* (2nd ed.), ed. Larry W. Hughes (New York, NY: Macmillan, 1999), p. 133.

45. Laurel N. Tanner, "The Practical Affairs of Improving Teaching", in *The Principal as Leader*, ed. Larry W. Hughes (New York, NY: Macmillan, 1999), pp. 190, 194.

46. Kenneth Leithwood, "The Principal's Role in Teacher Development", in *Changing School Culture Through Staff Development: 1990 Yearbook of the Association for Supervision and Curriculum Development*. ed. Bruce Joyce (Alexandria, VA: ASCD, 1990), pp. 71 – 90.

47. Etienne Wenger, *Communities of Practice: Learning, Meaning and Identity* (Boston, MA: Cambridge University Press. 1998).

选读篇目

Blasé, Joseph, and Peggy C. Kirby, *Bringing Out the Best in Teachers: What Effective Principals Do* (Newbury Park, CA: Corwin Press, 1991).

Christman, J. B., and J. A. Sopovitz, "Small Learning Communities that Actually Learn: Lessons for School Leaders." *Phi Delta Kappa* 86(2005): 649 – 651.

David, J. L., "Small Learning Communities." *Educational Leadership* 65, no. 8 (2008):84 – 85.

Dufour, R., "What Is a Professional Learning Community?" *Educational Leadership 61*, no. 8 (2004): 6 – 11.

DeFour, Richard, and Robert Eaker, *Professional Learning Communities at Work: Best Practices for Enhancing Student Achievement* (Bloomington, IL: National Educational Service, 1998).

Griffin, Gary A., "Leadership for Curriculum Improvement: The School Administrators Role", in *Critical Issues in Curriculum. The 87th Year – book of the National Society for the Study of Education*, ed. Laurel Tanner (Part 1, pp. 244 – 266) (Chicago, IL: University of Chicago Press, 1988).

Hammond, Linda Darling, *The Right to Learn* (San Francisco, CA: Jossey – Bass, 1997).

Hord, S., "Professional Learning Communities: Educators Work Together Toward a Shared Purpose." *Journal of Staff Development* 30, no. 1 (2008): 40 – 43.

Hord, S., and S. Hirsh, "The Principal's Role in Supporting Learning Communities." *Educational Leadership* 66, no. 5 (2009):22 – 23.

Huffman, J., "The Role of Shared Values and Vision in Creating Professional Learning Communities". *NASSP Bulletin* 87 (2003):21 – 32.

Huffman, J. B., and A. L. Jacobson, "Perceptions of Professional Learning Communities". *International Journal of Leadership in Education* 6 (2003): 239 – 250.

Javius, E. L., "Skills for Courageous Leaders". *Leadership* 38, no. 3 (2009):30 – 32.

Johnson, R., "Using Collective Wisdom". *Principal Leadership* (*Middle School Ed.*) 6, no. 4 (2005): 37 – 38.

Kelehear, Z., "Mentoring the Organization: Helping Principals Bring Schools to Higher Levels of Effectiveness". *NASSP Bulletin 87*, no. 637 (2003):35 – 47.

Lambert, Linda, *Building Leadership Capacity in Schools* (Arlington, VA: Association for Supervision and Curriculum Development, 1998).

Lambert, Linda, "A Framework for Shared Leadership". *Educational Leadership 59* (2002): 37 – 40.

Lampress, B., "Ten Strategies for Staff Empowerment". *Principal Leadership* (High School Ed.) 4 (2004):32 – 37.

Leithwood, Kenneth A., "The Principal's Role in Teacher Development," in *Changing School Culture through Staff Development: 1990 Year – book of the Association for Supervision and Curriculum Development*, ed. Bruce Joyce (Alexandria, VA: Association for Supervision and Curriculum Development, 1990), pp. 71 – 90.

Little, J., "Inside Teacher Community: Representation of Classroom Practice". *Teacher College Record* 105 (2003):913 – 946.

Meier, Deborah, *In Schools We Trust: Creating Communities of Learners in an Era of Testing and Standardization* (Boston, MA: Beacon Press, 2002).

Norris, Cynthia, "Cultivating Creative Cultures". in *The Principal as Leader*, ed. Larry W. Hughes (2nd ed.) (New York, NY: Macmillan, 1999).

Norris, Cynthia, Bruce Barnett, Peggy Basam, and Diane Yerkes, *Developing Educational Leaders, a Working Model: The Learning Community in Action* (New York, NY: Teacher's College Press, 2002).

Protheroe, N., "Professional Learning Communities". *Principal* 83, no. 5 (2004):39 – 42.

Schaps, E., "Creating a School Community". *Educational Leadership* 60 (2003):31 – 33.

Schomburg, G., "The Principal as a Systems Thinker." *Principal* (March/April 2008): 20 – 26.

Senge, Peter, *The Fifth Discipline* (New York, NY: Doubleday, 1990).

Senge, Peter, et al., *Schools that Learn: A Fifth Discipline Field Book* (New York, NY: Doubleday, 2000).

Sergiovanni, T. J., "Collaborative Cultures and Communities of Practice". *Principal Leadership* 5 (2004): 48 – 52.

Zepeda, S. J., "Leadership to Build Learning Communities". *The Educational Forum 68*, no. 2 (2004): 144 – 151.

第三章 决　策

如果组织里的团队得以参与决策过程,他们就应该有做出决定的权力。但假如团队只是用于建言献策,那么这个组织就失去了真正的团队优势,即群策群力优势。

——詹姆斯·索罗斯基(James Surowiecki),《群体的智慧》[1]

决策"是管理中特有的行为,是管理过程的核心……"[2]决策为校长们提供了一个实现自身价值和信念的平台,因为决策反映了"行动的哲学",并向人们指出了管理者和学校所要努力"改变和维护"[3]的事项。"不能否认决策过程的价值"[4],所以决策与校方通过使命、理念所传达的内容是否一致也会决定学校及其管理者的公信力。

决策是一个复杂的过程,因而人们对一项问题的所有方面都应进行考量。在本章中,我们将探索决策的要素、多种多样的观点所带来的整体效果、能够帮助进行可靠决策的伦理框架以及决策过程中个体和组织的作用。此外,针对上述问题,我们将以两个经典决策模型作为理念蓝本来指导决策过程和决策的制定。我们首先介绍一下所有决策中会涉及的基本要素,之后我们再展开讨论。

决策的要素

为了使各位读者充分地认识到决策的复杂性,我们需要透过表面去挖掘所有决策中所涉及的核心要素。霍奇金森认为其中有"三大必备要素:事实、概率和价值"。[5]赫尔曼[6]将它们统称为"全脑模型",并在该模型下细分了"逻辑型、组织型、交流型和空想型"。逻辑型和组织型是理性的(由左脑进行的)分析过程。交流型和空想型是感性的(由右脑进行的)思考过程。因此,按照赫尔曼的观点,优秀的决策是"全脑"参与的过程。[7] 无论我们从单纯的神经学角度还是从思维模式角度来理解赫尔曼的模型,得到的结论都相差无几,即无论在何种情况下,这都证明了公平决策的重要性。下面,就让我们更详细地了解这些要素。

首先,对于任何问题,我们必须认清所掌握的事实或信息。所有的矛盾细节都已经完全理清了吗?我们已经搜集到所有能够帮助进行有效决策的信息了吗?有时为了尽快做出决定,我们来不及集齐做出有效决策所需的所有信息。

其次,我们知道哪些人会受到决策的影响吗?他们的反馈是什么?决策将对他们产生怎样的影响?决策对所有的当事人来说都是公平合理的吗?即使我们的出发点是从道德角度实现善意的最大化,我们也必须认识到我们还是有可能未发现一些无法满足其自身需求的边缘人物。事实上,即便是最友善的决策,仍然可能对一些决策制定前并未顾及的个人或者团体造成麻烦。

再次,我们考虑到所有的情况了吗?我们已经考虑到特殊情况了吗?我们的决策新意十足吗?一直贯彻这样的思路或许不能为我们提供最佳方案。正如德·波诺(De Bono)所说,这种处理模式(经常被称作纵向思维)倾向于"只是在一个洞里不断深挖。"[8] 这种方案虽然能够使我们获得预期之内的结果,但效益也因此降到了最低。横向思维(即打破定势)可能会造成风险或是不确定性,但是它可能会带来更好的结果。

最后,我们的决策是否成形?我们的决策是否灵活,是否具有可操作性?能适当地组织起来吗?它的实行会带来其他始料未及的问题吗?系统思考帮助我们从正反两方面去更充分地理解我们的决策是如何牵一发而动全身的。

当独自做决策时,我们往往更难恰如其分地认清所有的要素。这一事实证明了群体决策的必要。通过群体决策,观点会更加丰富,过程会更加公平。如果我们在构建团队时更注重模式和偏好的差异化而不是更注重风格和喜好的一致,那么这一点就变得尤为重要。在下一节中,我们将更充分地讨论迈尔斯—布里格斯类型指标(MBTI)。[9] 迈尔斯—布里格斯类型指标是从心理思维模式的角度来研究这种构建团队的方式。多样性使得协同情况出现,各种复杂的情况更受关注。每一成员可以贡献一些源自他们独特想法和视角的知识。当所有人的想法像拼图一样拼在一起时,我们就得到了完整的答案。

决策过程中的协同

在《天资差异》[10]一书中,迈尔斯和布里格斯使得我们能够正视有效利用差异所产生的力量。他们通过分析个体的差异化优势,划分出解决问题的四大基础类型:外倾/内倾、感觉/直觉、思考/情感、感知/判断。虽然一个人身上可能会同时体现这四种类型,但是总会有一种类型是起支配作用的。换句话说,个体在生活和决策时主要依靠他们占支配地位的思维模式。这对我们理解群体决策非常重要,因为如果团队成员所持思维模式不尽相同,那么灵活多变的协作模式就产生了。这四种类型与决策所必备的四种模式"逻辑型、组织型、交流型和空想型"[11]密不可分,这就为做出更加公平的决策创造了条件。

决策的质量不仅受到思维模式的影响,还包括组织地位、阶级水平和教育背景等其他因素影响。如果能对这些附加因素加以综合考虑,那么人们更有可能做出良好的决策。近些年,决策团队的扩展更受到人们的关注。学校本位管理部门和联邦政府赞助了诸如"第一条款"以及"特殊教育"在内的一系列计划,也已强制要求家长参与决策。虽然这些措施可能到位了,但是人们并不总是充分理解或彻底执行。管理者往往还是通过开会讨论、经验感知等机制来控制大部分的决策。来自少数族裔的父母也无法常常全部参与到决策程序中。但是,我们究竟需要将哪些个体纳入决策过程?我们将在下一节探讨这一内容。

利益相关者

目前,有诸多著作讨论是否将利益相关者纳入决策过程。何为利益相关者?利益相关者这个词的定义是:与一件事情具有直接利益、参与这件事情或者进行投资的个人或者组织。就学校而言,利益相关者就是(专业或者非专业的)学生、家长、护工等个体,家长—教师组织和支持者俱乐部等联合组织,地方企业和所有纳税人。所有人都被纳入这一过程了吗？是的,这也证明人们盲目地鼓吹学校领导层须将"利益相关者纳入决策实践"的这一观点何其错误。让每个人参与到决策中,这个想法本来就足够愚蠢的了,况且盲目鼓吹也不是什么高明的做法。

重要的是认清要让哪些人参与进来,什么时间,参与度如何。和个别学生有关的决策使可选的利益相关者受到限制:学生、监护人、涉事教师、校长或者校长的代言人。关于额外收取新建校舍所需税费的决策会涉及更多的人或是代表。董事会成员、主要企业、家长、工作人员、社区领袖和学生都在其中扮演了重要的角色。在此过程中,在无数的决策中都需要评估究竟谁是主要的利益相关者和他们涉及的利益是什么。

若想解决特定问题,那么主要关切点便是如何准确地识别恰当的利益相关者,并找到让各个利益相关者参与其中的最有效办法。最好的参与方式究竟是设立焦点小组、特别小组、行动委员会、提供信息的新闻媒体还是其他方式？参与的本质是什么？提供意见、咨询服务以及进行信息交换都属于参与活动——没有完全合适的表述。在本章的后面讨论决策过程时,我们还将更多地探讨如何纳入各种类型的利益相关者。

决策的伦理观

领导作用的要素

斯塔雷特(Starratt)[12]指出,校长在管理决策以及发挥领导作用时应从三大道德要素出发:责任感、可靠感以及现实感。只有具备这三大能力,校长在做出决策时才更有可能符合伦理要求,甚至为最脆弱的群体造福。我们将讨论上述三项因素,并将它们与决策这一概念相结合。

责任感是指"假设负责人将在做出具体决策的时候拥有足够的判断力",同时,这些决策将会"需要对具体情况下的环境以及价值进行应有的考虑"。[13]责任感包括以下两项内容:(1)不造成危害的责任感;(2)在解决问题中怀有"积极"态度的责任感。[14]各类人群均有各自担负的责任。个体肩负着生而对自己和对他人的责任,比如身为学生、教师、家长、学区管理者、专业人士所应担负的责任。此外,人们还承担着对更大范围社会的责任,这其中就包括对州监管机构、联邦监管机构以及对民间社会的责任。

这样,我们马上就能发现校长所需考虑问题中所涉及的错综复杂的情况。我们时常需要应对的冲突情况便是,我们对特定群体和个体担负的责任高于对其他群体和个体。在这种情况下,校长须认识到,对学生的责任才是第一位的。[15]

可靠感的主要表现形式便是真挚。实现真挚的第一步就是深度了解和接纳自己。领导层须反思自己的价值观和信仰,找出自身的优势和劣势,之后再在完全接纳自己的前提下做出回应。言行一致或做出的决定能够带给人们可靠感。这时候,投桃报李的情况便会出现,一个人的真诚会促使他人在彼此的往来中敞开心扉。这种敞开心扉会使得领导层能够深入了解问题的本质,进一步深入理解这些问题造成的不便、担忧甚至是绝望。

现实感是最后需要考虑的一项因素。所谓的现实感并不只限于物理层面的现实,这种能力还包括人的感情以及认知能力。我们是否真的感到个人或者群体受到了决策的影响?我们是否从他们的立场上出发了呢?我们能否感同身受,体会他们的难处和痛苦?斯塔雷特指出,现实感可以分为三种:"肯定现实",即承认和接纳他人是有价值的这一事实;"判断现实",这是指能够考虑到自己和眼下情况可能会对良好的关系造成阻碍;以及"赋能现实",这是指"传递尊重、提供信心",让他人也能发挥在自己领域内的作用并提供解决方案。[16]

这三大要素在发挥领导力方面并不是孤立存在的。能够在决策过程中三者并用,发挥它们重要的指引作用至关重要。我们将在下一节讨论支撑这三大要素的框架。

关怀、公正、批判的伦理

在《建造伦理学校》一书中,斯塔雷特[17]主张领导层在管理学校时考虑三方面的伦理因素:公正、关怀以及批判。传统上,学校都从公正这一强大的伦理观念出发,公平、正义以及个体权利则是这一伦理观念下的基石。我们曾见到,这一伦理观念对形成机构框架的政策和程序以及学校运行所需的政策和程序所起到的关键作用。"公正"这一伦理观念可追溯至柏拉图和亚里士多德的作品中,在之后约翰·罗尔斯(John Rawls)的作品中也有所体现。[18]最近,科尔伯格(Kohlberg)的作品中也体现了这一观念。[19]科尔伯格强调,道德发展的基础是发展的连续性。在促使人类进行群体生活并将集体利益置于个人利益之上方面,公正这一伦理观念功不可没。公正基于的原则便是实现多数人的利益最大化,间或为少数群体制造不公正的环境。

"关爱"这一伦理观念是从女权运动演化而来的。《不同的声音》一书[20]对科尔伯格重男轻女的观念提出质疑。同时,该书提出女性应更多地在集体中或通过社区与关怀而不是个体权利来发展她们的道德思考。从另一个角度来看,关怀既是"美德",也是"品性"。个体学习关怀的过程可以分为三阶段:(1)关怀自我;(2)关怀他人;(3)同时关怀自己和他人。关怀是一个深入而且始终如一的过程,包括以下几个阶段:

(1)关注或注意到需求的存在;(2)提供关心或者发掘他人需求得到满足的状况;(3)给予关怀:实际提供关怀或与有需求的人进行接触;(4)接受关怀:理解得到关怀的脆弱群体并注意不要利用他人的脆弱之处。这一层面的关怀仍是为了确保得到关怀的对象确实满足了自身的需求。

关怀和公正这两大伦理观念互为补充,为做出决策提供了一体化的解决方案。最后一个重要的伦理观念是"批判"的观念。这一伦理观念产生于批判理论,并为质疑现有行为是否合理提供依据。"批判"的伦理观念为基于社会正义的决策提供了公平和正义的基础。

决策制定:一种观点

我们认为决策制定是一个解决问题过程所带来的结果,而不仅仅是一个最终可见的行动。要做出好的决策,有必要对问题进行分析,并选出最佳决策过程。甚至一些看似简单的问题也需要经过思考和对结果的预测方可得出。这不需要很长时间,花费一点时间去琢磨问题,我们就能省去很多麻烦。请看下面的案例。

【案例研究】

一天早上10点左右,一位从业多年的公交司机米奇·费尔德(Mickey Felder)来到我的办公室(L. M. H.)。正好在两个多月前,我首次到这个拥有2300多名学生的学区开展监察。当时是9月底。

他说:"主任,我负责的 5 路车遇到了问题。"我请他坐下,问他问题是什么。(错误 1——我不是公交线路的规划者。)

他补充道:"你知道(我并不知道),5 路车发车后,很快就到北托马斯街(North Thomas Street)的公路铁路交叉路口。每天早上我准备接孩子时,就在特定的时间内有一辆货运列车阻断这个路口。我等啊等,结果就是我到终点站东南小学晚了。校长和教师都抱怨,因为孩子们在最后的铃声响过之后才到校。"

"我想做的是从另一个方向发车,那我就能够避免因货运列车耽误时间,因为到时候道路就通畅了,孩子们也能准时到校。这样行吗?"

我的回答是:"米奇,我觉得有道理,干吧。不过要告诉孩子们一声,让他们知道这事。"一个简单的问题解决了,接着我就去处理当天的其他工作。

这个问题并不简单,事情也并非表面那么简单。事实上,直接结果就是会产生很多不必要的苦恼、混乱和尴尬。我、运输管理者、一些家长,最终还有米奇·费尔德都会感到难过。(正是我给米奇带来了苦恼。)但,最终只有我一人尴尬,这是为什么呢?事实是:

■ 在北托马斯街路口,早上并不存在定时经过的货运列车。

■ 学校系统尽管很小,但确实有一个交通主管。

■ 米奇仅仅改变了早上公交车线路的方向。因此,下午那些最先上车的孩子们留在最后才下车。

■ 在公交 5 路车线路中有一条公路干线。这条线路最初就被规划为在靠家门口一侧接送孩子,现在他们必须穿过这条公路。

■ 米奇与乘坐他这辆车的孩子的家长中的三位关系不和。这些孩子是先上车的乘客,他们住在公路干线边上。

人们轻而易举地便可判断出前四个事实,但这并不重要,重要的是这决定不应由我来做!任何理性的决策过程,第一步就是决定决策"应当由谁来做"。这是我的职责所在吗? 不,这是交通主管的职责,他可能在一分钟之内就能处理好这个问题。

当问题进一步发展时,我未搜集任何信息而做出的轻率决定,造成了与另一位利益相关者——交通主管之间的矛盾。我们彼此不了解对方,在一起工作的时间还不足以使我们建立信赖的关系。据说,他曾愤而质疑,我认为什么决定该由他来做——也许是重新编排课表。(我花了很长时间、再三做了保证后才与他重归于好。)此外,家长也很愤怒,因为孩子们也处于危险的境地,并且要花费很长时间来安抚不服从的公交司机。这就是仓促行动和愚蠢决策所付出的高昂代价。

决策情境

问题呈现的方式各种各样,它们在内容上、问题解决的程序上、对组织及其成员影响的类别上都有所不同。什么时候应该直接做出单方面的决定呢?又是什么时候应该让其他人参与到达成共识的过程中呢?

考虑决策情境比考虑具体的决定更有用。问题大体上可归为两种决策情境:结构性情境(常规、反复出现的问题)和多选择的、非结构性的或创造性的情境。

结构性的决策情境

学校组织发生的很多事情从本质来看都是会再次上演的。建立有序的、以目标为导向的学校,前提条件是采取大量已经证实的、可信赖的、有效的活动,而这些活动在做出一系列合理的习惯性的决策后才会得到制定、监控和终止。

任何给定问题的应对情况都可能明显受限于法律、政策或习俗,以及受时间限制和受决策影响的小组的经验。考虑到特定的环境或一系列情况,校长可以预料到某些问题会经常重复发生。教职工们希望能够建立常规反应机制,以便他们工作受到的损失达到最小。为了尽可能实现这一目的,应该实现应对反复出现问题的决策及相关决策过程的常规化。

需要出台书面政策。 规范学校环境,这样就能以最小的损失解决那些反复出现的问题,也能起到防患于未然的效果。必须在教职工和学生参与下制定一份学校政策和规章制度手册。校长们可以通过"批判的伦理"来检查政策,以保证这些政策不仅符合公平正义的要求,而且在"关怀的伦理"上也考虑到了最弱势群体的利益。双闭环的学习过程有助于在涉及"应该是什么"的情况下判断"应当怎么做"。制定或重申政策时应该基于这些需求。

这个手册中应包括教师、顾问、管理者以及学校的五个职能部门(学生服务、教职工安置和人事管理、校舍管理和财政运作、公共关系以及课程和教学发展)中每一部门人员的基本职责。仔细描述依据功能而划分的各类人员的角色和责任,详细说明沟通的渠道,并回答普遍的程序性问题。重要的是,文件制度也应该清楚地说明学生的责任——每一个学生都应该遵守学校的规章制度。同样重要的是,需要确保规章制度对所有群体都是公平的。校长们应该考虑他们是否是按照责任感、可靠感以及能力的伦理标准施行这些制度。

在认真编写的制度手册中,应将具体的管理任务派给指定人员,这种方法能够确保必要的稳定性。这类文件阐明了"谁的任务是什么"的问题,并且允许校长对异常情况进行管理而不是直接参与所有的决策。

常规决策过程的重要性。一个管理良好的学校不需要校长的经常参与,常规性的日常活动便可进行。校长的主要责任不在于维持学校的日常运作,而在于营造良好的组织环境,以便学校的运转足以应对多变的需求与不断出现的机遇。

因此,结构性或常规性的决策,虽然包含从相当重要到一般的问题情境,但也最好制定规范:当公布或实施决策时,相对来说不会对个体或组织带来什么压力。但在另外的情境中,比如存在多种可供选择的方案或者没有可被接受的选择方案时,情况就往往不同了。

多种选择的、非结构性的和创造性的情境

虽然许多校内决策以及与学校有关的决策是结构性的,且可选方案十分有限,但仍会存在许多可选方案的情况,而且校长可能会面临无数的可能性情况。其中许多选择可能看起来在价值上不分伯仲,或者缺少充分的信息基础来判断选项的效果。

意料之外的问题、特殊的情境和瞬息万变的环境,都是组织生活的特征。这种情境下的决策通常需要人们"跳入未知领域"——创造性的解决方式本身会给个体和组织带来压力。在这些决策情境下,就需要从理性的决策转向更依靠直觉或者做出更具创造性的决策。

组织或个人并非必须感性或理性。作为解决问题的团队或个人,如果能充分利用这两种取向,则肯定会取得成效。组织中的创造性过程若想发挥作用则需要一个结构或框架。在考虑特殊框架之前,如果我们首先审视一下创造性的解决过程本质是什么会更有帮助。

创造性解决问题的过程

经典的创造性解决模型包括下述四步:(1)收集信息;(2)形成信息;(3)灵感;(4)确认。这四步证明了在解决未知的问题上使用理性和感性思考过程的必要性。

收集信息本身是一个需要分析以及感性的过程。人们收集并分析信息,大量收集人们对于信息的优质评价。这个过程进行得越好,那么最终就越可能获得好的结果。转化信息包括思考、讨论、反思和让收集的信息酝酿和孵化的一系列过程。灵感就源于这一过程。当想法突然萌生,我们得到解决方案之时,会不由地发出"啊哈"的赞叹。方案是变化的,最后一步是确认。我们萌生的想法需要从逻辑上说得通,并且从实用性、伦理学、办学宗旨以及办学理念一致性等角度,我们能够证明这些想法的可行性。创造性的解决模型生动地向我们展现,保证解决问题的团队能够拥有多种多样的思维风格以及思考角度是多么重要的一件事。

最近,由于人们认为发掘问题以及解决问题(或是解决问题的感性和理性方面)是紧密相关而非相互独立的过程,因而人们将创造性解决问题的过程分为三个不断交替出现的过程。[21]基于上述见解,创造性的解决问题中会涉及下述重要因素:(1)理解问题;(2)产生观点;(3)计划行动。

整个过程的第一步是理解问题,其中就需要解决问题的小组(或个人)分析问题,"确定是否需要审慎地设计问题结构以及何时需要审慎地设计问题结构"。如果人们认为这一问题是无法直接运用理性解决的,那么就可以通过"发现困境、发掘数据、发掘问题"的方法解决问题。[21a]这些均为根据"问题本质"而得到的"发掘问题"的方法。

通过这些方法,人们希望能够发掘并更为清楚地定义问题的本质。

第二步便是确定观点。在此处,通过不同的方法调查既定问题,并进而考虑和发掘观点。通过"发掘解决方式"的过程,人们能够根据情况适当与否来创造、简化选项并优先考虑一些选项。随后需要进行的便是"发掘接受度":去发现拥有多少协助者(支持者)以及有多少"反对者"。最后,解决方式得以确立并在形成"行动方案"之时形成框架。[22]

这种新的创造过程模型与传统的创造模型不同,因为这一过程中的三大因素并非孤立存在。这些因素可以交替出现,与此同时,若是任何因素为人们提供了信息或想法,也会使得人们重新思考此前已经考虑过的因素。

非结构性的、创造性的决策技巧

除了上述的创造性解决模型之外,还有一些技巧能够帮助人们解决这种非结构性的本质问题。对于创造性的过程模型中的萌生想法或接受想法阶段而言,这些技巧尤为有效。其中人们通常把所有的技巧归纳为五大技巧:头脑风暴法、专家调查法(德尔菲法)、名义群体法、焦点群体法、共识决策法。希望深入探讨这些技巧的读者可以参考本文附带的网上补充材料。

决策过程:典型模式

从单方的"这是必须做的"强制性过程到实现达成一致的决策,其中一系列的问题解决过程都是由学校管理者负责的。成功的校长总是运用一系列的技巧和程序来做出最可行的决策。

在政策制定的复杂性和动态性方面,很有可能没有比梅尔(Maier)、弗鲁姆和耶顿(Vroom 和 Yetton)以及弗鲁姆和杰戈(Vroom 和 Jago)创建的模式更具体洞察力了。弗鲁姆—杰戈模式,同梅尔模式(Maier Model)一样,都是一个思考的过程而非解谜游戏。二者并未向管理者指出究竟应该做出什么样的决策,而是说明最好的决策过程是什么样的。

这些模式可以帮助管理者理解重要决策的复杂性,以及任何单独决策过程的影响和是否会取得成功。他们是用来促进目标的,而非阻碍达成目标。

无论弗鲁姆—杰戈模式还是梅尔模式,都致力于提供必要的途径,来提高员工和其他人在决策制定中的参与度。

梅尔模式

梅尔和佛塞尔(Maier 和 Verser)[23]讨论了决策者将两种不同因素纳入考虑的必要性:决策需要保证质量以及确定决策能为下属接受的程度。

决策的质量是指在问题解决过程中,人们除了要考虑次要动机以外,还需要考虑实现组织的目标和保持对组织的控制。这个决策从技术上来讲是合理的吗?它是建立在充分的信息基础之上的吗?

决策的接受程度是指利益相关方在落实决策时的忠实度。一旦遇到管理者依靠下属落实决策的情况时,接受程度就变得非常重要。任何需要做出行为改变的决策都要求相关人员忠实执行。相关方参与的性质很大程度上取决于所需解决问题的复杂性,取决于为保证决策得到合理实施而要求受决策影响的人对行为改变的程度以及相关方对单边决策的接受程度。

象限相互作用。利用所需的专业技术(决策的质量要求)和团队的接受程度(需要真心服从或改变行为)两个因素作为主要的决定因素,可以创建一个能够对参与性问题做出解释的坐标图。梅尔模式图表可以从文末注释所列的网站上获取。[24]

对决策质量和相关方接受度要求都很高的象限向管理者提出了最为严峻的挑战。若想达成这一象限中的那些决策,就需要具备大量的专门知识和技能。同时,无论该方案从技术角度来讲有多么优秀,为了保证方案得以实施,团队还必须有很高的接受程度。也就是说,决策必须能得到相关人员的"全心全意的服从"。无视团队的需要和想法,就可能出现无人服从的情况。什么样的问题会归入这一象限呢?其中肯定包括课程的变化,还有可能包括预算的改变。其中大概也包括涉及众多学生的学校政策变化及学校规章制度。若要解决这一象限中的问题,就需要管理者有优良的人际交往技巧和在有关问题上的技术才能。

左上象限(高接受低质量)描述了这样的情境,即团队情绪可能很紧张,但不需要团队拥有大量的专业知识技能,因为问题并不复杂。解决方案有很多,但必须是公平的,且对团队的需求能做出积极反应的方案。解决这类问题的合适方式有:成立顾问委员会,将决策授权给某个常设或特定机构,或者与受影响团队的管理者进行非正式协商。

右下象限(高质量低接受)中的决策,会在技术层面上影响组织特性,但对组织人员没有很大影响。设备的选择、无冲突规划的设计、管理信息系统的设计以及其他一些问题都可能归入这一象限。

从属于最后一个象限(低接受低质量)的决策,既不需要人们拥有很高的技术能力,也不用考虑敏感的人际关系。只需要人们能对简单问题提供具体的解决方案。时间是唯一关键的要素。其要求管理者必须及时做出决策,以便组织成员能够有序、高效和熟练地开展工作。

梅尔模式是很好的分析工具。它强调了要选择最优的决策过程取决于对问题性质和工作小组性质的分析。

弗鲁姆和耶顿[25]以及弗鲁姆和杰戈[26]拓展了这些概念,并且为尽可能得出一个最可行方案的决策过程打下了基础。良好的决策制定已向人们证明,有效的领导取决于对问题情境的了解,取决于正确评估要取得成功所需要的参与情况以及"权力分享"的情况和制定参与形式。[27]

弗鲁姆—杰戈决策过程模式

在早期的研究中,弗鲁姆和耶顿发展出了能够帮助管理者获得最优决策过程的决策树理论。基于这一理论,弗鲁姆和杰戈进行了随后的研究。弗鲁姆和耶顿根据管理者做出决策的方式将可能存在的决策行为划分为五种类型,分别为AⅠ型、AⅡ型、CⅠ型、CⅡ型和GⅡ型。这五大类型按照参与度以及为下属赋权的情况进行了排列。只有在最后一种类型,也就是所谓的GⅡ型中,才会出现管理者为团队或他人给予决策权力的情况。这一类型适用于一些权变模型,比如赫西和布兰查德(Hersey 和 Blanchard)[28]所提出的模型。它也与本文第一章提出的教育型/转换型领导力模型相契合。从 AⅠ 型移向 GⅡ 型也就意味着在第一和第二章讨论的"全域领导力模型"中阿沃利奥[29]所提出的从"一阶变化"到"二阶变化"的转变。

在 AⅠ 型中,管理者只会查阅可获取的信息并做出决策。AⅡ 型决策在信息收集时会需要其他人的参与,而参与者可能不知道为什么需要这些信息。AⅠ 和 AⅡ 型都是完全的单边决策过程。

在 CⅠ 型决策过程中,管理者与一个或多个下属单独讨论问题,征求每个人的建议并做出决策,但建议不一定会被所有人接纳。在 CⅡ 型中,管理者将多位下属召集起来一起研究问题。然而,在管理者做出最终决策时,也不一定会采纳他人建议。但好处就在于,如果所有在场的参与者均掌握重要信息,那么可以分享信息并可能达成协同效应。

在 GⅡ 型决策过程中,所有关系到一致决策的要素都能呈现出来。管理者与相关团队分享问题,而团队作为一个整体,提供观点、评估观点和提出可能的方案。管理者的身份是会议的主席或召集人,但不会试图对最终的决定做出压倒性的影响,同时该管理者也乐于推行可能会获得团队支持的任何方案。

从梅尔和佛赛尔的质量和可接受性的维度考虑来看,管理者该如何做出技术上可行、工作组乐意推进的最可行的决策过程呢?这取决于问题中方方面面的内容,也取决于管理者对于这些方面实质的判断,而对实质进行判断是管理者永远无法逃避的责任——管理者需要对任何一个类型均做出准确判断。判断需要关注五个方面:

1. 问题的明确界定(问题本身是什么,而非应该是什么)。

2. 管理者和下属所拥有的信息量。如果需要更多的信息,那么他们是否知道去哪里获取。这一点决定了问题是否能够得到精心解决。对于"未结构化"的问题,当前不存在任何信息,不了解获取途径,或者可能存在多种答案。高度结构化的问题能够为方针政策提供引导。

3. 下属能否接受管理者的单边决策。

4. 下属能否与领导或下属同心协力,共同达成好的决策。

5. 管理者在多大程度上察觉到了下属对于所选方案的不一致意见。

弗鲁姆和杰戈延续了弗鲁姆和耶顿的研究,并做了改进和提升,但是概念框架和基本假设仍保持不变。

时间为导向考虑。解决问题所需的时间可能对团队成员参与问题解决的程度和参与方式有很大影响。与其他决策模式相比,CⅡ和GⅡ需要投入更多的时间。问题是否值得人们所付出的工时,是否值得整个团队齐心协力做出优质的决策?

即使决策的质量没有那么关键(比如,存在很多备选方案,任何一个都足以解决问题),但决策的可接受性很关键,并且这样的决策不大可能来自单方面的决定,因而时间的投入是必要的。然而,需要考虑的一个重要问题是对时间的恰当运用。CⅡ和GⅡ决策模式确实耗尽了下属和同事的时间和精力。由校长和8个其他成员组成的咨询小组参加一个为期4个小时的集体会议需要36个工时,多少其他重要活动因这次会议而被耽误或取消?

发展为导向考虑。人们可以从学校教职工和学校社区广泛参与的决策中吸取经验教训。这种参与能促进思想交流,提高相互信任、高绩效标准和团队能力。它也使员工的领导力得到提升。

但是,决策技能需要培养,而且工作团队若想提高这些技能就需要得到一定的帮助。我们会在第八章就发展人力资源进行更为全面的讨论。现在,请大家设想这样一个场景,一个有着诸多新员工的学校或者部门,一个授权实行学区管理的学校,或与此类似的,受委托的教师或社区顾问委员会,如果其成员到目前为止还未参与过组织决策或不了解组织决策,那么校长就有工作可做了。这样,校长可能会运用CⅡ或GⅡ模式和新小组一起解决一些一般性问题,为团体协作奠定基础。本章的后半部分我们会讨论如何建立一个适合集体决策的架构。

决策树。决策树这一形式有助于选出最佳的可行决策。决策树的分枝由8个用"是"或"否"来回答的问题构成。只有当要解决的问题得到明确界定之后,"才"能回答出下述问题。

1. 决策的质量重要吗?

2. 下属对决策的责任心重要吗？
3. 管理者制定优质决策所需的信息充分吗？
4. 问题结构化了吗？[30]
5. 如果管理者独自做出决策，下属一定会服从决策吗？
6. 下属对解决问题过程中要达成的组织目标认同吗？
7. 下属间可能会因为所选方案产生冲突吗？
8. 下属制定优质决策所需的信息充分吗？

决策过程模式的意义

运用梅尔模式或者弗鲁姆—杰戈决策树这样的工具来分析问题并不意味着人们就不需要做出灵活的判断了。实际上，若想有效地运用这些模式就需要保持高度的敏锐。管理者追求最可行的决策——这一决策为解决长期的问题或缓和问题所造成的矛盾提供了可能，而那些最易受到影响的人也将努力参与。这里所述的过程就是用来引导管理者制定出此类决策的过程。

上述理性决策过程的出现为减少风险和分析相关情境的优劣打下了基础。决策树、梅尔模式以及其他任何理性决策过程都是管理者用来实现最可行决策的工具。这些模式并不是思维的替代物；相反，他们推动决策者去思考，从而为可靠的判断提供基础。

解决问题

组织、团队或校长，需要直面恶劣事件，或者需要为达成某些既定的目标选择方案。这些就是实际上需要解决的问题。

将决策制定等同于问题解决的观点能够帮助人们拖延行动或在稍晚时候再做出判断。这样，人们就可以在得到特定的行动方案之时，再做行动。而且，并非所有问题都值得做出反应。有些问题看似不需要人们深度思考，但仓促地"解决"这些问题只会引发更大的其他性质的问题。有些问题不重要，可能易被忽略。还有一些问题是别人的、与己无关的,应该找到相应的人负责。因此,首先要做出的决定是确认问题的性质和严重程度。

图 3.1 描绘了一个理性解决模式或决策模式。不管问题是否复杂,比如如何应对压力团体提出的问题,或者(相对简单的)怎样照顾一位生病的学生,思考过程都是一样的。照顾一位生病的学生可能用不了多少时间,但假设这个学生真的病了,并且和这一学生沟通的问题是校长或副校长的责任的话,那么显然这一决策过程中剩下的步骤就对应了图 3.1。

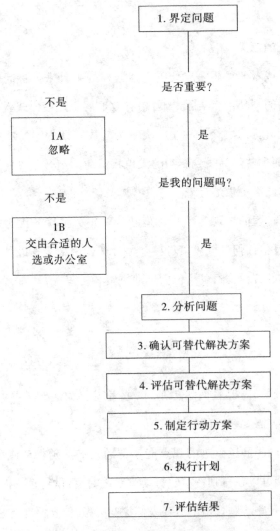

图 3.1　理性决策制定:系统性解决问题的步骤

在分析问题的过程中,应该考虑法律后果和学区政策。法律后果和学区政策提供了决策框架。可供选择的方案包括将学生送回班级,但要求教师不要强制他参加班级活动、将学生送到医务室休息直至放学、将学生送回家或者送到医院等。根据问题的严重程度、方案的可行性、学生的年龄、当天的具体时间及具体行动的预期结果等,可以对上述每一行动进行评价。比如,生病的学生家里是否有一位专人照顾他?

整个过程需要用多久呢?在生病学生的例子中,如果校长熟悉政策和了解学生的话,那么耗时可能不足5分钟。但换一种情况:如果是要校长面对愤怒的压力团体,那么他可能需要更多时间,但要作出及时、正确判断所需的步骤是一样的。

一旦管理者做出判断并予以实施,那么就需要评估结果。决策是否发挥了作用?原因是什么?学校、学生或者压力团体的情况是否好转?

作为一个问题解决单位的团队

学校管理者一直在寻找解决常规问题和非常规问题的最佳方案。但是组织只有采用能够合理利用组织成员集体智慧的决策方式,才能提出这种方案。因此,注重实效的校长经常有意识地让教职工参与解决问题的活动。

富有成效的关系源于一起参加重要的活动。借此可以发现组织成员的长处、不足、专长。了解了成员的专长,校长就可以组建有效的团队去集中解决学校现存以及预计会出现的难题。因此,为帮助团队提高解决问题的技能而付出的努力将会带来丰厚的回报。

确定限制决策的现实性因素

无论教职工是否成熟,解决问题的团队很少拥有完全自主开展工作的机会。人们总是需要将现实中的束缚因素纳入考虑。任何负责解决问题的团队如果想要制定出一个可行的决策,均需要了解游戏的规则。以下观点为如何最大限度利用这一团队提供了坚实的基础。

1. 判断任务团队本质上是否为顾问团队。也就是说,该团队是属于CⅡ型还是属于GⅡ型?所做的决策仅供建议之用还是该小组负责提供最终的决策?

2. 共同设定具有可操作性的截止时间。包括进一步收集数据的时间、最后报告的准备时间、制定新备选方案所需要的时间、估计所需的执行时间,以及其他重要工作所需的时间。

3. 为各阶段制定初步预算。可列的项目包括时间成本、物资成本、交通费用以及餐饮费用。

4. 查询对解决方案的性质可能有影响的地方政策和州法律。例如,是否存在一套在任何情况下均需遵循的系统范围内或州内适用的基础文本制度?该州是否支持实验性规划?

5. 设立"根本性条件",所有决策都必须符合条件才能通过。预算是常见的根本性条件,因此任何解决方案都不得超过特定金额的预算。

6. 定期开展有关进程和结果的交流研讨。

执行层面的工作

在没有上级组织干扰的情况下,人们能够更好地提出可操作的方案和解决大多数问题。在这种情况下,上级组织是提供可能所需资源的协助单位,仅仅起到监督的作用。

支持这种实践的观点认为要适当地给予自主权,要为尽可能低的操作层给予最大限度的决策自主权。问题解决工作团队(PSWG)作为一个行动小组要解决问题而不仅仅是识别问题。

问题解决工作团队由承担类似责任的工作者组成,他们每周用一小时或更久的时间自愿参与聚会讨论学校相关的问题、调查原因、提供解决办法并采取改进措施。这类团队也可称为专业学习社群或者实践社群。(欲了解如何构成及发展此类团队,请参照第二章。)它采用的是水平的组织结构而非垂直的组织结构,因而不需要组织做出结构性改变,便可适用于任何现存的组织结构。问题解决工作团队有以下几点主要特征:

■问题解决工作团队主要由常规工作团队组成(比如,部门、年级或由教师、顾问构成的跨年级组;不只包括专业人士)。

■成员是自愿参加的。

■团队一周会面一次。

■团队工作的目的不是为校长或其他人确定问题,而是解决问题。

■工作团队具有相应的权力和合理的预算。

问题解决工作团队需要管理方面的支持,支持形式包括提供会议场地以及成员能从教学任务中抽身去开会的空余时间。校长可以是问题解决工作团队的成员,也可以不是,但学校管理层的成员必须参加问题解决工作团队。管理层成员在团队中负责召集人员、协调事项。管理层的参与保证了与上级的沟通。欲了解管理层在问题解决团队工作中所承担的具体职责,请参照第二章。

迈克尔·富兰(Fullan)[31]建议绝不要对学校进行改革,除非学校环境能够为职员和其他利益相关方赋予更多权力,允许他们参与更重要的决策。本章中呈现的模式为进行这类授权提供了基础,从而能够使问题得到更好解决,学校得到更好发展。

小 结

最根本的管理行为就是决策。决策即解决问题——或者说决策本身应该是为了解决问题而存在的,但是决策是无法凭空产生的。而且,组织中的决策很少有不与他人生活相联系,也很少有决策不需要他人做出行为改变。

因此,决策这一最终行为需要人们进行理性思考。第一步是发现问题是什么。后面的步骤(决策过程)可能要求采取创造性的方法和团队中其他人发挥智慧。

多年来,有关决策过程的研究层出不穷。这些研究中运用最多的就是弗鲁姆—杰戈模式。在这一模式中,人们要对问题情境中的各种条件进行分析,并且促使决策者选择最可能产生最可行决策的过程。

重要的是,需要合理地制定决策和解决问题。在学校里,在开明领导观念管理下的教职工对于棘手问题可能会提出好的解决方案。成功的团队会在接手任务时就选择对所有成员都公平的决策过程。制定有效决策的计划至关重要。[32]

活动

1. 反思梅尔模式,确认你自身所经历的可能会归入每一象限的问题。这些问题实际上是怎么发生的？如何得到解决？

2. 回顾本书末尾附录 A 的案例研究 3、10 以及 29,请使用弗鲁姆—杰戈决策树进行研究；请使用发展为导向以及时间为导向的决策树进行研究；请在表述问题时更为严谨一些；请与同小组同事探讨方法,尽可能对问题本质以及最优可行性决策过程达成一致。

3. 查找教育领导者职业标准并阅读有效领导者的标准四以及标准十。请阐述,究竟在什么样的决策过程中,你会实施"培养与利益相关者有关的远见以及培养利益相关者的远见"。为了实现这一目标,你会怎么做呢？

尾注

1. James Surowiecki. *The Wisdom of Crowds*（New York, NY: First Anchor Books Edition, 2005）.

2. Christopher Hodgkinson, *The Philosophy of Leadership*（New York, NY: Palgrave McMillan, 1983）.

3. Ibid.

4. Ibid.

5. Ibid.

6. Ned Herrmann, *The Whole Brain Business Book*（New York, NY: McGraw Hill, 1996）, p.116.

7. Ibid.

8. DeBono, *Lateral Thinking: Creativity Step by Step*（New York: Harper & Row, 1990）.

9. Isabell Briggs and Pter Myers, *Myers Briggs Type Indicator*（Mountain View, CA: Consulting Psychologist Press）.

10. Isabell Briggs and Peter Myers, *Gifts Differing*（Mountain View, CA: Davies–Black Publishing, 2010）.

11. Herrmann, *The Whole Brain Business Book*, p. ___.

12. Robert Starratt, *Ethical Leadership* (San Francisco, CA: Jossey-Bass, 2004).

13 Ibid. p. 43.

14. Ibid.

15. Ibid.

16. Ibid. p. 85.

17. Robert Starratt, *Building an Ethical School* (London, UK: Falmer Press, 1994).

18. John Rawls, *A Theory of Justice* (Cambridge, Ma: Harvard University Press, 1971).

19. Lawrence Kohlberg, *The Philosophy of Moral Development* (Vol. 1) (San Francisco, CA: Harper & Row, 1981).

20. Carol Gilligan, *In a Different Voice* (Cambridge, Ma: Harvard University Press, 1982).

21. Donald Treffinger et al., "Creative Problem Solving: An Overview", in *Problem Finding, Problem Solving and Creativity*, ed. Mark Runco (Norwood, NJ: Ablex Publishing Corporation,, 1994), pp. 223-236.

21a. Ibid.

22. Ibid.

23. Norman R. F. Maier and Gertrude C. Verser, *Psychology in Industrial Organizations* (5th ed.) (Boston, MA: Houghton Mifflin, 1982), p. 173.

24. Maier decision model, page 5 of http://www.Teambased.Com/images/pdf/Decision%20Making%20for%20Group%20Action.pdf

25. Victor H. Vroom and Philip W. Yetton, *Leadership and Decision-Making* (Pittsburg, PA: University of Pittsburg Press, 1973).

26. Victor H. Vroom and Arthur G. Jago, *The New Leadership: Managing Participation in Organizations* (Englewood Cliffs, NJ: Prentice-Hall, 1988).

27. 依据之前西蒙(Simon)的早期理论发展而来的梅尔的著作、弗鲁姆和耶顿的著作,以及弗鲁姆和杰戈的著作。西蒙的"接受区"模型的建立是基于两个问题:该问题是否与该组织的其他成员有关? 该组织其他成员是否具备处理该问题的专业能力? 如果对上述两个问题所做出的回答均是"不",那么无论所做决策的内容是什么,这一决策都很有可能在下属的接受范围之内。如果答案是"是",那么在西蒙看来,就需要让其他成员参与考察其他方案或是至少帮助收集其他信息。Herbert A. Simon, *Administrative Behavior* (New York, NY: Macmillan, 1947).

28. Paul Hersey & Ken Blanchard, "Management of Organizational Behavior: Utilizing Human Resources". (7th ed.) (Upper Saddle River, N.J.: Prentice Hall, 1996).

29. Bruce Avolio, *Full Range Leadership Development* (2rd ed.). (Los Angeles, CA: Sage Publications, 2011).

30. "结构化"问题的特点是,决策者了解问题中的三要素:目前的情况(是什么)、希望达成的情况(理想的结果或目标)以及实现转换的机制(过程)。因此,可以说这一问题是可以通过程序进行控制的,所以并不需要创新性的解决方法。问题的结构越完整,就越需要其他成员参与解决问题。

31. Michael Fullan, *The New Meaning of Educational Change* (4th ed.) (New York, NY: Teachers College Press, 2007).

32. Harvard Business Essentials, *Creating Teams with an Edge* (Boston, MA: Harvard Business School Press, 2004). 本书对于有意发展有效管理团队或学校咨询理事会具有意义。

推荐读物

Breiter, A., and D. Light, Breiter, A. and D. Light (2006), "Data for School Improvement: Factors for Designing Effective Information Systems to Support Decision Making in Schools" [Electronic Version]. *Educational Technology & Society* 9, no. 3 (2006): 206 – 217.

Fullan, Michael, *The New Meaning of Educational Change* (4th ed.) (New York, NY: Teachers College Press, 2007).

Greenfield, William G., "Leading the Teacher Work Group", in *Current Issues in School Leadership*, ed. Larry W. Hughes (Mahwah, NJ: Lawrence Erlbaum, 2005): chapter 14.

Harvard Business Essentials, *Creating Teams with an Edge* (Boston, MA: Harvard Business School Press, 2004).

Holcomb, Edie L., *Students Are Stakeholders, Too* (Thousand Oaks, CA: Corwin Press, 2007).

Leech, D., and C. Fulton, "Faculty Perceptions of Shared Decision Making and the Principal's Leadership Behaviors in Secondary Schools in a Large Urban District". *Education* (Chula Vista, Ca) 128, no. 4 (2008): 630 – 644.

Lovely, S., and S. Smith, "Selective Abandonment: How and When to Say No". *Principal Leadership* (High School Ed.) 5, no. 3(2004): 35 – 38.

Rooney, J., "Sharing the Decisions". *Educational Leadership* 62 (2004): 84 – 85.

Vroom, Victor H. Vroom and Arthur G. Jago, *The New Leadership: Managing Participation in Organizations* (Englewood Cliffs, NJ: Prentice – Hall, 1988).

第四章　通过系统规划对学校进行改进

如果你对自己没有明确的规划,不知道该走向何方,那么你所做的事也就没有实质性意义。

——引自《爱丽丝漫游奇境记》[1]

本章介绍运用系统的规划措施改进学校的具体过程。同时,介绍一些用于制定系统规划的工具。

在第二章谈到,校长角色在教学领导模式中至关重要,这一观点在第二章已经充分论证。因而,校长的信念和价值观在设定学校发展的愿景时尤为重要。校长对教育的愿景和隐性价值观将影响其对学校发展的预期。这些预期可能来自个人价值观,也可能源于他人的建议和指令,但是最终,这些个人的期待必须能够成为学校很多利益相关者的共同期待。学校的发展规划也应该源自这些共有的期待。

万事开头,计划先行。对学校的改进也通常始于规划。优质的本地学校规划能够将概念、想法、信念和价值观转变成为优质学校所必须具有的愿景,同时也会对学校使命进行具体阐述。

对学校的改进需要组织内部的某种改变。通常情况下,我们认为规划的最终产物是文件的出台,但是真正值得注意的是改进的过程。正如霍尔和霍德(Hord)所说,"改变不是一个结果,而是一段过程。"[2] 迈克尔·富兰指出,改变不是一张蓝图,而是一段旅程。然而,富兰接着说道,愿景和策略性的规划必须紧跟计划而来[3]。在第二章提到过,对于高效的组织机构,学习社区是不可或缺的。学习社区也可以用来制定系统性的学校改进规划。[4] 然而,动员学校利益相关者参与其中是保证此过程成功实施的关键因素。当然,决策流程所需的不仅仅是参与,还包含富兰及其同事所描述的"教师作为学习者"的模式[5]。想要使学校的改进工作在实施层面像规划层面一样顺利,学校领导必须将学校转变成为教师能够持续学习学科知识和学生成绩获得提升的场所。这一点在学校重大变革时期尤其重要,比如通用核心共同标准行动。

通常情况下,规划主要是针对现有的、正在运行的学校。第一,要收集和分析学校的现行项目及其所服务的社区和学生的相关信息。第二,评估和提升学校既有的使命和信念。第三,决定学生学习的目标和期望以及评估方法。第四,分析对比现有的指导性和组织性行为与探究型的高效系统指标之间的关系。通过以上几步所搜集的数据进行分析,为学校改进规划提供坚实基础。最后,实施规划并记录结果。

校长角色

学校确实能在提升学生学习成绩上可以产生很大的影响。但一所学校是好还是坏,是富有创造性还是枯燥乏味,取决于这所学校的校长。有关研究已经表明校长领导力和学生学习之间有直接联系:"校长领导其实就是提升组织架构。确切地说,就是为组织建立统一的规范以及明确有价值的目标,并尽全力激励和支持大家为之奋斗。"[6]

有效能的学校领导做些什么?

有效能的学校的校长是强有力的教学领导者,他们知道如何高效管理时间,并且知道如何将预算用在刀刃上……他们将主要精力放在首要目标上。他们将学习基本技能设定为最主要的目标……有效能校长对所有学生都有很高的预期,并且能争取他人的支持来实现共同目标。[7]

因为校长的利益在于整个学校和学校各个部分的成功,所以校长要能总揽全局,监督整个规划。因此,校长要为学校发展的各个方面提供必要的方向。最高效能的校长有清晰的目标和任务规划,能够谋求他人的支持并且达成目标。

许多有关学校组织内发展方向的问题是非常敏感的,很难解决的,需要很多的课程、教导和学习的概念性以及专业性知识。校长必须有足够的认识,寻找解决这些问题及很多类似问题的合情合理的方案,并且能够得到他人的认可和喜爱。

最重要的是,校长必须动员他人参与其中。学校的任何一项改进必须依赖于学校里利益相关者的广泛积极参与。从收集基线数据和确定共同的信念和目标,到评述学生的学习期望,再到改进学校的最终决策。各个群体为了实现他们自己的看法和根本利益必须广泛参与其中。

收集基线资料

基于数据的决策是前面章节的主题,并且清晰地展示在图3.1中。一个学校可以利用哪种类型的数据?应该如何整理组织这些数据,并在这些数据的帮助下做出更加明智的决策?收集什么样的数据能够帮助我们更好更全面地描述学校?

全国学校评价研究(NSSE,现称 AdvancED)[8]会,已经提出数据驱动决策的框架,共包括以下四步:

1. 挖掘数据。收集并组织四大类型的资料和信息:(1)学生表现;(2)学生和社区特征;(3)学校和教职工特征;(4)利益相关者的观点。

2. 分析数据。分析并合成数据,进而形成新的认识。利用对资料的分析深入了解学校的优势、局限和涌现的新问题。要将数据合理地分为几个小组,以便作对比。发现问题和解决问题同样重要。如果可能,资料应该翻译成具体术语(例如,日均92%的出勤率指的是平均来说每位学生每年差不多有3周的时间没去上课)。

3. 交流数据。对数据的意义达成共识。使用概要的形式清楚简明地叙述分析要点,用图表的方式进行概述。向用户寻求反馈,以帮助改善数据收集和分析的过程。组成学习社区,通过持续交流探讨这些数据的意义和应用,促进相互学习。

4. 使用数据。重点应该放在为改进工作所做的规划的目标上,而不是以报告为目的的数据上。为改进工作所做的努力应力求基于客观数据的使用,而不是基于时尚、传统或者轶事证据。运用数据分析来指导选取改进工作规划的目标,设立基线测量标准监控进展。将检查数据作为组织学习和教学革新的手段。

每所学校中的每一个学生每年都会产生大量的数据。因为信息中的相关部分联系起来有一些难度,所以这些数据很难得到有效利用。例如,我们可以想象将一个小孩子整个学校生涯的所有信息建成一个数据库,包括所有的测试、主要评价、教师、出勤率、惩罚记录和成绩等数据,乘以学校当前总人数,再加上过去三年考取大学或转学的学生数据,形成这个数据集。还需要对照分析许多构成要素,以进行相应的分析。收集和保留现有的和历史的记录,有时就是建数据库,也是检索和报告数据库管理系统的过程。很多地区已经编制了这些数据库,目的是关联学生测试结果与教师评价。[9]当然,也可以用作学校自评。

人口数据

基本上,校长需要的是关于学校学生、教职工和家长以及社区的描述性信息或者人口统计信息。所应收集的数据清单[10]如下:

学生资料

■入校记录(目前就读学校与之前就读学校的时间跨度);

■出勤、迟到情况(百分比);

■来自单亲家庭还是双亲家庭;

■种族与性别;

■家长受教育程度;

■免费或者优惠的午餐(百分比和数量);

■学科辅导项目登记(百分比和数量)(特殊教育、双语、以英语作为第二语言、天赋培养项目等);

■项目或者课程登记(百分比和数量)(定期学术活动、工作实习和大学预科课程);

■留级次数;

■官方处罚记录;

■在学和休学情况(说明理由);

- 开除(说明理由);
- 辍学(百分比和数量);
- 毕业去向(升学、入伍、就业)。

社区数据

- 描述社区居民的年龄、教育程度、种族、社会地位、收入和教育情况;
- 社区经济和社会状况;
- 对社区参与学校事务程度的衡量;
- 养育学龄儿童的居民(百分比和数量);
- 社区其他青年服务组织和服务项目。

教职工数据

- 教职工在职数量和解雇情况;
- 教职工的总体素质(学位和毕业学校、证书、教学经验);
- 教职工旷工情况(总天数、持续天数、一周天数、理由等);
- 业余兴趣(爱好、旅游、私事等)。

学生成绩数据

每年收集学生测试或成绩信息,以确定其学业进展。许多这样的数据可以打包用于学校评估及其各种项目的评估。当这些数据可进行三年或更长时间内的趋势分析方式时,才具有最大的分析价值,如图4.1所示。

以人口统计学分类方式分析这些数据非常有效,例如下图4.1中所列的学生和员工数据。这表示每个数据项都带有对应学生的识别号码。以这种方式,预测趋势数据可以跨年计算。有些数据容易量化,可进行量化统计分析,而其他数据则具有定性分析特征,只可按人口统计类别进行分类。学校通常收集的评估数据[11]包括:

- 标准化常模参照成绩测试;
- 写作评估;

- 能力测试(标准参照——根据已经设定的课程标准测量);
- 结课评估;
- 入门测试(要求通过更高的等级或者毕业);
- 学业能力倾向测验/美国大学入学考试;
- 幼儿入学评估(学习准备测验);
- 真实性评估(档案、成绩、项目和产品等)。

学科	2011	2012	2013	2014	2015
阅读	54	55	56	57	56
语言	53	52	53	54	53
数学	51	53	54	55	54
科学	56	54	53	54	52
社会研究	53	53	54	53	52

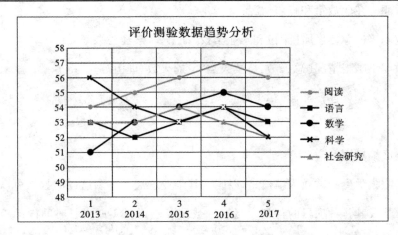

图4.1 厄本恩小学评价测试趋势分析

学校过程

在学校领导能够认真考虑学校的变革方向及长远目标之前,必须清晰意识到学校的当前状况。基线数据可以帮助学校领导确定当前的优势和劣势,并最终作为启动新策略的依据。以下是学校描述中应包含的类别列表。切记,重点描述当前的日常行为——着眼于评估每个过程,提出可行的改进建议。

■课程及其跨年级和跨科目之间的衔接。是否制定过课程地图？课程是否符合当前的州标准？是否在采用共同核心标准？

■教学和当前采用的教学策略。如何辨别和应对学生的个体差异？个体差异如何引导教学策略？老师是否开始使用项目式教学法和翻转课堂？

■学生按指示分组方式的所有方式、分组方式的师生比。学生是否异质分组？同质分组？两者皆有？班级或团体规模是否有很大差异？如果是这样，为什么？

■学习和教学空间及其使用情况。是否有运用空间促进小组学习？同一组学生的教师是否共享相邻的教室？

■如何安排和分配课程时间。是严格控制，还是灵活变动？

■我们如何确认和跟踪学生的学习情况。对学生进步的衡量标准是什么？多久测量一次？如何跟踪多年来每个学生的进步？

■当学生没有以预期的速度学习时我们会怎么做。如何找到问题？系统响应有多快？是否对干预反应机制做出了响应？

■如何应对学生学习风格和能力的个体差异。实践是否表明我们真的相信个体差异和/或多元智能？

■学校管理和课堂管理（学科）的理念和实践。是否有良好的课堂管理流程，这些流程是否有效？是否制定反霸凌制度？是否有效？

■教师之间以及教师和学生之间的人际关系。学校是否有有利于学生学习的良好组织氛围？学校是否有一种重视学习和支持高质量教学的文化？

这绝不是一个包罗万象的清单。清单可以包括许多其他类别和问题。

感知性数据

学校利益相关者的意见和态度能够反映出一所学校的状况，这是另外一个非常重要的数据来源。利益相关者都是那些有理由相信他们是学校社区一部分的人。例如，利益相关者可以是学生、家长、社区成员和当地企业员工、学校教员和所有其他工作人员、办公楼管理员以及地区办公室人员、学校董事会成员和其他人员。可通过非正式方式联系利益相关方收集有价值的信息,但有目标地挑选利益相关方群体具有代表性的、精心准备调查问卷,才会更容易地进行数据分析和报告。

有许多工具可用来衡量利益相关者对学校各个方面的看法,如文化[12]、氛围[13]、组织健康[14]、教师效能[15]、教师赋权[16]和学校领导[17]。所有这些工具至少间接地与学生表现有关,都可以为学校改进计划提供信息。学校教职员工是一个重要的利益相关者群体,因为他们深入了解学校的历史并能对学校未来发展产生深刻影响。

学校氛围和健康数据。很多好的工具适合用于收集教师对学校的看法,以协助评估学校氛围或健康状况。学校氛围是由共享价值观、共同准则以及对学校是一个整体并拥有独特身份的共识而组成的一个体系。

组织氛围描述问卷(OCDQ)[18]有专门针对小学、初中和高中的不同版本,它衡量以下几个角度:支持型校长行为、指令型校长行为、限制型校长行为、亲密型教师行为和不亲密型教师行为。该问卷共42项,基于开放到封闭的连续统一问题为学校测定分数,并提供了与其他学校进行比较的标准。

组织健康清单(OHI)[19]不仅仅是简单地衡量一个组织的氛围,而是面向健康组织的更广泛愿景。一个健康的学校是机构、行政人员和教师层面和谐一致,能够满足功能需求,因为它可以成功地应对外部因素的破坏力量,并将其精力投入到使命上。OHI的五个维度或子测试包括机构诚信、合作领导、资源影响、教师隶属关系和学术重点。OHI有初级、中级和高级三个级别。

调查资料。各利益相关方的调查表可从各个教育组织获得,例如,小学、初中和高中的高级教职工和学生满意度调查。如果以"对下列表述的赞同程度"为标准,表述如"基于数据、目标、措施和改进的衡量标准,学校有持续改进的目标"(对于工作人员);或"在学校,我的老师希望我能够做到最好"(对于学生)。[20]

在许多案例中,以类似方法,如果针对具体项目或问题时,校长应制定自己的调查材料和工具。需求评价工具的设计应以信念陈述为基础。每个信念陈述的一系列条目可以按照李克特(Likert-type)的5级比率量表区分等级,从非常不同意到非常同意。需要评价的陈述说明如下:

非常同意	同意	不确定	不同意	非常不同意
1	2	3	4	5

针对每个儿童的个体需要和差异提出不同的项目和教学方式。

陈述可按照逻辑种类、权重和分数等进行分组。例如,如果信念陈述的编制是围绕有效学校研究的理念进行的,包括时间、范围、基本责任、成员、课程、领导和评价等几个类别,那么每个类别都要编写出几个评价条目。为确保公平看待问卷反馈,要依据各个类别的条目数量进行分类。这就能对不同分类进行对比,以便之后确认优先顺序。图4.2给出需求评价工具的完整说明,包括一份有效能学校理念形成的评分表。

图4.2 需求评价

有效学校调查表

指导语:依据你对自己学校的看法,给以下项目打分。

(1 = 低……5 = 高)

	(低)				(高)
1. 学生对学校和学习的态度良好。	1	2	3	4	5
2. 经常用课程参考材料测评学生学习。	1	2	3	4	5
3. 教职工对学生和同事有高期望。	1	2	3	4	5
4. 学生完成任务效率高,因为:					
(1)建立了有序、有纪律的学校风气。	1	2	3	4	5
(2)用来维持秩序的时间很少。	1	2	3	4	5
(3)课程管理已经常规化,最大限度利用教学时间。	1	2	3	4	5
(4)学校教职工承担了通过减少学习负担、避免课间干扰来最大化利用学习时间的责任。	1	2	3	4	5
5. 每个学生家长定期收到关于学生学习进展的反馈。	1	2	3	4	5
6. 学生出勤率高。	1	2	3	4	5
7. 清楚了解学校理念和主张,包括以下几点:					
(1)学科重点。	1	2	3	4	5
(2)学生都有能力学习的信念。	1	2	3	4	5

	（低）			（高）	
（3）期望每个学生都自主学习。	1	2	3	4	5
（4）对每个学生都有很高的预期。	1	2	3	4	5
8. 教师定期运用手段确保每个学生都在学习。	1	2	3	4	5
9. 定期对教职工进行评价。	1	2	3	4	5
10. 为满足每个学生的个体需要和差异，学校组织各类活动，采用多样性的教育方式。	1	2	3	4	5
11. 学生感到自己有价值，是成功者。	1	2	3	4	5
12. 学校能在学生需要时提供帮助。	1	2	3	4	5
13. 学校教职工对每个学生的成绩和健康表现出高度关注与责任心。	1	2	3	4	5
14. 校长是有效的，因为：					
（1）他（她）理解教育过程，承担作为一名教学领导者的责任。	1	2	3	4	5
（2）他（她）是一个有能力的管理者。	1	2	3	4	5
（3）他（她）对学生和同事有较高且可达到的预期。	1	2	3	4	5
（4）他（她）有明确的目标（对目标及其先后顺序有清楚的规划），并且能争取他人帮助以理解、接受并实现目标。	1	2	3	4	5
（5）他（她）重视并积极关心学校教职工和学校服务对象。	1	2	3	4	5
（6）他（她）帮助教师正确实施教学行为。	1	2	3	4	5
15. 学生能够得到及时的学习反馈。	1	2	3	4	5
16. 学生和教职工道德水平高。	1	2	3	4	5
17. 学校教职工相互合作，相互扶持。	1	2	3	4	5
18. 课程：					
（1）强调掌握基本技能。	1	2	3	4	5
（2）以统一标准清晰界定。	1	2	3	4	5
（3）年级间、科目间的顺序衔接恰当。	1	2	3	4	5
（4）学习目标清晰。	1	2	3	4	5
（5）定期评价。	1	2	3	4	5
19. 运用技巧正确指出学生的优势与不足。	1	2	3	4	5

			（低）			（高）
20. 教职工具有进取心，能不断自我促进和学习。	1	2	3	4	5
21. 学校是开放式的，鼓励家长和民众积极参与其中。	1	2	3	4	5
22. 家长、学生和教职工都将学习放在重要的位置上。	1	2	3	4	5
23. 教育难度适当。	1	2	3	4	5

总结表
学校满意清单

时间	氛围	基本责任	教职工	课程	领导	评价
#4a = ____	#1 = ____	#7a = ____	#3 = ____	#10 = ____	#14a = ____	#2 = ____
#4b = ____	#6 = ____	#7b = ____	#9 = ____	#18a = ____	#14b = ____	#5 = ____
#4c = ____	#11 = ____	#7c = ____	#13 = ____	#18b = ____	#14c = ____	#8 = ____
#4d = ____	#16 = ____	#7d = ____	#17 = ____	#18c = ____	#14d = ____	#12 = ____
总数 = ____	#21 = ____	#22 = ____	#20 = ____	#18d = ____	#14e = ____	#15 = ____
÷ 4 = ____	总数 = ____	总数 = ____	总数 = ____	#18e = ____	#14f = ____	#19 = ____
	÷ 5 = ____	÷ 5 = ____	÷ 5 = ____	总数 = ____	总数 = ____	#23 = ____
				÷ 6 = ____	÷ 6 = ____	总数 = ____
						÷ 7 = ____

调查管理

调查一定会遇到的问题：要调查谁？如何调查？并不总是需要对每个人进行调查；更重要的是要遵循调查研究的一般规则，以确保调查结果真正代表人口的真实信息。在现场分发和收集调查问卷，回收率最高。如果只是分发给办公楼的过路人，代表性不强。让学生把调查问卷带回家回收率不高。要仔细考虑并制订适合该校利益相关方群体的调查管理计划，以确保最高和最均衡的回收率。

一些社区中，互联网或电话短信的电子调查是目前的热门方式。当然，只有手机上网或能发短信的人才能使用。有关电子调查的更多详细信息，请参见第14章。

决定愿景和使命

所有学校必须为提高教学质量而奋斗。学校质量的提高,通常是因为该校有提高质量的愿景并明确提高制订质量的方向。方向可通过对理念的陈述形成。由理念明确陈述愿景,即我们希望学校如何发展,才能成为社区中优质甚至是完美学校。理念(愿景)、远期目标(使命)、具体目标(结果),这三个层次中的每一层次——理念、远期目标、具体目标——在规划过程中都有具体的小目标,都在决定学校的发展方向以及展示相互关系中起着重要作用(见图4.3)。

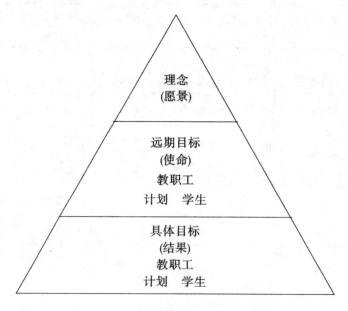

图 4.3　决定学校的方向和目的

明确陈述的理念应是学校的基础或者信条,应当代表教职工和社区代表的集体思想。例如:"每个学生都能学习并且能成功掌握知识"就是一个明确陈述的理念。这也是一个学校教育信条的一部分,也是学校未来愿景的基础。以下是一所获奖小学的理念陈述:

伊顿小学理念

1.所有学生都能在积极参与学习过程中学习、自我实现、取得成绩,并且有机会获得成功。

2.教学实践、特殊服务结合个人学习活动,包括不同的学习方式和效率,要与最佳实践保持一致。

3.安全、培育性的学校环境促进学生学习。

4.学校内积极榜样和人际关系可以增强学生的自尊心。

5.通过积极和具有挑战性的学习机会,学生学会独立思考和终身学习。

6.课程改进必须满足学生方方面面的需要(身体、社交、情感和智力),同时提高学生对文化多样性的认识。

7.评估数据引导教职员工的教学计划和教学决策。

8.通过在课堂上灵活运用教学手段,可以完善教学计划、加强教学沟通和调动学生的积极性。

9.支持学校完成教学使命是教师、家长、学生和社区共同的任务。[21]

愿景直接影响目标。事实上,学校发展目标的制定是基于对愿景(我们希望学校发展成什么样)和当前现状的差异分析。针对目前的状况,比如课程、教学、人员配备等,为了实现学校的愿景,我们应该做哪些努力?这种差异分析能够引导我们作出一系列目标陈述。

远期目标陈述显示预期方向(任务)与信念(愿景)的相互关联。例如,一所学校的远期目标可能是"每天为每个学生提供成功的学习经验"。这是对预期方向的具体陈述。然而,远期目标通常是学校努力去实现但可能永远不会完全实现的目标。

伊顿小学的远期目标

1.我们希望伊顿小学是一所卓越的学校,为田纳西州的其他学校树立标杆。

2.我们认为伊顿小学是在问责措施、课内外活动、技术整合和创新等方面取得卓越成就的学校。

3.作为劳登郡的一所学校,我们学校能够成为全面实施"聚焦学习策略"的最佳典范。

4. 我们将始终以优先课程标准作为教学基础。

5. 我们将继续探索并开发其他评估方式,以最好地衡量学生的学习情况,为改善教学提供相关数据参考。

6. 所有年级的教师以灵活的分组方式、以充分参与多样的教学方式,满足学生的个性化需求。

7. 我们将为所有学生提供参与丰富的课外活动的机会。

8. 我们将寻找符合目标和最佳方法的发展机会,并与其他教育工作者分享专业知识。

9. 我们将为教师提供担任领导角色的机会,并为新入职的教育工作者提供持续的指导。

10. 我们将技术充分融入课程,以提高学生学习效率和动力。

11. 我们将继续创造积极、关爱的学校氛围,让所有学生、教师、教辅人员和家长互相支持,包括增加学生和家长参与决策的机会。

12. 我们将始终如一地践行并超越田纳西州责任制模式以及《不让一个孩子掉队法》的要求[22],并争取做得更好。

正如远期目标应该是信条或理念的产物一样,具体目标应该是远期目标的延伸扩展。显而易见,具体目标比远期目标更具体、更直接,可以在规定的时间内实现。具体目标可能来自对去年未实现的远期目标的复审反思,或来自我们的愿景和远期目标与自我评估之间的差异。

"今年将由工作人员为阅读和数学课程制定教学目标。"这便是对具体目标的阐述。以下是由伊顿小学工作人员选取的几项具体目标。

伊顿小学课程

伊顿(以及所有学校)面临的主要课程挑战是课程在变化。每年都需要花时间培训教师有关新课标的内容。每年采用新教科书迫使我们要将调整标准来适应不匹配的内容,这需要时间、人力资源以及对每个单元、每节课计划的专业指导。

■第二个挑战是将共同核心标准纳入各个年级的数学和英语课程中。

■第三个挑战是寻找课程资源,帮助我们缩小由于性别和社会经济地位差异造成的学生之间在进阶技能上的成绩差距。这一挑战涉及研究、收集有效材料,提供使用课程工具所需的资源和专业发展方向。

■第四个挑战是要向所有教师提供必要的空间和技术帮助,以便有效、公平地为所有学生讲授课程。[23]

建立理念或愿景陈述的框架

学校的愿景、理念和信条应该与社会期望、社区的需求以及学生的个体差异相关。学校可以建立一个列表,其中包含概念和观点的概要或框架。学校可以采用很多不同的方式组织这样的框架。本章提供三种框架或结构以供参考。

优质学校认可标准中的理念和愿景标准框架。国家教育认证协会提供的认证标准为建立理念和愿景陈述框架提供了一种方法。优质学校认可标准建议采用以下五项标准[24]:

■标准1:目的和方向。学校保持并传达目标和方向,就是致力于实现学习的高期望以及对教学和学习的共同价值观和理念。

■标准2:治理与领导。学校运作依靠的治理和领导促进并支持学生的表现和学校效率。

■标准3:教学和学习评估。学校的课程、教学设计和评估实践指导并确保教师效率和学生学习。

■标准4:资源和辅助系统。学校拥有资源并服务其目的和方向,以确保所有学生都成功。

■标准5:利用评估结果进行持续改进。学校实施综合评估系统,生成一系列有关学生学习和学校效率的数据,并利用这些结果指导持续改进工作。

有效能学校框架。30多年前由埃德蒙滋(Edmonds)、布鲁克维尔(Brookover)、莱索特(Lezotte)和其他研究员所做的研究强调有效能学校的七个主要相关因素。[25]有效

能学校是为实现让学生优质、公平学习的学校。所有学生都将在升学时学会所需要掌握的基本知识、概念和技能。相关内容如下:

1. 明确学校使命。使命需要包括全民学习的概念。

2. 对成功的高预期。学校氛围可以从侧面反映出教职工真正的信念,并相信所有学生都能掌握必要的学科知识。

3. 教学领导。校长是教学领导者,并将学校使命传达给教职工和社区大众。

4. 经常监测学生的学习进展。监测学习进度。评估结果用于改进教学。

5. 学习机会和任务完成时间。定向教学时间最大化,大大减少非教学活动。

6. 安全有序的环境。学校环境必须保障学生身体免受伤害。学校氛围有利于学生学习。

7. 家庭/学校关系。与帮助孩子接受教育的父母建立伙伴关系。

这些相关因素的独特之处在于,它们代表了学校的一些基于研究的发现特征,这些特征可以促使学生更好地学习。研究发现,即使对于贫困学生,公立学校也能发挥作用。近年来的反复研究再次肯定了最初的结论。

基础学校框架。基础学校联盟制定了一套共同原则,其成员学校围绕这些原则组织学校。这些原则也可以成为建立信念和愿景陈述的框架基础:[26]

1. 学会善用一个人的思想;

2. 越少越好,深度比广度更重要;

3. 适用于所有学生的远期目标;

4. 个性化;

5. 教者为师,学者为徒;

6. 精于阐述;

7. 体面和信任的基调;

8. 对整个学校的承诺;

9. 专门用于教学和学习的资源;

10. 民主和平等。

以上三个用于识别理念陈述的框架很明显具有一定程度的重叠性,但是每个框架本身又有一定的合理性。学校可以选择使用任一框架,或者对它们进行整合,创建自己的框架。提纲中的各个领域可以提出一个或者更多的理念陈述。

愿景和使命发展进程

建立学校方向感的过程必定是动态的,涉及教师、社区大众,并且在某些时候也包括学生。事实上,在形成文件的过程中发生的互动和争论比结果本身更为重要,因为只有当愿景和使命富有生命力的时候,它们才是最重要的。理念必须活跃于教职工和社区大众的大脑中,而且这些人应认为与信念相关的远期目标和具体目标是相称的。

工作人员/社区共识。最初的理念陈述、定期检查和理念的更新应该使用教职工、社区大众和学生的共识模式。参与者分为不同的起草小组,每个小组由3~5个成员组成,包括所有的教职工。每个小组结构应当合理,以产生最大的内部效度。这意味着每个小组的教师来自不同的年级,从事不同科目的教学,有不同的背景。如果社区成员和学生(中学生)参与进来,那么每个起草小组应该有一个或者更多的学生或社区成员。

应该给每个小组提供一个完整的主题范围列表。例如,如果一个主题是要求小组写出对课程的理念,那么小组成员可能最后写出这样一个陈述:"我们相信学校成员应该共同评价教与学的基本目标和策略,并且依据现行课程的先后顺序定期再检验和重建基本目标。"

每个起草小组应当为理念框架的各个方面制定明确的陈述。这可能要求每个小组写出6~12条,甚至更多的陈述。完成最初的草拟任务之后,每个起草小组按要求从成员中选出一名代表,与其他各个小组的代表组成一个共识小组,讨论每个小组写出的主题1的表述。然后为主题2确定代表,主题3、主题4以此类推,直到所有的起草小组成员代表他们的小组参与由他们各个起草小组的一个成员代表组成的一个共识小组。图4.4展示了起草小组—共识小组的组织结构。

这些新构成的共识小组评述各个起草小组写出的关于指定主题的陈述,然后挑选、整合，并重写已经提交的主题陈述，直到群体内部接受了关于指定主题范围内形成的一系列陈述。于是每个小组代表把最新整合过的小组主题陈述拿回到他(她)原先所在的起草小组进行讨论、修补或者批准。

如果最初的起草小组认为共识小组重写的陈述不能反映他们的理念，那么起草小组成员应当修改共识小组的看法。然后，共识小组会再聚会进行讨论和检验，如果有必要，陈述的修改可以来回反复几次。其他的共识小组对他们的主题可以运用同样的程序。学校制订最后的理念陈述就运用这个过程，如图4.5和4.6所示。

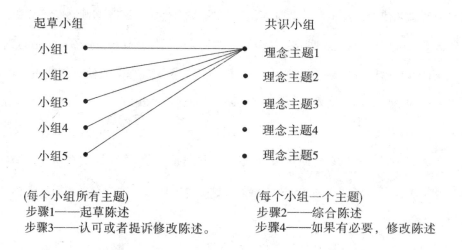

图 4.4　起草小组—共识小组结构示意图

> **愿景**
>
> 我们相信马诺尔高中有独特的教育环境，它的独特之处在于其某些典型的设计。与传统学校相比，马诺尔旨在满足更多学生的个性化需要；马诺尔避免批量模式化培养学生，而要营造自然愉快的学习氛围，培养相互尊重的人际关系，并为社区服务。
>
> 我们相信所有学生都有必须得到满足的需要，我们认为所有学生都是独特的个体，也就是说他们以不同的速度和方式发展。我们相信学生有学习独立自主、承担责任、自信果断、民主思想和必备技能的本能愿望，从而去解决当下和今后的问题。
>
> 我们相信学生的角色是带着责任感投入学习体验。
>
> 我们相信学习是通过行为变化证明的。学习发生在家里、社区和学校，是一个持续不断的过程。

我们相信教师的角色是:(1)创造学习机会;(2)给他(她)负责的每个学生提供自由学习承担社会生产性和公益性活动所需要的知识、技能和态度。教师是建设者和共享者。

我们相信教师的教和学生的学可以通过学生、教师、管理者、社区成员的互动和参与得到最好的实现。

我们认为管理者有责任提供和维护学校的所有硬件装备。校长是教育教学领导,与学生、教职工和社区大众共同分担促进和协调学习的任务。他(她)的领导是参与式的而不是权威式的。

使命

马诺尔高中的使命是建立对学生优秀成绩高预期、能激励学习和形成和谐社会关系的一个学生和社区大众学习中心,每个个体都有机会认识到他(她)的全部潜能。

通过认真和专注的指导和教学,我们要努力把下列品质提升到一个高度。这些品质是:

1. 个人的自我评价能力
2. 个人对自己和他人的积极态度
3. 个人的独立性和责任感
4. 个人的创造力
5. 自信果断的能力
6. 获取有关个人心理和生理需求知识的能力
7. 个人的批判性思维和决策能力
8. 个人贡献能力和自我发展能力

图 4.5 高中愿景和使命陈述示例

派贝塔费兄弟会学校的理念陈述
- 我们相信对每个孩子的指导是学生、学校、家庭、看护人员和社区的共同责任。
- 我们认为学校应该安全,培养和接受所有学生,以便有机会实现最大的增长。
- 我们认为学校应该能够敏锐地察觉到所有利益相关者的需求,以创造支持它的学习环境和政策。
- 我们相信学生应该学会理解并尊重成为美国公民的权利和责任。
- 我们认为,必须进行适当的评估,以满足每个学生的身体、情感、学业和社会需求。
- 我们相信有效的决策技能对于所有学生的终身福祉至关重要。
- 我们相信每个学生都对学习、出勤和个人观点负责,并且个人责任是承担社区和环境管理的基础。

英斯基普小学的理念陈述
- 学生学习是学校的首要任务。

> - 所有学生都可以学习。
> - 每个学生都是具有独特身体、社交、情感和智力需求的有价值的个体,应该提供各种教学方法。
> - 学生和教职工之间的积极关系和相互尊重可以增强学生的自尊心。
> - 安全舒适的环境促进学生学习。
> - 应该使用各种方法让学生展示他们对基本技能的理解。
> - 教师、行政人员、家长和社区共同负责推进学校的使命。
>
> **朗斯代尔小学的使命陈述**
>
> 我们努力为所有学生提供接受优质教育的机会,培养内容知识、技能和态度,使他们能够在结构化、安全的环境中发挥最大潜力。我们帮助学生成为独立的终身学习者和高生产力的、有责任感的公民。
>
> **格伦湖小学的使命宣言**
>
> 格伦湖学校社区的使命是通过在安全、关怀和互相尊重的环境中提供具有挑战性和有意义的学习体验,激发所有学习者充分发挥其潜力的动力和信心。
>
> **西谷中学的使命宣言**
>
> 西谷中学社区的使命是通过提供具有挑战性和安全的学习环境,激励学生成为足智多谋、令人尊重和有责任心的公民。

表4.6 样本小学和中学的信仰和使命陈述

阐述学生学习期望

对学生的期望成果应该是什么?贵校是否采用了共同核心标准?是否有该州采用共同核心标准的时间表?我们如何在过程中结合或使用共同核心标准或其他州标准?学校发展的这一阶段目标是明确制订关于学生学习和成绩的一系列共同期望。最重要的是,所有与学校成功有关的利益相关者认同学生从我校最高年级毕业时能够表现出广博的知识面、技能和能力。对学生成果期待的一致性能给学校的利益相关者——学生、家长、教职工和社区大众——提供一个明确的方向和教育学校学生的目的。学生的成绩和表现是学校持续改进和制订发展计划的真正原因。

共同愿景过程

我们再一次强调,关于学生期望的共同愿景的形成过程,对制订任何成功的计划来说都是十分重要的。一个所有利益相关者参与的委员会程序是非常重要的。共同愿景就是所有人期待所形成的结果。如今,各州在强制实行州标准、成绩要求和结果测试,所期待的结果往往具有很大的规约性。然而,实现目标的路径不是只有一条,重要的是,要获得利益相关者的理解,使他们达成一致。

形成共同愿景的过程应该从复查以前制订的文本开始,该文本是学校改进工作规划的一部分。检查的范围包括理念(愿景)和目的(使命),以及所收集的学校概况资料。这些文献分析能帮助确定利益相关者的期望,并且评估过程和评价结果有助于确定当前的学习水平。当复查完成时,要制订关于学生学习期望的陈述,该陈述应当反映愿景和使命陈述中确认的理念和目的。

学生成果评估委员会的第二步应当评价现行的实践和思想,可以分两步进行。首先,应当检查当代教学方法和学习的理论及研究。第七章提供了这一类检查的基础。其次,检查当前的国家、州、区和学校的学生学习目标。几个不同的课程设计框架和方法将在第六章中讨论。大部分的国家课程组织(例如,国家数学教师委员会、国家社会研究委员会、国家英语教师委员会等)已经在他们各自的课程范围内出版了目标和标准。国家学校评价研究会有几个帮助地方学校制订学生学习目标的支持性文件。

在对愿景和使命、学校概况以及现在的学习行为和课程标准考查的基础上,下一步是制订关于学生学习的期望成果的陈述。陈述包括一个受过良好教育的儿童应该表现出来的预期知识、技能和能力。陈述应当清楚地说明学生应知道什么或者能够做什么。

如果在所有的课程领域中能完全搞清学生学习的理想成绩,这将是非常有意义的。事实上,它成为课程选修过程的一个主要组成部分。整个过程必须看作是一个多年的循环过程,并且是学校的一个更长的五年规划的一部分,每年只是少部分内容成为关注的重点。鉴于此,学校每年只能确定数量有限的目标,并给予关注。

学生学习需要及时检查,这应该成为确定学生最初行动目标的基础。已收集到的学校概况的检查和关于学生的预期成果的检查应该是评价的基础。需要注意的是，要把评价放在广泛的学生成绩检查上，不要仅仅因为标准化数据资料最容易使用或者因为其他人强调它，而落入仅重视标准化成绩数据的陷阱。而是要尽可能地关注更多的学生成绩资料。例如，学生学习档案、随笔或者书面方案、口头表达、群体方案、开放式问题解决背景、自我评价、学期计划或者研究项目、活动成绩等，它们通常都是非常有效的学生成绩测量手段。

在一个有 5~10 个目标的临时性列表中，最初应当重点考虑 2~3 个目标。当起初设立的目标成功时，其他的目标可以加进去。如果设立太多的目标，则无重点，难以取得积极的效果。确保持续地与利益相关者委员会一起评估所有目标、建议以及决策，使委员会考虑和决定是否接受。

教学和组织有效性分析

本分析的目的在于从学生学习效果出发，检验学校的工作质量。如果学校仅仅关注所期望的学生学习结果而不注重过程，尽管能产生学习行为，但学习的目标是几乎不可能达成的。

实现学校的发展既要重视学生学习质量，又要重视学校的工作质量。应明确学校的优势和劣势，可以通过分析有关本校组织的资料和考察全国范围内其他学校的优秀做法来进行。

把学校结构框架看作由几个组织成分相互紧密连接而形成的整体系统，这是非常重要的。系统理论特别要求考虑组织的各个元素：(1)课程制作；(2)教学过程；(3)学生分组活动；(4)教员组织；(5)学习时间安排；(6)便利设施的利用和设计。虽然这6个元素能分开讨论，但是任何学校的教学效果必须对这两个因素给予细致的关注：每个元素在促成学校目标实现上的贡献；各元素的发展与其他5个元素相匹配。这就像一个由6块拼版组成的智力拼图，1块拼版代表一个要素，当把任何1块拼版改变位置时，与之相邻的拼版也要相应地改变位置，才能确保拼图玩具被重新正确地安装。例如，某个理念的陈述强调满足每个儿童需要的重要性，从这个理念陈述出发可以选择个性化的教育目标,于是学生分组规划、人员安排计划和时间安排表必须支持这种教育模式。相应地,如果教员选择对学习社区提出要求,那么教学设施的设计应当给教学组织提供合适的工作场所。

组织元素并不具有同等的重要性,也不应该同等对待,它们也不是独立的。一般而言,定课程和教学计划具有更高的地位,从逻辑上说,它们是学校理念和目的的根基,其他的四个成分服务前面两个成分。

第一步应当回顾当代教育研究所描述的有效学校的最好实践。第六、七、十一和十二章给出了当代文献和观点的述评,探讨如何设计教学组织元素来最大优化学生的学习成绩和学习效果。这些主题应该与前面讨论过的学校改进过程中涉及的愿景、信念、使命和目标设定过程等联系起来进行考察。[27]

在检查组织的效能时,其他几个领域虽然与教学系统没有直接的关联,但对学校的总体效果而言仍然是重要的,应当给予考虑,这些因素包括:

1. 学校的领导行为。领导是否支持教学?是否制订学校发展规划?决策是否以调查为依据?决策是否使用多种技术?是否监控教学?管理组织的目的是不是有利于稳定的运转和高效的学习环境建设?

2. 学习型社区的建设。有没有证据显示学校具有良好的工作风气,员工作为积极的辅助学习群体来发挥作用?学校是否有好的工作关系,使家长和家庭共同参与学习过程?是否存在合作性的工作关系网络,使社会成员和社会群体、青年服务机构、牧师、政府官员、教育高层领导以及商业高级领导参与其中?

3. 技术的运用。有没有证据显示,更新的现代通信技术和电脑技术正用于学校管理和教学项目中,为学生的延伸学习提供了各种技能和机会?

调查教学和组织的有效性的第二步是对当前学校的实践活动进行记录。使用的几个方法是:

1. 文件回顾。学校教学组织应该具有完整的档案记录。课程框架、教案、作业、学生课程安排、教师和团队的会议记录及每日公告等档案资料都提供了当前教学如何组织与管理的现实情况。这些文件给分析提供了依据。另一方面,如果这些文件资料不存在或者它们提供的信息非常粗略,这可能意味着该学校缺少教学组织。

2. 教职工调查。向教职工调查其正在施行的教学行为。图 4.2 所示的有效学校满意度调查表注重的是教学行为。全国学校评价研究会(AdvancED)设计的关于教学和组织效能的调查表已涉及许多确定的主题领域,校长可能希望开发自己的工具以应对一些特定的问题和需要。

3. 观察和访问。可以制订访谈和观察表去收集学校教学和组织行为的信息,虽然这些信息通常很难概括和用图表表示,但是它提供了深层次分析的机会,能找出某些事件发生的原因。

对学校教学和组织行为的调查发现要进行总结,然后与在文献研究中发现的"最佳做法"进行对比。根据这个分析,确定建立和加强学校教学和组织计划的先后顺序。一定要记住许多组织结构的"系统"本质(如上文提到的智力拼图),并且在酝酿某种变化发生时,需要进行综合考量。

最后,要使学校利益相关者,特别是学校教职工取得一致意见。在教职工的参与下,从早期分析得出最能够支持达到学习目标的教学和组织元素的优先顺序列表中进行选择,以明确对学生的学习期望、确定学校改进的优先顺序及具体目标。

这个时候,学校改进委员会和学校利益相关者已经完成了对学校的概况介绍:强调了数据;制订了愿景、使命、理念和目标文件,使每个利益相关者参与其中;为学校确定了学习者的发展目标,有针对性地进行改进;完成了对学校教学和组织结构的分析;同时确定了行动的先后顺序。下一步将是建立一个行动计划。

行动计划/项目管理

专业规划者把行动计划称为目标计划,这种称谓是描述性的。行动计划包括如下一些内容:

■描述出未完成目标所必需的活动;

■阐述这些活动的彼此关系;

■把具体的责任分派给负责实施活动的个体;

■ 确定时间表和活动、时间的顺序表；

■ 评价过程。

当然，谁也无法保证计划是为了解决现存的问题，因此计划的最后一个要素是为评估做准备。我们最好把计划活动看作是一种"假说"，而不仅是一种"预感"，抑或是一种"希望"。但是计划是具有不确定性的，因而需要仔细评价项目的有效性，不仅仅要评价总体项目，也要评价构成规划的各种活动。

一旦行动计划形成，项目管理在很大程度上成了监控过程。项目管理者可能是校长，也可能是其他人。具有良好的管理技巧和对该项目感兴趣的任何组织成员都可能成为项目管理者的候选人。

对于校长来说，这对员工形成和利用领导技能是一种极好的方式，这些员工包括校长助理、教员、后备人员和辅助人员。给予项目管理者足够的资源是重要的，包括减少其他活动的工作时间、提供秘书服务以及预算支持。

问题分析

在实施行动计划之前，一定要对认定的问题进行充分仔细的分析。在问题分析阶段，场动力分析是十分有效的。

场动力分析。卡特·勒温(Kurt Lewin)[28]把物理法则运用到组织环境中，由此得出，平衡的相对力场使事物以自己的方式存在于组织当中。考虑问题时，把环境看作一个生物体，正力(驱动力)和负力(阻力)在力量上是平衡的。驱动力是当前组织内(或者在社区，甚至整个社会)鼓励变革的条件和行动。阻力是不鼓励或者禁止变革的条件和行动。在组织的发展方程中，它们被认为是负力或者"减"力。

根据物理法则的场动力概念，当所有作用力之和等于零时，静止的物体(处于平衡状态)仍然保持静止状态；"当作用力之和不等于零时，物体才会移动，而且将向失去平衡的力量方向移动"。

要在组织中观察到这种现象并不困难，学校教职工的生产率、学校—社区关系计划的状态、内部计划的成功度，以及其他任何可以观察到的环境变化都可以借助于场动力分析来解释。事物保持原有的状态是因为正力和负力两个相对力之和为零,环境处于"冷冻"状态。

这里,作用力是一个关键词,因为作用力数量的简单相等,不会实现平衡,重要的是作用力的强度。一个压倒一切的正力(联邦、州政府投入数量巨大的资金)可能轻易使一个因设备差、师资不足、缺乏社区关注而推行困难的科学教学项目产生巨大的变化。尽管研究证实,调研方法、足够的预算、训练有素的教师、聪明的学生,在任何情况下都能生成好的教学项目,但一个庞大的、善于发言的、使人感兴趣的宗教团体,同样会在任何特定的社区对科学课程的性质产生巨大的影响。

当不平衡产生时,运动(也就是变化)就会出现。消除某种作用力,发展新作用力或者影响已经存在的作用力,不平衡就会出现。不平衡"解冻"了当前的状态,使环境产生变化,而后新的平衡状态就产生了。概括地说,不平衡的产生可以通过以下途径完成:

■新作用力的产生;

■作用力的消除;

■任何作用力在大小或强度上的变化。

在进行场动力分析之后,我们可以利用所有三种方法在任何计划改进中制造不平衡。

然而,实证研究表明,如果仅仅试图去提高正力的强度,会使系统变得更紧张,阻力的强度也会相应提高。因为系统新的紧张状态的存在,组织不仅不会变好,有时候会变得更糟。一开始努力减弱阻力的强度会产生最好的结果。另外,有些作用力可能没有那么有效:某些新作用力可能是无关的,还有一些作用力可能是员工无法控制的。

运用场动力分析的重点是思考,并且可能导致对某些问题的重述。通常情况下,某些模棱两可的问题其实只是一个征兆,那些明确确认了的阻力才是需要注意的问题。校长、项目管理者和教职工必须在问题的初期就具有开放性的思维,把力量集中在真正的问题上,而不是在只有征兆的问题上浪费精力。

【案例研究】

你是一个有800名学生的初级中学校长。学生群体来自不同的种族,可能不少学生来自经济水平处于社会下层的家庭。

在为学校的发展收集资料期间,你意识到你们学校的阅读计划进行得不是很好,7~8年级的学生看起来不如期望的那样好,阅读方面存在着许多困难。

当你检查标准测验分数时,使用艾奥瓦州基本技能测验(the Iowa Test of Basic Skills),你会发现你的学生基本低于系统整体和国家的基准水平。一些教师已经特别重视对学生的阅读技能培养。图书管理员已经指出图书的流通率不高,非常流行的儿童读物也是如此。高级中学校长已经对你校提出批评,说从你们学校招进的学生好像阅读技能没有得到好的发展。

当你对该情况进行分析后发现,阅读计划有些运作不对,培养出技能娴熟的阅读者的期望没有实现。你决定应当把阅读计划作为学校改进规划的一个目标。

图4.7显示了关于这个问题的部分场动力分析实例。在任何确定的现实环境中,可能存在着许多实例中未提及的动力。当进行这样的分析时,重要的是着重考虑它是什么,而不是着重考虑它可能是什么或者期望它是什么。场动力分析的目的是在分析透彻的情况下确定问题,以便制订可行的解决方案(行动计划)或者使存在的问题得到缓解。

问题:休斯中学的学生没有形成良好的阅读技巧

驱动力(+)	阻力(-)
教学材料中心	学生流动(超过地区平均水平)
全职图书馆管理员	双语人口
为非母语英语课程项目提供三个助手的预算	教师呈两极分布(许多是初次任教)
新的阅读系列	新的系列阅读项目从未开展
校长助理是阅读专家	家里没有书房——很多是公寓和福利房
州级要求和资助下的辅导项目	教师流动率高于学区平均水平
大部分学生可以步行到学校(没有坐公车到学校的学生)	单亲家庭和双职工家庭(人们缺少空闲时间)
教师关注学生的阅读	榜样力量缺失
弹性安排	教师负担沉重

图4.7 场动力分析案例

制订行动计划

一旦完成场动力分析之后就可以形成行动方案。假定我们有了行动方案,就可以帮助解决存在的问题。创造性思维是我们所追求的目标,而为了使思维具有创造性,校长应当引导教职工运用第三章叙述的三种"非结构"问题解决技术中的任何一种。头脑风暴法和名义小组法是最易于迁移的非结构问题解决技术。这里有一个终止程序:假设产生的解决方案与场动力分析的正力和负力毫不相关,那么应当抛弃该方案。除非某些活动看起来能减少负力或者增加正力,否则不能指望该类活动能解决存在的问题。

印第安纳校长领导力学院已经为目标行动计划制定了一个非常好的模型。该计划首先确定愿景和目标,然后引导用户完成规划和文档编制过程。印第安纳州目标行动计划(GAP)如图4.8所示,附带着有完成每个类别的指示。这个目标行动计划非常适用于小型但重要的任务,或者作为更大型更复杂项目所需的规划文档的子集,例如本章后面将要介绍的内容。它还充分利用了力场分析数据,如图4.7所示的数据。

目标行动计划

参与者姓名_____   团队_____
印第安纳州目标行动计划名称_____

1. 愿景:对于正在解决的特定问题,创建一个你能想象到的最好的问题解决时的愿景。写出愿景陈述,写出好似已经存在的愿景陈述。

2. 远期目标:可能有很多远期目标与自己设定的愿景相匹配,但是这个计划只选择一个目标并将其作为可衡量的结果陈述。其他远期目标需要匹配其他行动计划。

3. 计划:在心中厘清能够达到目标所需的方法、策略、人员以及资源的框架,做到心中有数。

4. 时间表:列出必须完成的具体任务,决定如何获得所需资源,并设定阶段性目标完成的截止日期。

5. 预想的问题:列出潜在的障碍,例如执拗的人、个人缺陷等。

6. 预防措施:制定防止或消除障碍的战略。列出援助资源的清单。

7. 基准线:这是一个可观察的指标,表明你的学校目前在目标行动计划的目标区域中的表现。

8. 期望:最低要求——你能接受的最小的改进措施。

   满意——平均可接受的改进措施。

   卓越——取得巨大成就或者大幅度提升的证据。

9. 证明:向他人证明你成功完成挑战并实现目标。

10. 庆祝:庆祝成功!选择最愉快和最合适的方式来享受成功的喜悦。

来源:目标行动计划、印第安纳州校长领导学院、印第安纳州教育局。

图4.8　目标行动计划

运用项目计划文本

复杂的问题需要使用计划文本。简单问题的解决可能不需要参与程序,但是项目计划文本的逻辑和步骤仍然是可以使用的,至少在头脑里要有思路。文本是项目管理者的指南,并且也可以充当监控程序。

如图4.9是一个综合问题的解决文本。我们是用前面的案例作为一个例子,在该文本中陈述了项目目标,列出了具体的活动,确定了目标完成的期限,制定了具体的人负责项目活动的实施。

在许多情况下,具体的活动特别复杂,在几个构成活动的部分完成执行之后,总的活动才完成。责任人要制订一个类似的文本用于他(她)的团队,并且项目在任何层次上是无间断性的。该种文本的关键是任务的表达要清楚,所有人要意识到目标到底是什么、如何达到目标、谁负责、什么时候达到以及为什么要达到目标。

项目:提高休斯中学7年级和8年级学生的阅读技巧
项目管理人:凯·维斯(Kay Weise),校长助理
开始日期:8月15日
完成日期:6月1日*

活　动	开始/完成日期	场动力关系 (驱动力/阻力)	协调员
志愿者项目	10/1 - 继续	#5(-)	霍兰德
课后辅导项目	11/1 - 继续	#6(-)	诺里斯
"为什么阅读"主题演讲	11/1 - 6/1	#9(-)	卡斯皮肯
新教师服务计划:在所教科目中阅读	8/15 - 2/15	#6(+) #9(+) #3(-)	克雷格
月度读者奖	9/15 - 6/1	#1(+) #2(+)	坦纳
"作者简介"	2/1 - 3/1	#9(-)	斯特拉恩
讲故事时间	10/5 - 5/15	#2(+) #3(+) #10(+)	米勒

*前两个活动在6月之后继续进行。

图4.9　行动计划:问题解决文本

实施运营计划

现在计划已经被分成一系列的活动,复杂的活动再分成要素和事件,要素和事件的完成标志活动的结束,并且责任已经被分配到具体的人并被他(她)接受。在实施计划之前需要制订符合实际的时间期限,制订项目日程表,并且运用到监控和评价过程中。计算机项目管理软件对编制和管理大型项目非常有用。[29]该阶段所列出的每项活动和文本都可以通过一个好的计算机计划软件包来完成。

确定目标实现日期

为整个项目和每个独立项目活动部分设定详细的开始和完成时间是重要的。[30]同时,为了设定符合实际的完成日期,还必须了解项目所涉及的以下内容:(1)问题的细微差别;(2)组织的现实情况,例如征用和采购程序、时间期限等;(3)教职工的能力水平。如果这些条件达到了,设立符合实际的时间期限是可能的。这样做,项目团队会提出两个问题:"如果有预料之外的事情出现——罢工、水灾、遇到冠军篮球队——完成这个计划最悲观的最后期限是什么时候?"接下来的问题是:"如果事情一切良好——没有人生病、有足够的资源可用、采购部门最后采取集体行动等——完成这个计划最乐观的期限是什么时候?"符合实际的时间期限是悲观期限和乐观期限之间的一个中点。

项目日程表:甘特图(Gantt Charting)

一旦活动和任务已经下达,最复杂活动的具体要素已经细化,责任已经分派,那么需要开发和提出的主要是日程表。表4.10为前面提出的案例描述出了一个甘特图。在这个甘特图中,列出了每个活动、构成活动的要素和任务,以及每个项目的启动和完成日期。

准备主要项目文本

准备主要的项目文本是项目管理者的一个重要职责。文本可能仅仅是一本活页装订册,在里面存放着综合问题的解决方案、关键人物查阅表、甘特图、微型的团队会议以及有助于项目管理者的日常记录或笔记。这些文本对监控和评估过程是非常有用的。

监控和评估项目

项目管理者的责任是帮助项目团队按照日程表来实施。这并不是指每一天或者每周的监控,它是指经常与个人活动协调者交谈、定期召开团队会议互通信息并进行"适度修正"。

校长或者项目管理者可以利用其他的监控工具,使计划按期进行或对环境的变化做出适当的调整。制订清晰明确的甘特图既是一种公告,也是一种奖励性的刺激。

总结性评估

假如定期监控在持续进行,那么正式性的评估就会发生。接下来就是要形成总结性的评估,也就是说校长如何知道计划是否产生了令人期待的结果?所有的事情都变好了吗?什么在起作用?什么应当继续?什么不应当继续?

把具体化、分类、列表等应用到评估过程,把这些活动看成"假设"是非常有用的。在案例研究中,我们相信假如施加了活动,学生的阅读技能会明显提高。这个假设必须进行检验,如果没有足够的资料说明所导致的结果值得继续投入,那么正在从事的一系列活动是毫无意义的。

在任何项目的开始阶段,写出项目完成时的指标是十分重要的,项目成员愿意接受指标作为预期结果的指导。这些指标最好来自最初提出的问题症状的再表述。在案例研究中,这些症状如下:

- 标准化测验成绩低于系统常模。
- 图书馆借书流通率低。
- 来自高级中学校长的警告性批评。
- 教师表示关注。

■教师流动率高。

这些条件的变化为评估项目的有效性提供了基础。测验资料的检查、教师和管理者的调查、图书流通率以及家长的正式和非正式反馈都是决定项目是否成功的有效工具。另外,某些活动比另外一些活动更为有效。也就是说,对需要和发生的变化要进行调查,以便把精力和相关资源聚集到获得最大收益的活动上。

#	任务名称	持续时间	%完成率
1	阅读服务	0天	0.00%
10	在职新教师	20天	0.00%
9	学科内阅读	0天	0.00%
8	语言艺术	20天	0.00%
13	科学	20天	0.00%
14	数学	20天	0.00%
15	社会研究	20天	0.00%
2	每月读者	0天	0.00%
19	9月读者	20天	0.00%
16	10月读者	20天	0.00%
17	11月读者	20天	0.00%
11	12月读者	20天	0.00%
18	1月读者	20天	0.00%
3	志愿者项目	220天	0.00%
12	父母指导	5天	0.00%
4	课外辅导项目	200天	0.00%
5	"为什么我阅读"	100天	0.00%
6	"作者简介"	100天	0.00%
7	故事演讲时间	100天	0.00%

图例:批判、非批判、完成、总结、外部;批判里程碑式进度、非批判性里程碑式进度、完成里程碑式进度、总结里程碑式进度、外部里程碑式进度;自由放任、完全放任(+)、完全放任(-)、底线、非资源;推迟、努力、%完成率

图4.10 项目日程表:任务列表和甘特图

小　　结

本章主要讲述目标设置、系统性问题鉴别以及把学校改进过程作为革新变化的工具等主题。学校存在于变化的环境之中,任何具体学校组织的有效性很大程度上取决于领导者分析当前的条件和将来的挑战、制订计划和运用策略实现目标等方面的能力。

形成某种程序以确定需要,并提出一个与系统需求一致的解决计划,这对形成有效、建设性的领导力来说十分重要。计划行动和项目管理是能圆满应对挑战所必需的基本技能。

活动

1. 回顾本书末尾附录 A 中的案例研究 6、25、26、29 和 36。应用本章中所阐述的目标设定和战略规划概念,你如何着手解决这些案例中所提到的问题?制订一个解决问题的策略方案。

2. 运用你所在学校的理念陈述,使用同意/不同意量表制定调查工具。运用调查表对教师进行评价并打分。最后,与你的学生分享结果。

3. 评论第九章和第十四章后面的练习,进行进一步的计划练习。

4. 参照附录 B 中的教育领导者职业标准,检查高效领导活动中的标准一和标准十。评论你们学校的愿景、使命和信念的陈述。你们学校的教职工行动是否反映了这些陈述?这些标准是否公开或者分发给了利益相关者?

5. 你们学校是否有一个明文的学校发展计划?如果有,评述该计划。它是怎样实施的?实施了多久?有什么结果?社区是怎样参与的?

尾注

1. 在爱丽丝承认自己不知道走向何处后,柴郡猫对她请求指明方向做出的评论。
2. G. Hall and S. Hord, *Change in Schools: Facilitating the Process* (Albany, NY: State Univer-

sity of New York Press,1987), preface.

3. M. Fullan, *The New Meaning of Educational Change* (4th ed.) (New York, NY: Teachers College Press, 2007).

4. 大多数学校的改进计划遵循策略规划模型。

5. M. Fullan, B. Bennett, and C. Rolheiser – Bennett, "Linking Classroom and School Improvement, *Educational Leadership* 47, no. 8 (1990): 13 – 19.

6. K. S. Louis, K. Leithwood, K. Walstrom, and S. Anderson, Investigating the links to improved student learning Final report of research findings. 析出自 Wallace Foundation website: http://www.wallacefoundation.org/ knowledge – center/school – leadership/key – research/Documents/ How – Leadership – Influences – Student – Learning. pdf

7. Good Schools: *What Makes Them Work* (Washington, DC: National School Public Relations Association, 1980).

8. From the National Study of School Evaluation (NSSE), now AdvancED, *School Improvement: Focusing on Student Performance.*

9. 第十四章提供了有关这些数据管理任务软件的更多详细信息。

10. 最好是依据孩子的成绩数据和班级,将这些数据保存在一个数据库里。这样做不仅能对数据进行人口统计学描述,而且可以把学生分成不同的人口数据统计学组进行成绩比较。例如,如何对比来自单亲家庭的学生和来自双亲家庭的学生的学习成绩。

11. 如何有效运用评估数据,详情请见第七章内容。

12. S. Gruenert and J. Valentine, *School Culture Survey* (Columbus, MO: Middle Level Leadership Center, 2008).

13. 已有几种流行的氛围衡量工具可用。组织氛围描述问卷于 1963 年由 Halpin 和 Croft 提出。该问卷的修订版和组织健康清单在以下网址可以找到:http://www.waynekhoy.com under research instruments.

14. W. K. Hoy and D. J. Sabo, *Quality Middle Schools: Open and Healthy* (Thousand Oaks, CA: Corwin Press, 1998).

15. M. Tschannen – Moran and A. Wollfolk Hoy, "Teacher Efficacy: Capturing an Elusive Construct," *Teaching and Teacher Education* 17 (2001): 783 – 805.

16. P. M. Short and J. S. Rinehart, "School Participant Empowerment Scale: Assessment of Level of Empowerment within the School Environment. *Educational and Psychological Measurement* 52 (1992): 951 – 960.

17. V, A. Anfaraq, Jr., K. Roney, C. Smarkola, J. DuCette, and S, Gross, *The Developmen-*

tally Responsive Middle Level Principal: A Leadership Model and Measurement Instrument (Westerville, OH: National Middle School Association, 2006).

18. OCDQ 的多版本副本及评分标准在 http://www.waynekhoy.com/ocdq-re.html 可以找到。

19. OHI 在 http://www.waynekhoy.com/ohi-e.html 可以找到。

20. Correlates of Effective Schools, Association for Effective Schools, Inc., Michigan.

21. Eaton Elementary School, Loudon County Schools, Accreditation Report (February 2013), p. 5.

22. Eaton Elementary School, Loudon County Schools, Accreditation Report (February 2013), p. 6.

23. Eaton Elementary School, Loudon County Schools, Accreditation Report (February 2013), p. 7.

24. AdvancED, Accreditation Standards for Quality Schools (2013).

25. Correlates of Effective Schools, Association for Effective Schools.

26. 基础学校联盟的网址是 http://www.essentialschools.org。

27. 虽然本章所讨论的改进计划过程是一步一步地再现过程,但最好把改进计划程序看作是各个部分彼此影响的互动过程。换句话说,对教学和组织结构的分析会促使一个委员会修改其信念或者改变对愿景的表述,或对计划里其他内容进行改动。

28. Kurt Lewin, *Resolving Social Conflict* (New York, NY: Harper &Row, 1948), pp. 125-141.

29. 甘特图说明表(表4.10)是由西特尔公司所研制开发的。市场上还有许多其他好的计划程序,例如微软办公软件等。

30. 虽然并非在所有的例子中,完成一个活动都依赖别的东西,但有时却需要。即使不是环环相扣,准时完成活动仍然是重要的。当一个计划非常复杂,与很多部分相互联系,那可能需要建立计划评审技术(PERT)。PERT 描述每一项活动和子活动必然发生的秩序以及一项活动、事件或者要素与其他方面的关系。

选读篇目

Bernhardt, V. L. "Data Tools for School Improvement". *Educational Leadership* 62 (2005): 66-69.

Borman, G. D., G. M. Hewes, L. T. Overman, and S. Brown, "Comprehensive School Reform and Achievement: A Meta-analysis." *Review of Educational Research* 73 (2003): 125-230.

Earl, L., and S. Katz, "Painting a Data-Rich Picture." *Principal Leadership* 5 (2005): 16-20.

Fullan, Michael G., *Change Forces: Probing the Depth of Educational Reform* (London, UK:

Falmer Press, 1993).

Fullan, Michael G., "Turning Systemic Thinking on Its Head." *Phi Delta Kappan* 77, no. 6 (1996): 420–423.

Gardner, Howard, *Multiple Intelligences: The Theory in Practice* (New York, NY; Basic Books, 1993).

Hewson, K., and L. Adrian, "Action Planning: Rowing in the Same Direction." *Principal* 88, no. 1 (2008): 48–51.

Kelly, L. K and L. W. Lezotte, "Developing Leadership through the School Improvement Process." *Journal of School Improvement* 4, no. 1 (2003).

Kidron, Y., and M. Darwin, "A Systematic Review of Whole School Improvement Models." *Journal of Education for Students Placed at Risk* 12, no. 1 (2007): 9–35.

Picciano, A. G., *Data Driven Decision Making for Effective School Leadership* (Upper Saddle River, NJ: Pearson Education, 2006).

Reeves, D., "Making Strategic Planning Work." *Educational Leadership* 65 (2008): 86–87.

Sanders, W. L., and S. R. Horn, Research Findings from the Tennessee Value-Added Assessment System (TVAAS) Database: Implications for Educational Evaluation and Research. *Journal of Personnel Evaluation in Education* 12 (1998): 247–256.

第二部分

培养积极的学校文化

21世纪的校领导必须认识和理解学生的成长和发展，适用的学习理论与动机理论，课程设计、实施、评估和改进，有效教学原则，测量、评估与测试策略，多样性及其对教育课程的意义，成人学习和职业发展模式，体系、组织和个人的变化过程，技术对提升学生学习和专业成长的作用以及校园文化。校领导也应相信、珍视并保证，学生学习是学校教育的根本目的，所有学生都可以学习，学生的学习方法多种多样，为自己和他人而终身学习，职业发展是学校改进的重要部分，多样性有益于学校社区，提供安全和激励性的学习环境，教育学生为贡献社会做准备。第二部分涉及的教育领导者职业标准(2015年)包括：

标准4：课程、教学与评估。
标准5：社区关怀和学生支持。
标准6：学校员工的职业能力。

第五章　创造积极的学习氛围

许多学校的普遍现象

一天早上,你在办公室听到有人哭泣。一会儿,门开了,秘书带着一个哭个不停的女孩走了进来。

"我太胖了,"女孩哭道,"大家都知道,但是有两个家伙就是不肯罢休,在大厅里……我先是在脸书(Face book)上看到了,现在推特(Twitter)也有。每天都有。"

"我不来上学了。我妈妈也快到了,而且……"(仍在哭泣)

即使秩序井然的学校也会发生这种情况,虽说并不频繁。类似事件一发生就会引来许多关注。然而,采取行动之前,校长应该思考以下问题:

■类似事件是否发生过?是同一学生还是其他学生?

■如果发生过,发生频率多高?霸凌是持续存在的问题吗?

■是否与性别有关?

■员工是否参与过处理霸凌的培训?

■如何处理这个小女孩的问题?

■要如何与学生父母解释?

本章后半部分将详细讨论霸凌的具体问题——包括人身霸凌和网络霸凌。现在需要考虑的是更大的问题,即校园氛围。[1]

听到这一霸凌事件后,一位高中校长说:"霸凌?我们不仅要处理这个问题,还有厕所吸毒、种族霸凌或者威胁教师等。可以和辅导员谈谈12岁的未成年怀孕问题。

我们需要社会技能实验室,让学生就业,帮助家徒四壁的聪明孩子获得大学奖学金。"这就是本章所要讨论的内容。

本章关注人性化学校建设。学生、青年和教职工都希望成为这种学校的一员。人性化学校秩序井然,充满关爱,可以帮助学生实现梦想。

人性化学校如何发展和维持?希望以下材料能够对发展和维持人性化且富有成效的学校提出必要的见解和流程。话题涵盖校园文化、对学生的积极管控、咨询项目以及诸如霸凌问题和帮派问题等。

我们认为,引用一名已毕业研究生对胸怀大志的校长组成的研究生班的讲话最为恰当不过:

> 我们必须向学生保证,他们和我们在一起时是安全的,而且会得到优待。对一些孩子来说,可能这就是我们能做到的全部。我们可能无法控制任何一个孩子上学前或上学后的生活。但在学校,他们绝不会受到虐待,而是公平的对待。在这里,他们会得到保护,受到尊重。我们将帮助学生学会生活。[2]

积极的学生管理

好学校的特点是高标准、高期望值、充满关怀。当然,好学校也井然有序。好学校能快速、公平、公开处理不良行为,没有责备。重要的是,好学校中整个学校群体都了解并支持学校期望,理解和遵守确保积极学习氛围的规章制度。教职员和学生互相关心。

领导风格分析表明,好学校的校长坚定自信、以学术为导向。纪律守则一清二楚。好校长机动灵活,总是出现在大厅、教室和食堂。他们的很多时间用于行为监督、疑难解答和与师生讨论(见尾注2)。

很多年来,我们一直积极参与在全美和其他国家与校长和教职员的合作。世界上少有普遍存在的真理,但学校的学习环境要富有成效,必定要做到秩序井然。学校也不是一直平静,但总是井井有条。学生和老师在充满关爱的氛围中高效且富有成效地学习。

教职员、学生和家长都知晓规章制度并努力遵守。僭越规则的行为会得到快速、公平的处理,还不会留下怨恨。好学校都能在精神和实践上遵守实质性和程序性正当原则。

大量研究和校长报告显示,成效最大化的学习环境和积极学生管理有四大要素:

1. 教师和管理者清晰、坚定的高期望值;
2. 规章与违反这些规章的直接后果始终一致;
3. 明确强调保护所有学生的自尊心;
4. 对学生积极行为公开和私下肯定与奖励。

学生公民计划

学校不只处理学生不良行为,还有许多其他方法可以将积极的学生行为培养成学校期望的常规行为。例如品格[3]法就是一个例子,包括六大品格支柱:信用、尊重、责任、公平、关怀和公民精神。许多其他积极的学生行为计划适用于所有年级、不同学生和群体。搜索这些方法的渠道是美国教育部"有效教育策略资料库(What Works Clearinghouse in Education)"[4]。在这里输入你的独特需求,就可以查找相关计划和建议。

学校是一种文化

学校是复杂的学生社会,学校里发生的事情似乎与课程无关。所有这些"事情",包括课程在内,都会极大地影响学习氛围。创造积极的学习氛围需要理解学习者的需求。这种需求往往是多样化的,正式课堂活动和辅助课程活动只能满足部分需求。

全体学生真正的或认可的规范行为将决定奖惩施行、教师和管理者的态度和行为,甚至教师和管理者离职率。有些学校可能被划归为"棘手的"学校,其他的学校则为"理想的工作场所"。多数情况下,这些都反映了学生规范行为模式。但与规范行为和群体行为正好相反,全体学生由众多学生群体组成。尽管某些群体可能很大程度上决定了"公认"的行为,但校长接触的每一个学生都是群体中的个体,个人可能会或不会成为全体学生的缩影。

学校领导、教师和学生创立学校的重要价值观与信仰时,校园文化将发生最重大变化。其他人向学校领导看齐,领导做什么,什么就很重要。一个关心和关怀他人的学校领导能够培养具有相似价值观的学校文化。领导忽视他人价值和投入,等于赞成自私的行为和态度。[5]

学校是什么样子的?教职工、学生和家长之间对彼此有什么看法?对这个很多人度过大部分学习时光的地方感觉如何?很多工具可以衡量学校已有的风气。[6] 对任何教育方法列表进行简单检查就可以发现这些工具。但是我们青睐的方法是在几年前,由时任某中等城市市中心一所中学校长研发的。这一方法尚未标准化,甚至没有版权保护,也没有计分要诀。但是对方法中问题的回答可以体现工作感受。

本质上,这种方法所提出的问题显示了人们对学校以及对在校人员的态度和倾向。图5.1描述了许多校长使用的策略。你可以根据自己的需要增添内容或修改条目。语调积极很重要。校长试图揭示的不仅是潜在问题,还有解决方法。一些校长称这一方法为"这是一所好学校,但是……"。名字变了,但实质不变。学校领导以及教职员工、学生和家长都在寻找改进彼此关系的方法。

这是一所好学校。如果……可能会更好。
1. 在这所学校里,很多学生……
2. 贫困学生都……
3. 那些外出参加体育运动并组建团队的人……
4. 教师们经常……
5. 问题出现时,我……
6. 这里的辅导员……
7. 这所学校做到的最好的事是……
8. 这所学校里我不喜欢的一件事是……
9. 我的老师……(或我的学生……)
10. 与(我)(彼此)不同(不同种族)的学生是……
11. 添加和/或修改。(现在为有资质和无资质的教职员工准备相同的问卷,让每个人都填写表格。能否看出组内和各组之间的差异?差异意味着什么?)

图 5.1　关于我的学校

如上所述,可以更改表5.1中的各个问题以满足不同学校的需求。

我们提议专业教职工和其他类别教职工使用相同的表格。校长应注意到教职工群体和学生群体之间可能存在的任何差异可能是在职讨论和解决问题的基础。校学生会也可以参考这些结果。

开发积极的学生行为项目

学校校长负有领导教职员工制定学校政策、管理学生行为的责任。这并不是说,校长要亲自编写政策,但校长必须制定程序,使教职员工建立行为理念、守纪规定以及行为纠错技能。

被充分理解的、适当并一致的规章制度是有序学习环境的基础。规章一经制定,必须同时满足两个同样重要的条件:第一,必须确保所有受影响的人都能理解规章制度;第二,必须定期系统性评估现有规章的必要性和有效性。时代变化,需求变化,那么适当的响应模式也会发生变化。应定期审查规章制度,确定该规章是否能继续有效且高效地达到预期目的。

关于学校环境和学生的五个前提

我们对学校教育和学生行为的讨论基于以下五个前提:

1.学校教育在群体环境中进行。因此,任何个体学生的行为都会立即影响其他学生的行为;

2.有序的环境中学习效果好;

3. 实现有序环境的最佳途径是促进行为自我调节的政策和策略(内部控制),而不是周密控制机制和滥用惩罚(外部控制)的政策和策略;

4. 教职员工的有序行为和内控行事方式可以加强有序环境;

5. 指导行为的规章应简洁明了,广为人知,不断强化。

良好的教学

希腊神话讲述了普洛克路斯忒斯(Procrustes)的故事。普洛克路斯忒斯是一个强盗。他坐在路边抓过往行人,并绑在铁床上。如果人比床长,普洛克路斯忒斯砍掉超出床的身体部分。如果这个人太短,就将身体拉伸到与床一样长。无论太高还是太矮,所有行人都变得一样高——符合床的尺寸,行人也都死了。

以相同的方式教授同一班级或者同一年龄段的所有学生,是简单照搬普洛克路斯忒斯的方式,让学生同样"死去",还是可以用更好、更有效的教学方式?积极的校园氛围始于课堂,校长与教师的关系可以用同样的方式来检验,不是所有的老师都一样。每位老师的需求都不一样,英明的校长会主动强化校园氛围的积极性,实现学校的目标。

良好的规章

不言而喻,如果教职工和学生对某些标准承担责任,那么达到这些期望之前,学校就应该建立和宣布这些期望,让期望易于传播、学习和理解。校长有责任合理管控学校日常的高效运作。

什么算是"合理"?法庭上最常使用的黄金标准是:"规章制度是否加强了学生教育、是否提升了学校兴趣和幸福感、是否符合教育公共利益?"这一标准暗示,规章制度不应超越学区的法定权限。超越校董事会职权的规章制度不可实施。要达成长久使用的决定,就必须坚持"董事会不能随意采用与学校宗旨无关的规章制度"[7]。校长拟定的规章制度也是如此。

此外,尽管制定学校运作一致性的程序和准则是合理的做法,但有意识简约的效果最佳。制定可为与不可为的清单,涉及所有意外情况,可以营造避免或打破组织规则为根本的校园气氛。在这种氛围下,师生常常从测试规则极限中获得异常的快乐。

为每一种情况制定规则或根本不制定规则,这两种极端做法都是不明智的。校长在校内和教师在课内有权利和义务制定责任行为的合理管理政策,从而维持适当的教育氛围和保证安全。

组织氛围

富有成效的学校组织氛围可以描述为"开放"。这一氛围积极关注任务成就和个体社会需求。封闭的氛围内,组织成员对任务成就和社会需求都颇有不满。

开放氛围的操作定义强调组织内部成员——学生和教职工——从人际关系和分配的任务中产生高水平满意度。

哈尔平(Halpin)和克罗福特(Croft)[8]的早期研究为检验组织氛围的性质打下了基础。他们认为,从开放到封闭,连续分成六种"氛围"。他们发现,一所氛围开放的学校,也就是最有成效的学校,组织生机勃勃,朝着目标前行的同时也能让组织成员感到满足。

哈尔平和克罗福特还描述了开放而富有成效的学校校长:

> 校长的行为体现了其个性与作为校长所需要扮演的角色的恰当结合。从这方面来说,校长行为可视为"真实"。校长不仅努力工作,树立榜样(高度驱动力),也可以根据情况,一方面批评教师行为,另一方面全力帮助某位老师(高度关怀)。无论是按照要求控制和引导他人活动,还是表现出同情心,满足教师个体的社会需求,校长都可以灵活自如地体现"真实"。校长一视同仁,正直诚实,因此在两种情况下都能应付自如。校长并不冷漠,制定的规则和程序也并不僵化和不近人情。尽管如此,规章制度还是要遵守的。通过规章制度,校长默默指导和把握教师行为。校长不需要强调教学成果,也不需要密切监视教师活动,因为教师确实可以轻松自由地产生教学效果。校长不必凡事亲力亲为,他能够让教师发挥适当的领导力(不执迷教学效果)。此外,校长可以完全掌控局面,清晰地引领教职工。[9]

这是富有成效的学校校长的基本定义。校长展示充沛精力,也表现出帮助他人实现目标和解决问题的意愿。好校长平易近人,不受制于死板的规定。方法就是共享目标成就。校长行为会极大影响校园氛围。韦恩·霍伊(Wayne Hoy)和同事更新和应用了哈尔平和克罗福特的研究,并著有相关书籍。[10]

指导原则之一为,最有效的组织氛围下,任何来源都可能轻松产生领导行为。领导行为可能产生于教职员,甚至源自学生,从而实现学校目标。这是指学校安排应有利于倾听各种意见。有权制定和实施行动计划的员工委员会必不可少。后勤人员各司其职,知道如何解决问题。同样,在适当水平、对于合适的问题,临时和常设的学生团体,都可以在解决问题中发挥重要作用。

不同的团体或个人解决问题不用冒险。团队中的一人负责挖掘成员智慧。可以设置决策的框架和条件。预算始终存在限制,法律和学校政策需要遵守,这些都是现实。一旦了解了这些,就可以放手让一个团体或个人来处理学校的许多问题。团体和委派个人解决问题可以带来绝佳的结果!不是所有的智慧都来自一纸行政证书。

集体解决问题可以产生开放和信任的氛围。开放的组织氛围为有效变革和建设以高目标成就为标志的学习环境打下基础。

学习社区:小即好

越来越多的学者开始关注学习社区,将其视为小学、初中和高中的办学方式。无序和缺乏管控往往是由于学生人数较多,缺乏人情味。必须认识到学生的疏离感和教师的无力感,将在校人员分成小规模的学习社区可以解决这一问题。校中校的概念也就是小班化,与学习社区高度相关。[11]

奥克斯利(Oxley)[12]认为:"跨学科的教师团队共有几百名(或以下)学生,共同承担学生学业进步的责任,在同一物理空间内,教学日的大部分时间都服务该目的,并根据学生的需求,最大限度地发挥灵活性。"关注重点为以学生为中心的课程和教学。学习社区设计的意义在于,学生和教师都不是匿名的。这就像生活在一个小城镇,而不是大城市。小镇里,人人相熟,学生做了坏事很难逃脱干系,因为有人会打电话告诉家长。

残疾学生和特殊需求学生

学校处理学生行为时,必须记住学校对特殊需求学生负有额外责任。新修订的

《残疾人教育法》（IDEA 2004）也让特殊需求学生的父母成为教育团队的重要成员。现在，几乎每所学校都有"个人教育计划"，即学校为有特殊身体、心理和智力需求的青少年作出调整，提供专门的课程。

1973年的《康复法》和1977年的《残疾人教育法》等联邦法律要求各州为所有学生提供免费公共教育，禁止接受联邦资助的学校歧视残疾学生。特殊规则常用于管束特殊需求学生，这不同于教育普通学生的规则。第八章将详述对特殊需求学生的管束。

如今，美国教育部要求学校必须让残疾学生参与体育项目，或提供同等的其他选择。这扩展了为女性提供运动机会的第九条*要求。教育部还颁布指令，提醒校领导参与校际、校内的和大学间体育运动是一项权利。

个人课程的研发对教师、体育教练、辅导员和管理人员的职业时间产生额外的影响。必须组建审查委员会，安排与家长或者监护人会面，针对独立个案制定计划。[13]

影响行为的其他因素

学校管理人员和教职员工管控范围内的其他情况也会促成校内学习氛围。

极少数学生会犯严重纪律问题。如果严重破坏秩序的学生在课堂上无法得到有效处置，则需要特殊设施和方法管理。危机干预中心、"适应性行为课堂"、校内停学以及其他惯用做法都可以解决类似问题。

校长自身的行为举止有助于定下基调。如果校长能帮助教师培养良好遵纪行为，经常直接接触学生，活跃于大厅、食堂和图书馆，那么这是形成良好学习氛围的关键。

庆祝活动和"大吹大擂"。 公开奖励成就的效力不容小觑。大吹大擂并非做作。不管在私营还是公共行业中，最富有成效的组织在实现目标和个人成就上进步斐然。不要只肯定学生的成就，整个学校大家庭，包括监护人、校车司机、教师、辅导员以及其

---

* 译者注："第九条"指的是《美国教育法修正案》第九条。《美国教育法修正案》于1972年通过，第九条禁止学校中的性别歧视行为，要求学校在体育、科学等领域推行性别平等。第九条最大的贡献是将美国女子体育运动带上新台阶。

他人都应因工作出色得到公开认可。

有效的肯定成就的方法比比皆是：T恤衫、公开仪式、特殊停车权、积极的计时隔离、布告牌公告、集会上起立鼓掌、星星和贴纸、一流的球杆、奖品、徽章、友好的拍肩等。重点在于，由衷的赞扬才会起效。

庆祝活动可以帮助个人认识未得到他人认可的成就。自我肯定是持续性的。教师可以让学生分享一件自己引以为荣，他人却可能一无所知的成就，从而帮助学生自我肯定。校长也可以为教职员工做同样的事。

成人参与。越来越多的父母和市民加入学校的社区志愿者计划，有助于极大地减少暴力和帮派活动。尽管在大厅等场所的"家长巡逻队"确实有些作用，但成人参与并不局限于此类。学校里任何一种增加成人——尤其是父母——明显参与的志愿者项目都有帮助。有成年人在身边，学生会觉得更安全。许多本地退休人士组成的团体都在寻找对社区有益的项目。各个学校创立的"为孩子读书"计划就是一个例子，既具有双重价值，又易于管理。尽管青少年极可能不理会他们，但成年人参与可以使学生安心，至少有种约束力。

这一部分以阿喀琉斯（Achilles）和史密斯（Smith）诠释的氛围创建作结。他们指出有些学校的问题并给出了解决方案。

> 如果可以选择，大多数人都不愿待在他们觉得不被需要、不受欢迎和不得赏识的地方；他们不愿每天工作在被打扰和无法做好事情的地方……学生能很快就了解学校推崇的有时不一致的规范，也能认识到在学校里人们是否喜欢他们、是否愿意教他们。[14]

暴力和混乱

人们曾一度认为学校不是危险场所。但现在是极不安定的时代。校园暴力和国内和国际上的任何暴力事件一样，关系到每一个人。对于校园暴力，国家明确要求，每个人,包括学生、教师、行政人员、父母和普通市民都有责任保证学校环境安全。

　　暴力是知识贫乏、毫无技能、有犯罪倾向或抑郁不得志之人用于营造公平的竞争环境的手段,以弥补家庭虐待、儿童抚养缺位、养父母、公共住房、龌龊租赁、未成年犯管教或其他感受到或真实存在的不公正现象。暴力行为时常发生在全国的学校内,而学校是儿童、青年和成年人在社会环境下相互影响的地方。第十三章中有关安全和保障部分会阐述处理这些问题的积极策略。

维持公平的竞争环境

　　看似公平的政策以及在统一实行后本应建成公平环境的政策,往往不够明智。全国各地的学校都发现了这一事实。看起来很容易:打破常规,之后就无后顾之忧了——你出局了!但是,没有哪个政策会在不假思索地统一实行后带来公平的环境。

　　想象一下:一名初中女生因接受同学给的一片阿司匹林而停学(同学也被停学),原因是学校禁止非处方药或未在案药物。一名13岁男孩因携带武器上学而被立刻停学。男孩带了一把内战期间铸造的战刀在历史课上展示,但事先没有得到批准。刀装在一个纸袋里,没有出鞘。[15]

　　这些反应明显过度了。然而,学生和教职员工的安全和幸福确实需要警惕,需要详细了解政策、规章和条例。也许还有其他反应过激的例子。作为校长,你会对上面刚提到的案例作何反应?你和教职工以及把学生交给学校照看的监护人或者父母会制定何种政策和规章?你的学生是否有助于制定学校安全政策?我们的回答是肯定的。我们也主张父母和教职员工应该参与政策制定。

帮派

　　打击帮派活动的政策和规程最好根据本地情况制定,以满足本地需要。但研究和文献中也列出了一些纲领。如果校园内有帮派活动迹象,可以参考图5.2中的步骤。帮派不是松散的社交网络。虽然加入帮派可能是出于保护和友谊,但帮派的目标却是控制和恐吓大众。帮派脱离文明社会结构非法运作。

一般来说,帮派满足下列条件:

■组织有名称,有明确的领导或领导结构;

■组织有地理、经济或犯罪活动的"地盘";

■组织成员定期在校内和校外联系;

■组织拥有可视符号——徽章、问候模式、奇装异服等——可以轻易识别成员与非成员;

■组织从事违法或犯罪活动。

学校人员需要熟悉帮派符号、措辞、黑话以及其他识别标志。

霸凌

大家都熟悉班级霸凌。很多时候,一个超大块头的年轻学生欺压他人,找"与众不同"的同学的茬儿。在连环画中,他荒唐可笑;在小说中,他遭人嘲笑。但是,特别是对于受欺负的人来说,霸凌是一个很严重的问题。互联网的到来使情况雪上加霜。通过手机链接、脸书、照片墙以及其他互联网连接的网络霸凌已经日益严峻。已有报道表明,一些年轻人因绝望而产生悲剧后果,包括自杀。

如果怀疑有帮派活动,应该采取的措施

学校管理者应该:

- 保持学校中立,对帮派活动采取零容忍政策;
- 区分年轻人行为不端和违法犯罪行为;
- 与其他社会机构(包括警察或治安部门)合作,培训学校人员识别和处理帮派成员;
- 建立学生冲突调解机制,考虑同龄人调解。

教师应该:

- 一贯公平地对待所有学生;
- 将帮派问题纳入课堂内容,说明公民权利和义务、决策和解决问题的技巧;
- 与父母或监护人建立良好的沟通渠道;
- 清楚已有的社区资源。

图5.2 帮派出没

网络霸凌与常见的校园里的面对面冲突有些不一样。重要的不同是,网络霸凌可以匿名,传播范围极广。"每个人"都知道最新情况。教育工作者有责任遏制霸凌现象,维持良好校园环境。我们的学校有许多关于数字公民权的优秀课程资源可用于打击网络霸凌。常识媒体(Common Sense Media)[16]还为小学、初中和高中课程制作了优秀的反网络霸凌免费工具包。

除蒙大拿州之外,每个州都颁布了反霸凌法律。[17]这是最新的情况,因为1999年只有佐治亚州有反霸凌法。以下是最近的趋势:

■ 32个州要求学校制定调查涉嫌霸凌事件的流程;

■ 17个州要求学校员工与报告涉嫌虐待和玩忽职守一样,向管理人员报告霸凌事件;

■ 9个州要求管理人员向警方报告霸凌事件;

■ 11个州要求学校允许学生匿名举报霸凌行为。

尽管美国教育部声称学校是"安全场所",但重要的是,各个学校需制定报告规则和流程,对认为自身受到霸凌的学生给予支持。[18]

学校是安全的避风港

不管学生来自什么样的社区,学校也应是安全的地方。这说明学校对重大违法行为采取零容忍政策。不准带武器,不准带管制物品,不乱涂乱画——这些都必须是学校政策,所有员工和所有学生都需要知道这一点,也要知道发现这些物品当如何处置。当然,如何发现常常是一个更大的问题。学校需要教学生为了自身安全,向信赖的老师或其他教职工报告武器、毒品、炸弹或其他违反零容忍规定的活动传闻,之后立马跟进。校长的责任是立刻切断违规学生与其他学生群体的接触。如果学生犯罪,其他机构也需要参与其中。

学校不是唯一与有序和安全的环境息息相关的机构。大大小小的社团越来越依赖跨机构合作。校长的任何电话通讯录都应存有警察局青少年犯罪处、儿童保护机构工作人员、青少年法庭法官、"停止犯罪"组织(Crime Stoppers)以及一些青年发展部门等类似组织机构的电话。此外,学校档案室需要有青少年家中负责的成人姓名和电话。芝加哥、巴尔的摩和诺克斯维尔等城市取得了一些成功。这些城市的学校和市长办公室已经着手建设正式委员会和网络,促成机构之间合作。

咨询课程

人们通常以为咨询课程是由称为辅导员的指定人员拓展课堂的一系列活动。我们认为,这种方法极不充分,有时会对学生的需求产生反作用。好的咨询课程需要教师们有组织地直接参与,避免过度依赖工作超负荷的辅导员。

辅导员常常体会到同事对他们极不现实的期望。当下,大学校单位中人员互不认识,令人不安;旁听生和精神辍学问题不断。因此,将全部咨询责任压在仅仅一个办公室的旧办法已行不通,需要采用与此不同的方法。全校都要承担咨询职责。

学校需要采取与以往不同的组织咨询服务方式。这并非意味着受过培训的辅导员无足轻重,而是因为辅导员技能没有最大限度地发挥出来。咨询对学生发展至关重要,所以必须采用更好的方法。

尤其在中小学,学生建议和指导应是课堂教师的职责,教师也应不断纳入中学咨询小组。课堂教师组织有效的咨询活动时面临的主要问题通常是时间问题。但是,还有多种方法可以增加学生咨询时间。组织活动、把部分责任分配给合适的人员可以帮助教师为学生提供咨询服务。

不过,给予某个学生基本建议和指导需要由专业人员进行——专业人员能够整体把握学生情况。学生和咨询人员比例通常推荐为300:1,但在这一比例下,和学生培养关系就成了辅导员的奢望,两者可能只有粗浅的交往。美国学校辅导员协会(American School Counselor Association)网站为学校管理者提供了优质资料,用以深入了解学校辅导员的角色以及如何最大限度地发挥他们的技能。[19]

咨询顾问—咨询者体系

师生咨询体系能够带来更好的咨询效果。在这一体系中,每位教师负责决定某一组学生的课程选择和学习目标。学生与咨询顾问的比例根据学校全部学生与教职工人数比例决定。许多学校将所有专业人员纳入这一体系,包括校长、图书管理员和专家。纳入所有人降低了学生和咨询顾问的人数比,保证每个学生配有一位教职工。咨询顾问就变成了导师。

这一方法将学校分为若干组,辅导员和校长或助理校长担任行政领导。辅导员担任 15~20 名教师顾问的"顾问主管"。教师顾问指导的学生人数最多 15 人。

教师顾问的主要任务是为学生进行一对一指导,方式与之前期望辅导员的咨询方式一样。辅导员的角色是教师团队的专家顾问。教师顾问既要做学生的朋友,又要支持学生,还要全力了解学生,远远超过教师的正常课堂负荷。学生可以与教师顾问畅谈学校问题并找出解决方案。

并非所有教师都愿意或都能承担这一角色。学校需要注意为员工承担这一角色做好充分准备。这一方法要起效,就要提供在职技能培训,保证良好的监测体系。

咨询顾问—咨询者体系的一个积极贡献是,不管在大学校还是小学校,很多学生不再感到彼此陌生。羞涩、流动、以前上学的惨痛经历、贫困以及其他问题学生的表现——以及在需要时巩固友谊的简单需求——都可以通过教师/顾问体系得到有效处理。

组织咨询活动

基本咨询活动分为三种:小组咨询、学生个人咨询和家长会。

小组咨询。小组指导活动有多种形式。根本含义是指,顾问有责任帮助学生建立良好的同伴关系、良好的个人解决问题的能力以及良好的学习态度。

个人咨询。个人咨询有两个目的。首先,为每个学生提供与顾问成为朋友和知己的互动机会。其次,经常计划课程设计和评估会议。建议至少每两周举行一次会议,这些会议都应是学术规划的主要阶段。以下是一位教师对准备和实施咨询过程的描述:

> 我办公桌旁盒子中的文件夹存有每个学生的材料。每份材料都是由学生自己完成,恰当评分或评阅后放入文件夹保存至预约日期的前一天晚上。每天晚上,我把第二天要见的三位学生的文件夹带回家,然后根据学科重新分组评阅。

我还会回顾先前与每位学生讨论时所做的记录,查看前几周所设定的目标。之后,我写下学生两周后的短期目标。第二天,当学生来到我的办公室讨论时,我们会一起回顾活动安排,以及他花费在各个学科上的时间。然后,和学生一起再回顾一遍,询问学生是否有任何问题。我会记下评阅中发现的问题。接下来,我们会检验是否已经实现了先前的目标,开始讨论接下来的目标和学习活动。我更喜欢学生自己设定目标,而不总是我来提议。我们各自写下商定的目标,确定针对每个目标要采取的行动。和预期一样,大多都延续了先前制定的计划,但如果学生有新兴趣或需要,也要考虑在内。最后,将附信与整套材料装订在一起交给家长。

一些教师更愿意开发设定和记录目标的系统和表格。这些材料都可以与家长共享,放入学生年度评判档案。图5.3就是其中一种表格。只要通过适当使用学校现有计算机上格式化数据库软件程序,就可以促进记录开发和保存工作。

咨询讨论报告	
学生姓名_____	学期_____
顾问_____	日期_____
A. 学生和老师设定的目标:	
B. 对既定目标的调整/完成情况:	
C. 教师附加评论:	
D. 学生附加评论:	
E. 下次讨论日期:	

图5.3 设定和记录学生目标

家长会。定期召开家长或监护人会议有助于创建积极的学习氛围。除必要时召开的"危机"讨论会外,教师和家庭之间应建立直接联系,联系形式为一年召开两到三次的全校性家长—教师讨论会。这些会议必须认真组织和安排。

这些全校性活动要取得成功,需要考虑诸多因素。例如,双职工家庭的家长可能无法出席上学日举行的家长—教师讨论会。同样,单亲家庭也存在时间安排问题。交通也可能是问题,尤其是在学习不在社区附近的情况下。例如,磁校*项目就存在特殊问题。但如果教师和教职工很有诚意,限制条件都能克服。

组织讨论会可以由社区成员和教师一道组织,或者由家长教师联谊会(PTO)工作组负责。此外,必须确保负责组织活动的小组成员是当地学校所服务的街道或社区的代表,还必须考虑学校和社区成员的双语以及多文化惯例。

制定良好的咨询计划

扩展团队概念可以最大限度地灵活分配顾问,有助于顾问与学生人数比保持在合理范围。顾问老师应与咨询学生定期会面,小组和个人形式皆可。顾问每周的一对一咨询时间应为:在校期间,学生有空时,每周约四小时;或父母有空时,课后约两小时。小组咨询可以列入学校的常规安排,大约每天30分钟,每周总共两个半小时。

应建立两周轮流的预约日历,让每个学生提前知道咨询时间。图5.4就是安排表的例子。

(双周周期的第一周;每次研讨15分钟)

	星期一	星期二	星期三	星期四	星期五
8:00 早班车到达	大卫·汤姆斯	贝蒂·柏特兰	巴特·荷尔歇	玛利亚·荷纳德兹	补课
	课程开始				
11:45	午餐				补课
12:15	道格拉斯·爱德华	萝莉·阿尔布莱特	瑞贝卡·休斯	凯文·亚瑟	
15:00	课程结束				
15:10 晚班车离开	菲利斯·赛尔特	肯贝利·尼贝格	威尔·韦伯	科里·琼斯	补课

图5.4 学生咨询安排

---

* 译者注:磁校(Magnet School)是美国公立学校的一种。磁校以特色课程培养著称,要求较高,接受跨学区学生申请和考试。

重中之重是保证教师—学生或教师—家长讨论会有足够的时间。学校安排越灵活，越容易在工作日安排讨论会。延长讨论的有效方法是将午餐时间延长15或20分钟。拓展午间活动，开放学习和教学媒体区域，可以供不参与讨论的学生参与和使用。

选择顾问。顾问教师必须能亲自与学生进行友好交谈。要做到这一点，就要完美匹配指导老师和学生的个性。如果顾问可以有多个学生以供选择，那么就能达到个性最佳配对。当团队或扩展团队咨询时，顾问就可以有其他的学生备选。在秋季学期教职工和学生彼此熟悉后，每位教职工都会分配到适当数量的指导学生，记住每一个学生的需求以及哪一个团队成员最能满足这些需求。

极大提高咨询效率的学校组织结构为跨年龄分组。这种方法将学生分在一个特定的团队待上两到三年。在此期间，每个学生的顾问不变。

导师

许多学校——小学和中学——制定了导师指导方案，为学生提供额外的教育和个人帮助。此类方案常常由感兴趣的社区成员参与。这些人经过短期培训之后，会被分配一些学生，改善学生行为或提高学识。导师和学生每周定期会面，讨论已经发现的问题。定期与导师会面是为了评估进步情况。在一些学校，年龄稍大的学生会担任年龄稍小学生的导师（有点像老式的单间校舍）。也可以使用在线帮助，确定导师指导方案。[20]

辅导员在顾问—咨询者计划中的作用

辅导员的作用至关重要。在上述顾问—咨询者体系中，辅导员必须承担六项责任：

1. 负责一个团队，承担顾问的责任，与这一计划及校内其他专家保持密切联系。
2. 针对顾问和教职工发现的问题，担当学校转介的媒介。
3. 甄别可能超出教师能力的工作。
4. 实施和监督咨询方案。本章提出的咨询活动远远超出普通学校的能力。为计划顺利运行，一项良好的顾问方案需要持续的关注、鼓励和合作。

5. 提供和指导关于咨询技巧的员工培训,包括小组辅导功能、学生个人的学业诊断工作以及个人咨询技巧等方面的培训。辅导员的大部分作用应该用于员工培训活动。

6. 协助教师建立和维护良好的学生课堂档案系统。这些是教师每日咨询和提议的学习方案的记录。

学生服务

学生服务包括所有课外特殊支持与辅助课程范围中影响学生发展的基础内容。学区提供的一系列服务必然为各个学校的运作增色。学生服务专业人员在诊断、寻找解决办法和处理个别学习者困难,以及平衡所有学习者课程方面,提供技术服务和额外的专业意见。校长的角色至关重要,他必须考虑到基础服务的组织、协调和连接。

大多数学校系统都有许多专家供学生选择,以满足学校普通员工无法满足的学生需求。每所学校都应该指定专人负责协调学校特殊服务需求。多数情况下,特殊教育部门负责提供特殊服务,但也有例外。如果学生家庭一贫如洗、发生家庭冲突、遗弃儿童或缺衣少食,辅导员是另一合适的转介人,由其确定服务需要及服务的合适来源。

校长可以准备和发放可用资源清单及服务联络人名单,好让教师、家长和其他社区成员知道碰到具体问题可以向谁求助。这一做法值得提倡。名单列有辅导员(包括就业辅导员、特殊教育辅导员及生活辅导员)、学校心理学家、特殊教育资源教师、病理学医师、居家教学教师、阅读专家、诊断专家以及学区提供的其他专门人员。

校长在学生个人服务中的作用

对于向学生提供个人服务,校长是真正的中间人——不是看门人,而是协调人。如果转介不直接经过校长,也应该给校长一份转介信息。为什么?因为校长对校内及有关学校的一切事务负有责任,包括恰当地提供支持性服务。之所以要集中执行学生个人服务,是因为这些服务会影响整个体系。此外,各个学校的需求天差地别,集中覆盖能在需要时更高效地提供最大限度的服务。倘若校长认识到不断了解学校的学生和教师需求的责任,调查学生个人服务部门是否及时高效地满足了这些需求,那么这一模式将起效。

小　　结

对许多儿童和青少年而言,学校或许是生活中唯一稳定的事物。对一些人来说,学校是他们唯一能吃一顿好饭的地方。对于这些人和其他人来说,学校或许是唯一使他们免于危险和动荡的世界威胁的安全之所。学校或许是唯一以社会接受的方式来对他们的行为和成功给予奖励的地方。学校应该让每个学生了解文明社会。这就回到了卡隆·瑞林(Karon Rilling)的论述:"他们会得到保护,受到尊重。我们将帮助学生学会生活。"

学校行政人员和教师在不断努力,积极处理霸凌、种族紧张关系和失败校园文化的其他因素。大多数人都承认休斯敦中学校长丽莎·维尔(Lisa Weir)在最近发言中所提出的挑战,她说:"我不知道我们是否有底气坐在这里说改变落后的校园文化,但我想相信我们可以做到。"[21]

活动

1. 如果你在线学习本课程,请在线找一个同事。回顾附录 A 中的第 34 个研究案例,和同事共同商定向员工和学生会提议的着装规定。

2. 课堂活动。回顾附录 A 中的案例 22、24 和 25。假定提供的数据与你担任校长的学校有关,准备对全部三个问题做出回应,在三、四人小组中达成一致。

3. 回顾附录 A 中的案例研究 19,与另一名学生和蒂米一起进行咨询的角色扮演。

4. 回顾附录 A 中的案例研究 34。如果你亲自处理此问题,请写下你对学生的回应。面对一个正在长胡须的男孩,你打算如何应对?如何对待女生服饰问题?你所在州有哪些可以参考的法律(如果有的话)?

5. 除蒙大拿州以外,所有州都出台了反霸凌法律,但各有不同。你所在州的反霸凌法律是什么?参考法律规定,制定学校政策。

6. 查阅教育领导者职业标准,查看标准五的内容,思考哪些标准与本章内容直接相关。找出一个与本章的概念直接关联的内容。

尾注

1. 检测校园氛围的实用工具为"组织氛围描述性问卷——RS"(The Organizational Climate Descriptive Questionnaire – RS)。见 W. K. Hoy and C. J. Tarter, The Road to Open Healthy Schools (Thousand Oaks, CA: Corwin Press, 1997)。也可以查找网址 http://www.waynekhoy.com/ocdq – re. html。

2. 卡隆·瑞林(Karon Riling),奥斯汀得克萨斯州公立学校的原管理者,现已退休。

3. http://charactercoimts.org/sixpillars.html

4. http://ies.ed.gov/ncee/wwc/default.aspx

5. Angus J. MacNeil, "Culture, Climate, and School Outcomes," in *Current Issues in School Leadership*, ed. Larry W. Hughes (Mahwah, NJ: Lawrence Erlbaum Associates, 2005), p. 296.

6. 例如,可以参考:Wayne Hoy, J. C. Tarter, and B. Kottcamp, *Open Schools/Healthy Schools: Measuring Organizational Climate* (London, UK: Sage, 1991).

7. *State v. Fond du lac Board of Education*, 63 Wisc. 234, 23 NW 102, 53 Am. Rep, 1985.

8. Andrew W. Halpin and Don B. Croft, *The Organizational Climate of Schools* (Chicago, IL: Midwest Administration Center, University of Chicago, 1963)

9. 同上,第61 – 62 页。

10. Hoy, Kottcamp, and Tarter, *Open Schools/Healthy Schools: Measuring Organizational Climate*. See also Wayne Hoy and John Tarter, *The Road to Open and Healthy Schools* (Thousand Oaks, CA: Corwin Press, 1997)(可找到小学和中学版本)。

11. Charles M. Achilles, *Let's Put Kids First, Finally* (Thousand Oaks, CA: Corwin, 1999).

12. Oxley, *Small Learning Communities Implementing and Deepening Practice*, p. 1.

13. 可以寻求帮助。请首先参阅网上的"个人教育计划"。这详细介绍了过程,包括个人教育计划(IEP)团队的组成。另也可看网址 http // www.educ.drake.edu./rc/ html,该网站包含多个资源链接。

14. C. M. Achilles and P. S. Smith, "Stimulating the Academic Performance of Children," in *The Principal as Leader* (2nd ed.), ed. L. W. Hughes (Upper Saddle River, NJ: Prentice? Hall, 1999), Chapter 9.

15. 这些事件并非虚构。这些事件也发生在实施零容忍政策的公立学校,公信力高的报纸也有报道。

16. http://www.commonsensemedia.org/educators/cyberbullying-toolkit

17. 参见 USA Today, June 13, 2012, page 1 et seq.

18. 有一个专注于霸凌问题的社会网络:BullyVille.com。还可以参见 Cyber?? BullyHotline.com,了解当前和最近的做法。

19. http://www.schoolcounselor.org/administrators/role-of-the-school-counselor

20. http://www.mentoring.org

21. 莉莎·维尔(Lisa Weir),休斯敦独立学区纪念中学校长。

选读篇目

Fields, L., "Handling Student Fights: Advice for Teachers and Administrators. *The Clearing House* 77 (2004), 108–110.

Gulden, M., "Please Respect Me." *Principal Leadership* (high school edition) 9, no. 5 (2009): 24–27.

Habegger, S., "The Principal's Role in Successful Schools: Creating a Positive School Culture." *NAESP Principal* 8, no. 1 (2008): 42–46.

Hirst, R. E., "Reducing Discipline Referrals in Middle School." *Principal* 84 (2005): 51.

Hoy, W. K., and Tarter, C. J., *The Road to Open Healthy Schools* (Thousand Oaks, CA: Corwin Press, 1997).

Hughes, Larry W., *Current Issues in School Leadership* (Mahwah NJ: Lawrence Erlbaum Associates, 2005). See especially chapters 2, 7, 10, and 16.

Peterson, K., and T. Deal, *Shaping School Culture* (San Francisco, CA: Jossey-Bass, 2003).

Protheroe, N., "School Wide Approach to Discipline." *Principal* 84 (2005): 41–44.

Roberts, Warren G., *Bullying from Both Sides* (Los Angeles, CA: Corwin Press, 2005).

Silverstein, A. K., C. A. Flanagan, and M. D. Stout, "Code of Silence: Students' Perceptions of School Climate and Willingness to Intervene in a Peer's Dangerous Plan." *Journal of Educational Psychology* 101, no. 1(2009): 219–232 (see electronic version).

Sparks, Susan, "School Climate: Missing Link, in Principal Training." *Education Week* (March 26, 2013).

Uribe, Patricia, and Marco Garcia, "Grade Point Averages: How Students Navigate the System." *Journal of Cases in Educational Leadership* (2012) 15: 24–40.

Wolk, S., "Joy in Schools." *Educational Leadership* 66 (2008): 8–15.

网络资源

Bullyville.com

"Cell Phones in schools Pros and Cons."（在学校里手机的利与弊）

(Buzzle.com/articles/cell-phone-in-school-pros-and-con.html)

CyberBullyHotline.com

Individual education programs（IEPS）。个人教育计划。这一网站详细介绍了个人教育计划的流程，包括个人教育计划小组的形成。

第六章　学校课程

　　学校的目的不仅是帮助学生在学校取得学业成就,也是帮助学生为过上有意义的生活做准备。

——埃利奥特·艾斯纳(Elliott Eisner)[1]

　　领导力包括守护和创新。在学校课程的开发和管理中,适当平衡保护和创新最为重要。作为这些任务的推动者,校长需要深入了解课程理论和课程理念。这为理解开设课程的目的和目标奠定基础,让校长更能认识到如何加强课程来满足具体学生的需求。本章将探讨课程领导力、多种任务及责任范围,重点关注标准本位课程(Standards Based Curriculum)和新近增加的共同核心标准(Common Core Standards)。此外,本章将概述不同课程导向及其对理解和丰富标准课程的影响。首先探讨标准本位课程。

标准本位课程

　　自《国家处在危险之中:教育改革势在必行》报告发布以来,学校课程变化巨大。地方学区不再是决定教学内容和教学方式的关键一环,而是由各州和联邦机构承担起相关责任。这一变化的目的是提高全国学生的整体成绩,同时不分种族、经济状况和居住地点为所有学生享受优质教育提供平等机会。《2000年目标:美国教育法》和《不让一个孩子掉队法》等法律都体现了联邦的影响。各州也都制定标准,并且很多时候,标准化评估也在向呼吁追求卓越成绩的标准靠拢。《共同核心州立标准》(CCSS)代表了这方面的最新进展。"《共同核心州立标准》倡议由各州主导,全国州长最佳实践协会(National Governors Association Center for Best Practice)和全美各州教育首长协会(Council of Chief State School Officers)负责协调。"[2] 这些标准源于研究各州和世界各地的现有模式。标准的建立是教师、学校管理者和国内专家共同努力的结果。

该倡议的使命如下：

《共同核心州立标准》清晰一致地表明对学生学习内容的期望，因此教师和家长可以了解应该提供何种帮助。这些标准设计健全，具有现实性，反映了学生在大学和职业生涯中取得成功必备的知识和技能。美国学生在为未来做充分准备的同时，社区也要准备好在全球经济中竞争成功。[3]

共同核心标准

尽管不强制各州采用共同核心标准（CCSS），但大多数州都已采用。这些州正在努力开发符合标准的评估模式，与教师共同开发符合标准的课程及支持体系。

这一标准涵盖两个学术领域：英语语言艺术和数学。两者都是基础课程，其他教学内容都建立在这些技能基础之上。共同核心标准使课程远离早期标准模式中典型的死记硬背学习和记忆方式。共同核心标准的重点在于通过对内容进行更深入的概念性理解，培养高阶思维。如上所述，"通过阅读各种系列的经典文学和当代文学以及不同学科中具有挑战性的内容，学生可以建立知识体系、形成洞见、探索可能性和开拓视野"。[4] 在数学领域也是如此。"首要的是，标准是关于孩子们在美国基础教育（从幼儿园到高中共12年级，即K-12）阶段数学教育中应该获得的理念和技能。标准强调帮助学生培养概念性理解、技能养成的操作流畅性以及用数学思维推理和交流能力的重要性。标准还强调对数学基本概念及其相互联系的理解——学生长期学习后形成的跨主题、跨单元的数学'宏观思考'。"[5] 要实现这一目标，教学内容和课程开设仍由各州和地方学区决定。由于这份责任，教育领导者理解课程开发理念比以往任何时候都更加重要，如此，他们才能有效执行现有课程及设计创新性课程材料和教学方法。下一部分将阐述四种基本课程理论。

课程理论

课程管理是一个动态而非静态的过程。负责设计和采用学校课程的校长和其他领导人都要理解塑造课程的理念,这一点至关重要。即使学校依照符合某特定标准开设的课程运作,也是如此。了解课程理论的重要性表现在两个方面:一方面是更全面地理解现有课程的性质(守护者角色),另一方面是准备好更有效重新调整课程以满足所服务对象的紧急需求(创新者角色)。[6]从系统的角度看待组织工作,校领导既要以课程内容和传递的保守者身份,还要以必要变革的创新者和倡导者身份指明方向。

麦克尼尔(McNeil)[7]阐释了四类课程理论:技术课程理论、学科课程理论、人本主义课程理论和社会改造主义课程理论。麦克尼尔考虑了各理论目的、如何看待教师和学习者的角色以及各理论优缺点,提出了四种理论的理解框架。技术和学科课程理论源于传统哲学中的永恒主义和本质主义。[8]这些哲学观点可以促进下列目标:

■教育理性之人;培育智慧之人。

■促进个人的智力发展;培养有能力的人。[9]

人本主义和社会改造主义课程理论源于当代哲学中的进步主义和重建主义。[10]这些哲学思想可以促成下列基本教学目标:

■促进民主社会生活。

■改善和重建社会;为变革和社会改革而教育。[11]

接下来将详细讨论这四种课程理论。

技术课程

目的。通常被称为测量课程。概念包含"行为目标、任务时间、顺序学习、正增强、直接指导、成就测试、技能和内容精熟和教师问责制"[12]等要素。这一课程理论基于一般系统哲学,这一哲学思想强调细化教学目标,精准控制学习活动以实现目标,制定目标中的精熟标准。这类课程高度依赖技能,主要在知识获取的低水平(例如知识、理解和应用)上操作。旨在使学习系统化,提高学习可预测性、可靠性和可衡量性。

校长角色。尽管要求机构成员实现目标是领导行为,但在这一理论中,校长的定位是管理者。校长要确保按设计进行教学,监测和跟踪进步情况,不断提高期望,确保教师帮助学生取得极大进步。这一理论赋予校长高度权威和监管权力,从而保证实现预期的目标。技术课程理论中,如果将组织比喻成机器,校长工作更强调交易型方式而不是变革型方式。[13]

教师角色。教师的任务是管理已开课程,根据已确定的教学方法进行教学。也就是说,教师的功能几乎就像劳工或工匠,而不是专业人员或艺术家。[14]教师必须密切监测学生的进步情况,对学生成功与否负责。

技术课程方法。技术课程的形式分为基本技能获取、精熟学习、任务时间、课程一致性、指导教学模式和其他序列课程教学模式。本章后部分将讨论课程一致性和规划。因此,本章不甚关注这一课程理论的应用。

批评。对技术课程理论的主要批评认为,该理论限制了概念教学和学习。由于理论主要关注基本精熟和较低水平的思维,因而对激发概念分析、综合和评估等高阶思维收效甚微。尽管顺序法更容易教授更直接的任务,但仍有人认为技术方法"对于非程序性任务作用有限,甚至可能还会妨碍熟练程度"。[15]与这一缺陷有关的是,技术课程几乎只关注教材内容或认知发展,排斥人或情感维度。然而,衡量课程也确有益处,结构、顺序和责任可以带来好处。正如克莱恩(klein)所说:

> 它(技术课程)与社会重视的主要教育成果一致,包括认识世界、掌握基本交流过程以及接触新内容领域等。但这一概念和课程设计并不能提供学生期望学到的一切。[16]

学科课程

目的。学科课程的目的是锻炼学生思维,教授研究方法。[17]这一课程理论基于传统的"知识库"思想,其中包含固定的和绝对的"真理集合"。通过这一方法,每个学生都应具备核心知识,学习是获取不同学科的知识。其重点在于认知发展,尤其强调理性思考"真理"的批判性思维。真理存在于"三个 R*中,也包含在通识课程或主要的学术科目中"。[18]

该理论主要强调追求个人在学术领域的优秀卓越和潜力最大化。学科内容本就重要,有些学科比其他学科还重要。知识的形式和结构与内容同等重要。然而,最近该课程理论应用强调综合学科,而不是先前的内容孤立。

更好地整合概念可以重新设计课程教学和学校。其中的一个例子就是在大型高中里组建小型学习社区。这些社区通常是某个学科的研究学会。通过专注于某一领域、深入学习,学生可以更深入地了解教学内容。

校长角色。当然,校长必须以身作则,鼓励追求卓越!高激励模式必须发挥示范带头作用。终身学习应在全校推行,校长应负有主要责任,通过高标准和监督来保证教师能力。

教师角色。教师是知识的传播者,或者"讲台上的圣人"。作为某学科领域的权威,教师负责规划和指导学习活动,而学生的投入相对较少。这种模式极少关注小组参与或创造性思维活动,是典型的直接指导。

学科课程方法。最新应用的学科课程包括在大学和公立学校领域重新引起兴趣的核心课程。由赫斯特(Hirst)[19]等作家倡导的回归基础运动和全国课程都倾向于强化这一理念。广受欢迎的学科课程应用是派代亚计划(Paideia Proposal)。它强调建立统一的教育体系,基础为各个课程,包括哲学、文学、历史、数学、自然科学和美术等。该计划关注批判性思维和道德判断,摒弃职业教育等"虚饰"。

第二种学科课程方法存在于融合学习概念中。融合学习在中学非常普遍,并通过团队的方式加以促进。第七章将介绍学校充分利用这种方法的组织结构。

批评。学科课程方法一直因过于"以成人为中心",无法激发学生兴趣而饱受诟病。该方法还过分强调内容,忽视过程。此外,不注重知识应用,现实相关性不强。

每一种课程理论都是学生全部现有课程的一部分,具有同等重要性。没有任何一

---

* 译者注:3R 指的是学校教育的三种基本技能——阅读(reading)、写作(writing)和计算(arithmetic)。

种模式可以满足平衡课程的所有需要。最有效的课程是多种方法的融合。下文的关注点从"为什么这么教"转向"我们教什么,应该怎么教"。

人本主义视角

目的。人本主义观点以个人为中心,强调个体全方位潜力最大化:认知、情感和技能。这是一种全面的学习方法。培养完整的人的理念高于单纯的学业成绩。人本主义理论关注个体意义、自由、正直和自主等概念。亚伯拉罕·马斯洛(Abraham Maslow)[20]和卡尔·罗杰斯(Carl Rogers)[21]等人本主义者的理论强调自我实现和个人意义。"学习乐趣"摆在首位,同时关注发展认知学习和情感学习共存的"巅峰体验"。

情感发展是人本主义课程不可分割的一部分。重点在于自我意识和形成道德和伦理原则,而不是当前品格教育课程普遍倡导的"教学"价值观。阐明价值观[22]的技巧通常存在于强调人际和自身智力发展的课程,戈尔曼[23]称其为情商。戈尔曼比较了自己和他人的著作研究,例如萨洛维(Salovey)[24]、加德纳(Gardner)[25]和史坦伯格(Sternberg)[26]。戈尔曼得出结论,萨洛维列出的以下情商形式对其研究至关重要:

- 了解情感;
- 管控情绪;
- 自我激励;
- 识别他人情感;
- 培养关系。[27]

校长角色。校长的影响是将人本主义课程方法成功融入学校环境的必要因素。校长为塑造这一类课程所必需的重要价值观和行为以身则。人文尊重是人本主义教育的基石,校长定下基调,还为达成课程目标所必需的人际关系充当榜样。

教师角色。人本主义教育的核心是建立教师与学生之间的情感关系。信任、接受和相互理解是这一关系的基石。教师寻求营造学习氛围以唤起和激发不止学生发现的潜力。接纳的氛围下,教师助推学习体验,允许冒险、试验和成长。罗杰斯在著作《自由学习》中阐述了这些品质。[28]很多对富有成效的学校的研究[29]也表明许多人本主义特征是营造学习氛围的必要条件。

学生角色。在这一方法中,学生对学习和行为承担个人责任。鼓励学生在认知和情感上自我指导。学生学会接受和处理与自己行为相关的责任,形成自己的意见,创造性思考。这一方法强调个人独立性和自主性并对自己的行为负责。这是培养成熟思维和行为的内在过程。

人本主义教育方法。学校曾有一度强调学习的情感维度,但一般在咨询方面。罗杰斯的主要贡献为形成人本主义教育概念并将其应用于课堂。他的著作《自由学习》和对咨询的强调为这一课程理论做出了重要贡献。[30]格拉瑟(Glasser)的著作《现实疗法》[31]和他归类为"思考会议"[32]的小组过程学习法也产生了类似影响。自我意识和自我约束是两人研究的主要目标,而不是在正式学科计划中经常强调的外部控制。两人都鼓励学生为自己思考,在理性考虑自己和他人的基础上形成意见和判断。应用自然结果教导学生对自己的学习和行为负责。

对人本主义教育的日益关注也反映在"融合教育(confluent education)"的理念中。这一模式强调,设计学习材料要融合情感与认知因素。这通常被称为"附加(add-on)"法,因为情感因素、态度和价值观都包含在传统学科内容之中。这么做是为了让学生在学习的内容中体验个人意义。融合课程要呈现以下内容:

- 所有人都参与民主学习体验;
- 融合思维、感情和反应;
- 涉及学生需求和生活的学科内容;
- 强调学习体验要围绕个人;
- 目标……是在人文社会中的全面发展。[33]

人本主义课程的各个方面都强调学习的整体性或格式塔(Gestalt)。这是该课程模式的最大优势。课程的融合性质鼓励学生建立联系,培养批判意识,以有意义的个人方式对学习体验做出反应。

批评。多数批评者指出,很难用这种方法以顺序呈现概念及技能,该方法过分强调个体而非群体。其他人视个人发展为群体发展的必要前提,[34]认为人本主义课程是鼓励公民责任和为他人服务的方法。

社会改造主义

目的。 这一方法的倡导者视课程为社会变革的驱动力。课程是实现社会秩序必要变革的载体,旨在帮助个人和群体摆脱压迫,改善充分参与民主社会的机会。

社会责任包括寻求方法成为群体的有机组成部分,就重要的社会问题达成共识。这一课程方法主要强调建立强大的价值观基础,以此对社会问题作出回应和采取行动。

社会改造主义者认为,有效的课程有三个主要基石:"必须真实、必须要求行动、必须传授价值观。"[35]这一理论主要强调与学习者相关、围绕学生日常生活问题的学习。采取学习行动之前,没有真正的学习发生;学习依赖于活动。社会责任是知识获取这一目的的核心。

麦克·艾波(Michael Apple)[36]、亨利·吉鲁(Henry Giroux)[37]和珍妮·奥克斯(Jeannie Oakes)[38]等社会改造主义者认为当前的公共教育在"繁殖"一种并不总是符合民主原则、维持等级层次的社会秩序。他们主张对校内的现状进行批判性检查,并将课程作为所有学生都能自由平等地受到有意义教育的手段。他们认为,能力分组和资源教室等做法会固化社会秩序等级。机会均等的想法是共同核心标准运动的基石之一。

与社会改造主义者的想法结合紧密的是课程未来主义者,他们主张研究新兴趋势,采取行动预防"糟糕"的未来。这种方法的主要支持者[39]倡导通过规划未来以开发课程。这些人并不主张帮助学生适应强加的未来,但建议采取行动,防止破坏性趋势。批判理论或批判意识区别社会改造与社会适应的概念。社会适应基于社会分析,旨在帮助学生适应即将到来的未来,而不是质疑未来和采取负责任的行动预防未来。

校长角色。 校长的作用以领导力为导向,要求不断检查现有做法以及当前课程对学生生活的影响。校长必须提升价值观意识,[40]发现问题和具有远见,让所有人主动参与学习过程。第一章提出,这一课程理论中,道德和伦理责任是校长领导力的核心。校长必须特别注意"隐性课程[41]"为某些学生群体创造压迫环境的情况,要采取行动防止不公平或不民主行为发生。

教师角色。教师是学习过程的推动者。教师的任务是帮助学生找到自己的兴趣[42],对于有特殊兴趣的学生,教师时常充当学生和社区之间沟通的桥梁。与外部机构合作与协作,提供服务项目和建立其他与社区相关的伙伴关系也是教师作用的一部分。

课堂环境中,教师必须善于组建团队、团队合作和促进学生之间的合作机会。社会改造主义是为加强学习社区理念的自然课程理论(见第二章)。

社会改造主义方法。这类课程的例子现普遍存在于各个学校:基于问题的学习[43]、行动学习、服务学习和多元文化教育。每个例子都影响着学生学习和教室学习。第八章将讨论教师职业发展的五种模式。其中的两种模式(问询和学校改善进程)与这一理论有关。社会改造主义课程理论也与当前的融合、合作学习小组、组队和群组等概念密切相关,这些都会在其他章节加以讨论。接下来将讨论这一理论的应用:行动学习。我们还将考虑多元文化教育的影响。

行动学习。中西部一所高中约400名高年级学生需要完成社区任务,作为十二年级社会研究课程的一部分。超过90%的高年级学生选择社团服务,不写研究论文。学生参与的社区服务多种多样,包括参与政治竞选运动,发放和收集选民登记表,在小学和初中、日托中心、养老院、县康乐部门以及其他需要他们的地方工作。选择场所的唯一原则是学生要与人一同工作,而不是坐在办公室的文书工作。每年秋季举办社区博览会可以帮助如此多的学生找到实习。希望学生协助的社区机构摆设桌子或摊位,学生们可以在其中寻找感兴趣且满足时间和交通要求的志愿者机会。学生在上学日或放学后,利用空闲时间进行志愿活动。

行动学习的基础理念是,年轻人在行动中学习,并将这一理念与在服务中学习的理念相结合。学习开始于直接体验和相关指导或反思的结合。行动学习产生服务,学生产生体验的目的在各个学校天差地别。重点可以是"服务学习",意思围绕自我发展的活动。然而,方法尽管各有不同,但都强调年轻人在社区中的个人参与,确实可以且应该在课外学习。现实学习情境包括志愿服务、实习、社区调查和研究、社会和政治行为、观察别人求职、生活在另一种文化中以及工作经历。当然,一些职业课程中常有许多这些活动,但在数学、英语、健康、历史和政府等领域,与理论一致的做法却并不常见。

落实行动学习的学校制定了一系列目标:

1. 有助于年轻人的社会发展和为他人谋福利的责任感;
2. 智力发展——当学生将课堂知识应用于实际问题时,学术科目具有更大的意义;
3. 职业教育——能够直接观察并参与各种可能的工作;
4. 对学校的好处——打破学校社区之间的隔阂;
5. 对社区的好处——提供众多社区服务的能力。没有学生志愿者帮助,社区服务不可能实现。

组织行动学习。许多不同的行动学习课程已经实施,各有特色。课程分析显示了五种从最低程度与学校课程的融合几乎完全融合的基本行动学习情境。下文将以融合程度由低到高的顺序概述各行动学习课程。

设置志愿者办公室。学校或学生确认志愿者活动。学生利用空闲时间、自习时间、上学前或放学后完成志愿工作。某些情况下,每周的某一天要给学生放半天假,让他们参加志愿活动。志愿活动中的协调人员要确认、安置、跟进和审查学生工作,进行协调,作用很大。通常每个学生的主要责任是在学校协调下开始社区体验。

社区服务学分。和设立志愿者办公室的基本计划一致,但为学生参与社区服务增加某种形式的学分。学校可以积极推广该计划,或者由学生发起。

现有课程试点。与普通课程相关的项目经常替代研究论文或其他作业。学生可以根据时间安排在上学期间或放学后参加社区活动。通常情况下,随着学生越来越多地参与社区活动,课程内容开始更加实际,信息更有用,强调教学的系统观察、数据收集和社区参与。

社区参与课程。社区参与的正式课程借鉴了试点理念(之前的模式)与服务学分概念的主要特征。但这一课程的组织主要围绕社区参与,课程所有数据直接来源于社区。课程名为"学生社区参与"可能比较合适。

行动学习中心。该中心引导学生和教师参与社区,学生和教师在社区中获得全部体验。这类课程实质上通常是跨学科的,而且可能有专家协助。这些专家每年为不同小组多次提供相同的社区体验。山地露营、独木舟旅行、重建家园以及其他的社区活动形式都显示了这一理念。

行动学习准则。美国国家中学校长协会提出了指导行动学习课程的原则:

1. 课程必须让学生参与他们和成年人都认为重要的任务之中,满足青少年和社会的真实需要。

2. 必须为学生提供真实的挑战和拓展技能知识的机会。

3. 要提供指导反思服务体验的机会,且这种机会应该在服务期间持续存在。

4. 成功的课程为参与者提供社区归属感——这种特殊的感觉来自与他人合作达到同一目标。

5. 服务学习的经历应可以积累青少年在成人世界选择职业生涯的所需知识,并提供青少年与能干的成人模范合作的机会。

6. 课程形式必须组织有序,灵活机动。许多课程失败是因为过于刻板,无法应对瞬息万变的情况。另一些课程不尽如人意是因为结构太松散,没有清晰持续的方向。

7. 课程必须允许学生践行成人责任,为自己的行动负责,从而达到真正成熟。这意味着学生尤其应积极参与服务学习课程的决策过程和管理。

8. 有价值课程的激励来源是无穷的,所以要眼观六路、耳听八方,用心思考和寻找需求、人员和场所信息。要特别注意年轻人可能会放弃的提示信息。学生比教师和管理者更接近社区隐蔽但迫切的需要。

9. 确定服务学习课程的最佳期限,将期限确定作为课程计划和管理的一部分。服务学习课程可能比其他大多数中学课程更持续不断地需要新鲜血液。

多元文化教育。多元文化教育包括五个方面:内容整合、知识建构、减少偏见、促进公平以及提升积极的学校文化和社会结构。[44]当然,这也关于通过教育过程改变社会。

《他们眼中的光明:创建多元文化学习社区》中,索尼亚·涅托(Sonia Nieto)[45]讨论了多元文化教育的基本指导方针。她首先思考:学习是什么?她认为,学习具有综合性,在具体背景中发生,不仅仅局限于学业成绩。她提出,学习从社会关系和个人行为发展而来。学生需要通过协作、苏格拉底式质疑和反思来思考和解决问题。这些手段可以帮助学生构建自己的学习模式。在学校环境中,教师和管理人员的态度及信念可能会促进或阻碍学习。涅托提出优质的多元文化课程中至关重要的五个学习原则:

■学习要积极构建。意义是从体验和积极构建知识而来。对话和"思维习惯"的发展可以促进学习。

■学习源于体验,基于体验。尽管多元文化教育的学生与主流人群的体验有所不同,但他们确实具有应该运用在学习环境中的重要体验、态度和行为。教师对待这些体验的态度会影响多元文化教育学生的学习。

■学习受文化差异的影响。教师有时未能考虑文化对学习过程的影响,因此教师并未能时刻注意学生的个体差异。

■学习受其发生的环境影响。在充满关怀的环境中,学生可以感受到支持并积极回应。另一方面,严格管制和意志消沉的氛围会形成负面的自我概念,限制学习。

■学习是以社会为媒介,在文化和社区中发展。所有学生都有学习能力,但也必须提供学习机会。教师态度、行为和学校的结构可以影响学生获得学习机会的大小。

批评。对社会改造主义课程的主要批评之一是鲜有人在对未来或当下社会最好的事情上达成一致。正如麦克尼尔所说,"只要有解决价值观冲突的必要,我们就可以期待根据社会改造主义加快课程开发。解决价值观冲突的需求通常存在于多文化社区中"。[46]这些社区存在不同的价值观、风俗习惯和语言,可能会在课程性质上产生分歧。随着家长不断参与学校,学校不断参与社区,群体之间更有可能产生"教学内容"和"教学方式"上的分歧。

评述共同核心课程

共同核心标准和相关课程如何与课程哲学理论相联系?当然,主要强调的是传统理论(技术和学科)。这是强调以标准、目标和表现为准则的衡量性课程。课程教学和对所有学习者的标准化期望有规定范围和顺序。然而,共同核心标准现今强调更深入的概念理解,这一标准更符合学科课程,而不是先前主导的技术课程方法。同样,标准还提供了机会,将更多的最新趋势应用到学科课程中,包括跨学科的融合知识、批判性思维活动和更深奥的材料分析和综合。考虑周到的教师和管理者应借鉴人本主义课程和社会改造主义课程理论,继续探索进一步丰富发展的可能性。

校长在课程管理中的作用

校长必须是教学领导。第二章讨论了校长在教师赋权和构建有利于"领导替代"[47]的结构方面的重要作用,从而培养教师领导力。作为领导力发展的促进者,校长的作用与领导课程的所有事务相关。当允许教师对自己的教室拥有所有权时,校长稳步转变为变革型领导,而非交易型领导。基于有影响力的权力,而不是权威控制权进行监管和领导,可以通过共有责任完成以下课程相关任务:

■ 分析学校应该教授什么科目、主题、知识领域、技巧和能力;

■ 设计、开发或调整课程;选择课程包含的知识、技巧和能力;组织内容大纲、目标、课程计划、活动、测试项目等;

■ 教授课程;确定现有课程;课程或单元排序;安排课程时间时关注平衡性、灵活性、可用性等;

■ 通过衡量课程目标、教学内容、学生评价一致性和审视课程与学生、社区相关度,进行课程评估。

当然,大多数任务的主要参与者为教师,可能还有学科主管。另一方面,随着学校自主管理、磁校项目和特选学校不断发展,校长需要为本地学校课程重构承担主要监管责任。首先就要理解课程导向。

课程分析

本章的介绍部分讨论了学校确定课程的压力。学校教职工必须有条有理地进行决策。如果课程由教职工决定,那么第一步通常是做出决定。许多州的立法或教育部门出台了课程要求。当然,最近实施《共同核心标准》就是一例(但需要指出的是,目前教师在确定自己的课程计划和教学手段上有很大的自由度)。其他情况下,地方教育委员会确定教学科目。事实上,即使有本地学校可以决定课程内容或教学学时,也只是少数。

本地学校在课程分析中通常有两方面的作用。一是选择课程中的选修内容。对于大多数学校来说,这只是全部课程相对较小的一部分。更重要的任务是负责确定学校几乎每门课的教学内容。各州常常会提供课程内容标准和课程指南,一些本地学区会提供规定的内容大纲,但教学的详细内容通常由本地学校决定。

确定课程内容细节的责任需要由校长领导下的学校专业人员承担。如果教职工不集体行动,则该任务将默认由各位教师或所选课本的作者来完成。

课程委员会可以根据年级或者学科内容组成。根据年级组成的委员会开发某一年级的全部课程内容。这是小学普遍的做法,但它在审查初高中课程中也越来越普遍。这种方法强调课程的横向维度,通常包括学生在特定时间内可以学习的学科。如果说学生每天或每周要参加社会研究、英语、科学、数学、卫生、艺术、音乐和体育课,那么这就表示课程的横向维度。大多数美国学校的横向结构相对统一,学校和年级的课程范畴也几乎是同一标准。横向平衡年复一年地几乎保持不变,学生在各学科中的时间也都一样。

一些高中和初中的分科学校存在横向组织的其他问题。分科造成分隔,教学学科通常没有很好地协调或融合,而是独立和不相关的知识体系。

使用学科组合的跨学科课程提供了重新融合学校学科的方法。在小学低年级,跨学科课程最好的表现是全语言教育。这种教学活动与阅读教学中的分立技能排序相差甚远。全语言教育融合了听、说、读、写和批判性思维。这种方法基于文献和学科,很大程度上依赖于学生体验,而不是教师准备的练习题和其他说教材料。

学科内容课程委员开发某一学科领域的内容。以社会研究为例,委员会负责审查和规划各年级组合的社会研究内容,如五年级、六到八年级或九到十二年级。这一学科内容方法能有效地纵向连接课程。

数周、学期或数年间教授的技能或主题顺序表示课程的纵向维度。学校或系统内的教职工可以利用许多资源制定课程指南,包括纵向组织的目标和测试项目。

课程设计与学校改进

每所学校都服务一个独特的社区。因此,每所学校最终都必须负责本校课程设计与开发。校长在教职工完成任务时负有领导责任。为课程分析组成的教师课程委员会可按之前的课程分析为基础,继续课程设计和开发。

对富有成效的学校的研究确定了精心设计的课程结构对有效能学校发展的重要性。建议每个科目或课程的结构包括知识、技能和能力列表,学生要完成的具体任务结果,附有教学策略、活动和资源以及与期望成果相匹配的详细课程计划,创建每一目标的评估项目、采用推荐的熟练标准进行评估。如图6.1所示,各组成部分相互协调,保证课程一致性。

为达到规定的学习深度,应该分析各种课程结构确定的目标和测试项目。例如,布鲁姆(Bloom)分类学[48]的分类体系提供了一种方法,用来确定期望学生达到的学习水平。布鲁姆的认知目标分类学包括知识、理解、应用、分析、综合和评估等范畴,对确保培养各个学科的高阶技能价值巨大。

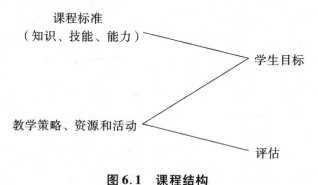

图 6.1 课程结构

学校所有可能会在某一年级教授某一科目的教师都应该使用课程大纲、目标和测试。在某些情况下,这些课程结构可能会根据各州批准的课程制定,也可能是围绕学区课程委员会编写的课本制定,或者可能由某个或多个教师制定。预设课程应该至少由两位或两位以上专业人员设计和一致决定。

任何课程讨论都必须注意成熟对学生兴趣和需求变化的影响。考虑组织学校时，有几个观念尤为重要。首先，所有孩子的成熟速度并不相同。因此，不是所有人都同时为同一门课程做好了准备。男孩和女孩身体和心理成熟差异很明显。同龄的同性学生的身高、心智能力、兴趣和需求也同样存在差异，只是经过几年的成长后，在差异和关系上不同而已。这些差异应影响教学技巧、课程内容以及学生分组方式。

课程教学

虽然课程教学似乎主要是教学人员的责任，但许多主要的教学任务牵涉整个学校。因此，校长需要发挥领导作用，包括确定开设哪些课程、课程和/或单元排序以及安排课程时间时考虑课程平衡性、连续性、灵活性和可用性。此外，在技术日新月异的当今世界，必须为高质量教学提供可用的材料和设备。

对成绩斐然的学校的研究表明，课程组织的一个重要方面为课程一致性概念[49]。一旦采用了已经组织好的课程，贯彻于各个学科，问题就变成：教师是否遵照执行？教授给学生的内容是否与课程说明中的一样？如果教师一年内的授课主题只有2/3符合预设主题，那么课程就与课程计划不一致。如果教师在课堂上花大量时间讨论自己喜欢的主题，轻视或者忽略预设主题，那么课程也与商定的课程计划不一致。

学习问责制变得重要时，课程一致性概念则尤为重要。如果学校标准化成绩测试或者标准参照测试的评估系统与预期的课程相匹配，那么严重的课程一致性问题是可能会大大降低从未有机会掌握测试内容的学生成绩。因此，课程一致性包括教学内容和测试内容的调整或协调。

然而，课程一致性不仅仅指教学内容和测试内容的一致。它还包括学校理念、目的、目标、教学和评估之间的一致和协调。例如，如果学校的理念包括"我们相信培养批判性思维和决策技能对每个学生都很重要"，那么目的就应类似于"开设帮助学生培养批判性思维技能的课程"。目标也应该阐明培养批判性思维技能——"学生能够展示批判性思维技能，通过以下方式：(1)发现问题；(2)识别和判断与问题相关的信息；

(3)解决问题并得出结论来。"需要将复杂程度不一的教学活动纳入不同的课程中,最后还需要利用为测量批判性思维技能而设计的测试项目。缺少其中任何一项都可能会导致课程不一致。

如果高质量教学是一门艺术,那么授课教师是否应该有随着学习机会变化而改变、调整和利用独特学习机会的自由?当然可以有课堂上的自由,但除非教师大大偏离了预设课程,否则这一自由通常被视为教学技巧或策略问题,并不涉及内容或课程。如果发生类似情况,那么或许是时候评估现有课程了,或者要指示教师要按商定的计划教学。

课程的灵活性

学校需要充分关注个体差异、成熟率与成熟水平,认识到学生的兴趣和需求涵盖广泛。学校课程的组织必须考虑到在多样性下的需求、兴趣和能力,提供激励所有学生的学习体验。

如果要识别个体差异,课程的纵向和横向维度都需要有灵活性。图6.2显示了三种不同的学习速率。

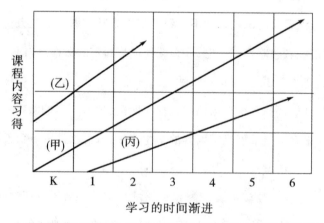

注:(甲)中速率学习水平的学生 (乙)高速率学习水平的学生 (丙)低速率学习水平的学生

图6.2 个体差异的影响和课程需求的学习速率

由于大多数孩子和标准都有些差异,因此课程组织需要促进每个学生个体的进步,如表6.2中的甲、乙、丙线所示。

课程的组织必须允许乙线和丙线代表的学生接触根据概念和材料难度排序的信息。随着时间的推移，学生成绩会逐渐取决于学生的学习能力和在学科上付出的时间。

在阅读和数学等学科中，传统的观点是在小学教授所有技能。然而，由于成熟率较低，实际上各个年级的许多学生并未很好地掌握基本技能。因此，初中阶段和进入高中后还需要继续学习这些学科。

课程连续性

确定课程后，学生满足自我需求和追求兴趣有多大自由度？学生应该有无限选择，还是应该根据某种计划做出选择？是否应该开设少量课程供学生选择，让学生修完所有必修课？对于快速掌握高阶技能的学生、进步速度慢的学生、知识内容需求极其宽泛的学生以及必须专注基本技能学习的学生，学校会如何提供课程机会？过去，教育工作者并没有区分各个学生，而是为每人提供了非常基础的课程，几乎不允许变动。这类传统课程包括每学年相同的基础学科。

课程平衡

拓展课程内容经常为学校带来压力。然而，尽管人们越来越希望延长学年长度，可教学时间仍相对稳定。即便如此，每天的教学时间也有限。学校必须做出困难敏感的决定，确定课程做出哪些调整能够最优化学习环境。通常，课程的诸多方面和时间分配都由各州规章制度决定。尽管如此，课程还有许多方面是由地方教育委员会和学校自行决定的。

每所学校都应该提出指导方针，自主明智地做出决策，提供不受一时风潮或者特殊利益群体意愿影响的平衡课程。约翰·古德拉（John Goodlad）在他的著作《一个称为学校的地方》（*A Place Called School*）[50]中建议每年都要充分关注课程"五指"中的每一指。他提出的"五指"来自发表在《自由社会的普通教育》（*General Education in a Free Society*）的哈佛报告。这"五指"包括数学和科学、文学和语言、社会和社会研究、艺术以及职业教育。古德拉表示，小学课程太过偏重语言艺术和数学。

小　　结

　　学校校长在课程设计和管理中发挥领导作用。各课程理论导向不仅为确定教什么，还为确定应该教什么、为何要这样教奠定了基础。课程设计是校长和教师重要的共同责任。本章还呈现了分析课程和调整课程以满足学校独特需求的基础。

活动

　　1. 反思自己学校的课程结构和开设的课程。确认应该进行重组的一个或多个学科领域。为什么这么认为？将本章的概念应用于你的学校，你将如何重组学校课程？

　　2. 回顾本书末尾附录 A 中的研究案例 7、13、16 和 29。分析提出的问题并应用本章的课程概念。你会用什么方法解决这个问题？制定一项拟克服学校困难的策略，寻求案例中个体的解决方案。

　　3. 参考"教育领导者职业标准"，回顾标准 1、标准 4 和标准 6。反思有哪些标准项目与本章介绍的课程概念直接相关。课程开发和组织的概念如何匹配标准 4 和标准 6？确定与本章所讨论的概念或观点直接相关的一项功能。

尾注

　　1. Elliot Eisner. "What Is the Purpose of School?" *ASCD Update* 32, no. 19 (December 1990): 4.

　　2. Read Tennessee, "Common Core Standards for English Language Arts", *Tennessee Early Grades Reading Toolkit* (para. 1). Retrieved from http://www.readtennessee.org/teachers/common_core_standards.aspx

　　3. National Governors Association Center for Best Practices, Council of Chief State School Officers, *Common Core Standards* (Washington, DC: National Governors Association Center for Best Practices, Council of Chief State School Officers, 2010).

　　4. Education Development Center, Inc., "What is a Standards Based Curriculum?" 1998, p. 3.

　　5. Ibid.

6. Christopher Hodgkinson, *The Philosophy of Leadership* (Oxford, England: Basil Blackwell Publisher, 1983).

7. John McNeil, *Curriculum: A Comprehensive Introduction* (3rd ed.) (Boston, MA: Little, Brown, 1985)

8. Ibid.

9. Ibid.

10. Allan Ornstein, "Philosophy as a Basis for Curriculum Decisions," in *Contemporary Issues in Curriculum*, ed. Allan C. Ornstein and Linda Behar – Horestein (Boston, MA: Allyn & Bacon, 1995).

11. Ibid. p16.

12. M. Frances Klein, "Alternative Curriculum Conceptions and Designs," in *Contemporary Issues in Curriculum*, ed. Allan C. Ornstein and Linda Behar – Horenstein (Boston, MA: Allyn & Bacon, 1999).

13. Linda Darling – Hammond, "Teacher Evaluation in the Organizational Context: A Review of the Literature,"*Review of Educational Research* 53, no. 3 (Fall 1983):285 – 328.

14. McNeil, *Curriculum: A Comprehensive Introduction*, p. 53.

15. Klein, "Alternative Curriculum Conceptions and Designs,"p. 31.

16. Ibid.

17. McNeil, Curriculum: *A Comprehensive Introduction*, p. 70.

18. McNeil, Curriculum: *A Comprehensive Introduction*.

19. Paul Hirst, *Knowledge and the Curriculum* (London, UK: Routledge & Kegan Paul, 1974).

20. Abraham Maslow, "A Theory of Motivation,"*Psychological Review* (July 1943): 388 – 389.

21. Carl Rogers, *Freedom to Learn for the 1980s* (2nd ed.) (Columbus, OH: Merrill, 1988).

22. 价值观阐述是资优教育中的一种常见做法。基础理念是，学习者应该有能力探究自己的感受和价值观，做出自己选择。

23. Daniel Goleman, *Emotional Intelligence* (New York, NY: Bantam Books, 1995).

24. 戈尔曼称赞萨洛维是第一个创造术语"情商"的人, Imagination, Cognition, and Personality 9(1990): 185 – 211.

25. Howard Gardner, *Multiple Intelligences: The Theory in Practice* (New York, NY: Basic Books, 1993).

26. Robert Sternberg, *Beyond I. Q.* (New York, NY: Cambridge University Press, 1985).

27. Goleman, *Emotional Intelligence*, p. 43.

28. Rogers, *Freedom to Learn*.

29. 富有成效的学校研究通常分为多个相关因素。其中一个因素——学校氛围设置人本主义课程环境和师生关系的诸多原则。

30. Carl Rogers, *Client – Centered Therapy* (Boston, MA Houghton Mifflin, 1951) and *A Way of Being* (Boston, MA：Houghton Mifflin, 1981)

31. William Glasser, *Schools Without Failure* (New York, NY：Harper & Row, 1968).

32. Ibid.

33. Stewart B. Shapiro, "Developing Models by 'Unpacking' Confluent Education." Occasional Paperno. 12, *Development and Research in Confluent Education* (Santa Barbara, CA：University of California, 1972).

34. 参考本书第二章讨论的群组概念和模式。

35. McNeil, *Curriculum：A Comprehensive Introduction*, p. 32.

36. Michael Apple, *Education and Power* (Boston, MA：Routledge and Kegan Paul, 1982) and *Teachers and Texts：A Political Economy of Class and Gender Relations in Education* (New York, NY：Routledge & Kegan, 1986).

37. Henry Giroux, *Critical Pedagogy, the State, and Cultural Struggle* (Albany, NY：University of New York Press, 1989).

38. Jeannie Oakes, "Limiting Students' School Success and Life Chances：The Impact of Tracking," in *Contemporary Issues in Curriculum*, ed. Allan C. Ornstein and Linda Behar – Horenstein (Boston, MA：Allyn & Bacon, 1999), pp. 227 – 234.

39. Harold Shane, *Educating for a New Millennium* (Bloomington IN：Phi Delta Kappan, 1981).

40. 参考第一章对变革型领导的详细讨论。

41. "隐性课程"是指从正规课程中学到的非计划内容。

42. McNeil, *Curriculum：A Comprehensive Introduction*.

43. E. Bridges and P. Hallinger, *Implementing Problem Based Learning in Leadership Development* (Eugene, OR：University of Oregon, 1995), ERIC Clearinghouse on Educational Management.

44. J. A. Banks, "Multicultural Education：Historical Development, Dimensions, and Practice," in *Handbook of Research on Multicultural Education*, ed. J. A. Banks and C. A. Banks (New York, NY：Macmillan, 1995), pp. 3 – 24.

45. Sonia Nieto, *The Light in Their Eyes：Creating Multicultural Learning Communities* (New York, NY：Teachers College Press, 1999), pp. 100 – 109.

46. McNeil, *Curriculum: A Comprehensive Introduction*, p. 39.

47. Thomas Sergiovanni, *Moral Leadership: Getting to the Heart of School Improvement* (San Francisco, CA: Jossey? Bass, 1992).

48. Benjamin S. Bloom and others, *The Taxonomy of Educational objectives: Effective and Cognitive Domains* (New York, NY: David McKay, 1974).

49. W. Fredrick, "The Use of Classroom Time in High Schools Above or Below the Median Reading Score," *Urban Education* 11 (January 1977): 459 – 464.

50. John A. Goodlad, *A Place Called School* (New York, NY: McGraw – Hill, 1983)

选读篇目

Balfour, L., and A. MacKenzie. "Involving Teachers in Curriculum Change". *Principal* (Reston, Va) 88, no. 4 (2009): 48. Retrieved June 10, 2009, from Education Full Text database.

Eisner, Elliot, "The Art and Craft of Teaching," in *Contemporary Issues in Curriculum*, ed. Allan Ornstein and Linda Behar (Boston, NY: Allyn & Bacon, 1999).

Eisner, Elliot, *The Educational Imagination* (3rd ed.) (New York, NY: Macmillan, 1993).

Fitzharris, L., "Making All the Right Connections." *Journal of Staff Development* 26 (2005): 24 – 28.

Gardner, Howard, *Frames of Mind: The Theory of Multiple Intelligences* (New York, NY: Basic Books, 1983).

Goodlad, J. L., *A Place Called School* (New York, NY: McGraw – Hill, 1984).

Greene, Maxine, "Philosophy and Teaching," in *Handbook of Research on Teaching* (3rd ed.), ed. Merlin C. Wittrock (New York, NY: Macmillan, 1986).

Griffin, Gary A., "Leadership for Curriculum Improvement: The School Administrator's Role," in *Critical Issues in Curriculum: The 87th Yearbook of the National Society for the Study of Education*, ed. Laurel Tanner (Chicago, NY: University of Chicago Press, 1988), Part I, pp. 244 – 266.

Hughes, Larry W., *The Principal as Leader* (New York, NY: Macmillan, 1999).

Ingram, N., D. C. Virtue, and J. L. Wilson, "Overcoming Obstacles to Curriculum Integration, L. E. S. S. Can Be More!" [Electronic Version]. *National Middle School Association Middle School Journal* 40 (2009): 1 – 11

Jacobs, Heidi Hayes (Ed.), *Interdisciplinary Curriculum: Design and Implementation* (Arlington, VA: Association for Supervision and Curriculum Development, 1989).

Kozol, J., *Savage Inequalities: Children in America's Schools* (New York: Crown, 1991).

March, J. K. and K. H. Peters, "Curriculum Development and Instructional Design in the Effective Schools Process." *Phi Delta Kappan* 83, no. 5 (2002): 379 – 381.

Mathews, J., "Meeting the Challenge." *Principal Leadership* (*Middle School Ed.*) 5, no. 7 (2005): 22 – 26.

Mizelle, N., "Moving Out of Middle School." *Educational Leadership* 62, no. 7 (2005): 56 – 60.

Petrilli, P., "Closing the Reading Gap." *Principal* 84, no. 4 (2005): 32 – 35.

Popham, W., "Content Standards: The Undecided Conspirator." *Educational Leadership* 64, no 1 (2006): 87 – 88.

Popham, W. J., "Who Should Make the Test?" *Educational Leadership* 65, no. 1 (2006): 80 – 82.

Saban, A., "Toward a More Intelligent School." *Educational Leadership* 60 (2002): 71 – 73.

Sergiovanni, Thomas J., "The Roots of School Leadership." *Principal* 74, no. 2 (November 1994): 6 – 9.

Slavkin, M., "Engaging the Heart, Hand, Brain." *Principal Leadership* 3 (2003): 20 – 25.

Sternberg, Robert, J., "A Three – Faced Model of Creativity," in *The Nature of Creativity*, ed. Robert J. Sternberg (New York, NY: Cambridge University Press, 1988), pp. 125 – 147.

Wraga, W. G., "Toward a Connected Core Curriculum" [Electronic Version]. *Educational Horizons* 87, no. 2 (2009): 88 – 96.

第七章　提高学生成绩

如果我们用昨天的方式来教今天的学生,就是在剥夺他们的明天。

——约翰·杜威(John Dewey)[1]

教育工作者都期望学生取得佳绩。近年来,政治领导人也将教育列为国家和民族的头等大事。因此,教育的前景及校长的角色发生巨变。如今,问责制、高风险测试、学生评估都是教育工作者思考的重中之重。学生成绩未达标,教师及校长的工作将岌岌可危。在极端情况下,若考试成绩未达最低标准,学校甚至学区都会有被政府接管的风险。

教育工作者通常都会速战速决,以考试为纲。尽管课程一致性和确保所有学生学会考试技巧确有益处,但也只是完善教育体系的权宜之计,仅产生短期效果。学生并没有真正学到更多或养成更好的生活技能,而仅仅更会考试,或直接学到了更多出题人自认为重要的东西。如何产生经得起时间检验的佳绩?本章关注如何改进学生学习过程,从而持续地、有意义地连创佳绩。

教与学

如果简单地将课程定义为学校教授的内容,那么教就是如何教授,即支持和帮助学生学习的方法与技巧。教学的重点应是学生的学习,而不是教师的教学,但两者的重要性都显而易见。

若将教学视作一个向学习者传递教学内容的过程,学校组织者将面临几个主要问题。最典型的是：

- 学生的天性是什么？
- 学习如何来衡量？
- 怎样才能最好地组织学生进行教学？
- 有哪些教学过程可用？
- 教学过程如何考虑个体差异？
- 教学过程对学校的其他组成部分有何影响？
- 如何改进教学过程？

我们将通过上一章所讨论的课程来回答以上问题。随着结业考试和年度标准化评估的普及，标准本位课程成为趋势。因此，教学内容越来越难控制，但教与学的过程仍有很多专业自主性。教学的真实评价将以教学质量为基础，决定学习内容。

教学是学校的命脉，是传授学生内容或课程的过程。然而，教学要求学生不仅通过课程内容，还要通过内容呈现的过程（如"教学"），增长见识、获得信息并形成价值观。因此，学校的整个学习环境不断地为学习提供内容。课程和教学的密切联系迫使学校管理者不仅审慎考虑教授的内容，还要慎重思考教学方式，因为信息才是教学真正的媒介。

儿童个体差异

首先看学习者。儿童个体间有何差异？组建学校时，有哪些重要的差异需要考虑？儿童的智力、学习能力、身高、体重、年龄、性别、兴趣、需求、种族背景、学习风格、成绩和个性等都存在差异。但是，确定组建学校需要考虑哪些重要差异前，我们应该考虑到底存在哪些差异。显然，儿童越大，差异越多。许多个性可用已接受的固定尺度衡量，用相当具体的术语来表述。例如，性别或种族背景是不变的，通常可以用特定的术语来描述。然而，能力、兴趣、需求、学习风格和个性等因素很难评估，因为它们更复杂、多样且多变。因此，人的分类更依赖其他的定义，因此也更不准确。例如，一个连续体不足以充分描述能力或者智力。[2] 能力或智力有何作用？能力需要测量才有意义。能力要与什么事物还是与谁相比？是指做某事的能力还是比其他人做得更好的能力？因此，有必要用比较信息研究和发现能力差异，因为"能力"这样的术语本质上就是抽象的。

考虑个体差异的一个原因是为找出组建学校可能需要的条件。个体差异显然会影响教学和课程的组织方式。儿童分组的相关决定影响组织决定。成绩（测试分数或其他成绩衡量方式）是常用的能力预测方法。因此，这两个术语不能互换。衡量与智力高低有关的成绩精确度较高。相反，成绩换算成能力充满危险，因为我们无从得知是何因素促成了学生成就的机会。

例如，一个儿童可能有能力成为一名优秀的计算机程序员，但如果他或者她从来没有机会接触计算机，那么他或者她的未来表现就是未知的。所以，以过去的计算机成绩来预测未来成功与否就是错误的。在做出预测性教学决策之前，要多多考虑学生过去成绩所处的条件或环境。

如果不看能力，而用成绩决定如何组织儿童的学习，那么学生中将会存在何种差异？20世纪40年代早期，明尼苏达州立大学进行了一项研究，结果仍适用于今日。该研究建立表明学生在任何专业知识体系中成绩范围的简单经验法则。[3] 处于某一年龄段的儿童的成绩范围近乎其实际年龄的三分之二。6岁组儿童的成绩范围为4年；9岁组则为6年。换句话说，9岁组学习最慢的孩子相当于6岁组的平均水平（小3岁），9岁组学习最快的孩子相当于12岁组的平均水平（大3岁）。图7.1展示了学龄儿童的公式。特别要注意3岁年龄差内成绩有重叠的部分。6岁组、7岁组和8岁组有大范围重叠。这些极值仅能解释若干年中的部分差异。

学校问责制与学生成绩

入学儿童本身就存在差异，环境因素又进一步扩大了个体差异，因此在校儿童差异巨大。尽管每个学生都迥然不同，但教育者仍然有责任为所有学生尽可能提供学习机会，接受问责。这就要求所有校领导采取明智行动，同时灵活使用现有工具资源。

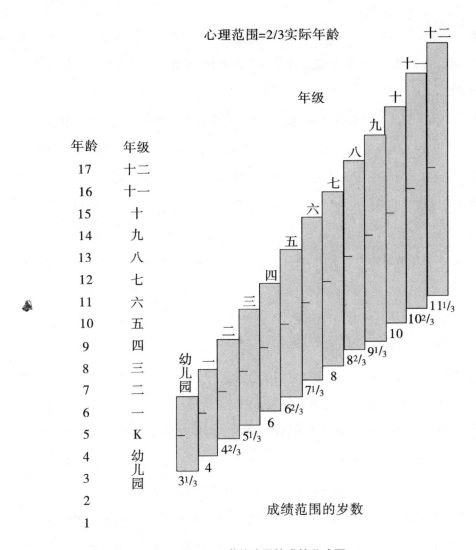

图 7.1 学龄孩子的成绩公式图

联邦测试和问责政策

2001年通过的《不让一个孩子掉队法》已基本实现。但自2005年以来,这一法律大大改变了公共教育的实施方式。该法是对1965年开始实施的《中小学教育法案》的重大改革。《不让一个孩子掉队法》重新定义了联邦政府在基础教育中的作用,旨在缩小弱势学生和少数民族学生与同学之间的成绩差距。该法案基于四个基本原则:对结果实行强有力的问责制,增强灵活性和地方控制,扩大父母的选择范围,以及强调行之有效的教学方法。

问责制方面,《不让一个孩子掉队法》要求各州全境实施问责制,覆盖所有公立学校和学生,以强化"第一章学校"*问责制。问责制必须基于各州采用的阅读和数学标准、三至八年级所有学生的年度测试与全州年度进展目标。该目标旨在确保所有学生在12年内(2013年)达到熟练程度。显然,该目标在2013年并未实现,但问责制教育格局却发生了巨变。评估结果及各州进展目标有待在贫困生、种族、族群、残疾群体和英语熟练水平有限的群体方面取得突破,确保有教无类。未达到适当年度进步率、未完成本州学生熟练水平目标的学区和学校,须不断改进,纠正行为,重组措施,从而达到本州要求。达到或超过目标,或消除成绩差距的学校将有资格获得本州学术成就奖。[4]

《不让一个孩子掉队法》促使各州创建评估方式,衡量三至八年级的儿童在阅读和数学上的所学所知。每位学生每年进行测试,衡量取得的进步和成绩。

记录学校表现和全州进展的年度报告卡上的年度评估,为家长、公民、教育工作者、管理者和政策制定者提供数据。年度报告帮助家长了解孩子的考试成绩、教师资质,及其孩子在关键学科中的进步。

最早的《不让一个孩子掉队法》允许各州自主制定适当年度进步率。这也产生了问题,因为许多州规定的水平很低,尽管看上去成绩颇丰,但其实进步甚小。各州课程标准还不尽相同。虽然《不让一个孩子掉队法》自实施以来一直未有修改,但美国教育部为一些州和学区给予豁免,撤销了不切实际的目标任务,增加了法律的灵活度。

近来采用的阅读和数学共同核心课程标准虽不是联邦立法,但却是各州为找寻教学统一标准和新方法而制定的。

常模参照测试(Norm-Referenced Tests)

学校主要使用两种类型的成绩测试:常模参照测试和标准参照测试(Criterion-Referenced Tests)。两者都用于《不让一个孩子掉队法》评估。常模参照测试使用相似的学生群组作为比较的基础,而标准参照测试则基于课程中8的特定内容或标准。

---

* 译者注:原文Title 1 指《中小学教育法》(ESEA)的第一章,主要内容是为了帮助劣势学生达到州立学业标准,联邦政府出资给学校提供补助金。符合第一章规定条件的学校则称为"Title 1 Schools",即"第一章学校"。这类学校中的教师则称为"Title 1 Teachers",即"第一章学校教师"。

几乎所有学校都严重依赖常模参照测试,或称标准化成绩测试(Standardized Achievement Tests)用于学生问责制。常模参照测试将每个学生或学生团体(如班级、学校或学区)与群体(常模)进行比较分析。常模群体可以是地方、州、国家、国际或其他特定人群。基于每个项目区分各个受访者的能力,在各个科目中选择测试项目。测试设计者认为,只要是好的测试项目,那成绩较好的学生通常能做对,而成绩差的学生则会做错。大多数学生能够做对的项目并不一定是好的常模参照成绩的测试项目——即便内容出自学校课程——因为这种测试项目不能区分成绩好的和成绩差的学生。切记:测试旨在让教育工作者比较群体或常模,而不是衡量学生的专业体系知识。

若干种导出分数或标准化分数用于和常模组的比较。记住,原始分数仅仅体现测试或自测试中回答正确的问题个数。教育工作者很少用原始分数作报告。通过比较学生个体的原始分数和常模总体的分数,标准分数产生。[5]"处在年级水平"或"在年级同等水平"指学生分数达到特定年龄段受试儿童的平均水平(第50个百分位数)。这与特定内容并无直接联系。在图7.1中,每个长条的第50个百分位数或者中点代表每一年龄组的年级水平。人们常常误以为考试成绩通常高度集中在"年级水平"标准周围。实际上,正常学生群组内的分数分布相对分散,年级水平大量重叠。

其他分析学生成绩的导出分数有标准九分(Stanine)、正态曲线当量(Normal Curve Equivalent)和量表分数(Scaled Score)。正态分布的分数如图7.2所示。

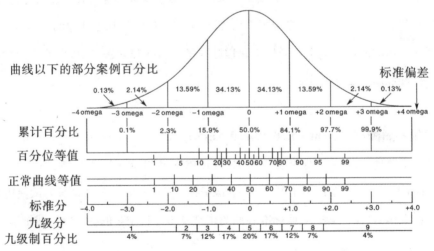

来源: Test Service Bulletin No. 48. Reproduced by permission、Copyright ©1955 by The Psychological Corporation.

图7.2　正常曲线、百分位和标准分

标准九分。标准九分可解释特定孩子相对于群体的表现。它将正态分布的分数分为九个级别,易于家长比对和水平划分。

正态曲线当量。正态曲线当量用另一种方法描述学生在正态曲线中的分数。正态曲线当量的数字从1到99,类似于百分位数排列,可显示每个学生的排名,或每100位学生中有多少学生得分较低。但是,与百分位排名相比,正态曲线当量的优势在于可以被平均。这是研究学校整体表现的重要特征,尤其适用于测量整个学校的学生成绩起伏。

在正态分布的总体中,如果教学一年后学生取得了正好一年的进步,即使原始分数(即正确回答的问题数)增长,正态曲线当量仍旧不变,增长为零。有些学生会取得超过一年的进步,正态曲线当量出现净增长。这就表明这些学生比群组学到更多的知识,或至少在测试领域进步更大。尽管其他学生技能有所精进,但速度可能慢于群组,正态曲线当量排名出现净损失。正如其他正态曲线量表一样,正态曲线当量的平均值为50。

量表分数。量表分数也是对原始分数的调整。由于测试项目和自测试项目数量的差异,用原始分数衡量的精确度有限。量表分数考虑不同测试项目难度的差异,可以更精确地衡量受试知识或技能。通过这种计算方式,量表中的一个位置增长一分,相当于量表其他部分增长一分。量表分数尤其适用于报告历时数据。每个学生或学生群体在各内容范围的量表分数应逐年增加,因为测试使用连续量表体现最低到最高年级水平。因此可以追踪同一个孩子或者同一组孩子的历时情况,生成每年的增分。量表分数可以在同一个的测试内进行比较,在两个不同的测试间则不行。例如,斯坦福成就测验(第10版)(Standford-10)的分数不能与大学和就业前综合评测(Partnership for Assessment of Readiness for College and Careers, PARCC)的得分相比较。另外,同一量表分数测试也不适用于比较两个不同的测试领域,例如阅读和数学。

增分。增分衡量孩子从一次测试到下一次测试间量表上的分数变化,或同时多场测试的分数可跨越孩子的整个学校生涯。增分由孩子的历时分数变化而来,通常是看年度测试。因此,如果孩子在第一年的阅读量表分数是420分,第二年为442分,那么增分便是22分。某一班级或者某一学校全体学生的总体增分可以得到平均数,估计班级或学校的发展。只有知道对照组所有孩子的情况,增分才是有价值的。例如,如果知道州内所有年龄相仿的孩子在一年中平均增长 20 分,而全国的平均水平为 19 分,那么就可以比较了。将各群组的平均值进行比较,可以确定 22 分的增分大于平均值。因此可以得出结论,该班或学校的成绩分数高于平均得分。参见表 7.1。

表 7.1 班级水平的计算得分

五年级	数学	标准得分 = 25		
教师甲				
学生姓名	2014 年比分	2015 年比分	平均比分	2014 - 2015
Aaron	783	782	783	-1
Aileen	734	774	754	+40
Adam	715	770	743	+55
Amanda	716	761	739	+45
Alan	721	743	732	+22
Amy	717	743	730	+26
Arnold	714	741	728	+27
			平均得分 = +31	
教师乙				
Barbara	711	727	719	+16
Barry	699	736	718	+37
Betsy	719	713	716	-6
Benjamin	687	730	709	+43
Brenda	706	709	708	+3
			平均得分 = +19	
教师丙				
Carl	674	731	703	+57
Caroline	678	724	701	+46
Charles	676	722	699	+46
Chloe	672	711	692	+39
Christopher	658	704	681	+46
Colleen	668	679	674	+11
			平均得分 = +41	

增值评估。增值评估是测量学生在特定年份所取得的学业成绩的统计工具。换句话说,它反映了孩子学校教育中的发展增值。学校汇总学生得分,无论学生之间的差异如何,增值评估都可用于评估学校。教师汇总得分,用标准化测试来测量出的增值,可以评估哪些学生学得最多,哪些学生学得最少。

增分体现的是各个学生分数的年度增长,因此忽略了不同环境、家庭背景、参差不齐的教师素质所导致的学生差异。增分只关注过去一年中的差距或者增长,并不能测量孩子的总体成绩分数。因此,这些增长大部分归因于每个孩子前一年的成长。常模参照测试计算而来的增分能够比较学校间的进展,详细分析本校的课程和教学开展情况。田纳西州是第一个采用增值评估体系的州。此前在田纳西大学任教的比尔·桑德斯教授(Bill Sanders)调整了统计程序,控制阻碍测试系统的偏差,从而开发了田纳西增值评估系统(Tennessee Value – Added Assessment System),[6] 自 20 世纪 90 年代初以来,这一系统在全州普及,被公认为最全面的精确计算增值数据的模式。

虽然增值系统以学校和教师的增值分数为核心,但更重要的是,增值评估帮助学校详细分析课程和教学,找出其中缺陷。某一年级、科目或班级若鲜有进步,就会一目了然。将增值分数分到子群中,每个年级和科目的模式图就可以显示出增长最大和最小的子群,结果往往出人意料。例如,一所学校采用自己较简单的增值分析形式来观察从低到高的五个成绩群组中哪个群组增长最大。人们通常认为,成绩优异的学生增长最大,但学校的结论恰恰相反。差生的增长高于尖子生。那结论是什么呢?假设教育工作者可以"应付得过来",学校会发现教育工作者在差生身上付出了很多努力,而忽略了聪明的学生。增值系统使学校能够检查他们是否在教学上做到了一视同仁,找出学生增长最大和最小的学科领域。参见图 7.3。

增值系统不能揭示低增分的原因。增分低是因为测试与课程没有一致吗?换句话说,教师可能没有教授测试的内容。或者说,是因为没有在特定科目上花费足够的时间吗?还是因为有些教师没有做好教学工作?可能要比较几年内同一年级的几位教师的结果才能确定原因。如果某人增长较大,而其他人没有,那又是什么原因呢?

随着许多州已采用共同核心课程标准和与之匹配的大学和就业前综合评测,增值

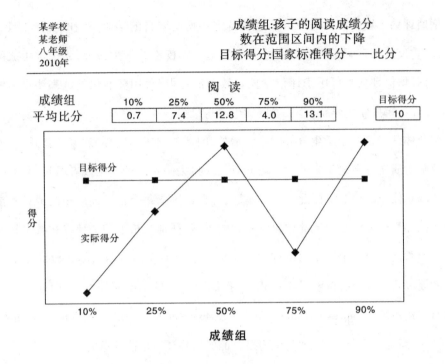

图7.3　班级成绩组得分

系统成为分析课程一致性优劣的绝佳工具，但它也有危险。如果学校决定在某个年级科目内教授学科内知识而测试测量的内容，那会怎么样？如果学校决定将不被测量的学科纳入课程，减少测试范围内容的教学时间，又会有什么样的结果呢？万一学校决定按照不同的教育理念来教学，而不是按照标准或测试设计者的想法，又会如何呢？学校可能无法在测试范围内获得和其他学校相似的增长，但学校确实仍在提供丰富、激动人心的学习体验。所有测试分析工具都假设，大家对孩子要知道和能做的重要之事意见一致。从这方面来看，所有大规模测试都"本末倒置"，大大影响了教学。教授测试内容时，教师需要对学生应学的内容保持开阔的眼界。

标准参照测试

第二种常用的教育测试是标准参照测试，或称内容参照测试（Content - Referenced Test）。这种测试用判断标准或课程标准，衡量学生特定的知识和技能。这些判断标准通常是为课堂、学校、学区或州等所规定的课程，例如共同核心学校。教师制定的测试或课本测试就是标准参照测试。随着学区、州以及全国性课程标准更为普遍,很多学校采用基于课程标准设定的标准进行测试。有时,这些测试可用于特定科目的结业测试,或结合与常模参照测试,用于分析特定科目内容,与常模群组的分数无关。分数意义在于了解学生所知所能。通常,这一意义是基于临界分数的。超过临界分数的学生则视为充分得分("掌握"了材料),或达到熟练的最低水平。临界分数以下的学生则未达到熟练水平。学校每年都要确定在各学科的规定测试中达到了熟练最低水平的学生百分比,从而评估"适当年度进步率(AYP)"。根据《不让一个孩子掉队法》的规定,要达到适当年度进步率,学校的贫困、种族、残疾子群组学生都必须达到熟练最低水平。

标准参照测试有时会用于确定学生是否可以升级,或者允许其毕业。因此,这些测试是学生进入下一教育级别前必须通过的"门槛"测试。虽然这些测试可以更好地测量学生在特定科目中的所学和教师所教授的内容,但如果并不是所有学生都上一样的课程,这些测试就不适用于比较一个孩子、班级、学校或学区和整个群体,也无法确定历时进展。

近年来,风靡全国的标准参照测试的设计者已开始强调在测试中加入标准参照测试类型的项目。然而,要使其有效运作,所有受试都需要学习"共同核心"之类的共同课程。人们对全国推行测试产生的期望是课程一致性的强大驱动力,促使学校领导改变课程设置,与测试相匹配。

数据驱动的决策

教育领导者职业标准的第六条(见附录B)囊括表现指标,显示用有关表现的信息源以做出决策的重要性。恰当管理和记录的学生测试是最有价值的测量工具之一,不仅可以衡量每个孩子的成绩,更重要的是,可以衡量整个学校的进步。然而,这一切只有在公平的情况下才能做到。学校的重要问题绝不应是"学生得分有多高",而应是"学校对孩子的学习有什么贡献,如何改进"的问题。如本章开篇的引言所说:"质量并非来自检查,而是过程的改善。"

学生分组

在任何正常的学校环境中进行教学都需要做出很多关于学生分组的决定。这些决策基本上与三个变量有关：分组规模、群组构成和群组灵活度。学生分组的基本目的是教学数量和质量最大化。分组实践应与课程决策保持一致，考虑到每个学生的需求和兴趣。以上总目标必须受两个因素调整。

第一个因素是每个学习者内在的能力变化，为同质分组造成了困难。第二个因素是与组织设计有效性相比，对成本的现实性考虑。例如，群组规模通常建议采用可以转换为美元成本的人员配置模式。学校可能会认为，3:1的人员配备比率能够提供最好的生均学习质量和数量，但这样做成本太大。相反，分组设计必须考虑更加经济的人员配置比率，最可能的是为每15~30名学生配备1名员工。

群组规模

多年来，班级规模的研究结果不尽相同。格拉斯（Glass）和史密斯所著、远西实验室出版的两篇班级规模元分析，已被公认为是证明小班优于大班教学的最有力证据。相关分析的基本发现表明，小班教学的学生成绩更高。然而，该研究表明，规模在20~40名学生的班级中，成绩几乎没有差异。当班级的规模在20名以下时，优势就会显现。[7]

田纳西州的一项研究[8]，用了70多个班级进行一项精心设计的历时四年的小学项目（三年级），班级分别有13~17人、22~25人、22~25人，配一名助手。这一研究得出了具有说服力的结论。小班学生在成绩和标准参照测试中都获得了高分。取得最大增长的是市中心贫民窟的小班。获得最高分的是乡村的小班。教师青睐小班教学以找出学生需求，更多地关注每个学生，教授更多材料内容。研究结果还表明，小班教学能对更高年级累积积极影响。相比于普通班学生，参加过小班教学的四年级学生在每项成绩检测中都具有显著优势。

问题是"为什么小班效果更好？"根据观察，小班教师更快地完成基本教学，有更多时间教授额外材料。他们使用更多补充文本,开展拓展活动,更深入地教授基本内容。学生有更多机会使用具体材料直接参与学习活动。总之,教师的教学更具个性化。如第六章所述,小班教学更关注学生,师生关系更紧密。

关于班级规模的最新研究表明,班级规模缩小,学生的课堂参与度会发生极大变化。参与是由"学习行为"、支持和反社会行为组成。二者与学业成绩密切相关。[9]

群组构成

学生分组的标准应该是什么?显然,高效教学需要分组,但每个学生的需求应该是首要考虑因素。这部分将首先讨论一些更有争议的分组方法,例如同类能力分组与留级,以及随之产生的问题。之后的部分将会更积极地讨论基于兴趣、年龄、技能和成绩的其他分组模式,同时还会囊括组群灵活性和期限。

中小学能力分组。一般做法是根据假定的学生能力进行分组,逐步创建两组、三组或四组,由高能力、平均能力或低能力学生组成。这种学生组织模式的基本假设是,在人数正常的学校,根据学生的广泛能力所处的连续区间,教师就能更好地根据各组学生需求专注个性化教学。因此,能力分组可能缩小各组能力范围,教师能够根据缩小的能力范围组织和准备材料。

用于确定群组构成的标准包括测试成绩分数、智商、历史等级和教师意见。但是,如果用其中某一标准或标准的组合用作长期或长时间分组,就会出现严重的问题。事实证明,这种分组方法行不通。跨学科甚至学科内的长期分组都找不到共同基础。学生之间的个体差异非常复杂,传统的假定能力测量无法奏效。

如果根据某个因素同质分组,这个小组在课程和教学的其他方面仍然是异质的。例如,将知道1到12乘法表的学生分在一组,可以获得数学方面的同质性,但是该组在其他课程,包括数学的其他方面,仍然具有异质性。

当同质标志是以先前的数学成绩、智商测试分数,或者先前的等级时,几乎所有有用的同质性定义都会不成立。这是因为在几乎任何特定的技能或知识中,低端小组的学生会超过高端小组的知识水平。因此,作为宽泛或永久性分组设计,同质分组基本不适用,同质性是教育工作者想象的虚构物。

许多教师和管理者坚定地认为,能力分组确实可行,学生之间存在明显差异。当然,差异是可见的。但重点在于,组间的能力重叠远远超过大多数人的想象。最重要的是,同质分组忽略了学生的个人特点。

同质分组还必须考虑几个态度因素。自证预言(Self－fulfilling Prophecy)现象影响能力分组的最终结果。预言认为,别人说或者认为孩子是哪种人,孩子就会成为哪种人。[10]自我概念的研究表明,对自己的态度与对自己能力的评估是孩子在学校最终成败的主要因素。教师的态度和学生的自我概念极大地影响了孩子在学校的最后成败。根据观察到的能力水平将孩子分组是可行的,因为分组后,孩子的表现会有所调整,从而验证该预言。还有"再生产理论"问题——即不同学业水平的孩子得到不同的素质教育,使社会分层僵化。

过去50年里,很多研究都讨论了能力分组。1973年有综述详细回顾了相关研究,得出以下结论:

1. 现行的同质能力分组并不一定能够普遍地帮助学生,或者不能帮助某一群组的学生取得比其他不在同质能力分组学生更多的学业成就或更有效的学习条件。在显示显著效果的研究中,高能力学生小有增长的证据,多于对平均能力和平均能力以下的学生的学习产生不利影响的证据,尤其多于平均能力以下的学生。

2. 同质能力分组对情感发展影响的研究结果基本上是不利的。不管实验如何建立或增强自尊,整体的学生自尊水平被平均能力组或平均能力以下群组的水平拉低,因为平均能力和平均能力以下的分组让学生感到自己不会学习,或在学习上低人一等,产生了负面影响。

3. 同质能力分组表面上是根据测试表现能力,但实际是根据社会经济地位分组。虽然作用更小,但种族身份显然也是另一分组的标准。这一分组方法是分裂的教育政策。

4. 同质或异质能力分组在提高学生学业成绩相关的情况下,课程的教学方法、材料和其他教学或者学习过程中重要的变量都要大幅调整。这很有可能成为与学业进步有关的诱因,完全不同于能力分组本身。同样,在社会发展方面,指向其他变量而不是能力分组的证据往往与个人成长或成长不足存在实质性关系。[11]

群组灵活度

群组建立后应该保持多久？群组重组要到什么程度？组织需要到什么程度才能决定重组？这些问题与最大灵活性直接相关。这一灵活度产生于学校组织的分组。

小组在完成技能目标前应该保持不变。一旦分组目标达成，就要进行重组。可能是在为技能小组教学的一小时后，也可能是成立异质的多元化群组三年后。应设计技能组、兴趣组和成绩组，以便在必要时每天重组。

重新分组问题。学校频繁地重新分组，表明学校组织存在问题。首先，校长来做每个分组决定是不现实的，因为分组决定的数量和频率都会让校长办公室不堪重负。更重要的是，明智的分组决定所需的信息大都来自教师和学生。

为了让教师和学生有机会做出灵活的分组决定，最好将学校组织成学习团体，包括两位以上教师、学生及延长的时间段。一个很好的例子是学校组织的单元设计由一队教师、助手和一组75到150名学生组成。[12]

重要的是，校长将分组的决定权直接交给教师。一旦确定了群组要素，校长的作用就剩下向团队的内部分组决定提出建议，而后教师组织分组。

分组指南

学生分组对所有学校组织来说都是必要的。下面对分组任务进行总结：

■ 为了将学生分配给教师或团队，异质分组或者混合分组计划最合适。

■ 班内可以同质分组，应由教师组织。班内分组的标准取决于课程目的，可以是兴趣、成绩、技能、年龄或设计好的异质性等。

■ 同质分组应该每天使用几种不同的分组模式，保持一定的灵活性。同质小组通常维持时间较短。由于群组性质不断变化，以及学生自我概念的负面问题，或严格的同质分组模式可能导致教师态度不好，所以有必要保持灵活度。

■ 同质小组或者技能小组的使用时间不应超过每个上课日的三分之一。

高中分组。在高中,能力分组的作用与低年级不同。差生和一般学生似乎不受成绩分组的影响,但是资优生与其他资优生学生分到一组时,成绩取得进步,学习态度改善。能力分组通常存在于荣誉选修课程或进阶先修课程中。高级外语课程和高阶数学课程也会吸引更有能力的学生。然而,中学分组研究仍然认为,异质分组的学习效果优于同质分组。[13]

留级

一种经常被忽略的能力分组形式是学区留级政策。留级是让孩子留在原来年级再学一年,基于孩子表现出的较低能力或低成绩而将其安排进智力和社会成熟度更低的群组。因此,留级实际上也是一种能力分组——将学生主动调入更合适的课程和教学水平,而不是要孩子被动接受。

如上文讨论,尽管无效,但留级也是分组方式。成绩不好的四年级学生水平不同于三年级学生。学生的情感发展必须考虑认知的发展。比起留级和一群更小的孩子在一起,学生仍然更像自己的同侪,和他们在一起成就也会更大。无论哪个年级,成绩范围分布很多层级。20世纪40年代,库克研究发现:

> 如果在班级倒数10%内的学生由于低成绩被定为不及格,留级不会让他们更适应教育和社会。有证据显示,一般情况下,更多的定期升级能让他们取得同样甚至更好的成绩。

该研究进一步指出:

> 当学校让学得慢的学生留级,让学得快的学生跳级,以缩小能力和成绩的范围时,各年级学得慢学生的比例则会增加,年级平均成绩降低。

该研究还戏谑:

如果教师主要关心保持年级的水平标准,最有效的方法就是让聪明学生留级,让愚钝学生跳级。[14]

研究显示,留级不适合用于根据个人差异进行调整。[15]然而,这在许多学校相当普遍。留级不能用作维持标准的方法,也不能用作逼迫孩子上进的手段。后续研究表明,看着同龄人毕业,高中留级生辍学的可能性要大得多。如果学校使用诸如介入反应模式(Responsiveness to Intervention,RTI)等教学过程措施来调整孩子的个体差异,问题学生将学到更多的知识。

防止失败

学生进入高中,我们可以准确预测哪些学生毕不了业。有时出勤可以提供线索。在另一些情况下,高中初期学习成绩不佳和课程不及格的学生,几乎很难修到足够学分按时毕业,学生从而不愿继续学习。在其他情况下,生活环境给学生带来的负担让他们不堪重负。据调查,高中辍学原因有:

■厌烦学校(47%)。

■缺课天数太多,学习赶不上(43%)。

■和那些不爱上学的人长期厮混(42%)。

■生活自由,不受规则管束(38%)。

■一直不及格(35%)。[16]

然而,早期意识和干预可以防止很多学生高中辍学。《不让一个孩子掉队法》规定,毕业率是学校问责制的基准之一,所以该问题亟待解决。

一所大型高中启动防辍学运动时,采用了以下七项关键策略来降低辍学率:[17]

■ 早干预、常干预、果断干预。每三周管理部门从教师处收集有不及格风险的学生名单,并给每一位学生安排特别辅导。

■ 接触挣扎中的学生。教师与辅导员单独与学生面谈,并签订学习契约。

■ 联系家长。一旦认为学生有辍学风险,就和家长联系。

- 辅导。一对一辅导之外,使用及时反馈的线上辅导课程。

- 以果断课程干预来管理学生的课程选择。如有必要,在期中调整学生课表。

- 校内协助。如有必要,可以进行日常干预,而非只依赖在课后或是暑期来弥补学生不足。

- 改良评分体系。消除零分、区分成绩、进步、行为分数(参见本章的"报告书"部分),从而减少评分体系中的惩罚。

以上所列内容用于高中,但初中才是辍学风险的高发阶段。类似的识别和干预活动应从初中开始。

许多软件包可用于辅助学校识别和追踪初高中潜在辍学学生。比较好用的软件名称已做成 excel 电子表格,可以在国家高中中心网站上下载。[18]

教学研究

学生如何学习

进入 21 世纪,学校领导对成功的教育模式的理念在不断变化。一百年前,在很多人眼里,教育无非就是 3R——阅读(reading)、写作(writing)、算术(arithmetic)——这些是每个美国公民都需具备的基本能力。20 世纪末,具备辩证思考、批判阅读能力以富有逻辑的表达以及解决复杂问题成为新标准。"知道"意思已经从能够记住并背诵信息转变为获得并使用信息技能。[19]如今,"知道"要求学生能够内化在学校所学的知识,将学校学习融入自我生活。研究人员指出,如果教师结合学生先前的知识基础来设计课程,那么学生极有可能提高学习水平。越来越多关于学生如何学习的研究基础支持着这一观点。美国国家科学研究委员会(National Research Council)在《人们怎样学》[20]的报告中指出,如果教育工作者要成功地结合学生的学习,那么需要关注以下四个领域:

1. 学校环境与家庭或社区环境的社会文化差异越大,学生在学习学校课程时,就越难运用原先的知识。报告指出,教师必须以学生为中心,例如从当地社区、网络或电视中获得信息,研发相关课程。也就是说,教师必须利用学生已有知识,构建新知识。让父母与其他监护人以伙伴的身份参与学生教育是显见的策略之一。将学校传授的知识应用于日常生活是学校教育的最终目的。

2. 教学必须以知识和学习者为核心。思考与解决问题需要掌握成体系的知识。课程内容、结构以及编排必须审慎,让学生深刻理解课程内容。新共同核心课程标准可以辅助知识的组织。

3. 学习环境应以评估为中心。玛左诺在其班级评估的文献综述中总结出有效评估的四个要求:

■让学生清楚自己的进步以及如何提高;

■给予学生积极反馈以鼓励学生提高;

■进行进展性评估,上完一堂课就进行评估,同时要采用多种评估方式;

■经常评估——每天一次或一周多次。[21]

进展性评估为教师提供及时信息,以供教师修改教学计划,更好地完成教学目标。评估必须要衡量学生是否为了理解而学习。测试的目的是为学生和老师提供反馈。进展性课堂评估是教师用于促进学生学习的最有效工具之一。

4. 学校和班级应该是学习共同体。学生、教师、学校员工、父母以及其他利益相关者都应共同致力于创建学校良好的行为模式,加强学生对学习的渴望。

有关教学和培养一致性的教学观的研究是近十年来教育领域的大势。教育的关注点已从教师品质转向教学技能。由于现今学校的标准课程过于强调学术与技术导向,我们将讨论应用于这些导向的方法。当然,课程可以也应该包括其他导向和贯彻导向的方法。有效教学的研究推荐了许多教学技能,如果教师能够有效地运用这些技能,那么学生的进步就可以观察和测量到。强调指导性教学模式与第六章讨论的课程测量是一致的。但对其他课程导向,这一模式并非总是最合适。下文概述了主要教学能力,引用了相关研究,包括教师能力在设计、上课、合作学习、学生动机、评价反馈、评价活动、成绩打分、任务时间及差异教学中的体现。

有效的设计技能

教师设计的研究表明,如果教师(1)设定教学目标;(2)设置合理的教学难度水平;

(3)设计相应的教学方法、过程、材料和学生活动;(4)采用良好的总结性和进展性评估技巧,那么以考试分数衡量的学生成就就很有可能增加。如此设计也能够保证教师自信心、目标感与安全感。

这种设计的成功之处得益于改善课程的一致性,这来自围绕从预设课程中得出的目标而进行的详细设计。然而,实施教学的设计被视为提高学生分数的主要原因。

教学设计的研究也对妨碍设计的"绊脚石"给出清晰看法。[22]精熟教学(Teaching for Mastery)需要详细表述目标与教学目的陈述以及合适的标准参照测试。[23]尽管管理者和许多教师认为这一方法很有效,但它需要教师完成大量的工作。然而,多数教师本能地将课堂的成功归于学生的兴趣和态度而非认知发展。因此,教师无法因学生考试进步而提升个人教学能力。[24]

有效的课程实施

课堂设计的有效实施与课堂设计本身同样重要。进步大的教师善于运用各种教学方法,包括训练、解释、讨论、调查、角色扮演、演示以及解决问题等方式。有效课程实施的一个重要因素就是向学生概述课程的先行组织者(advanced organizer)。亨特(Hunter)提出的"预先准备引导性材料"概念就是先行组织者的一个例子。[25]

有效课堂实施的其他因素包括提出相关问题、解释、示范以及教师经常得到学生理解情况的反馈。反馈技巧包括示意(大拇指向上,大拇指向下)或者说"如果知道正确答案,请举手",这些可以在课上为教师提供信息。

增加等待时间——教师提问后的等待时间——也会积极促进学生表现。未经训练的教师提问后往往仅停留一两秒。等待时间越长,学生答案越完整,回答越自信,越有事实性根据,越多低水平学生参与,减少以教师为中心的教学。[26]

提问技巧的研究结果出人意料。教师在讨论环节并不经常提问学生,但研究证明,只有一个答案的事实性问题的提问次数与成绩成正向相关。[27]

小测和复习也是成功实施课程的因素。教师每周举行一次或多次的定期小测,期末分数就会提高。经常测试会促进学习行为。[28]

教学成效最显著的教师也会布置家庭作业,强化学生的学习习惯。研究证实,经常布置家庭作业,对课堂所学知识进行少量的独立练习,能提高成绩。[29]

合作学习

这种教学策略将把控学习节奏和方法的主动权交给通常由二至六人组成的学生小组。小组成员共同完成学习任务,有时与其他小组竞争。组内每个成员都有责任分享知识、相互指导。合作学习是一种主动学习方法,能为所有参与者养成更高层次的思维提供良好的机会。

以合作动机而不是竞争组织课堂产生更好的课堂氛围。竞争的组织形式可能导致攻击性、作弊、学习动机降低与逃避失败的行为;而合作的环境则会带来积极伙伴关系,提高成绩,提升自尊以及接纳其他种族。[30]

学生动机

前几节给出的建议能够帮助教育工作者把握课程、教学和学校氛围的正确方向,但并未考虑各个学生的学习动机。越来越多的研究关注教师如何激发学生内在的学习动机与求胜心。哥伦比亚大学的德威克(Dweck)[31]经过多年研究,取得了出色的研究成果。以下是他的一些主要观点:

■以精熟为导向的素质与智力并无联系。以精熟为导向就是拥有正确思维。以精熟为导向的学生在乎的是学习,而不是证明自己有多聪明。

■教育者应关注学生的努力而不是能力。教师需启发学生珍视努力,教他们寻找挑战。

■教师必须帮助学生专注于学习的价值,而不是分数或其他外在奖励。内在奖励(对学习的热爱和兴趣)比外在奖励更重要,更持久。对学习的热爱生生不息,而对分数的热爱转瞬即逝。

■教导学生努力阅读、学习,迎难而上,这样可以改善提升智力技能。

■过分强调测试是有害的,这会给学生传递错误的信息:学校的意义就是在考试中取得好成绩。它的危害还在于让学生相信,他们在考试中的成绩可以代表他们智力或他们作为学生的价值。

■如果教师教学生将他们的才智与个人价值画上等号,会降低学生的学习兴趣,学生将畏惧挑战。

■随着时间推移,动机比学生的初始能力更能影响学生的成功。许多富有创造力的天才并非天生如此。相反,他们只是动机极强的普通人。

这些关于动机的研究为校长提供了重要建议。要小心的是,教育工作者应审慎使用评估数据,既要避免使用数据给学生贴标签(分组),也要避免为了激励学生而公开使用数据。

评估反馈

这一能力包括几方面的任务:除打分外,还要提供学生进步的书面评语;尽快返还试卷;与学生进行单独谈话;向学生及家长分析考试结果。大量研究证据显示,经常、及时且有效的反馈是很重要的。在课堂或者学习过程中进行的进展性反馈最好是口头的,不要使用书面形式。修改错误答案时,最有效的方法是既要纠正学生,也要允许教师调整课程以处理这一问题。[32]

表扬反馈可以大量使用,但只限于某些参数。成绩差的学生可能需要教师更明确地表扬其课堂参与情况,但滥用表扬可能无法激励学习。学生渴望的是对真才实学的真正认可。[33]测试与作业反馈既让学生了解学业评估方式,也让教师知道自己的教学效果。[34]

教师提供大量反馈有益于强化学习,信息内容也很有价值。[35]研究还表明,教师及时反馈很重要,因为这是考查课堂内容的常用方式。[36]

恰当的评估活动

高效的教师向学生清楚地解释评估方式,依据课程具体目标与内容进行评估,使用前测和后测衡量学生的收获,从而开展教学。学生的进步由一系列进展性评估和总结性评估手段来衡量。

评价应该让学生清楚自己取得的进步以及如何提高,鼓励学生继续进取。不要给学生泼冷水,要尽可能给予积极评价。[37]教学目标要用测量术语解释清楚,这是规划评估的第一步。课程目标需要与既定课程标准保持高度一致,还要反映某种多样性。例如布鲁姆(认知领域)、卡拉索沃(Krathwohl)(情感学习领域)、塞姆逊(Samson)(心理运动领域)等的研究都有体现相关分类。[38]调查表明,教师通常从认知领域选择主要教学目标,而且其中大部分来自该领域的最低层次(知识)。[39]目标需要多样。

展开教学的同时,进展性评估也应该经常进行。目的是监督和指导学生进行正确学习,并为教师提供监督教学有效性的数据。[40]总结性评价应用于评估学生是否达成目标。精熟学习是一种分等级的总结性评价。教学目标分割成具体的小目标,达到小目标是达成主要目标的关键。精熟学习中,经常测试和评估至关重要。研究表明,精熟学习评估可产生优异的学生成绩、学习记忆、学习迁移以及乐观积极的情感。[41]

报告书

高效教师能够认识到打分的重要性,并严肃对待,承担责任。他们明白父母想从学生报告书中了解什么,用分数来准确反映学生的进步,而不是用来调整学生行为。教师必须经常进行测试,取得可靠的评估数据。[42]

最多有五到九个区分度的打分系统是最有利于学生父母理解的。因此,五分制、字母等级制可能比百分制更好理解。[43]及格—不及格分级可能会导致较低的成绩。[44]

形成或审查报告书的首要任务是确定其真实目的。报告书要传递什么信息?报告书主要给谁看?如何得知看报告书的人是否使用了其中的信息?确定学生分数基本上有三个标准。

■第一个标准,根据一套课程标准(如共同核心)下的考试、项目、报告或材料组合等来确定学生的成绩或表现。

■第二个标准衡量的是在一段特定时期内,学生的进步情况或增加的学习量。要计算这方面的进步,就要参考以前成绩的评估标准。

■第三个标准与学生的努力有关。学生课堂表现如何？是否按时完成家庭作业？是否参与课堂讨论？

多数教师结合三个标准来打分，尤其是如果只给一个分数等级的话。这显然很容易让孩子的父母误解，因为他们可能不清楚用的哪个标准。如果同一所学校的不同教师用不同的方式使用同一标准，或者甚至某教师为不同学生"调整"标准，情况就会更加复杂。聪明的学生学习不费吹灰之力就能考得很好，这样的学生要给多少分？有学生奋力学习，完成所有作业，但仍然成绩不好，这样的学生又要给多少分？有特殊教育学生因为学习障碍而处在课程的特殊位置，这样的学生又要给多少分呢？报告书的研究者建议结合以上三个标准，每个科目报告三个分数等级，并在报告书上详细说明学生的成绩、进步和努力情况。[45]

基于标准的课程还能让老师向家长解释给学生打分的具体标准，并详细告知学生成绩及学习需求。如此，基于标准的课程能够支持教师和家长之间的协作，帮助学生进步。

任务时间

教学效果优异的教师能够高效分配课堂时间。每节课一开始就布置课堂作业，管理时间和过渡时间最短，教师还能帮助正在做任务的学生。研究发现，成绩差的学生开小差的时间要多50%，而成绩优秀的学生开小差时长不到25%。[46]另一项针对初中生的研究表明，成绩差的学生参与时间约为40%，而成绩优异的学生参与时间超过85%。[47]

研究证据表明，时间在学校是宝贵资源，高效利用可以提高学生成绩。[48]研究还指出了使用时间的三个层次：分配时间——特定课程或科目的分配时间；参与时间——学生实际参与学习活动的时间；学术学习时间——反映学习质量的参与时间。质量定义中包含的因素有教学材料与学生成绩水平的匹配度，优等生的学习成功率（建议大多数学习者达到80%成功率），以及学习者实际投入教学过程的注意力。[49]

教学效果优异的教师守时、每节课都能准时上课。如果可能的话，管理细节放在一小时后处理。在课下的办公时间,教师密切关注学生,鼓励学生花更多时间完成任务。建议每节课至少有50%的时间用于积极直接的教学。这远高于多数课堂的实际情况。例如,一项研究表明,数学教师平均只用14%的时间进行直接教学,34%用于书面工作,8%用于复习,余下的时间都在开小差。[50]

差异化教学

鉴于所有研究结果都支持演示—练习—反馈形式的直接教学,那么差异化教学适合什么情况呢?需要整组教学的这一发现如何影响个性化教学?[51]尽管直接教学在获取特定技能上有很大成效,但它不是万灵药。事实上,直接教学可能会对于高阶学习和思维技能产生反作用。[52]有效的课堂必须让学生在适当条件下参与学习活动,从而达到精熟水平。这就需要有利于学生成功的适当氛围和机会。这些要素要求教师为个体差异提供适当机会,以保持学生的最高产出。教师可以通过多种方式来顺应个体差异:

- 调整提问水平和等待时间,课堂内部的教学水平高低兼有;
- 不同学生分配到的时间不同;
- 如本章开头所述,在班级内或班级间分组;
- 考虑学生的不同学习方式;
- 选择课堂组织方法,包括学习中心、辅导员和学习小组。[53]

差异化教学的理念是,相比于"一刀切"的课堂,学生是主动学习者,决策者和问题解决者的课堂更自然,也更有效。鉴于学生需求各异,以下是教学指导工具,用于处理或适应其中一些差异。

介入—反应(RTI)

介入—反应指提供与学生需求一致的高质量教学和干预,频繁监测进展情况,做出调整教学或目标变化的决定,将学生反应数据应用于重要教育决策中。[54]该方法最初是确认学生需要接受特殊教育的先导程序。认定学生有严重的学习问题需要数月的时间。认定问题严重后,特殊教育的学校支持团队(School Support Team, S team)流程启动,个性化教育计划(IEP)准备到位,开始运行。大多数介入—反应活动在小学层次的阅读和数学方面展开。然而,这一过程也开始延伸至初中和高中。介入—反应是高强度数据收集项目,旨在详细评估学生的进步。在介入—反应中,所有学生都因为某种教育成果而受到监测。每年要有三次专门评估测试来筛选制定科目的技能(通常是阅读或数学)。认定为需要额外教育援助的学生可以得到针对性教学的指导,专门帮助他们取得成功。

介入—反应常采用三个层级的介入,解决学业和行为技能问题。第一层介入提供给所有学生。通常约有80%的学生能成功通过第一层的评估。第二层提供给大约20%实现学习目标有困难的学生。第三层提供给经过第二层介入仍然失败的学生,约占5%。

问题导向学习(PBL)

问题或项目导向学习指项目工作处在学习过程核心而不是边缘的教学策略。它基本上是组织教学的建构主义模式。[55]问题导向学习的模式为,学生对自己的学习负很大责任,并可以控制自己的学习。

问题导向学习是一个上课计划,但指导的是学生活动而不是教师行为。学生的角色是积极处理复杂情况的参与者。上课通常以提出问题开始,问题的解决方案最终报告给更大的群组。它也可以从调查、计划、组织和最终创造出供一个团体使用的产品开始。学生可以单独处理问题,但更普遍的是在教师指定的小组中完成任务。当学生碰到真正的问题并且有机会与其他学生合作解决时,问题导向学习总是给学生产生极大的动力。问题导向学习常常模棱两可,现实世界也是一样。学生的一部分任务是透过不确定来组织问题。项目需要学生定位资源、收集和分析数据、创建时间表、准备和编辑报告,并运用各种媒体来呈现信息。[56]

问题导向学习的理念基础是,在真正、真实的项目中开展合作是更好的教学模式。目标是根据多个信息来源和经验,学习者可以构建自己的知识。新的合作软件解决方案,如维基软件,能够支持团队开发项目。

项目可以不同。不妨想想小学老师布置的问题回答方案:你是一个三年级学生,你和你同龄人经常在哪里相聚?列个清单,解释你们会面的原因,并为小组相见的每个目的提供一张照片。制作幻灯片,小组展示至少十个聚会活动。初中学生团队可能会展开关于总统选举的项目,而高中学生团队可以围绕科学理论、历史或地理主题展开项目。大多数项目都包含鼓励学生跨学科应用知识的因素。这样的方案可以为收集信息、领会想法及表达所学提供多种选择。团队组成可以从基于兴趣组成变成基于能力或者混合能力。

差异化教学工具。我们已经强调了差异化教学和需要为学生提供各种教学活动以发挥体系作用。其中的逻辑问题则是如何组织或创造差异化教学的材料。

极好的商业材料现在可用于不同的教学方法,并且材料数量在逐年增加。在阅读和数学等领域,学校可以购买整个系统来满足各种成绩水平的学生。其他材料可以组织和整理出来供教学使用。当然,教师也应继续使用自己的材料。

然而,真正的问题是如何系统地组织材料,让材料在学生需要时够用、满足学生自学要求以适当平衡教师时间、组织有序以确保适当的教学顺序、材料得以充分记录和评估。如今,计算机通过管理记录,极大地帮助了差异化教学。许多教学方法得到认可,才能实现差异化教学和加强学习。这些教学方法包括精熟学习、独立学习和合作学习(前面已讨论)。

精熟学习。布鲁姆[57]认为,精熟学习是一种非常成功的个性化教学形式。[58]精熟教学形式是获得个性化的一种手段,有许多好处,对某些类型的学习,主要是技能发展已有成功经验。然而也存在以下困难。[59]

■给要求再次应用以达到精熟水平的学生提供另外的教学材料与测试。

■提早达到精熟水平的学生和重新学习造成了成绩差距的管理问题。

独立学习。中学生发展普遍的两个目标是独立发展和目标发展。然而,传统教学组织方法常常限制、抑制或约束这些期望目标。偏重教师指导的教学虽然可能最适合基本技能发展,但往往会培养依赖性而非独立性。如果期望学生有目的地相互依赖又保持独立,必须组织好教学。

许多学习经历可被视为独立学习活动。学生可以参与家庭作业和深度项目、巡游挑战项目、增益课程、定期课堂、非正式讨论以及符合独立学习阶段教学目的的其他活动。

学生的具体独立学习目标包括以下内容:

■承担更多与自身教育相关的责任;

■增强对其冲动行为的控制力;

■增强相互依赖、冒险精神、足智多谋、目标导向,并坚持不懈,从而更独立,目标更明确;

■提高解决问题的能力,学习使用批判性和创造性思维过程;

■获取相关主题内容;

■提高学习兴趣;

■实现对父母和其他成年人的情感独立;

■与同龄人建立越来越成熟的关系;

■增强自律性,期望和实现对社会负责任的行为;

■了解道德伦理价值体系与行动指南。

混合式学习

在线学习——无论在学区何处,老师都可以为农村高中的一小组学生所进行的远程物理课教学。不管是视频网站上布置的家庭作业,还是老师录课,让孩子们晚上观看,在线学习正迅速成为教师主要的教学工具。大多数州都有虚拟学校,完全网上运营,学生在家做所有作业。传统课堂学习和电子传送系统的结合被称为混合式学习。混合式学习体系在拓展丰富的学习资源和班级课程方面提供了巨大的优势。他们还有能力将任何学校的课程设置拓展和丰富到以前无法触及的学生学习兴趣和需求的学习领域。中学阶段不同职业领域的探索性课程、高中阶段的专业课程和内容,如高级数学科学课程或者本地教师无法教授的外语课程,都是在线学习改进学校课程教学的例子。搜索在线学习不花力气，成本还很低，就可以轻松满足这些需求。[60]

翻转学习

教育领域最近出现"翻转学习"的趋势，包括独立学习和在线学习的理念。翻转一词来自把学习日颠倒过来的想法，用课外时间来开发新知识，用课堂上的时间来巩固一贯作为家庭作业的已学知识。

如今教师可用的数字技术和数字工具催生了许多不同的教育方法。多年来，一直有人说教师应该脱离"舞台上的圣人，成为旁边的向导"。但当你站在教室门口，尤其是初高中的教师，你会发现大多数时候教师站在教室前面讲课。这是好几代人分享知识的主要方式。如今，大多数学生会利用数字技术。得益于互联网上丰富的资源，以前通过课堂教学传授的知识，现在可以通过智能手机、平板电脑、笔记本电脑和其他形式的计算机技术传递。互联网网站（如 TED-Ed 或可汗学院）有海量视频，主题多种多样，可供教师直接使用。[61]教师可以使用录屏软件轻松制作自己的视频课程，上传至 Youtube 或其他网站上，便于学生检索。

利用这些新技术传递知识，直接教学可以从小组教学的时间和空间（教室）转移到个人学习环境，家庭作业可以在学习大厅、在公交车上、在家中或其他远离教室的场所完成。小组教学或公共时间可以让学生解决积极高阶的问题或教师进行一对一或小组互动等。学生可以有时间一起参与项目，参与小组讨论，练习技能，得到教师反馈。教师可以花更多时间指导个别学生，监督小组项目的进展，并专注于高阶学习。上文讨论过的问题导向学习也是翻转课堂的有用形式。

翻转课堂的教师常常对班级的安排很特别。桌子不是一排排地面对教室前方，而是把教室布置成几个小组来进行互动或者布置成项目工作空间。

翻转学习的趋势已通过网站收获了强大的支持基础。[62]网站提供了许多资源，适用于几乎各个科目和年级。

小　结

任何教学体系都必须有组织学生和学生分组的计划。分组考虑的因素包括小组规模、组成和灵活性。为制定各种学习目标、目的和活动,需要进行大量的准备,从而为所有学生制定适当的教学计划。

教学研究表明,每位教师在上课计划、课程实施、学生动机、评估反馈、评估活动、给分、维持长任务时间、合作学习和差异化教学等方面具有技能是很重要的。校长必须了解多元化的教学,并表现出对教师运用这种模式教学的期望。

活动

1. 回顾本书附录 A 中的案例研究 3、4、26 和 28,运用本章的教学概念,你如何着手解决这些案例中引用的问题? 制定解决每个问题的策略。

2. 反思自己学校的教学策略和行为,确定应该进行重组的一个或多个领域。你为什么这么认为? 运用本章的概念,你将如何重新调整学校的教学项目? 你怎样使用第九章人力资源开发的概念来帮助计划推行?

3. 查找教育领导者职业标准并回顾标准 4 和 10 中列出的要素。反思哪些标准项与本章的学习概念直接相关。学习概念怎样与标准 4 匹配? 是否有重要的概念没有包含在标准课程形式中? 找出一个与本章讨论的概念或想法直接相关的因素。

尾注

1. John Dewey, *Democracy and Education* (New York, NY: Macmillan Company, 1944), p. 167.

2. Howard Gardner, *Frames of Mind: The Theory of Multiple Intelligences* (New York, NY: Basic Books, 1993). Gardner suggests at least five different forms of intelligence: linguistic, logical-mathematical, spatial, bodily-kinesthetic, and personal.

3. Walter W. Cook and Theodore Clymer, "Acceleration and Retardation," in *Individualized Instruction*, 1962 *Yearbook of the National Society for the Study of Education*, ed. Nelson B. Henry (Chicago, IL: NSSE, 1962), pp. 179–208.

4. 教育部的《不让一个孩子掉队法》网址上的"The Facts about... Measuring Progress"提供了关于联邦政府对三至八年级学生进行年度测验计划的信息。另参见 See also "Academic Assessment and Local Educational Agency and School Improvement," Section 1116, of the No Child Left Be-

hind Act.

5. 标准分是一个通用术语,是这了方便、可比性,易于解释而"转换"后的分数。其基本类型通常被称为 z-score,是一种分数偏离组平均分数相对于该组分数标准差的表达式。大多数其他标准分数是 z-score 的线性转换,有着不同的平均值和标准差。

6. 了解关于 TVAAS 系统的详细信处,请参见以下网址 http://www. cgp. upenn. edu/pdf/Sanders_Horn – Research_Findings_from_TVASS. PDF 或在此参考网址上获取材料包:http//www. shearonforschools. com/TVAAS_index. html

7. Gene V. Glass and Mary Lee Smith, "Meta – Analysis of Research in the R elationships of Class Size and Achievement," in *The Class Size and Instruction Project*, Leonard S. Chaen, principal investigator (San Francisco, CA: Far West Laboratory for Educational R esearch and Development, September 1978).

8. Helen P ate – Bain, C. M. A chilles, Jayne Boyd – Zaharias, and Bernard McKenna, "Class Size Does Make a Difference," *Phi Delta Kappan* (November 1992): 253 – 256.

9. J. D. Finn, G. M. Pannozzo, and C. M. Achilles, "The 'Why's' of Class Size: Student Behavior in Small Classes," *Review of Educational Research* 73, no. 3 (2003): 321 – 368.

10. 罗森塔尔和雅各布森研究了自证预言的概念,并发现教师对孩子的态度和期望确实对孩子的表现有直接影响。Robert Rosenthal and Lenore Jacobson, *Pygmalion in the Classroom* (New York, NY: Holt, Rinehart and Winston, 1968).

11. Dominick Esposito, "Homogeneous and Heterogeneous Ability Grouping," *AERA Journal* (Spring 1973): 163 – 179.

12. *IGE Unit Operations and Roles* (Dayton, OH: Institute for Development of Educational Activities, 1970).

13. R. E. Slavin, "Grouping for Instruction in the Elementary School," in *School and Classroom Organization* (Hillsdale, NJ: Lawrence Erlbaum, 1989).

14. Walter W. Cook, "Effective Ways of Doing It," in *Individualized Instruction*, 1962 *Yearbook of the National Society for the Study of Education*, ed. Nelson B. Henry (Chicago, IL: NSSE, 1962), chapter 3.

15. Margaret M. Dawson and Mary Ann Rafoth, "Why Student Retention Doesn't Work," *Streamlined Seminar*, *NAESP* 9, no. 3 (January 1991): 1 – 6.

16. Amy M. Azzam, "Why Students Drop Out," *Educational Leadership* 64, no. 7 (April 2007): 91 – 93.

17. D. Reeves, "Leading to Change/Preventing 1000 Failures," *Educational Leadership* 64, no.

3（November 2006）.

18. 国家高中中心得到了美国教育部的资助,资助持续到 2013 年 3 月 31 日,更多信息参见其首页:For more information, see their homepage: http://www.betterhighschools.org

19. H. A. Simon, *The Sciences of the Artificial* (Cambridge, MA: MIT Press, 1996).

20. *How People Learn: Brain, Mind, Experience and School*, Committee of the Developments in the Science of Learning, ed. J. D. Bransford, A. L. Brown, and R. R. Cocking, Commission on Behavioral and Social Sciences (Washington, DC: National Academy Press, 1998).

21. R. J. Marzano, *Classroom Assessment and Grading that Works. The Importance of Feedback as a Motivator* (Alexandria, VA: Association for Supervision and Curriculum Development, 2006).

22. P. L. Peterson, R. W. Marx, and C. M. Clark, "Teacher Planning, Teacher Behavior, and Students' Achievement," *American Educational Research Journal* 15 (1978): 417 – 432.

23. J. I. Goodlad, M. F. Klein, and associates, *Looking Behind the Classroom Door* (Worthington, OH: Charles A. Jones, 1974).

24. T. R. Mann, "The Practice of Planning: The Impact of Elementary School on Teachers' Curriculum Planning," *Dissertation Abstracts International* 35 (1975): 3359A – 3360A.

25. M. Hunter, *Mastery Teaching* (El Segundo, CA: TIP Publications, 1982).

26. M. R. Rowe, "Relation of Wait – time and Rewards to the Development of Language, Logic, and Fate Control: Part II—Rewards," *Journal of Research in Science Teaching* 11 (1974): 291 – 308.

27. J. Stallings and D. Kaskowitz, *Follow – Through Classroom Observation Evaluation*, 1972 – 73 (Menlo Park, CA: Stanford Research Institute, Stanford University, 1974).

28. P. Peterson and H. Walberg (Eds.), *Research on Teaching* (Berkeley, CA: McCutchan, 1979).

29. J. D. Austin, *Homework Research in Mathematics* 1900 – 1974. Paper presented at the 1974 Annual Georgia Mathematics Education Conference at Rock Eagle, GA, 1974.

30. D. W. Johnson and R. T. Johnson, "Instructional Goal Structure: Cooperative, Comparative and Individualistic," *Review of Educational Research* 44 (1974): 213 – 240.

31. Carol S. Dweck, *Self – Theories: Their Role in Motivation, Personality, and Development* (Philadelphia, PA: Psychology Press, 1999).

32. "Florida Beginning Teacher Program," Office of Teacher Education, Certification, and Inservice Staff Development, Tallahassee, FL, 1982. M. Mims and B. Gholson, "Effects of Type and Amount of Feedback upon Hypothesis Sampling Among 7 – 8 Year Old Children," *Journal of Experi-*

mental Child Psychology 24 (1977): 358 - 371. B. B. Hudgins et al., *Educational Psychology* (Itasca, IL: Peacock, 1983).

33. J. Brophy, "Teacher Praise: A Functional Analysis," *Review of Educational Research* 51 (1981): 5 - 32. W. Brookover, C. Beady, P. Flood, J. Schweitzer, and J. Wisenbaker, *School Social Systems and Student Achievement: Schools Can Make a Difference* (New York, NY: Praeger, 1979).

34. M. Hunter, *Appraising the Instructional Process*. Presentation for California Advisory Council on Educational Research, November 1973. Appears in *Resources in Education* (Washington, DC: ERIC Clearinghouse on Teacher Education, October 1977). B. Rosen-shine, *Teaching Functions in Instructional Programs*, Airlie House Paper (Washington, DC: NIE Conference, 1982).

35. R. Bardwell, "Feedback: How Well Does It Function?" *Journal of Experimental Education* 50 (1981): 4 - 9.

36. Peterson and Walberg, *Research on Teaching*.

37. P. Black and D. Wiliam, *Inside the Black Box: Raising Standards Through Classroom Assessment* (London, UK: King's College London, 1998). Klugert and DeNisi (1996).

38. B. S. Bloom, M. B. Englehart, E. J. Furst, W. H. Hill, and D. R. Krathwohl, *Taxonomy of Educational Objectives: The Classification of Education Goals. Handbook I: Cognitive Domain* (New York, NY: Longmans Green, 1956).

39. Good and Brophy, *Looking in Classrooms*.

40. Peterson, Marx, and Clark, "Teacher Planning."

41. J. H. Block, *Schools, Society and Mastery Learning* (New York, NY: Holt, Rinehart and Winston, 1974).

42. Clinton I. Chase, *Measurement for Educational Research* (Reading, MA: Addison-Wesley, 1978).

43. G. A. Miller, "The Magic Number Seven, Plus or Minus Two: Some Limits on Our Capacity for Processing Information," *Psychological Review* 63 (1956): 81 - 97.

44. L. A. Gatta, "An Analysis of the Pass-Fail Grading System as Compared to the Conventional System in High School Chemistry," *Journal of Research in Science Teaching* 10 (1973): 3 - 12. W. L. Claiborn, "Expectancy Effects in the Classroom: A Failure to Replicate," *Journal of Educational Psychology* 60 (1969): 377 - 383. W. M. Stallings and H. R. Smock, "The Pass-Fail Grading Option at a State University: A Five Semester Evaluation," *Journal of Educational Measurement* 8 (1971): 153 - 160.

45. Guskey, T. R. and L. E. Jung, "The Challenges of Standards – Based Grading," *Leadership Compass* 4, no. 2 (Winter 2006).

46. D. Powell and M. Eash, "Secondary School Cases," in *Evaluating Educational Performance*, ed. H. Walberg (Berkeley, CA: McCutchan, 1974), pp. 277 – 293.

47. C. Evertson, *Differences in Instruction Activities in High and Low Achieving Junior High Classes*. Paper presented at the Annual Meeting of the American Educational Research Association, Boston, 1980.

48. J. Stallings, "Allocated Academic Learning Time Revisited, or Beyond Time on Task," *Educational Researcher* 9 (1980): 11 – 16. W. Frederick, "The Use of Classroom Time in High Schools Above or Below the Median Reading Score," *Urban Education* (1977): 459 – 464. T. L. Good, "How Teachers' Expectations Affect Low Achieving Students," *American Educator* (December 1982): 22 – 32.

49. Peterson and Walberg, *Research on Teaching*.

50. J. Stallings and A. Robertson, "Factors Influencing Women's Decisions to Enroll in Elective Mathematics Classes in High School." Final Report to the National Institute of Education (Menlo Park, CA: SRI International, 1979).

51. W. R. Borg, "Time and School Learning," in *Time to Learn*, ed. C. Denham and A. Lieberman (Washington, DC: The National Institute of Education, U. S. Department of Education, 1980).

52. P. L. Peterson, "Direct Instruction Reconsidered," in *Research on Teaching*, ed. P. L. Peterson and H. J. Walberg (Berkeley, CA: McCutchan, 1979).

53. Good and Brophy, *Looking in Classrooms*.

54. RachelBrown – Chidsey and Mark W. Steege, *Response to Intervention: Principles and Strategies for Effective Practice* New York, NY: Guilford Press, 2010).

55. J. R. Savery and T. M. Duffy, *Problem Based Learning: An Instructional Model and Its Constructionvist Framework in Constructivist Learning Environments: Case Studies in Instructional Design*, ed. Brent Gayle Wilson (Englewood Cliffs, NJ: Educational Technology Publications, Inc., 1996).

56. G. C. Ubben, "Project – Based – Learning Methodology," in *My Place, Your Place, Our Place, Education for the Neighborhood and the World* (Knoxville, TN: MYOP Press, 2005).

57. Bloom, *Human Characteristics*.

58. B. B. Hudgins et al., *Educational Psychology* (Itasca, IL: Peacock, 1983).

59. Peterson and Walberg, *Research on Teaching*.

60. Laura Devaney, "Hybrid Learning's Promise for Personalized Education," *Eschool News* (Nov. 15, 2013): http://www.eschoolnews.com/2013/11/15/hybrid-learningeducation-127/2/

61. TED-Ed (http://ed.ted.com) 在教室中有供师生使用的一个教育视频图书馆,类似的,可评学院(http://www.khanacademy.org) 有 4000 余个视频,大多数可用的集中在数学和科学领域。

62. The website http://www.flippedlearning.org is an excellent resource for flipped learning ideas and materials.

选读篇目

Bergmann, J and A. Sams, *Flip Your Classroom: Reach Every Student in Every Class Every Day.* (Arlington, VA: International Society for Technology in Education, 2012).

Bernhardt, V. L., "Data Tools for School Improvement." *Educational Leadership* 62 (2005): 66—69.

Black, P., & Wiliam, D., *Inside the Black Box: Raising Standards through Classroom Assessment* (London, UK: King's College London, 1998).

Brimijoin, K., E. Marquissee, and C. A. Tomlinson, "Using Data to Differentiate Instruction." *Educational Leadership* 60 (2003): 70-73.

Brown-Chidsey, Rachel, and Mark W. Steege, *Response to Intervention: Principles and Strategies for Effective Practice* (2nd ed.) (New York, NY: The Guilford Press, 2010).

Christensen, Clayton M., Michael B. Horn, and Heather Staker, Is K—12 *Blended Learning Disruptive? An Introduction of the Theory of Hybrids* (San Mateo, CA: The Clayton Christenson Institute, 2013; website: http://www.christenseninstitute.org).

Cooley, V. E., and J. Shen, "School Accountability and Professional Job Responsibilities: A Perspective from Secondary Principals." *NASSP Bulletin* 87 (2003): 10-25.

Cunningham, W. G., and T. D. Sanzo, "Is High-Stakes Testing Harming Lower Socioeconomic Status Schools?" *NASSP Bulletin* 86, no. 631 (2002): 62-65.

Evans, R., "Reframing the Achievement Gap." *Phi Delta Kappan* 86, no. 8 (2005): 582-589.

Ferriter, Bill, "Learning with Blogs and Wikis." *Education Leadership* 66, (2009): 34-38.

Finn, J. D., Pannozzo, G. M., and C. M. Achilles, "The 'Why's' of Class Size: Student Behavior in Small Classes." *Review of Educational Research* 73, no. 3 (2003) 321-368

Firestone, W. A" "Accountability Nudges Districts into Changes in Culture." *P/z/ Delta Kappan*

90, no. 9 (2009): 670 – 676.

Fulton, K., "Inside the Flipped Classroom." *The Journal* Retrieved April 2012 from http://thejournal.com/articles/2012/04/11/the – flipped – classroom.aspx

Gardner, Howard, *Frames of Mind: The Theory of Multiple Intelligences* (New York, NY: Basic Books, 1993).

Gojak, L., "To Flip or Not to Flip: That is Not the Question!" *National Council of Teachers of Mathematics*. Retrieved October 2012 fromhttp://www.nctm.org/about/content.aspx? id = 34585

Greenberg, P., "Bringing Home into the Classroom." *Scholastic Early Childhood Today* 17, no. 7 (2002): 32 – 40.

Grier, Terry, and Kent Peterson, "It's Cool to Succeed." *Educational Leadership* 62 (2005): 65 – 68.

Hall, P., "Shifting Accountability from Subgroups to Students." *NAESP Principal* (March/April 2007): 26 – 31.

Hatrick, E., "A Climate for Success." *School Administrator* 65, no. 9 (2008): 54.

Holly, P. J., *Creating a Data – Driven System*. Data Driven School Improvement Series, Workbook 5 (Upper Saddle River, NJ: Pearson Education, 2003).

Kozol, J., "Standardized Testing: The Do – or – Die Agenda" [Electronic Version]. *Principal* (March/April 2006): 18 – 22.

Larmer, John, "Project – Based Learning vs. Problem – Based Learning vs. X – BL." Buck Institute for Education (2014). Retrieved from http:// www.edutopia.org/blog/pbl – vs – pbl – vs – xbl – john – larmer

Marshall, H. W., "Three Reasons to Flip Your Classroom" (March 21,2013). Retrieved from http://www.slideshare.net/lainemarsh/3 – reasons – to – flip – tesol – 2013 – 32113

Marzano, R. J., *Classroom Assessment and Grading that Works. The Importance of Feedback as a Motivator* (Alexandria, VA: Association for Supervision and Curriculum Development, 2006).

National Research Council, Committee on Developments in the Science of Learning, *How People Learn: Brain, Mind, Experience, and School: Expanded Edition* (Washington, DC: National Academy Press, 2000).

Pasi, R" "A Climate for Achievement." *Principal Leadership* 2, no. 4 (2001): 17 – 20.

Pearson and The Flipped Learning Network, *Flipped Learning Professional Development* (2013). Retrieved from http://www.pearsonschool.com/flippedleaming

Picciano, A. G., *Data Driven Decision Making for Effective School Leadership* (Upper Saddle

River, NJ: Pearson Education, 2006).

Popham, W. J., "A Tale of Two Test Types" [Electronic Version] *Principal* (March/April 2006): 12 – 16.

Prensky, Marc, "Turning on the Lights." *Educational Leadership* 65 (2008): 40 – 45.

Saifer, S., and R. Barton, "Promoting Culturally Responsive Standards – Based Teaching." *Principal Leadership* 8, no. 1 (2007): 24 – 28.

Sanders, William L., and Sandra P. Horn, "Educational Assessment Reassessed: The Usefulness of Standardized and Alternative Measures of Student Achievement as Indicators for the Assessment of Educational Outcomes." *Educational Policy Assessment Archives* 3, no. 6 (March 1995).

Schniedewind, N., and E. Davidson, "Differentiation Cooperative Learning." *Educational Leadership* 58, (2000): 24 – 27.

Schweiker – Marra, K., and J. Pula, "The Effects of a Homogeneous Low – Tracked Program on Academic Performance of At – Risk Students." *The Delta Kappa Gamma Bulletin* 71 (2005): 34 – 42.

Shellard, E. G., "How Assessment Data Can Improve Instruction." *Principal* 84, no. 3 (2005): 30 – 32.

Trimble, S., "Between Reform and Improvement in the Classroom." *Principal Leadership* 4, no. 1 (2003): 35 – 39.

U. S. Department of Education, "Academic Assessment and Local Educational Agency and School Improvement," Section 1116 of the No Child Left Behind Act (2001).

Walsh, K., About Emerging Education and Instructional Technologies and Sharing the Learning Journey (2010). Retrieved from http://www.emergingedtech.com/about/

Werth, Eric, Lori Werth, and Eric Kellerer, *Transforming K – 12 Rural Education through Blended Learning: Barriers and Promising Practices*. (Vienna, VA: International Association for K – 12 Online Learning, 2013).

Woods – Wooton, P., "Breaking Down the Answers." *Principal Leadership* 2 (2002): 38 – 40.

第八章 特殊学生与特殊服务

有智者说过,同等对待不平等之人是最大的不公。

——费利克斯.弗兰克福特(Felix Frankfurter)[1]

特殊教育服务管理已成为学校领导面临的最复杂和日益艰巨的问题。现今,学生群体的多样性达到历史之最,找出、定位"特殊"学生以及提供合适的一系列服务为学校带来了挑战。研究人员指出,获得特殊教育服务与学生的贫困状况和语言/种族障碍有着密切的联系。[2] 有人预测,"2020 年,美国人口将增长到 2.65 亿,其中少数民族增长最快"。[3] 此外,"贫困儿童数量预计将从 1470 万大幅上涨至 2010 万"。[4] 特殊教育与学生贫困状况和语言/种族障碍的密切联系都让我们为这些预测深深担忧。

挑战不仅来源于多样性的增加,还来自学校改革的要求。现在,为需求特殊的学生提供的教学不再独立。特殊教育项目不再仅仅被视作附加项目,而是学校整体运行中的重要部分。特殊教育是连续的服务,而不是一个场所。它应被视作学校连续干预中最强的干预手段。

学校改革重组需要更系统性地审视学校组织形式。学校课程必须满足学生需求,而不是强迫学生参加可能或不能满足他们需求的"预设"课程。

同时,业务资金短缺、有资质的合格在岗教师缺乏,家长更了解自己的合法权益。近期政策加强了校方员工责任,更严格要求校方对学生承担的问责制。校长现在已经不能将特殊服务管理的责任转嫁给他人!如今,校领导就应在这一过程中发挥至关重要的作用!校长确定校内特殊教育系统的基调,是课程设计的主导力量,决定实施特殊教育的进程。这一领域最需要领导力。正如第一章探讨的,领导方式将在很大程度上取决于组成领导者管理理念的道德伦理和价值观。

领导的管理能力决定了所有工作人员的工作质量。明确表达的高期望将带来有效的改变,缩小残疾学生与正常学生的成绩差距。

管理伦理

关怀伦理[5]和公正伦理[6],对校长管理校内特殊教育极其重要。考虑特殊教育服务的个人和法律影响需要参照这两种伦理。但校长协调两者时,经常面临伦理和道德困境。

公正伦理建立在公平和平等意识上。这一伦理主张统一对待个体,极少考虑个体差异。公正伦理极其强调维持道德准则,承认和尊重他人权利。人际关系是相互的,由准则协调,因为准则是将对他人的伤害降至最低的一种手段。准则制度的解读是客观的,无关个人。[7]在守法层面,公正伦理是引导法律对特殊教育服务要求的重要背景。

关怀伦理是保护网络。在这一网络中,校领导清楚地建立更有效、更人性化的特殊教育服务系统。关怀伦理能确保决策基于人际关系的道德考量,而不是严格遵守公正伦理,仅仅考虑准则、制度和公平感。[8]关怀建立在联系的基础之上,包含个人对他人特殊需求的回应,产生关切和关怀感。[9]关怀伦理既是实践,也是性格。这一伦理用他人的关切和需求指导行动,并包含四个伦理因素:

1. 关注。关注他人需求,个人私欲不可阻碍个人做出适当行动以满足他人需求。
2. 责任。出于真正关心,为履行义务而采取行动。
3. 能力。提供关怀并承担相关的决策责任。
4. 回应。承认并积极回应需要关怀的人的脆弱性。

校长既是法律行政人员,也是儿童保护者。平衡这双重角色将有助于确定服务接受和社区的基调,这对成功提供特殊教育服务至关重要。在这一方面,校长需要承认关怀的四个阶段,鼓励他人认识这些阶段。

1. 意识阶段。认识到关怀的重要性。

2. 开始行动阶段。承担满足特定需求的责任;提供满足需求的服务。

3. 给予关怀阶段。积极关怀他人,满足需求。

4. 接受关怀阶段。关注个体对所提供的关怀做出的反应(即是否恰当地满足了个体需求)。[10]

值得一提的是,由于校长用关怀意识管理特殊教育服务,因此需要关怀的群体远不止学生,还必须考虑给予关怀的群体——父母和老师的需要。为满足多方需要,校长需要积极响应,支持父母和教工的工作。此外,校长还要广泛开展教职工培训,帮助教职工更有效地满足他人需求。如此一来,校领导就能为学生和给予学生关怀的群体提供最高水准的关怀。

特殊教育服务的管理

特殊教育受一系列法律约束。这些法律形成合规网络,指导校长提供高质量的法律服务。以下是每项法律的小结。

家庭教育权和隐私权法

《家庭教育权和隐私权法》(FERPA)[11]于1974年通过,由美国教育部施行,旨在保护教育记录的隐私。虽然这一法案不属于特殊教育立法,但它不仅覆盖正常教育的学生,还惠及特殊教育的学生。该法规定,父母和符合条件的学生(18岁或以上或就读于高等教育机构的学生)有权查看教育档案(和学生直接有关、由地方或机构保存的档案)。此外,他们也有权要求更正不正确或侵犯隐私权的记录。法律规定如下:

■获取学生资料需经过家长和符合条件学生的书面允许;

■告知家长和符合条件的学生该法案规定的权利;

■告知家长和符合条件的学生档案查找的历史信息。

2013年1月,《家庭教育权和隐私权法》修正为《不间断学者法案》(*Uninterrupted Scholars Act*)。新的法律允许各州和联邦机构工作人员查看教育档案,无需经过父母同意。该法还规定,如果父母因虐待、疏忽或怠慢被起诉,法院可在审案中调取教育档案,学区无需告知父母。

在阐释这一法律时,校长必须仔细区分检索信息和个人信息。表格8.1描述了这两者差异。

表8.1 个人识别信息与检索信息

个人识别信息	检索信息
姓名	姓名
地址	父母和其他家庭成员姓名
电话	学生和学生家庭成员地址
出生日期地点	
专业	
参与正式有组织活动和运动	社保号或学号
运动队员身高和体重	性格或身份信息

第二项影响特殊教育服务的法律是第504条,该条专门针对残疾学生而制定。

504条款:联邦财政援助项目及活动不得歧视残疾人

504条款是联邦民事法律。[12]这部联邦民事法禁止歧视残疾人。该法的核心在于残疾人的定义。法律规定,"残疾人"是指:"(1)确有限制个体从事主要生活活动的身体或智力损伤,(2)有损伤记录,或(3)认定有损伤的人。"[13] 1997年修正案将毒瘾和酗酒列入残疾标准。2008年,这部法律被进一步修订为《美国残疾人法修正案》,2009年起生效。

504条款禁止将残疾学生排除在残疾学生援助、福利或服务之外;规定残疾学生同样享有公平机会接受援助、福利或服务;此类服务必须"与向非残疾人士提供的服务同样有效。"[14]最后,除"有必要提供等效服务"时,该法律禁止提供有差别或单独的服务。

最后一项规定尤其重要,因为很多人将其曲解为必须为残疾学生接受与非残疾学生相同的服务。该修正案的官方解释详细讨论了"同等"和"相同"的定义,明确规定:

"为了残疾学生的个人需求和非残疾学生的需求得到同样满足,必要时需调整常规项目或提供不同的方案。"[16]该解释进一步说明,"虽然在某些情况下需提供个人服务,但必须强调,不必要的个人或不同服务是歧视性的。"[17]解释还强调,校方迫切需要不管残疾证明,充分考虑每一个残疾学生的特殊需要,谨慎协调就学安置过程。残疾证明只能证明存在残疾。个人教育计划团队的认证可以证明学生有特殊教育需求,需要特殊教育服务。那么,所有服务决策都应围绕学生的特殊需求而制定。

这一系列条款中,最终需要考虑的法律框架是《残疾人教育法》(IDEA)及其最新修正案。

《残疾人教育改进法》(IDEIA)

该法于1975年实施,是94-142公法,1978年生效。原名为《残疾儿童教育法》(简称EAHCA),1990年更名为《残疾人教育法》。1997年该法修正案进一步阐释了相关条例。[18]2004年制定的《残疾人教育改进法》于2005年正式生效,最新修订版于2006年生效。修正案在特殊教育学生服务上做出较大改动。总的来说,主要是以下几个方面的变化:

1. 强化教育过程中父母的参与;
2. 强化对普通教育课程中学生参与度、完成度以及个人教育计划目标掌握情况的问责;
3. 整治和纠正学生在校园和课堂中的不良行为;
4. 改变正当程序;
5. 改变学生纪律(表现认定)。

《残疾人教育法》要求各州为所有残疾儿童提供"免费适当的公共教育(FAPE)"[19],"最大的适当程度上"[20]安排残疾儿童和非残疾儿童共同教育。"免费适当的公共教育"必须符合州立标准,纳入公共开支,包括根据个人教育计划定制的特殊教育服务,以此满足个体独特需求。这些服务也包括为各州非残疾儿童提供学前、小学和中学教育服务。其他相关服务也包含在这一条款内。

《残疾人教育法》不仅关注残疾学生的学业需求，还着眼于学生教育中的行为方面。正如条款所述，"当孩子的行为妨碍他/她自身或他人的学习时，个人教育计划团队有必要采取积极的行为干预、策略和扶持来解决行为问题。"[21]

新条款重点强调了普通课程和以下概念的重要性：

■ 识别和监测每个儿童的不同教育需求；

■ 各方参与儿童教育；

■ 残疾儿童职前和高等教育前的过渡和准备。[22]

新条款强调普通课程，提出了需要为每个学生考虑的重要问题：

■ 残疾将如何影响学生在普通课程中的参与和进步？

■ 哪些特定的目标和/或目的确保学生参与到普通课程中并取得进步？

■ 残疾学生还有哪些其他的教育需求？

■ 还应提供哪些相关服务，帮助学生达到年度目标并在普通课程中进步？

■ 可用哪些具体监控程序来检查学生的目标实现情况？

■ 个人教育计划是否对学生的进步或退步采取了相应措施？[23]

《残疾人教育法》要求学区在限制最少的环境（Least Restrictive Environment, LRE）中提供免费适当的公共教育，包括特殊教育和相关服务，这皆由个人教育计划团队决定，并写入个人教育计划。这些服务强制提供给所有3至21岁的儿童。合适的专家需鉴定儿童为残疾儿童或特殊儿童，多学科教育工作者小组核实儿童的确需要特殊教育服务后，才能提供服务。联邦残疾人认定类别包括：

智力残疾	情绪障碍
学习障碍	视残
听障	其他健康障碍
肢体障碍	聋盲
自闭症	创伤性脑损伤
发育迟缓	

其他州定残疾类别包括但不限于功能迟缓和超常。

法律要求遵守正当程序，充分告知父母和子女他们拥有的权利，并在识别、儿童评估、计划、规划和项目评估的所有步骤决策中充分考虑这些权利。2004年12月3日，《残疾人教育法》重新修订。这一修正案也被称为2004年《残疾人教育改进法》，2005年7月1日起生效。我们将讨论1990年的《残疾人教育法》及实施步骤，之后将概述2005年生效的新条款。

《残疾人教育法》（1990）

实施步骤

实施特殊教育方案应遵循具体步骤。学校要按大纲步骤执行。许多步骤现在依然使用，故用现在时表示。

第一步：审查。学校有责任监测每个儿童的发展，以便尽早了解学生在学业上是否有问题。审查内容包括儿童的医疗健康记录和在校表现。医疗审查通常由学区特殊教育部门或相应的卫生机构安排。教育审查最初由班级教师负责，观察和确认有潜在残疾的儿童。视觉和听觉检查便是其中的一部分。

第二步：转介前行动。学生提出特别独特的问题时，课堂教师往往需要寻求帮助。这些问题可能是学科问题、学习困难、出勤率低，或者没兴趣参加课堂活动。教师所有策略似乎都未奏效。如果儿童被转介至特殊教育评估机构，要等待数周才能出正式评估结果，而且要召开员工会议提出相关计划。在一些情况下，正式转介可以确认残疾学生，建议将其安置在特殊教育课程中。其他一些学生可能会被认定为轻度残疾，但不需要特殊教育课程，还有一些学生根本就不会被认定为残疾。对于后两者来说，为教师和学生提供及时支持所拖延的时间根本没有必要。

需要制定转介前程序，以便在大多数情况下立即行动，第一时间提供援助。该做法的成本低于正式转介和评估。转介前程序应首先收集和审查教师采集的课堂数据，包括出勤、现用标准和课堂测试数据、教师观察到的努力程度、注意力、听从教学指示能力、听力、社交技能、自信心、同伴关系等等。教学策略也应记录在案。以科学研究为基础的干预措施必须在普通教育课堂上进行。还应监测学生进步情况,确保干预措施有效。

确定学生是否需要学校支持小组帮助,要经过很长的时间。而第七章所述的介入—反应模式不用拖这长时间。介入—反应模式应被视为一种预防模式。再也不用一直干等学生出现学习障碍才伸出援手了。介入—反应模式提供了良好的教学措施,审查和测量干预措施有效性,可以在需要时根据收集的数据做出调整。介入—反应模式能够深入研究并探寻学生个体需要学习的内容。[24]

第三步:支持小组审查。每所学校都应该组建支持小组,作为找出学生问题和正式转介进行综合教学评估之间的过渡。明显残疾的学生可不经支持小组审查,直接转介。另一方面,遇到问题不那么严重的学生时,教师也可向小组寻求帮助。支持小组得到转介前行动收集的信息,定期开会,讨论案例,提出可行的补救方案和具体的干预策略。小组组员应是具有教学资格,尤其是特殊教育资格且经验丰富的老师,其他的组员还应包括教职工,例如"第一章学校"教师或辅导员。其中一名成员作为小组协调员,负责安排会议、整理记录,确保小组提议得到执行。

支持小组解决问题,将学校的专业资源集中在没有正式转介至特殊教育机构的问题上。如果教师或教学无法解决学生的教育或情感问题,学生最终将正式转介至其他教育专家,进行进一步评估。

第四步:正式转介,进行综合评估。评估的作用在于明确学生缺陷的严重程度。评估小组可包括以下全部或部分成员:学校心理教师、作业治疗师、理疗师,或其他特殊教育工作者、医生、普通课堂教师、家长和/或医学专家。父母有权自费进行单独评估,但根据事件情况,校方有时必须承担费用。最终,个人教育计划小组决定学生是否有资格接受特殊教育。资格取决于学生是否达到某一特殊教育类别的认证要求,以及如果没有特殊教育支持,普通教育是否能满足学生需要。

第五步:个人教育计划小组。为保证小组会议的有效性和一致性,个人教育计划

小组必须包含以下成员:

1. 父母;

2. 至少一名普通教育教师;

3. 至少一名特殊教育教师,或如果有,不少于一名儿童特殊教育提供者(相关服务提供者);

4. 本地教育部门(Local Education Authority, LEA)代表,该成员有资格提供或监督特别设计的教学,熟知普通课程教学,提供系统资源;

5. 能够阐释评估结果的人员;

6. 其他必需的专业人士(例如相关服务提供者);

7. 适当时应该包括学生。

个人教育计划小组主要负责通过仔细审查诊断数据,为学生制定适当的教育计划。该小组的职责主要包括:

(1)根据评估数据审查目前的教育水平;

(2)制定个性化教育项目;

(3)提出安置建议。

个人教育计划小组的方法旨在确保课程决策是由小组成员做出,成员的主要目标是适应学生的兴趣、需要、学习方式和能力。选拔最有能力促进并贯彻个人教育计划的小组成员时,应当慎重考虑。初始小组必须包括校长或其指定人员、学生近期或现在的授课老师、评估专家(例如负责评估的心理专家或听力学家)、学生的家长/监护人、(必要时)学生。(见图8.1)

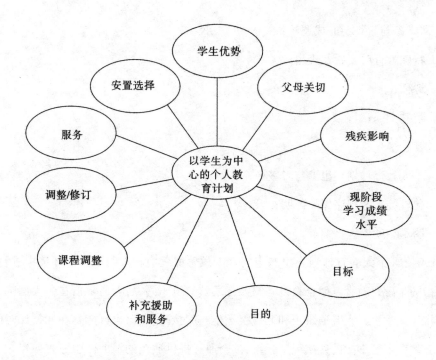

来源：Developed by Sissy Foster, Special Education Director, Loudon County Public Schools. Used with Permission.

图 8.1 以学生为中心的个人教育计划（简称 IEP）

个人教育计划小组还会书面记录下成员做出的会议决议。该计划以书面形式承诺为残疾儿童提供必要的资源，功能是保障服务的管理工具，也是政府监测是否合规的文件。计划还能评估学生的进步情况，也是校方与父母沟通的中介。个人教育计划必须包含以下内容：

1. 个人履历；
2. 包括学生行为在内的特殊因素考量；
3. 学生优势；
4. 家长关切；
5. 现阶段学习成绩（学业和机能）；
6. 陈述学生残疾如何负面影响其参与普通课程；
7. 年度课程目标；
8. 课程中期目标（如有必要）；

9. 课堂参与、适应和/或调整；

10. 特殊教育的安置及理由；

11. 评估；

12. 特殊交通；

13. 延长学年；

14. 个人教育计划小组参与者签名；

15. 父母签字和程序保障声明；

16. 明示年度审查日期。

IDEA 要求个人教育计划小组制定的个人教育课程应在限制最少的环境中进行。这通常指的是融合教育。融合教育与归入普通教学班不同，后者通常指在一天的部分时间内将残疾学生归入普通班级和非残疾学生一起接受教育，也可能是在非授课时间内。融合教育不管学生的残疾程度轻重，都会通过提供适当的辅助性服务将残疾学生全天安置在普通教学班，与同龄和同年级学生一起接受教育。简言之，融合教育就是指把支持服务带给残疾学生，而不是将他们安置在和外界分离的特殊服务环境中。所以，每个学生都应该尽可能长时间地安排在与同样不可忽视的学生在一起的环境中。该法允许十种不同的安置选择，但要求选择适合于学生的限制最少选项。该法案要求不断丰富服务选项。典型的选项包括以下方面：

1. 残疾学生全天安置在普通教室，可以使用特殊用品和/或设备。

2. 残疾学生全天安置在普通教室，教师可使用咨询服务。

3. 残疾学生全天安置在普通教室，特殊教育教师进行辅助教学。

4. 部分时间内（时间越长越好）安置在普通教室，部分时间安置在与普通教室活动相协调的特殊资源课程中。

5. 全天安置在特殊的综合发展课堂（Comprehensive Development Classroom，CDC），满足情况较为严重、急需周密计划和教学的学生需要。

6. 部分时间安置在学校教学中，教室里还有特殊教育的辅助专职人员监管残疾学生。

7. 其他相关服务包括交通服务、言语病理学与听觉学服务、心理、物理与作业治疗、娱乐、咨询、(用于诊断和评估的)医疗手段、学校卫生服务、社会工作、家长辅导与培训、辅助技术设备和服务、过渡、护理、翻译等。

8. 校外机构每天提供至少四小时辅助服务,防止辍学。

9. 如果学生残疾状况极其严重复杂,需要不断的介入手段以满足其教育需求,而综合发展课堂或现有教学提供的特殊教育服务无法满足其需要,可以为学生提供住宿安置服务。虽然这些项目非常昂贵,但如果个人教育计划需要这一服务,校方须负责。

10. 家庭或医院教学为无法上学的残疾学生提供继续教育机会。

第六步:实施计划。上述第一至第六选项由校方负责实施,第七至第十由学区工作人员、特殊学校和签约的校外机构执行。"限制最少的环境"这一概念已被应用于越来越多的特殊教育学生,将更多低能或残疾学生纳入教育项目中。因此,越来越多原先就读于独立的特殊学校的严重残疾学生,开始在普通学校上课,每天至少有一部分时间在普通教室内,并有专人陪同。在部分情况下,教学手段和材料需要进行调整。

有时,教职人员对严重残疾学生的第一反应是恐惧,因为担心他们的健康状况以及害怕他们会扰乱正常教学秩序。教职员的专业培训课程能够将这种恐惧变成学习机会,尤其是告诉班级同学将有特殊学生加入的时候。培养学生的同理心和理解,这一方法最为奏效。残疾学生并没有影响他人学习,而是通过培养所有学生的新价值观和理解力,学习更加丰富多彩。

校长应利用特殊教育以及特殊教育与其他教育活动相融合的机会,还要小心避免将特殊教育发展成分离的课程。

课程与评估审查

个人教育计划小组每年都会审查每位特殊教育学生的个人教育计划,以确保课程安置和目标的合理性。每一阶段的成绩单要求送至学生家中,显示学生在目标上取得的进步。必须关注审查日期,以便按时进行年度审查。审查的目的应始终是在适当的情况下,将学生安置在限制较少的环境中,减少特殊教育援助,从而在任何可能的情况下,帮助学生重新回到课程正轨中。每个特殊教育学生的评估必须每三年进行一次。同时还要形成一份简要总结以确定是否要额外评估学生资格。如需额外评估，则须制定和执行新评估计划，重新鉴定资格，个人教育计划小组还必须重新制定个人教育计划。

保管特殊教育记录

特殊教育记录必须与学生的其他各项在校记录分开保存。查阅特殊教育记录要严格控制，只限与学生有直接接触的教职工或其他获得父母书面许可的人员，例如校外心理学家。查阅记录需要签署借出表，并将许可函保留在档案中。教育记录并不等于特殊教育档案。这一规定的目的是为了保护特殊教育学生在公开残疾情况后不受歧视。一些学校用特殊标记对文件进行编码，表示存在单独的特殊教育文件夹。

父母权利

本章在描述特殊教育各个过程中，都提到了可能的或已核实的特殊教育学生家长参与其中的要求。从初次转介通知，到完成评估程序，再到制定个人教育计划，最后到安置批准和未来查阅子女的记录，父母作为这一过程的参与者，都必须知情并同意后程序才能进行。没有通知父母或取得他们的同意的做法侵犯了父母的法律权利。父母也有权撤销同意。在这种情况下，父母将失去部分权利。

管束残疾学生

校长都很重视管束在校学生。多数情况下，学生管理的日常决策是由校领导做出，教职工协助的。然而，在残疾学生的问题上，错综复杂的联邦法律和州内法律负责管理对残疾学生的处罚。这些法规完全基于解读法律的联邦法庭案例。

504条款规定，患有注意力缺陷多动症（ADHD）的儿童可以接受教育服务和保护。这些学生由于自身残疾状况，经常因违纪出现在校长办公室。这些孩子经常违反学校正常行为规范，因此惩罚程序必须细细考量，不能像对待其他学生那样"一刀切"管理。1989年的"霍尼格诉多伊"[25]一案，美国最高法院裁定，在没有正当程序的情况下，残疾学生每年不得被单方面停学或开除10天以上。这起案件加强了一系列对各地学校在程序上的限制。表 8.2 概述了学校经常采用的基本管教措施,并说明了在何种条件下可以或不可以对残疾儿童使用这些手段。

表 8.2 残疾学生惩罚措施及条件

惩罚措施	使用条件
口头训斥	可以
书面警告	可以
损害赔偿	学生行为不会引起个人教育计划变化即可
计时隔离	可以
留堂(午餐时、课间休息、放学后)	可以
校内禁闭	由有资质的特殊教育教师监督和/或学生的个人教育计划正在执行即可
体罚	多州禁止使用。如使用,则必须公平。不建议用于残疾学生
厌恶疗法[1]	只在个人教育计划允许的情况下使用
停坐校车	如果个人教育计划包括校车服务,则最多停坐 10 天
禁止参加课外活动	活动不是个人教育计划的核心即可
短期停学/开除	每学年最多 10 天。[2] 如要延长,个人教育计划小组必须确定该惩罚和学生残疾无关(表现认定)
提供超过 10 天的特殊教育服务	
转学安置	经过个人教育计划的常规步骤即可
任何管束措施都不能对个人教育计划目标产生负面影响。管束必须公平	

1. 一项于 2009 年 1 月 1 日生效的新法管理这一类别。该法名为公共法章 1063,即《特殊教育隔离与约束现代化和积极行为支持法》,现称为《特殊教育行为支持法》,于 2011 年 6 月生效。

2. 除了"霍尼格诉多伊"一案强制的 10 日限制,民权办提醒各学区 504 条款要求每次学生安置发生重大变化前,需要重新评估。因此,任何安置改变,包括短期停学/开除,总共超过 10 天或连续 10 天停学必须由个人教育计划小组评估。

要理解适合特殊教育的惩罚措施，必须考虑"表现"（manifestation）的概念。这一概念的定义为"研究残疾情况、行为的功能基础、行为干预计划（如果存在）、行为和学生课程以确定该行为是否由残疾引起或与残疾密切相关的过程"。[26]一旦确定行为实际上与残疾有关，个人教育计划小组必须制定行为介入计划（behavioral intervention plan，BIP）。这一计划的定义是"在功能行为评估（functional behavioral assessment，FBA）后制定的计划也称"功能性行为评估"。小组使用功能性行为评估来尝试解决不适当的行为，通过用适当的行为纠正不适当的行为，从而引起行为改变"。[27]

2004年《残疾人教育改进法》[28]

2004年《残疾人教育改进法》是《残疾人教育法》的重要修正法案，紧密连接《残疾人教育法》与《不让一个孩子掉队法》。其中的联系包括培养高素质教师，关注残疾学生的学业进步。修正案在识别有学习障碍的学生方面做出了重大改变。具体而言，如果可以显示学生在评估过程中对"以科学研究为基础"的介入做出适当反应，那么修正案提出的"介入—反应"模式可以使学区不再根据学业成绩和智力之间的巨大差距识别学习障碍。

修正案注重幼儿园到三年级的学生。处在这一区间的学生，尽管没有认定为残疾，但仍然需要额外的学业或行为支持。故修正案强调要协调机构间的介入服务。同时，修正案还规定更加注重扫盲教育。

个人教育计划发展中也能看到对学业成绩的重视。所有个人教育计划必须包括学业水平，说明可测量的学业和功能表现年度目标。

最后一个修正案的重要变化与学生管束有关。修正案确立了新的表现认定标准。学生档案必须显示学生的不当行为是由残疾引起，或与残疾有直接关系，或者是学区实施个人教育计划不力的直接结果。确定安置时，如果有表现认定过程，个人教育计划团队必须进行行为评估，实施行为计划，将学生送回原安置地点。（法规中明确规定的特殊情况除外）。

应对特殊学生家长

识别孩子为潜在的特殊教育儿童对父母来说压力很大,校长和教职工必须准备好应对父母的各种反应。父母可能已经意识到或没有意识到子女存在的问题。家长可能把这样的想法压在心里,或者家长与子女、学校一道努力了很久。家长反应至少有四种模式,学校、个人教育计划小组和校长(不管是否在小组中)都必须做好准备应对。

支持型家长

这类家长理解他或她孩子的问题,关心孩子的教育,尊重和感激学校为孩子制定的适当教育计划。家长是个人教育计划小组会议最积极的成员,信念坚定地出席会议,询问如何在家更好地配合学校。有些家长总是毫不犹豫地接受教职工的建议,而其他人则可能会在觉得服务不够的情况下质疑个人教育计划小组的建议。如果学校不能谨慎地给出合理解释,第二种家长将会变得很挑剔。

否认型家长

这类父母不接受子女患有残疾的可能。在得知孩子需要转介时,他们通常首先会拒绝签署测试许可,频繁要求提交外部机构的独立评估结果,拒绝承认学校对孩子残疾的声明。在某些情况下,他们开始抵制学校的行动,例如不参加会议、拒绝签署文件,故意不作任何反应。之所以否认孩子残疾,可能是因为家长认为子女残疾反映了自己的智力,或是作为父母抚养孩子的能力。在这种情况下,为学生提供有效援助前,父母教育是要额外考虑的因素。

这类父母往往对孩子极为失望。由于孩子残疾,父母对孩子提出的要求往往是不可能达到的。有时与父母私下沟通是有用的,可以一起查看评估数据,指出残疾不分社会或智力状况,都有可能发生(阿尔伯特·爱因斯坦有学习障碍,肯尼迪家族有一个患精神障碍的妹妹,富兰克林·D.罗斯福总统只能坐轮椅)。这类家庭需要额外援助,因为否定情绪持续时间很长,倘若要创造支持的家庭环境,就必须学习应对残疾的新策略。父母教育和咨询是制定个人教育计划的重要考量因素。

无回应家长

无回应家长的问题很棘手。发了通知，打了电话，还发了认定书，就是为了开启正当程序，即家长的知情同意法律文书。一些学校甚至家访来获取家长的回应。在某些情况下，家长的工作日程有冲突；在另一些情况下，儿童保育增加了家访的难度。如果这些的确构成问题，学校应尽一切努力制定家长参与的时间表或提供家长参与的环境。然而，有些家长对子女的学校教育漠不关心。在这种情况下，需要找其他负责任的成人与学生一起努力，并建立课堂环境外的成人辅助和教育支持系统。

挑衅、苛刻的家长

除学校（个人教育计划小组）说明的情况外，这类家长还希望得到信息，选择适当的课程安置。他们会质疑学校工作人员提供的评估结果，要求进行独立评估，或请来自己找的心理专家。他们也会质疑个人教育计划小组的建议。如果要求得不到满足，家长还会威胁或真的带律师或辩护人参加小组会议。

校长需要做好万全准备，亲身参与个人教育计划小组的工作。不要让老师孤立无援地处理这些问题。如果发现某位教职工面临的情况非常困难或复杂，那就要求学区特殊教育办公室的人加入小组。谨记：一定要以学生利益最大化为中心，同时考虑家长、教职工、行政人员和其他学生的需要。目标是在考虑学生残疾的情况下，为每个学生在限制最少的环境下提供适当的教学课程。

校长角色

对于校长而言，个人教育计划小组的校方参与特殊教育课程，是满足特殊教育学生需求的明显形式。虽然校长可以指定一名合格的代表参与小组工作，但校长亲身参与能向学生、老师和家长显示校方的重视。校长还能直接得到满足学生需求的特殊教育课程是否充分的反馈，以提升在特殊教育中的领导力。

课堂教师角色

教室中有许多有特殊需要的学生。课堂教师对这些学生负有一定的责任,包括:

■ 识别并转介具有潜在残疾的儿童;

■ 参与正当程序和个人教育计划小组工作;

■ 收集残疾学生的评估数据;

■ 为残疾学生提供特殊设备;

■ 与特殊教育人员一起参加团队活动;

■ 帮助所有孩子一起学习和玩耍;

■ 与家长沟通;

■ 根据个人教育计划进行调整。

不管残疾学生在何时被安置在课堂,课堂教师对该学生负有和对其他学生相同的责任。因为每个学生的学习量、学习率和学习风格都不一样,因此微调残疾学生和非残疾学生的教学方法、课程以及环境都是很有必要的。当学生个人教育计划规定调整方法、课程或环境时,特殊教育工作者就有责任制定特别教学计划。普通课堂教育工作者主要负责核心学术教学和协助特别设计的教学。整体课堂管理仍然是普通课堂教师的责任。

教育班上的残疾学生往往是很困难的,有时也会出现问题。得益于法律要求在限制最少的环境教学和融合教育,越来越多严重残疾的学生在普通学校接受教育。他们有的在普通教室里学习,也有的在附近学校的特殊教育教室里学习。

精神残疾的学生对很多老师来说比较棘手。许多学习障碍虽然在某种意义上是轻微的,但是给学生造成了很大的障碍,需要老师的充分理解,学会应对技巧。一些精神残疾的学生被认定违纪,送到办公室;其他则被认为懒惰,缺乏学习动力。如今,教育工作者已经意识到这是某种学习障碍,如注意力缺陷障碍、诵读困难症、命名困难或其他。在许多情况下,这些问题多年未被确诊,而且学生现在已经升入中学甚至高中,之前的一再失败使问题更加复杂。许多教师既没有接受过诊断疾病的培训,也不知如何处理这些问题。此外,学生数量之大,日常问题之多,也让许多教师不知所措。

大多数学校教职工都需要特殊需求学生教学方面的专业培训。诊断和治疗学习障碍方面的培训对几乎每一位课堂教师都有所裨益。了解辅助设备使用和提供服务是有帮助的,例如为盲人学生提供盲文练习册;为无法写字的学生提供录音机或文字处理器;或操作身体辅助工具,如轮椅、拐杖和助听器。教师还需要学习与特殊教育者合作学习及课堂管理残疾学生方面的技能。

教师的专业培训是亟待解决的问题。培训能够帮助教师认识和处理对残疾学生的害怕和偏见,了解如何帮助学生也这么做。最后,教师培训的内容还应包括教师在各州和国家特殊教育政策的作用、转介、评估、个人教育计划制定、正当程序、与家长合作以及在给分、安排日程和记录方面与特殊教育工作者合作。

英语学习者

英语学习者(ELLs)是指在自己的家乡或社区的第一语言为非英语,并将英语作为一种新语言而进行学习的学生。他们可能出生在美国,也可能是移民。美国有超过400种不同的语言,但是大约80%的英语学习者的母语为西班牙语。2010年的人口普查显示,大约10%的美国学生是英语学习者。然而,英语学习者在美国的分布并不均匀。加州大约30%的学生是英语学习者。其他州的比例较低,但英语学习者往往集中在某一国籍或语言群体社区。在南方大城市的一所小学里,90%以上的学生是英语学习者,他们的母语种类高达27种。多年来,国际救济机构一直将难民安置在该地区。

英语学习者通常需要三到五年的时间来培养高阶流利的英语口语,良好书写能力和学习成绩水平还需要再多几年。英语学习者直到高中都还需要教育的情况很常见。英语学习者如果参加特别设计的、高度一致的课程,而不是仅仅上英语课,他们通常更容易成功。英语学习者课程需要提供具有挑战性的课程,运用适当的语言培养因素,使用恰当的评估方法。

1965年《民权法案》第六编、1964年《平等教育机会法案》、《中小学教育法案》(简称 ESEA)以及《英语教学》第三编都提出了对英语学习者教育的要求。《中小学教育法案》规定,每年须制订问责基准作为英语学习者进步表现的指标,明确英语二语教师的英文等级,规定每天或每周英语二语教学的最少时数。该法案还提出了几种教学模式,包括:

1. 专班支持。英语学习者离开普通课堂,到英语二语教师的课堂中接受密集培训(通常是小组形式)。

2. 在班支持或融合支持。英语学习者留在普通课堂或学习社区,由英语二语教师加入其中。常见情况为小组阅读或数学技能小组中与英语学习者在一起学习。当几个教师在多个学习团体中的一个学习社区中共同教育同一个学生时,这种方法非常奏效。

3. 结构浸入式年级或课堂。这一方法通常适用于课堂的新同学或在第一语言教学中也必备的技能。

4. 固定英语学习者课堂时间。结构式浸入和固定英语学习者课程将学生分离开来,只适用于较短的时间,例如大多数学生是一年的时间或者对于没学过第一语言的学生,最多两年的时间。

安排英语学习学生。专班支持和在班支持模式与第十二章描述的安排方式相辅相成。

确认英语学习者。第二语言课程要求学校在录取时就确认英语学习者。方法包括两步:第一步确定英语不是学生的第一语言,第二步评估学生的英语熟练程度,进行安置。

校外公共机构

社区的各种公共机构都能够直接与学校接触。各州和社区对这些机构有不同的命名,提供不同的服务,但每所学校必须明确服务需求,联系这些机构。最常见的三个部门是公共福利或人类(儿童)服务部门、公共卫生机构和司法机构(通常以警察局和少年法庭体系为代表)。这些机构都有特定的法律责任和权力。这些机构的权力可以决定一些学校事务,所以并不都是校长说了算。重要的是,学校不能与这些机构代表起内讧,而是应该一同建设支持网络,更好地服务社区的学生。可以想一下,警察来接触或盘问学生一起当地犯罪案;校长被传唤到少年法庭为学校学生作证;本地福利机构保护服务组的代表前来调查一宗虐童案。在这种情况下,校长不仅要知道自己和学生的权利,而且要与机构代表保持良好的工作关系。这样,所做的工作都能惠及学生和社区。

与私营机构和其他公共机构发展关系也很重要。校长应该与谁保持联系从某种程度上取决于服务对象——当地学生的性质。许多学校的重要联系人包括可以在紧急情况下提供衣物或食物的团体,紧急和非紧急医疗服务机构,以及公共和私人心理健康专家。

公共福利或人道服务机构

如今,公共福利或人道服务机构最常与学校打交道的案件为虐童案。这一问题在几年前通常被认为仅仅是"家庭事务",而现在已被认定为社会责任。现在,大多数州要求学校向有关当局报告涉嫌虐童的案件以展开调查。法律规定,课堂教师若发现学生身上有严重伤痕或一系列极端情感行为,应及时上报。事实上,学生可以在学校躲避虐待的家庭环境。采访虐待事件的记者的隐私会得到保护。然而,保护隐私和虐待儿童调查的敏感性质有时会造成困难。

虐童事件的调查人员通常认为学校是进行初步面谈的适当且安全的地点。学校可以在不引起施暴者怀疑的情况下,安全地联系学生。学生在学校觉得更舒服,也更愿意讨论这一问题。然而,这样的调查会扰乱学校正常教学。外部调查人员进入学校也可能被视为对学校的干涉。

大多数州立法律授权校外公共机构的虐童调查人员在学校与学生面谈,并在某些情况下监护当事人。这些调查人员也有权在没有校方人员在场时私下面谈,面谈结束后也不需要透露采访内容。一些校长认为这样的做法违背了自以为对学生负有的责任。第一种反应可能是不希望把学生从课堂上带走,第二种是不想让一个"局外人"采访其负责的学生。然而,大多数州的法律赋予了公共社会服务机构使用这一权力的权利。下列建议是应对外部调查员请求的适当方法：

■要求查阅证件。

■说服调查人员在任何面谈中都有一名学校代表在场的重要性。有些代表会允许你在场。

■控制会议的时间和地点。你有权维护教学时间。

■记录会议内容、日期、地点、出席人员和时长。

■拒绝在没有家长、监护人或法院命令的情况下查阅学生档案。

几乎在任何时候，与这些外部机构培养良好的合作关系有利于学校的长远发展。他们有职责在身，同时也在努力保护学生利益。在很多情况下，两方是彼此需要的。

执法机构

学校与执法机构的主要接触通常是执法人员要求在学生上学时与他们面谈。对调查员工作的基本建议也适用于学校资源官员（School Resource Officers，SROs）或负责校园活动安保的警察。与学区的警务人员建立良好的工作关系对双方都有益。双方的私下讨论有时可以减少繁文缛节，解决正式程序无法解决的问题。

校长还会被传唤到少年法庭为在其学校的学生作证。每个社区都有一个大小不等的少年法庭系统。小社区有兼职法官，大社区有高大的法庭和多名法官。学生可因以下三种情况被带至少年法庭。第一种是受到类似于对成年人提出的重罪或轻罪指控。然而，少年法庭处置此类案件的方式略有不同：尽量不公开青少年犯罪，其目的是改正而不是惩罚。

第二类为身份罪错（status offenses），也是数量最多的一类。"身份罪错"定义为少年法上的罪错行为而非成年人法律上的犯罪行为。不出勤（逃学）以及离家出走是最常见的行为。校方提起逃学指控是要求学生按时上学的最后选择。大多数情况，真正的根源在于父母。少年法庭有权要求父母采取行动，改善或控制孩子的行为，例如要求父母保证孩子每天上学，否则会被认为藐视法庭。藐视法庭指控可能会将父母送进监狱。校长保持与少年法庭之间的良好工作关系有助于解决这些问题。

少年法庭处理的第三类案件涉及忽视或虐待学生。在这种情况下,儿童是受害者而非罪犯。涉嫌虐待儿童的案件通常是学校教职工上报的,他们可能被传唤至少年法庭作证。在这种情况下作证可能会造成严重后果。因为报告虐童行为通常是保密或者至少是尽量保密的,但当被告是父母或其他与学校有密切关系的人时,作证可能会很困难。

外部机构和封存记录。为了保护学生及家人的名声,法律要求从事学生工作的机构对他们所做的记录严格保密。例如,学校保存的特殊教育记录就是如此。当学生受少年法庭或福利部儿童保护服务单位监护,倘若学生的近期信息尚不清楚,是很难将学生送回学校或安置在其他学校的。这一情况有时使人们很难知道如何对待学生,甚至不知道是否还要担心其他学生的安全。一些地方为儿童机构建立了协调理事会,以促进机构间的沟通。校长会发现,与不同机构的工作人员保持良好的私人关系可以得到正式渠道得不到的信息。

外部社会福利机构服务

心理健康机构、药物滥用治疗机构、公民俱乐部、当地教会等,都对学校学生的福利问题的相关利益方,发挥着一定作用。"搞好关系"再一次成为校长和教职工的口头禅。有些情况可能达不到一个或多个正规服务机构介入学校事务的标准。可能是父母意识到孩子吸毒,也可能是孩子看上去患有严重的抑郁症。然而,除非儿童采取明显自残行为,否则就无法获得正规机构的支持。这种情况下,校长必须与其他机构的专业人士保持联系,从他们那里寻求建议,知晓学校或家长可以去哪里求助。

公共卫生部门和地方学校

全国各地公共卫生机构直接向在校学生提供的服务差别巨大。在一些州,唯一的服务可能是监测免疫记录,以确保公众健康。在其他领域,服务包括为在校生提供的直接健康服务。例如,学校有护士常驻、提供教室学生的健康报告、牙科服务、免疫接种以及紧急医疗服务。机构还有可能提供更多便民服务,多于普通学校得到的服务。

这主要依赖于校长与机构接触,培养关系,将机构专业人员纳入联系人网络,以备不时之需。

小　结

学校里有许多具有各种特殊需要的特殊学生。学校生活的质量取决于对所有学生需要的总体满足程度。校长无法亲力亲为地满足每位学生的需要,但校长可以奠定基调,与可以帮助满足学生需要的人员培养关系,协调相关资源,满足需求。校长在关心所有学生中显示的象征性领导力表明了教职工努力的重要性。

活动

1. 回顾本书结尾附录1中的案例研究2、7、8和25。分析列出的问题,并运用本章提出的特殊服务概念,你会如何解决问题?制定一项克服学校和个人困难的策略。

2. 在尽量减少特殊教育活动时间的同时,如何提供特殊教育法例所规定的服务?

3. 你的社区有哪些儿童服务机构?你的学校和哪些人员增强联系,帮助结合这些服务的?

4. 回顾《教育领导者职业标准》。思考哪些标准直接关系到特殊学生的需要?特殊教育和特殊需要儿童的概念是如何符合第五条标准的?还有哪些标准能满足特殊学生的需要?确定一个与本章讨论的概念或想法直接相关的因素。

尾注

1. Judicial opinion, 1949.

2. L. Baca and E. Almanza, *Language Minority Students with Disabilities* (Reston, VA: Council for Exceptional Children, 1991).

3. C. A. Utley and S. L. Mortweet, "The Challenge of Diversity," in *Inclusion: The Integration of Students with Disabilities*, ed. M. J. Coutino and A. Repp (Belmont, CA: Wadsworth, 1999), p. 61.

4. Ibid.

5. Carol Gilligan, *In a Different Voice: Psychological Theory and Women's Development* (Cambridge, MA: Harvard University Press, 1982).

6. L. Kohlberg, *The Philosophy of Moral Development: Moral Stages and the Idea of Justice* (Cambridge, MA: Harper & Row, 1981).

7. L. Ballering, *Practicing Administrators' Attitudes toward the Ethic of Care*. Doctoral dissertation, University of Houston, 1997.

8. Ibid.

9. F. C. Power and T. A. Makogon, "The Just–Community Approach to Care," *Journal for a Just and Caring Education* 2, no. 1 (1997): 9–24.

10. Ballering, *Practicing Administrators' Attitudes toward the Ethic of Care*.

11. Family Educational Rights and Privacy Act (FERPA), 34 C.F.R. Part 99, Subpart A—General.

12. Analysis of Final Regulations Under Section 504 of the Rehabilitation Act [45 FR 30936 (May 9, 1980): amended at 55 FR 52141 (Dec 19, 1990)].

13. Part Three: Section 504 Regulations. Unannotated Version: Nondiscrimination on the Basis of Handicap in Programs and Activities Receiving or Benefiting from Federal Financial Assistance (Sup. 1—10/9), p. 148.

14. Analysis of Final Regulations for 504, p. 5.

15. Ibid., p. 6.

16. Ibid., p. 5.

17. Ibid., p. 6.

18. L. Bartlett, G. Weisenstein, and S. Etscheidt (Eds.), *Successful Inclusion for Educational Leaders* (Upper Saddle River, NJ: Merrill Prentice–Hall, 2002).

19. Americans with Disabilities Act of 1990, 42 U.S.C. 1401 *et. seq.*

20. Ibid.

21. Dr. John McCook, class lecture, University of Tennessee, November 2002.

22. Ibid.

23. G. Zelin, Conference Presentation, *What Is Appropriate Educational Progress and How Do We Prove It?* Presented to Tennessee Association of Administrators of Special Education, Fall Legal Conference, Gatlinburg, TN, 2002.

24. The National Center for Learning Disabilities can be found at http://www.rtinetwork.org/

25. *Honig v. Doe*, EHLR 559:231 (U.S. 1988).

26. McCook, 2002.

27. Ibid.

28. R eauthorization IDEIA 04.

选读篇目

Bartlett, Larry D., Greg R. Weisenstein, and Susan Etscheidt, *Successful Inclusion for Educational Leaders*(Upper Saddle River, NJ: Merrill Prentice Hall, 2002)

Brown – Chidsey, Rachel, and Mark W. Steege, *Response to Intervention*, Second Edition: Principles and Strategies for Effective Practice (New York, NY: The Guilford Press, 2010)

Bubaj, S., "Making Everything Fit." *Principal Leadership* 5 (2005): 21 – 23.

Crisman, B. W., "Inclusive Programming for Students with Autism" [Electronic Version]. *Principal* 88 (November/December 2008): 28 – 32.

Curtis, Steven, "Parents and Litigation: Insights from a Special Education Law Clinic." *PhiDelta Kappan* 86 (2005): 510 – 514.

Delmore, P., "Pulling the Plug on 'Pull – Outs.'" *Principal Leadership* 4 (2003): 35 – 36.

Fenion, A., "Hiring an Effective Special Education Teacher" [Electronic Version]. *Principal* 88 (November/December 2008): 24 – 27.

Genesee, Fred, K. Lindholm – Leary, B. Saunders, and D. Christian, *Educating English Language Learners: A Synthesis of Research Evidence/Edition* 1. (New York, NY: Cambridge University Press, 2006). Gittins, N., "Uneasy Alliance." *Principal Leadership* 6 (2005): 59—61.

Green, J., "Collaborating with Special Education Administrators." *Principal* (Reston, Va) 88, no. 2 (2008): 12 – 15.

Hardman, B., "The Pumpkin Project". *PhiDelta Kappan* 86, no. 7 (2005): 522 – 524.

Jones, R., P. Zirkel, and R. Barrack, "Special Education and Regular Education: Achieving High School Success with the NCLB and the IDEA." *Catalyst for Change* 35, no. 2 (2008): 19 – 24.

Lambert, Joan, "Easing the Transition to High School." *Educational Leadership* 7 (2005): 61—63.

Levinson, E. M., and E. J. Palmer, "Preparing Students with Disabilities for School – to – Work Transition and Post – School Life." *Principal Leadership* 5 (2005): 11 – 15.

Merritt, S., "Clearing the Hurdles of Inclusion." *Educational Leadership* 59 (2001): 67 – 70.

National Association of Special Education Teachers, In order to keep up to date with the most current information in the field of special education, NASET provides its members with a wide variety of publications. The NAEST website provides an extensive list at http://www.naset.org/publications. 0.

htmlhttp://www.naset.org/publications.O.html

Reynolds, B. H., "Are Principals Ready to Welcome Children with Disabilities?" [Electronic Version]. *Principal* 88 (November/December 2008): 16–19.

Ryan, J., A. Katsiyannis, R. Peterson, and R. Chmelar, "IDEA 2004 and Disciplining Students with Disabilities" *NASSP Bulletin* 91, no. 2 (June 1, 2007): 130–140. (ERIC Document Reproduction Service No. EJ763161)

Sailor, W., and B. Roger, "Rethinking Inclusion: Schoolwide Applications." *Phi Delta Kappan* 86, no. 5 (2005): 503–509.

Shapon-Shevin, M., "Inclusion: A Matter of Social Justice." *Educational Leadership* 61, no. 2 (2003): 25–28.

Sorrentino, A., and P. Zirkel, "Is NCLB Leaving Special Education Students Behind?'' *Principal* 83, no. 5 (2004): 26–29.

Warnemuede, C., "Helping Parents Help the Slow Learner." *Principal* 87 (January/February 2008): 32–35.

Yell, M., A. Katsiyannis, and R. Bradley, "A Special Role." *Principal Leadership* 4, no. 2 (2003): 22–28.

Yell, M., J. Shriner, and A. Katsiyannis, "Individuals with Disabilities Education Improvement Act of 2004 and IDEA Regulations of 2006: Implications for Educators, Administrators, and Teacher Trainers." *Focus on Exceptional Children* 39, no. 1 (2006): 1. (ERIC Document Reproduction Service No. EJ54722)

第九章 人力资源开发

学校若想提高组织能力,从而提升学生学习能力,那么学校应当建设专业社区。社区成员目的一致,开展协作活动,承担集体责任。

——纽曼与韦拉格(F. Newmann and G. Wehlage)[1]

人力资源开发既是概念,也是过程。这一概念涉及充分开发和利用组织最宝贵的资源——人力资源。同时,这一过程是完整且连续的职能,构成了校长的一部分责任——人员管理。人力资源开发理念、政策、过程以及实践将不同功能整合在一起。本章将讨论其中两项职能:职业发展和员工评估。

虽然许多教育领导人致力于提升员工个人潜力,但实际上,组织实践可能不利于充分开发人力资源。本章将讨论个人与组织的整合,探讨各类教师差异对职业发展设计的影响,探究职业发展本质及其发展模式,考察职业发展、员工评估与学校改进之间的关系。

个人与组织一体化

沙因(Schein)[2]的研究探讨了以有效满足个人和组织的目标和需求的方法,促进个人与组织一体化的复杂过程。沙因认为,一体化过程有三个阶段:进入组织、社会化和相互接纳。

在进入组织的阶段,个人努力做好正确的职业选择,进行职业培训,寻找合适的职位。同时,组织也需要确定所需岗位的性质,聘用人员需具备的技能,召集应聘者,从中确定最合适的人选。双方在这一阶段的考量和技巧将成为下一阶段——社会化的决定性因素。

在社会化阶段,"个人描绘组织蓝图,建立自己在组织中的未来"。[3] 与此同时,组织也开始审视个人在其中的未来角色。尽管双方可能都对彼此的合作抱有很高的成功期望,但实际情况往往相去甚远。通常,这种幻灭与员工能力不足或组织设定的绩效预期不明确有关。有时也可能由于双方价值观差异巨大。幻想破灭时,组织有两个选择。其一,断绝与新员工的关系;其二,投入资源改进聘用的员工。

处于类似情况的员工也有选择。很明显,这个人可以选择离开组织,也可以选择留下来反抗。此外还有一种迂回选择,那就是留在组织,认可组织的价值观和期望。个人的最后选择为留在组织中,努力在现有的条件和/或价值观中发挥作用。[4] 这一选择能够促进组织成长和发展。

在最后的相互接纳阶段,组织通过给予特权、扩大员工责任和某种"心理契约"等通过仪礼予以个人正式成员资格。正如沙因所说,"可以肯定的是,个人的需要和期望与组织的需要和期望足够匹配,组织中的职业生涯才得以延续。"[5] 在此之后会发生什么,很大程度上取决于组织为个人提供的成长机会。

教师赋权

考虑到在学校环境中个人和职业发展的需要,现在是时候"以新视角看待教师"了。[6] 麦克洛林和余(McLaughlin 和 Yee)[7] 区分了教师职业生涯的组织观和个人观,体现了重新审视教师的重要性。虽然从组织出发考虑职业生涯极其常见,但领导人有责任确保现有条件能够帮助教师从个人或更本质的角度来看待职业。下文将讨论这些观点。

组织和个人的职业观

组织的职业观认为,职业有效性由个人和/或他人判断,用于判断个人的升职能力。组织职业观反映了"组织是机器"的隐喻,职业等级成为衡量员工能力的标准。组织职业观将教师置于从属的角色,强化了服从和跟随的能力。职业等级衡量教师成就,"教师"的价值次于管理者的价值。这是一种外部强加的能力衡量标准,其最终目的是让教师尽快结束教学,更上一层楼。更上一层楼意味着教师要严格遵守固定的升职模式。这一模式的设计者是职级更高的人士,比教师更擅长教学和学习。多年前,阿吉里斯[8]曾告诫,组织不应有这种观念;他认为,这种倾向的官僚组织会严重阻碍个人成熟。阿吉里斯还说,组织不允许个人自由地行使能力和独立做出决定,会导致个人一直处于不成熟的状态。

与此相反,个人的职业观在本质上是一种激励,鼓励教师寻找最大限度发挥自身潜能的发展机会——做一个有能力成为教学成果最丰富、贡献最大的教师。这种观点带来教学中的快乐,远比组织的职业观对教师这一职业有益。承认、支持和奖励课堂教学优秀的教师,以此评定教师等级和绩效工资,这一教学效果制度化的趋势日渐显现。然而,仅凭这一手段并不会改变教师的态度。真正的激励措施必须放在发展层面。校长必须认识到教师潜能,鼓励教师挖掘潜能,提供个人成长和自我发现机会。麦克洛林和余[9]认为,个人效能、满意度和成长可由两种因素来培养——机会水平和能力水平。

机会水平是决定个人发展最高职业能力水平的真正因素。机会水平的发展有三个重要的激励因素。第一,刺激。早期研究指出,很多授课教师都是孤独、孤立和绝望的。[10]教师很少有机会有意义地交流思想、培养同志情谊或归属感和奉献精神。合作意识及合作机会缺失。近年来,随着专业学习社区越来越融入学校环境,情况发生了变化。

第二,教师接受挑战非常重要。仅仅掌握一套最基本的能力,然后吃老本是不够的。他们需要抓住机会,最大限度挖掘潜力。教师应注重强化职业长处,精益求精。同伴或导师的指导,或者作为团队的领导者促进他人成长,通常可以产生机会。无论如何,教师都有机会得到激励,激发自我实现的需要。当然,马斯洛[11]、赫茨伯格(Herzberg)[12]、埃尔德弗等人的研究表明,更高层次的需求能起到激励作用。

第三,教师需要反馈。肯定教师的成功不仅能增强热情,还能提高技能。了解需要改进的领域可以为教师提供必要信息,提高今后工作的针对性。校长几乎没有时间进行详细的教师反馈,因此需要安排别人协助。职业发展与教师成长便成为共同的责任。

尽管教师亟须提高个人效能、满意度和成长的机会,但他们同样需要类似的机会提高能力水平。换句话说,他们必须被赋予权力。权力不仅包括资源获取,还包括资源调动和支配,以及影响组织目标和方向的能力。正如麦克洛林和余所说:"有能力意识的教师往往会追求课堂效果,表达对组织和职业的承诺,体现高职业满意度。"[14]

个体及群体需求

个体独特性对校长的人力资源开发工作具有重大影响。教学、评价和员工发展都受到教师个性的作用。

教师的水平和动机需求各不相同;在确定教师发展需要时,应考虑这些差异。正如研究表明,"最适合某个员工的职业发展环境可能与另一个员工的成长环境迥然不同"。[15]

需求水平由三个重要变量决定:教师年龄、教学年限和准备度或成熟度。当然,兴趣和学习或个性风格也是影响因素。作为成人学习者,教师在设计职业发展计划时都需要考虑自身的需求。所以,从教师群体的需求谈起应该最合适不过了。

成人学习者

诺尔斯(Knowles)[16]对成人学习有深刻见解。他的研究表明,作为成年人,教师在以下条件下学习效果最好:

- ■可以计划和设计自己的学习和发展;
- ■有相关的学习经验;
- ■学习以问题为中心,而不以内容为中心;
- ■过去的经验可以纳入经验学习环境。

虽然教师群体存在需求,但是由于不同教师的教学经验和发展水平不同,教师之间也存在着独特的差异。要理解这些差异,就要先从休伯曼(Huberman)[17]的研究说起。

教师经验决定需求

休伯曼[18]根据教学经验,提出了五个发展阶段。尽管该模型主要基于对缺乏或没有管理经验的中学教师的研究,但它确实表明了教师的职业发展过程。校长不能认为所有教师的职业发展顺序都是一样的。休伯曼认为,有些人的发展路径是线性的,而有些人则为"停滞、回落、低迷、激增"[19]。然而,这种模式对校长与教师合作有所助益,因为该模式能帮助校长更充分地了解个人和团体的相互影响。它还能协助校长制定更能满足教师需要的职业发展计划。下一节将详述教师职业生涯的每一阶段。

求生和发现期(1~3年)。在第一阶段,求生和发现并存;讽刺的是,"发现让新手教师容忍求生的辛苦"[20]。尽管这一阶段充满了现实的冲击和自我怀疑,但此时,教师也因第一节课而兴奋、为成为"同龄人的同事"[21]而欣喜。此时需要引导教师从更广泛的角度来看待教学。教师需要将方法和策略的碎片化任务放在更广阔的背景中。在这一阶段,教师已经从大学的准备课程中学到了很多技能,但几乎没有机会将这些技能应用到教学中去。校监和校长可以指导教师结合理论与教学实践。霍兰德(Holland)和韦泽(Weise)[22]提出了指导校长与新教师合作的有用建议。

稳定期(4~6年)。在这一阶段,教师承担起"教师"的责任,向职业化大踏步前进。他们不仅要对自己的课堂负责,还要对教学岗位负责。教师积累了教学知识,开始游刃有余(大多数教师已经从试用转为终身聘用),准备好测试并形成自己的教学风格。这一阶段应该为教师提供更多的能力建设机会。[23]教师做出更多与教学和职业发展有关的决定时,他们会更倾向于教师赋权和产生个人职业观(对此概念的更完整论述,可参见第2章)。

实验和歧变期(7~18年)。教师在这一阶段开始实验,因为他们在教学中获得了技能和能力。教师已经建立了良好的教学知识基础,并渴望试验最大限度影响学生学习的新想法。自然,教师在这一阶段参与、贡献以及挑战,同样也希望在影响教学的事情上有更大发言权。这也是承担新责任的时期;然而,很多教师也开始质疑自己的职业选择。有些人想知道他们是否真的想继续做教师,许多人对这个工作失去兴趣,所以要么寻找新的责任,要么干脆换工作。

平静/关系疏离和保守期(19~30年)。这个阶段,富于创新和活力的教学方法开始变得机械。教师精力和热情开始消退。虽然教师确实变得更加平静和自信,但也开始"和学生关系疏离"[24]。随着教师和学生之间的年龄差距不断扩大,联系也越来越少。在这个阶段,教师不愿从事任何新的或创新型工作,并似乎非常想要维持现状。

校长们需要意识到退缩倾向,设法让这些教师参与有意义的活动。在这一重要阶段,教师需要真正的指导和激励以提高价值观意识,[25]激励他们继续以富有成效的方式为组织做贡献。在第一章中,我们讨论了学校领导的重要性,因为校领导不仅要改变组织,还要改变在这种环境中服务的个人。

退休期 (31~40年)。这个阶段的特点是要么平静要么痛苦。这一阶段还会出现越来越严重的退缩和内化现象——表现为个人逐渐脱离组织,看重个人利益。教师也会因为更年轻的教师和更新颖的想法而感到压力。许多处于这一阶段的教师仍有许多才能和专业知识,如果受到适当的挑战和鼓励,他们仍可以为组织做出贡献。在这一阶段,教师可以通过指导学生和同事等活动,促进他人进步,从而重新焕发活力。

休伯曼研究中需要牢记的重点是,在职业生涯的不同时期,教师会有不同的需求。这不仅会对校长产生重大影响,而且还指出职业发展必须满足教师的不同需要。下文讨论的模型类似于休伯曼的模型,但无关教师教学经验年限。

成熟度和准备程度

德·穆兰(De Moulin)和盖顿(Guyton)[26]提出了教师成熟度或发展过程的四个阶段:预备、发展、转换和衰退阶段。研究表明,年龄并不一定决定教师的发展水平。例如,一些教师在职业生涯中大部分时间都处于发展阶段。相反,转换和衰退阶段可能涵盖不同年龄段的教师。下文将简要讨论这四个阶段,以支撑教师发展阶段概念。

预备阶段。这一阶段的教师由于对教学环境的不确定而承受着很大的压力。教师的儿童心理学知识有限,缺乏经验,一直在试错。经验增加,教师会感到舒心,信心大增。这一阶段极其类似于休伯曼的求生和发现阶段。然而,这并不一定与教龄有关,因为其他因素可能使情况更加复杂。不管教了多少年,教师在这一阶段都应有培养技能和信心的必要机会水平。[27]给教师分配导师可以帮助教师掌握技能,带来学习迁移反馈的机会。第二章中已详述共治与合作的概念,这一概念对满足该阶段教师的需要有着巨大的影响。

发展阶段。在这个阶段,教师表现出自信、目标和逻辑。教学实践的好奇心和精益求精平衡了满足感和方向感。这是一个探索和成长的好时机！教师享受同侪辅导、团队合作、学习小组和活动研究提供的机会。讽刺的是，虽然大多数在校教师都处于这一阶段，但大量职业发展时间却用在传统在职教育的"培训项目"上。

转换阶段。在这一阶段，课堂效果变差。许多教师开始怀疑是否还想继续从事教师职业。职业发展积极性不高，大多数教师满足于做好日常工作。这类教师中达到了职业生涯的停滞期，工作再无挑战性和启发性。这些教师需要受到鼓舞，寻找有待发掘的个人和职业成长机会。这一阶段与休伯曼的退休期有大量重叠。

衰退阶段。在这一阶段，教师动机缺乏，表现出混日子的态度。倦怠是典型症状，教师倾向于选择传统的教学方法。同样，有能力的教师必须重新参与教育过程。找出正确方法，激励教师做出贡献和持续发展是当今学校领导面临的主要挑战。

职业发展

教师发展在满足不断产生的教师发展需求方面发挥了什么作用？教师个人和集体发展如何有助于提高学校教育课程的有效性？这些都是我们在研究员工发展的性质和范围时需要考虑的重要问题。职业发展的工作定义有必要最先讨论。在本章中，职业发展和员工发展为近义词，可以通用。

员工发展还有许多别称，包括在职培训、职业发展、人力资源开发等。在任何情况下，员工发展都是在有限时间内（例如，秋季研讨会或特别会议）为教师所做的事情，使他们在课堂环境中更满意、更有效率。然而，员工发展的主要范式转变是由三个主要观点引起的：（1）结果导向教育；（2）系统思考；（3）建构主义。从个人和集体的角度来说，每一个观点都能让校长从与传统观点迥然不同的角度来审视员工发展。[28]

● 结果导向教育。正如问责制已成为课堂的重点一样，结果导向教育也影响了员工发展的本质。目前，衡量员工发展计划有效性的真正标准，是计划如何以一种对学习者有利的积极方式影响教学行为。

● 系统思考。组织中每个部分相互影响，牵一发而动全身。如今，员工发展需要有更宽广的视野看待课程、指导或评估中任何一个方面的改变对组织所有方面产生的影响。

● 建构主义。过去强调学习者是信息被动接受者，而现在，重点变成学习者积极参与理解自己的学习。培养学习者必要技能，建立知识结构的需要，已使人们以同样的方式看待员工人员的发展。教师作为成人学习者,与同侪、学生和其他人合作,共享知识,在集体理解的基础上构建新的知识。

表9.1列出了上文讨论的三种观点引起的主要变化。我们将探讨这些范式转换,并研究它们对员工发展设计和实现的影响。

员工发展模式

员工发展的相关文献表明,员工发展的实现必须是多方面的。斯帕克斯(Sparks)和洛克斯-霍斯利(Loucks-Horsley)[29]列出了五种员工发展模型。校长需要了解这些模式及其在教师职业发展中的应用,还应该适当地应用这些模型来满足个别教师的需要。下面将讨论这五种员工发展模型。

个人指导式员工发展。该模型假设教师最明确自己的发展需要,能够自我激励,指导自己的学习经验。这一模型将教师塑造为自我激励个体,他们根据相关经验学习时效果最佳。该模型包括几个阶段:(1)确定需求;(2)制定满足需求的计划;(3)概述完成计划的活动;(4)评价计划。个人指导式的例子包括学习特别感兴趣的问题、开发特别项目、改进课程和教师特别感兴趣的其他活动。

表9.1 员工发展的范式转变

转变前	转变后
个人发展	个人和组织发展
以学区为中心的方法	以学校为中心的方法
碎片化活动	根据学校改进计划进行改进
关注成人需求	关注学生需求和学习成果
由一两个部门负责员工发展	综合、多方面的员工发展模式,包括员工才能和资源
"专家"传授知识和技能	员工发展是所有管理人员和教师领导的一项重要职能和主要责任
注重普通教学技能	结合普通技能和教学内容相关的具体技能
员工发展可有可无,取决于是否有财政支持	员工发展是教育过程的重要组成部分

来源:改编自 D. Sparks, "A Paradigm Shift in Staff Development", *The ERIC Review 3*, no. 3 (1994):2-4.

观察和评估。上文曾说过,反馈是个人教学职业观发展的主要组成部分。没有直接的反馈,就失去了激励的主要环节。观察和评估为教师提供了互相反馈的机会,而这些反馈不一定都能从校长那里得到。该模型的基本思想是,反思和分析是促进职业发展的关键途径,通过观察和反馈可以改进教学。反思不仅有利于目标教师,观测和分析教学行为还能有益于教师和观察者。得到积极反馈时,教师会更加努力,积极性也会提高。[30]学校中观察和评估的例子包括同侪指导、团队建设和合作以及现场观测。在同侪辅导中,教师旁听彼此的课堂,收集和分析数据,并给予反馈。教师和观察者的目标都是提高课堂,进行反思。[31]

参与发展/改进过程。该模式采取课程改进和发展的形式。它直接关系到学校改进计划,以改进课堂教学或解决学校效能的具体问题。该模型认为,教师作为成年学习者,希望参与解决直接关系到自身职业的问题。模型还指出,教师能够最准确地指出需要解决的问题。这样一来,教师变成研究人员、独立学习者和解决自己课程/教学问题的人。模型按照以下步骤进行:

1. 识别问题。教师个人和团体都有需求。
2. 回应形成。个别教师或小组集体讨论解决问题的备选方案。
3. 信息收集。确定进一步研究或调查问题的需要,完成研究。
4. 计划制定。根据收集到的信息,制定计划或项目。
5. 计划评估。收集数据,确定计划的有效性。从评估中收集的信息用于进一步改进或修改现有计划。

培训。长期以来,培训模式是最常见的员工发展形式。在许多人的心目中,培训模式等同于员工发展。除了为人熟知以外,就首次完成而言,该模型是最经济的。然而,培训要重点注意学习迁移的概念。改变员工外部或可见的教学行为是可取的,并且往往是最初培训的重点。然而,员工发展所有工作都有一个更重要的根本目的,那就是改变教师的思维。因此,培训的重点问题是如何将学到的技能应用到课堂教学中。任何培训都必须通过后续工作得到加强,如导师指导或同侪指导,从而确保将学到的内容转移到课堂上。[32]

探究。在探究法中,教师以个人或小组的形式,探究与课堂教学或学校的问题。探究分为正式和非正式过程。这些过程中形成了有效问题并加以研究。

该模式允许教师进行小组集体学习,并鼓励个人踊跃表达观点,分享资源,从而进行综合分析。该模式的基本思想为,教师质疑自己的教学实践并寻求问题的有效答案。模型还认为,教师可以从已有发现中形成新的理解和实践。该模型通常被称为行动研究,因日本的质量圈和全面质量管理(Total Quality Management, TQM)的概念而流行。该模型为第二章所讨论的专业学习社区过程的一部分,大有裨益。

匹配教师差异和员工发展机会

这五种员工发展模式在学校环境中提供全面职业发展的综合方法上具有很大潜力。这些模式还利用了教师在经验或发展水平上的特殊需求。

根据本章第二节所讨论的特殊需求,这些员工发展模式通过不同的重点和方法为教师职业发展打下了坚实的基础。通过发展帮助教师是一回事;确定需要解决的问题是另一回事。因此,了解员工评价与监督的性质和计划就显得尤为重要。

员工评价和监督

员工评价的结果能判断什么?评价的目的是什么?我们将通过讨论绩效和价值来审视这些问题。

绩效和价值

绩效和价值,以及两者关系都是评价过程中的一部分。评估员工以做出决策时,两者都适用[33]。

绩效比价值更常见,衡量的是在给定环境中个人表现的有效性,例如教师在教室中执行与工作相关的任务。个人表现与标准相比较,或者个人表现更多时候与类似职位的其他人相比较,就可以判断教师绩效。

另一方面,价值确定教师对组织的其他成员和完成组织使命来说有多大价值。它是一种基于需求的价值评价。正如斯克里文(Scriven)所说,"必须通过比较教育资源和教育需求来决定价值"。[34]因此,教职工有可能评估为有绩效,但对组织没有什么价值。然而,有价值的职位不可能没有绩效。绩效越低,价值就越少。判断表现基于这两个概念,有时会有冲突产生。由于资源缺乏或组织需要改变,尽管教师有绩效,但也有可能失去工作。有时绩效不佳的教师可以继续担任对组织有价值的职位。接下来的问题是:绩效低到什么程度会对职位价值产生影响?这些都是校长评价教师表现时所面临的棘手问题。

整体评价教师队伍时,绩效和价值同样也是重要概念。随着社会资源变得稀缺,越来越需要向公众证明教育成本的合理性。表现评价成为证明教师绩效、体现教育价值的方法。员工评价存在的最大挑战是:如何向公众解释问责制,同时在学校保持人际信任与合作,实现理想表现?如何在不忽略目的的情况下进行总结性和形成性评价?一旦发现问题,如何改变?[35]

总结性和形成性评价

员工评价有两个目的:总结和形成。总结过程通常被称为教师评价,旨在为做出合理决定打下基础,用于判断个人表现绩效。由于该评价具有管理性质,这通常是校长和/或校长委托人的主要责任。根据总结性评价做出的决定包括下列任何一项或全部:

- 教师是否应该指派到特定岗位?
- 教师是否应该被解雇?
- 教师是否应该获得终身教职?
- 教师表现和绩效工资是否匹配?

由于这些都是影响个人生活和职业生涯的重要决定,评估工具、步骤和具体操作都需要经过法律审查。需要注意的是,这些法律问题仅仅与总结性评价或教师评价有关。

近年来,许多州规定了教师考核的形式和程序,许多规定产生了标准化评分量表和详细清单。必须谨慎选择这一模型或其他模型作为整个评估体系的基础。若标准过于狭隘,无法涵盖培养高阶思维技能或要求学生具有高水平创造力的课程教学,危害则会产生。

汤姆·麦克格雷(Tom McGreat)提出替代评分量表的现场评价更有用。[36] 他认为,适当评价应以合作设定目标模式为基础,评价者和教师应确定具体教学改进目标,共同努力。在合作中采用现场观测,建立支持性环境。因此,评价是员工发展的基础。观后(postobservation)及随后的会议上的正式评估是合作设定目标模式的基础,这一模式对发展过程至关重要。这些变化显示了两种目的的评价存在的重要不同之处。

形成性评价主要涉及职业成长和发展。形成性评价比总结性评价常用。由于不涉及管理决策,形成性评价往往可成为教师的共同责任。尽管现场观测只是形成性评价的一种形式,但形成性评价常称为现场观测。

现场观测

现场观测是协作的过程。20世纪60年代,罗伯特·戈德哈默(Robert Groldhammer)和莫里斯·科根(Morris Cogen)[37]的著作中"现场观测"一词引起全国的关注。该模型的初衷是供在校实习教师使用。该模型适用于实习教师的形成性评价,这一点很快得到了认可。

该模型分为五个步骤。每一步都能帮助导师和教师专注教学/学习过程。考试由课程的优点和缺点组成,所以这一模型包括制定具体活动以改进未来课程或教学实践。最后一步是给教师正式反馈。

第一步:观前会议。观前(preobservation)会议旨在关注即将进行的观测。教师为校长概述课程计划,并确定观测过程中需要注意的具体方面。教师的计划应包括学习者目标、介绍、教学策略、资源、评估计划和课程结业。

会议讨论中,校长可以明确指出课程的各个组成部分,并提出其他方法建议。关于初步观测的讨论应该集中在教师感兴趣或关心的特定问题,而不是校长关心的问题。之后的观测和讨论将有大量机会处理校长关心的问题。

对于教师来说,理解现场观测模型中每个步骤的目的是很重要的。教师需要确保校长或其他观测人员在观测过程中会做笔记,以便给出准确的反馈。在观前会议结束前,应确定课堂参观和观后会议时间。

第二步:课堂观测。教师的任务是按计划上课。观测员的任务是记录观前会议以及课堂相关事项,具体确定内容。具体流程和内容应该用老师的语言写成学案。课堂活动,如学生的言语和非言语行为都值得注意。应避免意见和总结性陈述,校长需要参与者的感受及具体流程内容来提供有用反馈。观测者应准时到场,全程观测整个课程。

第三步:课程分析。为准备观测后会议,学案记录需要分析。目标是否实现?不同的教学策略是如何起作用的?观测到什么异常情况?什么方法有效?什么方法无效?如何评价教师的言语和非言语(身体)行为?如何评价学生的言语和非言语行为?哪部分的教学顺利?哪些具体方面可以改进?在下一次观测中教师要做什么?

第四步:观后会议。会议需要在舒适、私密的地点举行。教师的课堂就很合适。客套之后比较合适的开场白是:"你觉得哪些方面做得好?"然后,教师应解释课程目标,回顾课堂过程,并评估目标是否达到以及达到何种程度。此时,校长会根据课堂笔记谈自己的观察结果。会议还会讨论课堂的成功之处。

双方还应就课堂情况达成一致。教师和校长应该共同决定可行的策略。校长还应该向教师征求信息。会议结束时都应提出增长目标和达成共识的改进计划。

第五步:会后分析。现场观测模型的最后一步是评估教学过程及结果。教师应提供相应信息。如何改进这一过程?增长目标是否明确?教师可以得到什么帮助?教师离开后,校长需要反思教学过程和教师行为与技能。会议是否顺利?为什么?这一过程旨在促进改进后的教学指导及支持性关系。两者相互支持,共同产生。

如前所述,员工评估有两个基本目的:(1)改善员工的表现并为员工继续发展提供方向;(2)提供人事决定的根据,例如终身制评定、晋升、调动或解雇。尽管这两个目的都支持高质量的教育,但也造成管理者的两难境地。教师进步在很大程度上依靠协助关系,教师和校长之间建立信任时进步最大。人事决策有主观性,可能会引起教师忧虑。

几位作者建议[38],观测和教师评估的方式应该根据具体情况而定。这也就是说,情境因素决定校长与教职工的合作方法。这种情境方法类似于布兰查德[39]和格拉索恩(Glatthorn)[40]提出的情境领导模式。情景监控差异化体系有四个层次:

1. 现场观测,已于前一节讨论。

2. 协作式职业发展。小部分教师在一起分工协作,为职业成长共同工作(这种方法与全面质量管理的品管圈理念不谋而合)。

3. 自我导向。校长提供资源,教师在校长的协助下,制定个人发展计划。

4. 管理监控。校长快速公开走访教室,以保证"质量控制"。

管理者常用第四种方法,但它不应被认为是一种监督方法,因为它不能为被观测的教师提供改进的机会。然而,根据教师的成熟度和需要,每种方法都能在合适的情况下发挥作用。表9.2列出了前三种监督方法的区别。

表9.2 监控情景模型

	现场观测	协作式	自主导向
教师主动性	低	中	高
监测者主动性	高	中	低
方法	正式性、系统性	协作性	自主性
学习目标	建立理性/秩序	解决问题	目标驱动
知识	预设的生活—生存技能	对个人有效的具体结果	已知知识
学习	由外部环境决定个体状况	学习者—环境互动的结果	学习者展开的过程
基础	行为主义	认知主义	人道主义
学习理论	条件反射	实验法	自我发现
教师风险	低	中至高	中至高

来源:摘自 A.A.格拉索恩,《差异化监控》(亚历山德亚,VA:监控与课程发展协会,1984)

员工发展和评估是校长的重要活动之一。正如教师使用诊断说明性模型来管理学生的学习一样,校长也可以使用员工评价作为诊断工具,以目标评估作为说明性工具来指导员工的发展。为了达到合适的员工发展及评估,校长必须主动而不能被动,科学合理制定员工评估的详细计划。

州政策影响下的教师评价模式

各州对教师评价的控制不断增强。标准化考试为测量教师的能力和学生成绩之间建立了直接联系,教师评价也越来越以这一联系为中心。各州的教师绩效体系虽各不相同,但基础理念是一样的,标准化考试结合其他传统评估方法来测量学生成绩,比只做教师评价更能全面地反映教师能力。教师评价发生了改变,以前的评价体系尚有不足,未能改进评价能力;而如今,教师评价着眼于教师表现与学生课业进步的联系。[41] 联邦给各州的政策激励,例如"力争上游"教育拨款和《不让一个孩子掉队法》鼓励各州改进教育。各州结合新标准本位课程(共同核心课程)与教师评价制度,改进教育这一动态过程将会持续发展。

公共教育中心在介绍各州教师评估模式时发现,各州对地方学区的直接控制程度存在巨大差异。报告指出,"13个州规定了评价制度的要求和组成部分,并要求各学区执行,灵活性很低","17个州提供的评价体系可供各学区采用或参考","21个州要求各学区在州政府批准的情况下建立自己的体系"。[42]

大多州政府鼓励使用多种方式评价教师表现,通常包括"学生成绩数据、课堂观测和其他数据:学生调查、课程计划审查、教师自我评估等等"[43]。联系起教师表现分数和学生标准化测试分数的统计方法已经建立。这些统计模式有两种:增值评价模式和学生进步百分比。增值模式将教学影响与学生学业进步相关的其他因素分离。另一方面,学生进步百分比测量某个学生相比于其他学生所取得的进步。[44]

两种模式优缺点皆有。增值模式被公认为能最有效分离教学对学生成绩影响的模型,而学生进步百分比可以更准确地评估教师表现,因为考试分数"可以反映学生在某个阶段的表现"。[45]

州政府控制的体系有效性如何？41份"力争上游"申请审查显示，"33个州（80%）对评判学生进步感兴趣"[46]，少数几个州表示，他们将继续寻找增值模式以外的进步指标。此外，"在所有申请中，教师评估过程的主要部分是观测教师在课堂上的表现。"[47] 随着对学生学习问责制的推进，州政府将继续参与教师评估。

员工评估周期

员工评估和发展是循环过程。评估可以形成发展方案，这一方案可以通过评估再次检验。员工评估周期的七个基本步骤关注改进教学这一最终目的。当教师和校长开始计划全年目标，将其他人包括在全年的评估过程中时，周期开始。评估周期的七个步骤如下：

1. 准备个人发展计划；
2. 选择观测或审查的具体目标或活动；
3. 确定观测方法、时间和地点；
4. 观测和收集数据；
5. 分析数据，提供反馈；
6. 总结和解释总体观测数据；
7. 在年度会议上报告评估结果、目标达成情况，并对个人和员工的发展提出建议。

个人发展计划

个人发展计划是为满足个人特定的发展目标而设计的书面体验计划。该计划是一种为培养必要技能和知识而系统规划培训和体验的方法。个人发展计划不会把时间和金钱浪费在可能无用的学习体验上，而是为员工和管理者提供机会，制定合理的目标，而后规划学习体验以达到目标。

个人发展计划是现实可行的，因为它的结构包括管理人员和员工两个方面。只要在组织中可行，就可以考虑员工个人和职业目标。员工获得信息和反馈，就可以制定组织需要的合理可行目标。

个人发展是管理者和员工的共同责任。因此,这是现场观测与评价过程的合理延伸。校长的职责是优化工作环境,发挥员工的技能和兴趣,有效且高效地完成重要任务。为此,校长和教职工必须共同努力,查明技能不足(发展需要)、长处以及职业和组织目标。个人发展计划是解决这些问题的共同承诺。

个人发展计划首先包括自我评估。每个员工审视自己的职业资格、技能和兴趣,判断在组织中如何利用这些技能以及如何弥补技能不足。第二步是让员工思考职业生涯,建立长期职业目标。

校长的职责是分析工作人员的长处和短处,通常是从对学校有益的角度进行分析。自我评估往往忽视了重要的组织需求和技能需求。

两项分析后召开发展会议,开始实施具体个人发展计划。会议上,双方交换重要信息,可能会产生分歧。如果不在工作期望上达成一致,双方就不可能在其他问题上达成共识。此时,校长意识到员工的目标,会在可能且可行的情况下建立督导流程来帮助员工。

指导

这一点关注的是作为监管人的校长与各个教职工之间的关系。指导也指同事关系——但通常不指同等声望和经验的同事。指导通常用于新员工的入职培训。

"导师"一词源于希腊神话。尤利西斯在奥德赛十年漂泊前将儿子托付给了亦师亦友的导师。这是一个复杂的角色:导师是这个未经世事的孩子的保护者、顾问、老师和父亲。这是一种信任和爱的关系。

在当今的组织环境中,正式导师项目通常涉及级别更高的资深员工和缺乏经验的年轻同事之间的关系。这种做法通常只适用于早就被认定为快速晋升者或潜在领导者的员工。然而,这个概念很容易运用在员工培养阶段,尽管不算正式,但是收效甚佳。导师指导可以极大地改进现场观测的方法,成为非常成熟的同伴督导项目。

员工配对工作至关重要。在进一步考虑指导过程之前,管理人员应首先列出潜在导师名单。好导师的标准包括:愿意当导师,承诺帮助他人发展,为学校奉献;对组织内如何工作有着广博的知识和敏锐的洞见,丰富的经验,超出当前阶段或体系的良好职业关系和已证实的成功案例。

建立长期关系的基础是对项目的早期定位,参与各方可以在学校系统和学校发展政策范围内,通过角色定位和相互期望开展工作。这一进程将明确培养有助于成功的信任和开放氛围的初衷。建立定期反馈和监测制度十分必要,必须得到组织机制的鼓励和支持。

校长在人力资源开发和组织发展方面也发挥着举足轻重的作用。无论人力资源开发计划是关于个人,还是侧重于整个工作组,都需要管理支持、合理架构和监测系统。管理支持从需求评估开始,确定期望后继续进行。如果愿意让他人参与发展工作计划,并愿意争取时间和金钱以支持发展工作,那么管理支持将得到巩固。

正增强

无论是成人、青少年还是儿童,都需要正增强来促进学习和发展。有效学校实践的综合研究报告结果中,包括这些学校领导者的以下特点:

> 领导建立激励和奖励体系,鼓励学生和教师精益求精;他们在给予奖励和强调卓越的重要性方面担任首脑角色。[48]

这些发现与私营部门的成功管理高度吻合:

> 优秀的公司蕴含着根深蒂固的理念,例如"尊重个人""让员工成为赢家""让员工脱颖而出""把员工当作成年人对待"。[49]

综上所述,校长要想拥有一支成熟、积极上进的员工队伍,可参考以下四点启示:

1. 必须准确评估员工的发展需要。自我评估仅仅是起点,校长还必须进行调查,使用课堂上的现场观测情况、学生数据、当前和可预见的学校和社区关切以及其他数据源。

2. 必须建立和宣传教师表现高标准。与教职工合作制定表现标准已被证明是最有效的做法。

3. 人力资源开发体系需要仔细规划和采用各种方法。个人发展计划和群体发展活动必须关注公认的需要并定期监测。

4. 需要持续不断地运用正增强技巧。公开表扬、颁奖典礼、私下感谢、发奖金——这些都是彼得斯（Peters）和沃特曼（Waterman）提出的"投环套物"[50]——所有方法都有助于员工与组织需求保持一致，并产生有效激励。

小　结

消极回应员工发展工作是在职培训活动的不良经验所导致的。无论意图多好，活动都既没有满足员工的个人需求，也没有满足组织需求。

更好的方法也是存在的，这些方法来自认识到各组织成员需要不同的人力资源发展模式，组织需要，成人学习者性质，所需的时间和努力由知识、技能或态度的性质决定，以及个人对职场的本质和文化的影响。

活动

1. 回顾附录 A 的案例研究 4 和 14。运用第四章的目标设定和战略规划概念，以及本章人力资源开发概念。你将如何着手解决案例中提到的问题？提出解决问题的策略。

2. 回顾案例研究 22 和 30。分析本章提出的问题，运用本章人力资源开发的概念。你会用什么方法解决问题？提出解决案例中学校困难的策略。

3. 运用教育领导者职业标准，并回顾标准六和七中的元素。下列哪一项最能支持本章所讨论的人力资源概念？你认为你们学校的人力资源管理有什么缺点？你会如何纠正？

尾注

1. F. Newmann and G. Wehlage, *Successful School Restructuring: A Report to the Public and Educators by the Center for Restructuring Schools* (Madison, WI: University of Wisconsin, 1995).

2. Edgar Schein, *Career Dynamics: Matching Individual and Organizational Needs* (Reading, MA: Addison-Wesley, 1978).

3. Ibid.

4. Ibid.

5. Ibid.

6. Gene Maeroff, "A Blueprint for Empowering Teachers," *Phi Delta Kappan* 69 (March 1988): 473.

7. Milbrey McLaughlin and Sylvia Yee, "School as a Place to Have a Career," in *Building a Professional Culture in Schools*, ed. Ann Liberman (New York, NY: Teachers College Press, 1988).

8. Chris Argyris, *Personality and Organizations* (New York, NY: Harper & Row, 1957).

9. McLaughlin and Yee, "School as a Place to Have a Career."

10. Dan Lortie, *Schoolteacher* (Chicago, IL: University of Chicago Press, 1975).

11. A. Maslow, "Toward a Psychology of Being," in *The Creativity Question*, ed. A. Rothenburg and C. Houseman (Durham, NC: Duke University Press, 1976), pp. 296–305.

12. Frederick Herzberg, Bernard Mausner, and Barbara Bloch Snyderman, *The Motivation to Work* (New York, NY: John Wiley & Sons, 1959).

13. McLaughlin and Yee, "School as a Place to Have a Career."

14. Ibid.

15. Dennis Sparks and Susan Loucks-Horsley, "Five Models of Staff Development in Teachers," *Journal of Staff Development* 10, no. 4 (Fall, 1989): 40–57.

16. M. Knowles, *The Modern Practice of Adult Education* (Chicago, IL: Association/Follett Press, 1980).

17. Michael Huberman, "The Professional Life Cycle of Teachers," *Teachers College Record* 91, no. 1 (Fall 1989): 32–57.

18. Ibid.

19. Huberman, "The Professional Life Cycle of Teachers."

20. Ibid, p. 32.

21. Ibid.

22. Patricia Holland and Kaye Weise, "Helping Novice Teachers," in *Principal as Leader*, ed.

Larry W. Hughes (Upper Saddle River, NJ: Merrill, 1999).

23. McLaughlin and Yee, "Schools as a Place to Have a Career."

24. Huberman, "The Professional Life Cycle of Teachers," p. 36.

25. 第一章讨论了这个概念,校长角色的一部分就是为组织成员提供机会,以发展提高价值意识的必要手段。

26. Donald De Moulin and John Guyton, "An Analysis of Career Development to Enhance Individualized Staff Development," *National Forum of Educational Administration and Supervision Journal* 7, no. 3 (1990).

27. McLaughlin and Yee, "School as a Place to Have a Career." These authors discuss the need to provide teachers with two opportunities that will inspire their development as professionals: *level of capacity and level of opportunity.*

28. Sparks and Loucks-Horsley, "Five Models of Staff Development in Teachers."

29. Ibid.

30. Beverly Showers, *Peer Coaching: A Strategy for Facilitating Transfer of Training* (Eugene, OR: Center for Educational Policy and Management, University of Oregon, 1984).

31. B. Showers, B. Joyce, and B. Bennett, "Synthesis of Research on Staff Development: A Framework for Future Study and a State-of-Art Analysis," *Educational Leadership* 45, no. 3 (1987): 77-87.

32. Beverly Joyce and Beverly Showers, "The Coaching of Teaching," *Educational Leadership* 40, no. 1 (1982): 4-10.

33. Michael Scriven, "A Unified Approach to Teacher Evaluation," *Toward a Unified Model: The Foundations of Educational Personnel Evaluation* (Center for Research on Educational Accountability and Teacher Evaluation, Western Michigan University, 1994), pp. 2-15.

34. Ibid., p. 1.

35. Linda Darling-Hammond, Arthur Wise, and Sara Pease, "Teacher Evaluation in the Organizational Context," *Review of Educational Research* 53, no. 1 (1983): 285-328.

36. Ronald Brandt, "On Teacher Evaluation: A Conversation with Tom McGreal," *Educational Leadership* 4, no. 7 (July 1987): 20-24.

37. See Robert Goldhammer, *Clinical Supervision* (New York, NY: Holt, Rinehart and Winston, 1969); and Morris Cogen, *Clinical Supervision* (New York, NY: Houghton Mifflin, 1973).

38. A. A. Glatthorn, *Differentiated Supervision* (Alexandria, VA: Association for Supervision and Curriculum Development, 1984); and Carl D. Glickman, *Developmental Supervision* (Alexandria,

VA: Association for Supervision and Curriculum Development, 1981).

39. K. Blanchard, D. Zigarmi, and P. Zagarmi, "Situational Leadership: 'Different Strokes for Different Folks,'" *Principal* 66, no. 4 (March 1987): 12 - 16.

40. Glatthorn, *Differentiated Supervision*

41. Jim Hull, *Trends in Teacher Evaluation: At a Glance* (Center for Public Policy, October 2013).

42. Ibid., p. 6.

43. Ibid., p. 9.

44. Ibid., p. 14.

45. Ibid., p. 15.

46. "Evaluating Teacher Effectiveness: Emerging Trends Reflected in the State Phase 1 Race to the Top Applications," in *State Legislation: Emerging Trends Reflected in the State Phase 1 Race to the Top Applications* (Naperville, IL: Learning Point Associates, 2010), p. 3.

47. Ibid.

48. Northwest Regional Educational Laboratory, *Effective Schooling Practices: A Research Synthesis* (Portland, OR: The Laboratory, 1984), p. 8.

49. T. J. Peters and R. H. Waterman, *In Search of Excellence: Lessons from America's Best Run Companies* (New York, NY: Warner Books, 1982).

50. Ibid.

选读篇目

Arnau, L., J. Kahrs, and B. Kruskamp. "Peer Coaching: Veteran High School Teachers Take the Lead on Learning." *NASSP Bulletin* 88, no. 639 (2004): 26 - 41.

Beltman, S., C. F. Mansfied, and A. Price, "Thriving Not Just Surviving: A Review of Research on Teacher Resilience (PDF) (8)", *Educational Research Review* 6, no. 3 (2011): 185 - 207.

Bernstein, E., "What Teacher Evaluation Should Know and Be Able to Do: A Commentary." *NASSP Bulletin* 88 (2004): 80 - 88.

Bryk, A. S., and B. Schneider,. "Trust in Schools: A Core Resource for School Improvement." *Creating Caring Schools* 60, no. 6 (2003): 40 - 45.

Danielson, Charlotte, "The Many Faces of Leadership." *Educational Leadership* 65, no. 1 (2007): 14 - 19.

Darling‐Hammond, L., *Creating a Comprehensive System for Evaluating and Supporting Effective Teaching*, Standford, CA: National Staff Development Council and the School Redesign Network at Stanford University, (2012).

Darling‐Hammond, L., "The Quiet Revolution: Rethinking Teacher Development." *Educational Leadership* 53, no. 6 (March 1996): 4–10.

Davis, J., "A Principal's Plan for Mentoring Novice Teachers," *Principal* 87, no. 5 (2008): 55.

Flannagan, J. S., and N. Kelly, "Differentiated Support." *Principal Leadership (Middle Sch Ed)* 9, no. 7 (2009): 28–30.

Gallmore, R., et al, "Moving the Learning of Teaching Closer to Practice." *Elementary School Journal* (2009).

Guskey, T. R., "Analyzing Lists of the Characteristics of Effective Professional Development to Promote Visionary Leadership." *NASSP Bulletin* 87(2003): 4–20.

Guskey, T. R., and K. S. Yoon, "What Works in Professional Development?" *Phi Delta Kappan* 90, no. 7, (2009), 495–500.

Hollaway, John H., "Mentoring New Leaders." *Educational Leadership* 61, no. 7 (2004): 87–88.

Ingersoll, R., and M. Strong, "The Impact of Induction and Mentoring Programs for Beginning Teachers: A CriticalReview of the Research." *Review of Education Research* 81, no. 2(2011), 201–233.

Leithwood, K., L. K. Seashore, S. E. Anderson, and K. L, Wahlstrom, *Review of Research: How Leadership Influences Student Learning* (Toronto, Ontario, Canada, and Minneapolis, MN, USA: University of Minnesota and University of Toronto, 2004).

Lieberman, J. M., "National Board Certification: Bringing Out the Best in Teachers." *Principal* 83 (2004): 45–47.

Minarik, M. M., B. Thornton, and G. Perreault, "Systems Thinking Can Improve Teacher Retention." *The Clearing House* 76, no. 5 (2003): 230–234.

Nieto, S., "From Striving to Thriving" [Electronic Version]. *Educational Leadership* 66, no. 5 (2009): 8–13.

Renard, L., "Setting New Teachers Up for Failure or Success." *Educational Leadership* 60 (2003): 62–64.

Rooney, J., "Who Owns Teacher Growth?" *Educational Leadership* 64, no. 7 (2007): 87–88.

Ruder, R. , "What to Do When the Brightest Begin to Dim. " *Principal Leadership* 5, no. 8 (2005): 28 - 29.

Sparks, Dennis, "The Looming Danger of a Two - TieredProfessional Development System. " *Phi Delta Kappan* 86 (2004): 304 - 306.

Stoll, L. , R. Bolarn, A. McMahon, M. Wallace, and S. Thomas, "Professional Learning Communities: A Review of the Literature. " *Journal of Educational Change* 7, no. 4 (2006): 221 - 258.

Wasburn - Moses, L. , "How to Keep Your Special Education Teachers. " *Principal Leadership* 5 (2005): 35 - 38.

Wei, R. C. , L. Darling - Hammond, A. Andree, N. Richardson, S. and Orphanos, Professional Learning in the Learning Profession: A Status Report on Teacher Development in the United States and Abroad, *National Staff Development Council*, 2009.

Zimmerman, S. , and M. Deckert - Pelton, "Evaluating theEvaluators: Teachers' Perceptions of the Principal's Role in Professional Evaluation. " *NASSP Bulletin* 87 (2005): 28 - 37.

第三部分

组织管理

21世纪，学校领导必须认识和了解组织理论和模型、组织发展的原则、学校和学区的运作程序、学校安全安保原则和问题、人力资源的管理和开发、与学校管理相关的财政运作的原则和问题、学校设施和空间使用的原则和问题、影响学校运作的法律问题以及支持管理职能的现代技术。学校领导还应相信、重视并致力于制定提升教与学的管理决策；大胆改善学校；相信教职工及其判断；积极承担责任；制定高标准、高期望，创下高表现；允许利益相关者参与管理过程；确保安全的环境。第三部分涉及的2015年教育领导者职业标准具体内容包括：

标准4：课程、教学与评估。

标准6：学校员工的职业能力。

标准7：教职员工的职业共同体。

标准9：运行与管理。

第十章 学校教职工——招聘、选拔和解聘流程

　　管理人员最重要的事是选拔高质量教师。有30年教龄的高中教师,到退休时教授过的学生有近5000名。

——G. C. 厄本恩(G. C. Ubben)[1]

　　不同学区的招聘和选拔政策各不相同。地方学校如何招聘和选拔教师取决于学区管理者如何看待自身的角色。如果将组织比作机器——实现组织高效的最好办法就是实现集中式人事管理——那么学区的中心办公室可能在招聘、选拔和分配新上岗和调职教职工中扮演重要角色。校长是地方学校的守门人,作用是服从或拒绝中心办公室的决定。另一方面,如果将组织比作大脑,结合效果更好的学习型组织模型,那么地方学校——老师、校长、家长,甚至学生都会成为选拔过程中的决策者,中心办公室仅起支持作用。

　　由于未仔细明确控制点(locus of control)问题,许多组织的人事决策仍会造成关系紧张问题。将组织比作机器的比喻中,中心人事办公室希望在人事决策方面发挥主要作用,以确保高效合规。该模型是高度集中的决策过程。

　　希望采用学习型组织概念的校长则青睐将组织比作大脑,赋予地方学习社区成员人事决策的权力。这是一种高度分布性模型。本章更青睐学习型组织模型,即绝大多数的人事决策由学校层面的利益相关者制定,但本章也会指出这一方法将产生的冲突。

决定员工需求

员工流失或学校扩张造成职位空缺,这是重新审视全校教职工需求的好时机。如果有一名英语教师辞职或一位二年级教师退休,不要只顾着填补职位空缺;相反,学校应抓住机会,审视整个学校的员工结构。可以从两个问题着手。首先,如果不允许招聘新人,要如何满足教师空缺带来的教学需求?例如,是否可以借调有资质的教师来填补空缺,或是把学生安排在其他班级来缓解压力?对于二年级的教师职位,也可以进行类似的思考。是把多余的学生安排在其他二年级班级,还是合并二、三年级,还是组合混龄学生?未来几年的预计招生人数是多少?其他年级是否有更大的需求亟待解决?

第二个问题需要检查学校改进计划。是否提出了人事改进措施,建立新的人事或不同的员工模式?如果提出了一个基于团队的混龄组合的课堂模式,要如何最好地利用教师?如果建议在中学课程中添加更多选修课,要如何配备教师?这就是一个好时机,校长可以创造新职位,聘请资质最佳的新员工来完成工作,或者调动一名合格的现有员工,然后填补其原有职位。校长必须权衡以上所有的问题。这其实类似于国际象棋,现在是校长走棋的时候了。请做出正确决策!厘清了这些问题的答案后就可以创造职位,制定职位描述,招聘满足条件的员工。

招聘

学校招聘工作通常从良好的岗位及人员需求描述开始。表10.1和表10.2是人员需求和岗位描述的示例。如果学校发现很难找到合适的候选人,应联系中心办公室人员审查招聘流程。例如,如果校长为了使教师队伍多样化,希望招聘不是本地大学毕业的教师,而人事办公室却没有在其他大学发布职位信息,导致招募失败。校长必须承担起责任,确保招聘政策覆盖范围足够广泛,以满足人事需求。

表10.1　人员描述

厄本恩小学	
杰拉尔德大道602号	
诺克斯城	
人员需求	
职位	小学教师
性别	男性优先
教学经验要求	无
学位要求	理学学士及以上学历；非本地大学毕业生优先
资质要求	小学教师资格证(一至六年级)
教学特长	擅长阅读训练；能够教授初级数学，对社会研究感兴趣
其他技能	有团队教学或合作学习培训或经验者优先
其他兴趣爱好	拥有更吸引男生的兴趣爱好者优先，例如露营、远足、制作模型飞机等

表10.2　职位描述

厄本恩小学	
杰拉尔德大道602号	
诺克斯城	
职位描述	
职位名称	年级教师(团队)，小学一至三年级
职位目的	制订小学教学计划，组织和指导小学生
开始日期	
薪资范围	新上岗教师：理学学士37500美元，理学硕士42500美元
主要职责	

　　教师4人一组，教授6~8岁学生。教学以交叉学科为基础，专业学习社区由共同计划分为若干个单元。每一小组有4个指定课堂，灵活分配学生班级。主要教学责任包括阅读、数学及参与其他学科的整合。

行为职责

一、教学技能

　　1. 知识与培训

　　(1)具有教学领域的学术能力；

(2)了解教学领域的最新发现和趋势；

(3)思想开明，乐于成长和改变；

(4)为所有学生提供体验成功的机会。

2. 课堂环境与管理

(1)保持有利于学习的课堂环境(利用特殊兴趣领域、计算机学习中心、单元、主题、设施安排、适当照明、供暖、通风，以及制订所有人都理解和接受的合理规章制度)；

(2)密切关注每个学生的进步并相应地调整教学进度；

(3)采用考虑他人权利的民主程序。

3. 方法技巧

(1)使用各种激励学习的教学技巧[如授课方式、示范、自主活动、小型和大型团体活动(演习和机械学习活动)，以及社区资源、电子媒体(如智能板、平板电脑和其他手持设备)与个性化活动]；

(2)展示并培养计算机技能及其他沟通技能；

(3)有效呈现教学内容；

(4)布置有意义的家庭作业。

4. 计划

(1)制订具有明确目的的短期和长期目标，确定实现目标的适当程序(示例：基于现有课程标准，如共同核心标准)；

(2)为所有学生提供体验成功的机会；

(3)为代课教师制订明确详细的代课计划。

5. 评价

(1)用正增强和有效增强向学生提供其成就和进步反馈；

(2)采用活动、目的或目标导向标准的教学工具；

(3)指导学生自我激励、自我评估和自我指导。

二、学生态度和表现

1. 以专业的方式与学生相处，体现一致性、坚定性和公正性；

2. 欣赏学生个性；

3. 通过对学生进行辅导和咨询等手段，帮助所有学生体验成功，体现教师的积极态度；

4. 提升课堂工作和言行举止的理想标准。

三、个人素质

1. 对学生、同事、课程和教育领域都怀有积极热情的态度和真正的兴趣；

2. 认识并利用自身优势资源，从而在穿着、行为举止和言语方面为学生树立榜样；

3. 从建设性批评中总结经验教训；

4. 具有准时、高效、可靠、准确和亲和等重要素质。

四、职业成长与发展

1. 参加自我充电活动,包括教学领域研究活动或旅游;

2. 通过工作坊、班级、专业组织和研讨会积极寻求个人和职业发展路径;

3. 在专业学习社区内工作出色,并制订个人职业发展目标。

五、人际关系

1. 教师与家长

(1)通过记录、会议、书面报告、工作样本、电话访谈及各类小组会议(例如家长教师委员会),讨论学生的优缺点,建立家庭和学校之间的有效沟通渠道;

(2)鼓励家长与老师在学生的全方位教育中建立伙伴关系(心理、情感、生理和精神上)。

2. 教师与社区

(1)与合法社区组织有效合作,发现和利用社区资源,增加学生受教育机会;

(2)向社区呈现整个学校课程的积极形象;发挥联络功能。

3. 专业学习社区

(1)与学习社区内与有相同职责的同事充分合作;

(2)包容同事间的差异;

(3)与同事分享经验、想法和知识;

(4)与学习社区中其他即将或正在和你教授同一批学生的教师有效沟通,从而在不同年级和不同学科内容间建立稳定的连续性。

4. 教师与管理者、监督者

(1)理解并遵循指挥链;

(2)适当时参与决策制订;

(3)课堂内外都要坚持合作;

(4)必要时寻求建议和咨询;

(5)建立伙伴关系,在学区培养良好公共关系。

5. 教师与学生

(1)认识到每个学生的独特性;

(2)以友好、建设性和公平公正的方式指导和鼓励学生;

(3)制订计划,为学生进行定期反馈;

(4)保持相互尊重的课堂氛围,充分建立各自恰当的角色。

学区人事办公室和地方学校应相互合作选拔员工。中心办公室的作用应该是筛选申请人,将最符合职位描述的申请人推荐给学校供最后选拔。一些大型学区的人事办公室可以雇用尚未分配学校的教师,但即使在这种情况下,决定权也应该掌握在校长和教职员工手中。

选择新员工时遇到的最大问题往往是中心办公室需要安排教师调动。通常是终身教师需要从一个学校调动至学区内的另一个学校。由于是终身教师,学区必须在雇佣新教师之前就安置好这些教师。虽然在学区内教师调动有很多合理原因,但是一些学区形成了"扔烫手山芋"的陋习,意思是调动较差或能力不足的教师去其他学校而不直接解雇。再强调一遍,校长必须根据他/她认为最有利于学校的安排来评估每个候选人是否适合学校岗位。

专业学习社区的原则和教师赋权的理念巩固了校长在聘用新教师中的地位。领导层参与制定新员工选拔政策,教职工参与新员工面试和选拔,可以夯实校长的权力基础,抵制中心人事办公室不合理的人事安排。

防止就业歧视的联邦法规

教师招聘和选拔要注意遵守相关联邦法规。1964 年的《民权法案》、1972 年的《平等就业机会法》及其若干修正案和 1990 年的《美国残疾人法案》规定,任何基于种族、肤色、宗教、性别、年龄、国籍或残疾状况的歧视都是非法的。

《平等就业机会委员会法案》。为了减少招聘新员工时的歧视风险,平等就业机会委员会(EEOC)规定,不管是在书面申请还是在面试中询问以下问题是不合法的:

- 肤色;
- 申请人的宗教教派、宗教归属、教会、教区、牧师或宗教节日;
- 申请人的性别、婚姻状况、配偶姓名或其他配偶信息、子女年龄(如有);
- 询问申请人是否患有残疾或曾因某种疾病而接受过治疗,雇主只能询问申请人是否有影响所申请的工作表现的身体缺陷;
- 询问申请人是否有被逮捕的经历,但雇主可以询问是否被判过刑;
- 询问申请人的曾用名,雇主可以询问申请人是否会在申请的工作中变更名字(例如婚前姓名);
- 申请人或其父母或配偶的出生地;出生日期或入籍证明等;
- 还未雇佣就让申请人提交照片;

■ 询问申请人或其亲属是否为外国公民,雇主可以询问申请人是否是美国公民,或是否打算成为美国公民,或者是否拥有合法居住美国的权利;

■ 申请人的母语,但雇主可以询问申请人口头或书面语言;

■ 申请人亲属信息的问题,雇佣前,雇主甚至不能询问申请人的紧急联系人姓名;

■ 申请人所属的俱乐部、社团和住所,雇主可以要求申请人列出他或她认为与工作相关的组织。

在雇佣申请人后,公司才可以合法要求雇员在员工信息表上填写上述信息;

《美国残疾人法案》(ADA)。《美国残疾人法案》禁止任何公共或私人雇主歧视任何残疾人。该法律涵盖所有雇佣活动,包括招聘和雇佣、解聘、赔偿、工作分配、晋升以及培训。法律要求雇主在工作场所提供合理的便利设施,帮助雇员履行岗位的基本工作职责。雇佣单位则需在适当位置摆放电子白板和新兴技术设备以支持雇员更好地工作。通常,对于存在生理缺陷的员工,工作场所本身比工作技能和知识更容易成为阻碍。如果残疾人有能力履行职位所要求的基本职能,雇主就必须注意不能因申请人的残疾状况而不考虑该申请人。

选拔过程

雇用新教师的选拔过程有以下几个步骤或阶段。

筛选

第一步是资格审查。面试前,校长应仔细审查候选人的申请文件,与职位的人员描述相比较。通常会有一系列职位要求和职位偏好(见表10.1)。很少有候选人符合所有要求,但校长应该尽量找到符合最多要求的申请人。

不一致分析

选拔过程的第二步应该是分析申请材料不一致之处。记住,申请人通常会尽可能展现自己最好的一面,尽量弱化自己的缺点。发现不一致的一种技巧就是在文件中搜索缺失的信息。常见的问题是：(1)不写日期,隐瞒过去的不利活动;(2)未列出适当的参考来源。其他需要核查的事项还包括健康问题和法律问题。

审查人员应该特别留意前任雇主的推荐信,了解申请人每一次就业情况。仔细阅读健康记录。注意工作或教育的空窗期。对于不相符的地方,面试官可以要求申请人详细解释。大多数情况下,求职者都会给出完全可以接受的解释,但少数情况下,不一致评估还能发现严重问题。

背景核实

如果求职者之前有教学经验并且被考虑为职位的最终候选人之一,那么电话联系熟悉该候选人的前任校长或学校管理者是有帮助的。很多时候,面试官可以在通话期间获得比书面推荐信更多的信息。

但是,电话询问必须注意提问方式。同样,回答前任员工的任何问题都要谨慎。在员工未被重新雇佣的判例中,没有官方指控,没有解雇听证会,法院认为雇主对以前的雇员提出负面评价是严格限制的。做出该判决是因为这样的评价会限制前雇员在其他地方获得就业的机会,从而限制前雇员的"自由"。"自由"是受联邦宪法修正案保护的权利[2]。因此,雇主必须谨慎评价前雇员的表现。

然而,法院判决并不妨碍雇主询问候选人的背景信息或回答相关提问。但是判决确实表明,人们必须实事求是而不是听信主观判断或谣言。同样,询问前雇主时,要认识到对方也受到同样的限制,可能会含糊回答带有推测性问题。所以要询问前雇员的事实信息。既反映真实情况,前雇主又可以回答的问题是:"如果这名员工再次到贵校求职,贵校会重新雇用他或她吗?"如果答案不是非常肯定的,那就应该特别注意。

工作面试

工作面试有几个基本功能。它为应聘者提供了澄清书面申请中的明显不一致的机会。然而,工作面试使校长和教职工能够挖掘比书面申请更深层次的信息,超越了书面申请。

校长和工作人员还能够通过面试深入了解应聘者的个性和交际技能。教学是一项关于"人"的事业,教师必须能够与其他成人和儿童建立良好关系。研究表明,良好的口头表达能力在决定教师素质上至关重要。面试可以最好地评估这些技能。

如果可以,校长和教职工应组成小组,讨论是否录用应聘者。应让教师、部门负责人和团队成员共同参与面试安排。这是教师赋权的另一种方式。有人认为,根据学校本位管理概念,学区委员会也应参与面试过程。我们认为,人员选拔确实是以学区委员会制订的政策为基础,委托给专业人员的一项任务,但学区委员会成员不应直接参与这一过程。由中心办公室负责教师分配为例外情况。所以这时就需要学校本位管理委员会否决不合理的教师分配。

如果教职工参与面试过程,他们也应遵循平等就业机会委员会的规定,询问适当的问题。教职工参与面试前,通常可以参加简短的培训,区分恰当和不恰当的提问。

面试有许多形式。以下是普遍的面试流程:

1. 营造氛围。缓慢开启面试,努力营造温暖、愉快、轻松的气氛,减轻候选人的焦虑。合适的开场提问包括:

■ 请告诉我们一些你的教学经历。

■ 你有专业职务可以分享吗?

■ 你为什么要当教师?

■ 可以简单介绍一下你自己吗?有时在最后一个问题上,候选人会说到平等就业机会委员会规定禁止的问题。只要不再深入提问,通常情况下这是可接受的。

2. 问具有针对性的问题。这样的问题会问出必要的应聘者情况和信息。校长和教职工想了解面试者对自身优缺点的看法,对教育的理解和理念,口头表达的流畅度以及感染力。提出"如果"打头的问题或关于行为问题通常能有效间接地体现应聘者的观点和态度。提问包括:

■ 你最大的三个优点是什么?

■ 列举出你的三个缺点。

■ 你担任过代课教师吗?描述一下那段经历。

- 一个好教师和一个出色的教师之间有什么区别?
- 你用社交网站吗(比如脸书)?你介意现在登录给我们看看你的头像吗?
- 你希望如何处理学生的手机?你有没有尝试过将手机用于教学?
- 你是如何建立威严/纪律的?出现纪律问题时你会怎么做?

你可以问行为或情景问题来了解面试者的教学风格或态度。为了避免教科书式答案,最好间接询问出这些特点。

- 上课的第一天,你在黑板上写字,有张纸片打在了你的背上,你会怎么做?
- 同一天的晚些时候,如果所有学生都扔了笔,你会怎么做?
- 你遇到过的最棘手的孩子是什么样子?
- 你是如何克服困难的?
- 问题是如何解决的?

面试快结束时,可以问:

- 你还有什么我们还未谈过的问题想要与我们分享的?
- 你还有什么想问的问题?

3. 做积极的倾听者。问一些开放式问题而非简单的"是"或"否"问题。用"嗯哼"或"请详细说说"来表达对面试者的肯定。在面试谈话中,面试者发言应占70%,而面试官占30%。

4. 与候选人交流学校情况。候选人也要做出决定("我愿意为你工作吗?")。告诉他具体的职位空缺;他或她可能与谁共事,特别是候选者见到潜在同事的情况下;学校生源;学校的具体课程;如果候选人不来自学校所在的社区,就谈谈学校社区的情况。

5. 结束面试。感谢候选人能抽出时间面试及如此坦诚。告知接下来的选拔流程,包括他或她何时能收到学校的通知或如何跟进决策进程。

6. 整理笔记。从其他面试参与者处收集信息。团队讨论通常很有效。如果做出决定前面试了好几位应聘者,那么明智的做法是运用列表或将记录材料分类,后续的比较就会更加客观。

教师试用

新教师的选拔过程一直持续到试用期。大多数州都有一到三年的试用期。试用期间,获得终身教职之前,教师要继续签合同。在此期间,校长和教职工必须重新确认最初的录用决定。除非教师收到不再续约的通知,否则合同在次年 4 月 15 日左右自动续约。经过不断调整定位和评估教学能力(第 9 章有详细讨论),职业发展的重点在于教学质量提高。通常只有在授予教师终身教职后,选拔过程才算完成。试用期间,如有理由质疑录用决定不明智,校长必须考虑解聘或不续签合同的可能性。近年来,一些州的终身教职法律被大大削弱,解雇教师变得更加容易。

新教师入职和发展

2002 年的《不让一个孩子掉队法》规定每个班级都要有一名高资质的教师,但超过三分之一的教师在受聘三年后就离开了课堂。雇佣高资质的教师只是其中一步。留住合格教师并帮助他们发展成为高素质的专业人才同样重要。校长的主要作用是培养新教师成为好教师。principal(校长)实际上是 principal teacher(主要教师)或 lead teacher(带头教师)的缩写。校长是教师的教师。雇佣新教师时,校长通常认为新教师可能不了解教学方法,这一判断往往是正确的。刚毕业的学生足够聪明,能够拿到大学学位,在大学课堂上接受教学方法的熏陶,但他们没有机会真正熟悉学校对教师的期望和教学中存在的挑战。这就需要校长发挥作用。校长的工作就是教这些人如何在学校环境中生存和发展,成为一名成功的教师,不在挫折和失败中迷失。根据第 9 章内容,大多数新教师都处于求生和发现阶段[3]。即使只有一名新教师或调任教师,也要为所有新员工建立支持体系。以下为指导方针:

1. 通过配备教师导师和/或新教师所在的学习社区,为每位新教师建立教师支持体系。第 9 章概述了导师指导,第 11 章详细分析了专业学习社区。

2. 还要建立管理者支持体系。这是校长的教学机会。就算录用那天是三伏天,支持体系也需要录用那一天开始建立,而不要到开学才开始。记住,新教师充满激情,渴望快点开始新职业生涯。

（1）写给新教师一封欢迎信，并尽早详细说明学校情况。课程安排、教室分配、校历时间和学生名单都是新教师想知道的信息。

（2）反对给新老师灌输过时知识的校园文化。努力培养新的校园文化，给新教师分配更懂事的学生、更好的教室、更新的书来减轻新教师负担。即使这违反了存在于大多数学校的"论资排辈"文化，也要坚持培养这一风气。

（3）上一年的学校年鉴是新教师入职培训的绝佳材料。新教师可以在年鉴上看到返校的教职员和学生的姓名和照片。俱乐部、运动队和特殊团体极大地反映了校园文化。

（4）尽可能早地在夏天就给新老师教材的教师用书，以便在开学前组织开设课程。

（5）在开学前几天为新教师开设"上课第一步"培训会。培训会可以让教师和初次见面的学生熟络起来，为组织学生，准备前几节课提供建议。

（6）指出早期课堂管理的重要性，说明它是如何定下该学年基调的。提出新员工如何在入职头几天养成良好行为习惯的具体建议。

（7）给出一些基本的入门技巧，比如建议教师在入学几天后，待课程学生人数稳定，再开始填写成绩册或分发课本。

（8）开学后，每周与新教师会面一次，至少连续在第一次打分期间（六至九周），于课前或课后进行一次自愿辅导。确定老师想要讨论的问题，比如考试频率、如何对待行为不当的学生、如何打分、成绩报告书打分程序、如何解决家长的担忧、教师的评估和监督等等。校长应妥善处理其中的许多问题。而对于其他问题，最好是聘请经验丰富的教职工或专业人士，如辅导员。

（9）经常参观新教师的课堂以示支持——不是长时间的正式参观，而是短时间视察，教师也不会介意。视察主要目的是通过观察，提出与新教师每周会面的新讨论议题。记住，校长最重要的责任是教学领导。

（10）在整个第一年继续这些"新教师"辅导，但慢慢减少频率。在新教师职业生涯的第二和第三年，辅导主题可以更多地转向高质量教学技术和方法。将高质量教师引入课堂，则有机会在教室里观摩资深教师教学，这不失为一个好方法。

新教师的入职和发展培训是校长将新教师培养成所有学校都迫切需要的专业技术人才的主要途径。如果新教师在培训中表现良好，试用期结束，校长可以自豪地推荐新教师担任终身教职。

终身聘用教师

终身聘用是教育界最容易被误解的概念之一。终身聘用并不像人们通常认为的那样能够保证教师终身不被解雇。其实，在大多数州，终身聘用只是正当程序的保证声明。正当程序只允许出于终身教职法规定的具体原因解雇教师，从而确保教师的学术自由。终身教职不能保证拥有一份工作的权利。如果职位被取消，或者教师不称职、不服从上级，或有许多工作上不可接受的行为，学校可以通过适当的正当程序解雇教师。

过去几年，联邦法院扩大了正当程序和人权的裁决范围。正当程序保障，包括许多在终身教职法中规定的保障，已惠及大多数教师。因此，试用教师现在可以享有过去终身教师所享有的正当程序权利。

非自愿解聘

如果教师表现极差或不称职，学校绝不能仅因为解雇教师存在困难而将该教师留在学校。法律明确了雇主和雇员权利。虽然有正当程序保障，但并不意味着教师不能被解雇。它意味着教师有特定的权利，比如参加听证会的权利，受到公平和非歧视对待的权利，以及要求为解雇行为提供正当理由的权利。法律会更具体地规定解雇终身教职教师的原因和过程，但学校最终还是可以解雇终身教师。

进入解雇流程的每一步都应考虑到最终可能诉诸法庭。这种态度是避免诉诸法律手段的最好方式。如果学区仔细准备了应对措施，那么被解雇的教师或教师工会雇佣的律师很少会起诉。当法院驳回解聘要求并命令恢复教师职务时，原因往往是学区采取了不正当程序，不太可能是教师的行为问题。

准备解聘

不应迅速做出解聘决定。应在合同续约前三至四个月考虑下一年不再续聘教师。学校通常需要两到三年的时间才能在法庭上获得辩护优势，推翻之前赋予教师终身教职的推荐意见,尽管之前的建议可能是错误的。遗憾的是,学区往往人事记录不全,教师评估程序杂乱不良。

辩护律师经常要求查看被解聘教师的全部人事档案。如果该教师曾收到过正面评价,即使这些评价不合理,也需要收集更多的负面评价记录来抵消正面评价。教师曾收到不称职警告并得到过帮助是很重要的证据。

在听证会上,法院将试图回答以下问题:是否履行了正当法律程序?证据是否恰当,能够支持案子吗?员工是否受到歧视?是否努力帮助了员工?员工是否先前已经知道自己的工作不令人满意?是否提供给员工时间和机会改正或改进自身不足?

正当程序

学校做出解雇决定时,必须及时通知教师。如果续签合同的日期是4月15日,申诉通知期限为两周,则应在4月1日前通知教师。挂号信是证明已通知教师的最佳方式。必须告知教师他们有机会、有权利参加听证会。听证会时间和地点应在信函中说明。如果教师有终身教职,信函还应包括解聘的具体原因或指控。最近法院在一些案件中的正当程序裁决强烈建议为非终身教职教师以及终身教职教师提供听证机会[4~5]。

在违法行为发生之前得到公正警告和公正听证的权利是美国法律的基本规定。正当程序一般处理宪法规定的人事权利问题。必须要考虑和实施两种正当程序——实质性正当程序和程序性正当程序。

实质性正当程序

实质性正当程序涉及立法的基本合法性。学校政策、规章制度必须接受实质性正当程序的检验。当现行法律、规定或规章本身与某些宪法保障相抵触时,被惩罚或被剥夺以某种方式行使权利的人,可通过法律手段驳回惩罚或权利剥夺,使该规定无效。此外,实质性正当程序要求必须有足够的证据或文件证明学校解雇的合理性或有充分理由认为解雇是合理的,如果相关规定无用,相关方当下或以后的行为将打断教育过程。举证责任由学区承担。换句话说,校长必须为对教师的指控作证。

确保实质性正当程序的指南。 学校政策、规则和法规,以及实施这些规章制度的

管理行为,应该符合以下要求:

1. 合法性。学校政策、规章制度是否基于各州和联邦宪法和立法法律?宪法受众的宪法权利是否受到保护?

2. 足够的确切性。援引政策、规则或法规的条件是否详细规定?术语和措辞是否准确?法庭有权驳回含糊不清的陈述。

3. 合理性。规章制度真能改善教育环境吗?或者规章制度真的有必要吗?是否有足够的理由相信,如果没有这条规则,则无法保护其他人的权利或学校将受到破坏?规则本身或其适用范围也可以被视为不合理。

4. 充分的传播。规章制度能否传播到受影响者中去,让受影响者了解这一规章制度的内容、含义和相关惩罚?

5. 适当的处罚。处罚是否与违法行为性质相当?必须避免重罚轻微的违法行为。[6]

程序性正当程序

程序性正当程序是一种有序的既定程序,目的是公平公正地解决当事各方之间的冲突。该程序包括公平警告和公平听审。

公平警告。公平警告意为个人必须了解要遵循的规章制度,或必须表现的行为,以及违规行为可能带来的处罚。当事人年龄也是必须考虑的因素。此外,惩罚轻重必须根据违反的规章制度而定。

公平听证会。公平听证包括以下几个方面:

1. 必须向个人提供有关指控和证据性质的书面声明,通常称为详情诉状。诉状明确很重要。声明中的指控和证据必须确切。相比其他不利因素,含糊不清的规章制度和不确切的指控更容易导致法院撤销对校董事会和行政决定的判决。[7]

2. 必须告知当事人其程序性权利。当事人享有权利但没有被告知等于没有权利。必须向个人详细说明可用的申诉和辩护程序,例如应向谁提出上诉、上诉的时限和其他程序性正当程序信息都是必要的。

3. 确保有足够的时间准备辩护。如果案情严重,个人可能需要几个月的时间准备。学生可能遭遇危险的严重情况下,教师可能被停职。[8]

4. 必须有正式听审的机会。正式听审由五个部分组成:

(1) 案件必须交由公正的听证人员审理。提出控告的学校教职工不得担任听证人。

(2) 当事人必须有提供证据的机会。

(3) 当事人有权知悉和面对指控方，并向对方提出质询。

(4) 当事人有权提供证人和交叉盘问对方证人。当事人必须有权反驳怀有敌意的证人的指控，包括解释被告立场的证词。

(5) 当事人有权找人辩护。不一定找律师，可以是教师工会代表或其他人。

证据适当性

有价值的证据应该是第一手的、真实的，有准确的时间记录。如果辩护是累积性的，那么收集的证据也应是累积证据。监督会议的记录——例如表明商定的结果以及说明执行的程度或教师不足的声明都应包括在证据中。表述应客观，不能表述为"教师今天教得很差"。可以记录为"今天讲述内战的课上，教师没有激发学生们的兴趣，学生没有理解课堂内容。尽管有教师指导，但课堂仍然很乱"。还要注明会议日期、具体时间以及会前事件，比如督导之前的参与，以及立即采取的后续行动。记录可以表述为："史密斯老师于12月2日、3日和4日8:30到校。但规定到校时间是8点，已告知其不当行为。"这不是主观判断，而是陈述事实。适当收集类似的记录可以作为教师不称职、疏忽职守或不服从行为等的指控作证。记住要及时记录事实，而不是观点。记住，记录很重要。记录，记录！！！

联邦宪法规定的平等权利

法院负责审查教师是否受到公平和非歧视的待遇。教师的待遇是否和别人不同？任务的分配是否不公？该教师的工作任务比其他职员多还是少？监督是统一的吗？例如，一个极不平等的监督时间表可视为骚扰。但问题出现时，只要能证明时间线，增加监督就不是不合理的。但是，只有即将被解雇教师档案内存在监督安排和文件，而其他教师档案中没有被监督的证据，法院往往视这种行为为歧视。

帮助教师

法院可能想知道为使当事人成为更称职的教师，学校采用了哪些培养方法。有益的监督活动是否充分？教师是否有充足的工作改进时间？如果没有，法院可能不会赞成解聘行为，而会恢复教师职务，并建议监督人员提供协助。

最常见的情况是，尽管解雇事件很严重，但是当校长准备充分并得到中心办公室支持时，解雇过程仍会平静顺利。教师通常在得知学校行政人员做了充足准备后不会要求举行听证会，而会主动辞职。大多数解雇不成功是由于学区准备不足和解聘程序不当。教师解聘流程见图10.3。

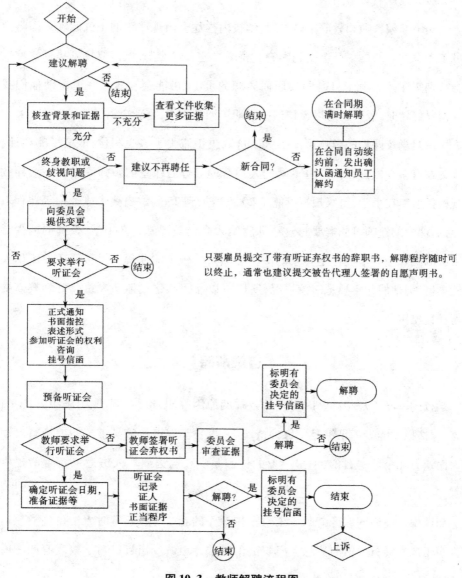

图10.3 教师解聘流程图

缩编(Reduction in Force, RIF)

缩编指学校强制性减少教师人数。这可能是学校管理者不得不采取的最痛苦的行为。谁会失去工作的决定往往不由校长决定,相反,掌握决定权的是学校董事会政策和教师合同。这些文件阐明了缩编标准。这些标准通常基于课程缩减情况、教师资历和资格,初级教师下岗的可能性最高。根据学区的政策,校内调动权或学区校间调动权会极大地影响教师结构。

明确了缩编教师和教职工名单后,学校内往往会出现严重的士气问题。即将离职的员工和留下来的员工都会受到影响。要度过这一过渡期,就需要特别援助。校长可能会特别感谢并非由于自己的失职而离职的员工,可能会和属下一道帮助他们找工作。情况好转时,校长也可以邀请这些教职工回到学校,重新申请学校的工作。

缩编对学校课程的影响可能很大。这取决于流失了多少职位,取消了哪些课程,以及现在有多少教师职位是由不同的人顶替的。普通课堂的教师流失往往会导致班级规模扩大。在小学,班级规模可能从20人增加到25人。当美术或音乐等课程取消时,普通课堂的教师可能需要将这些课程纳入自己的课堂。在中学,教师的减少意味着班级的减少——学校可能会取消一些参加人数较少的课程。尽管调任的工作人员经验丰富,但他们并不熟悉学校情况,所以可以靠团队建设活动来重建好学校需要的学习社区氛围。

自愿解聘

学校的教职工每年都会因为各种各样的原因辞职:退休、调动、追求更好的工作、成家、深造以及能力不足等等。每种情况下,校长都应该在该员工离职前进行离职面谈。面谈有几个基本目的,但最主要的原因是学校会为离职人员适应新生活提供帮助。

面谈中还应询问即将离职员工对学校运作的看法。校长有时无法得到学校运作和教职工风气的有价值的信息。离职员工通常会坦诚说出自己对学校现有问题的看法,可能还会坦白离职的隐蔽原因。

最后，如果离职教职工计划留在同一社区，面谈有助于发掘代课、兼职、志愿教师和今后教师招聘工作的前景。退休教师或者回归家庭的教师是代课或志愿教师岗位的绝佳选择。

小　　结

寻找和雇用新教职工是学校管理者最重要的任务之一。这个过程开始于确定教职工需求——包括招募、选拔、新员工入职和发展——结束于授予教师终身教职。

大多数学校每年都会有员工自愿或非自愿离职。校长要与所有离职员工面谈。非自愿性的解聘是一项困难但有时又是必要的任务。解聘中重要的一点是遵循正当程序，确保员工的权利未受到侵犯。

活动

1. 回顾本书末尾附录 A 中的第 11、14、18 和 23 个案例研究，应用本章提出的教师评价概念分析其中存在的问题。你会怎么解决这些问题？提出一个策略以克服当事人在这些情况下遇到的困难。

2. 回顾图 10.1 中的人员描述。你有没有注意到，在"性别"一栏，要求的是男老师？这样做是否合法或是否政治正确？如果厄本恩学校只有 24 名女教师，没有男教师，而且教职工认为增加一名男教师很重要，那该怎么办？可行吗？是否还有更好的办法？

3. 制订一份教职工评估计划。评估占一年中的多少时间？需要多少时间来评价全体教职工？是否需要每年都对所有教师进行评估？如果不需要，优先评估哪些教师？其他非教学人员怎么办？你在评估中承担什么责任？评估需要花费多少时间？

4. 参照教育领导者职业标准，回顾标准 2、6、7、9 的内容。哪些内容最能反映本章所讨论的人力资源概念？你认为你校的人力资源管理有什么缺点？你会如何纠正这些缺点？

尾注

1. G. C. Ubben, class lecture, University of Tennessee, Knoxville, October 1995.

2. *Board of Regents v. Roth*, 92 S. Ct. 2701（1972）。本案处理的是一名非终身制教师的解聘问题，该教师因为解聘他的学校的管理人员的评价而难以找到新工作。他指控说自己的"自由"被侵犯了，对那些空穴来风的指责他无权为己辩护，因而无法再就业。最高法院发现他的正当程序权利被侵犯了，并命令为其举行听证并由学校支付欠薪。

3. Michael Huberman, "The Professional Life Cycle of Teachers," *Teachers College Record* 91, no. 1（Fall 1989）:131.

4. Cases Related to Due Process—Teacher Dismissal

   a. *Board of Regents v. Roth*, 92 S. Ct. 2701（1972）and Perry v. Sunderman, 928 Ct. 2694（1972）。这些都是有关程序正当的先例，正好布朗诉教育委员会为歧视类案件开了先例。

   b. *Paul v. Davis*, 424 U. S. 693（1976）; *Bishop v. Wood*, 246 U. S. 341（1976）; and *Meachum v. Fano*, 427 U. S. 215（1970）.

   c. 7th Cir., the Court of Appeals in *Confederation of Police v. City of Chicago*, 547 F. 2d 375（1977）.

   d. *Codd v. Velger*, 97 S. Ct. 882（1977）.

   e. *Arnet v. Kennedy*, 416 U. S. 134（1974）.

   f. *Peacock v. Board of Regents*, 510 F 2d 1324（9th Cir.）

   g. *Withrow v. Larken*, 421 U. S. 35（1975）.

   h. Hortonville 96S Ct. 2308.

   i. *Mt. Healthy City School District* v. *Doyle*, 97 S. Ct. 568（1977）.

5. 尽管大多数州的终身制法律和续约合同法本身并不要求对非终身制员工举行听证，但联邦宪法和1964年的《民权法案》可能会。根据近年来的一系列法庭判决，根据宪法第一和第十四修正案，教师被认为享有一定权利。虽然不续签合约不需要听证，但解雇却需要。如果存在有关侵犯自由的言论，建议举行听证会。如果案件受到太多公众关注而威胁到个人再就业的机会，听证会更应当举行。如果听证权利被剥夺，教师可以随后指控学校违反了正当程序。

6. 程序和惩罚必须依侵犯者和受侵犯人而定。例可参见 *Rhyne v. Childs*, 359 F. Supp. 1085（1973）, affd. 507 F. 2d.（5th Cir. 1975）.

7. 完全公开需要对校方所指的不利于学生方的证据作出解释。See *Goss v. Lopez*, 419 U. S. 565; *Board of Curators of the University* v. *Horowitz*, 435 U. S. 78（1978）; *Keough v. Tate County Board of Education* 748 F. 2d. 1077（5th Circuit 1984）, for example.

8. 虽然美国宪法要求程序正当，但法院在每个案件中都有不同的案情处理。没有一个固定的程式证明存在程序上的正当程序。虽然这一过程归法院管,但不是一个法院。相反,它只是一个公平和公正对待的程序。程序完成后,如果被告人认为裁决错误或处罚不当,仍有权上诉。

选读篇目

Berry, B., "Recruiting and Retaining Highly Qualified Teachers for Hard to Staff Schools". *NASSP Bulletin* 88, no. 638 (2004): 5–27.

Boreen, Jean, Mary K. Johnson, Donna Niday, and Joe Potts, *Mentoring Beginning Teachers: Guiding, Reflecting, Coaching* (2nd ed.) (Portland, ME: Stenhouse Publishers, 2009).

Clement, M., "Improving Teacher Selection with Behavior-Based Interviewing". *Principal* 87, no. 3 (2008): 44–47.

Clement, M. C., "Help Wanted: How to Hire the Best Teachers." *Principal Leadership* (*Middle School Ed.*) 3, no. 1 (2002): 16–21.

Clement, M., W. Kistner, and W. Moran, "A Question of Experience." *Principal Leadership* 5, no. 6 (2005).

Cowdrey, J., "Getting It Right: Nurturing an Environment for Teacher-Learners." *Kappa Delta Pi Record* 40, no. 3 (2004): 128–131.

Gorky, D "Recruiting Minority Teachers." *American Teacher* 86 (2002): 10–11.

Jacob, B. A., "The Challenges of Staffing Urban School with Effective Teachers" [Electronic Version]. *The Future of Children* 17, no. 1 (2007): 129–153.

Jorgenson, O., and C. Moon, "Grow Your Own Teachers!" *Principal Leadership* 2, no. 9 (2002): 35–38.

Kaplan, L. S., "The Politics of Teacher Quality: Implications for Principals." *NASSP Bulletin* 86 (2002): 22–41.

Kelehear, Z., "Mentoring the Organization: Helping Principals Bring Schools to Higher Levels of Effectiveness." *NASSP Bulletin* 87 (2003): 35–47.

Kersten, T. A "Using a Group Process in Teacher Hiring." *The School Administrator* 67, no. 8 (2010): 36–37.

Longo, G., "Applying Credibility to Teacher Hiring." *School Administrator* 60 (2003): 35.

Munoz, M., P. Winter, and N. Ronau, "Finding the Right Fit." *American School Board Journal* 190 (2003): 42–43.

Painter, S. R. "Principals' Perceptions of Barriers to Teacher Dismissal." *Journal of Personnel Evaluation in Education* 14, no. 3 (2000): pp. 253–264.

Reeves, D., "New Ways to Hire Educators." *Educational Leadership* 64, no. 8 (2007): 83 – 84.

Ruder, R., "What to Do When the Brightest Begin to Dim." *Principal Leadership* 5, no. 8 (2005).

Sargent, B., "Finding Good Teachers and Keeping Them." *Educational Leadership* 60, no. 8 (2003): 44 – 47.

St. Maurice, H., and P. Shaw, "Teacher Portfolios Come of Age: A Preliminary Study." *NASSP Bulletin* 88, no. 639 (2004): 15 – 25.

Scherer, M., "All Teachers Can Learn." *Educational Leadership* 66, no. 5 (2009): 7 – 8.

Stronge, James H., Teacher Quality Index: *A Protocol for Teacher Selection* (Arlington, VA: Association for Supervision & Curriculum Development, 2006). Washburn – Moses, L., "How to Keep Your Special Education Teachers." *Principal Leadership* 5, no. 5 (2005): 35 – 38.

第十一章　教师队伍重组

　　人事安排的目的在于优化员工使用方式。因此,在师资安排的过程中,我们需要权衡诸多因素,如当前需求、组织成员职能以及学校的长期目标与规划,这些可能会对未来员工雇佣产生影响。

　　　　　　　　　　　　　　　　　—J.洛伊德·特朗普(J. Lloyd Trump)[1]

　　校长的重要职责之一就是对学校教职工进行组织和部署,将学校所有的雇员和义工妥善安排到指定教学和服务岗位。尽管学区行政管理人员和监督人员常参与员工部署相关事务,但是随着学校自主管理模式的出现,对职工部署的责任,特别是学校事务的最终决定权逐渐掌握在了校长和教职工的手中。

　　学校组织中的专业人员对如何改善学校常常有深刻的见解和绝妙的想法。同时,他们也需要与校内其他专业人员相互合作,以满足个人和专业发展的需要。然而,由于教室是相互独立的,教师彼此很少见面,也许每天隔六个小时大家才能见个面。可见,对于学校来说,推广这种相互协作的工作方式有一定难度。作为一个专业学习社区,学校的发展和活力取决于教职工是否有相互交流的机会或彼此协作的能力。[2] 对学校专业人员来说,让其在学校课程和教学计划的建构阶段参与管理决策是促使员工彼此交流的途径之一。

赋　权

　　提供高质量的教学,共促师生学习是对教师最基本的要求。只有学校各组织间的职能得到平衡，教师才能最大限度地达到这一基本要求。一方面，如果管理部门对教师疏于管理，这将导致课程失衡、教学质量差距大，还会影响教师的积极性；另一方面，如果对教师的管理和规定过多或对课堂集权程度过高，这虽然可能会达到一定的统一，但会剥夺其自主性、创造性，影响其积极性，甚至降低优秀教师的教学质量。

双方只有达到良好的平衡，学校才能在协调课程和监督教学的同时，充分给予教师做出适当专业判断的权利。对教师授权时，校方须权衡权力轻重，建立问责机制以确保其履行职责，以及建立组织结构便于沟通和顺利完成任务。[3]

专业学习社区

作为一个学习社区，建立校内教职工组织、鼓励共同分担责任以及促进互动交流，这些都对学校的成长和发展至关重要。若教职工组织足够完善，则将促进教职工间的沟通，帮助形成共同的价值观和信仰，推动学校的发展，反之则会起到阻碍作用。彼得·森格[4]在他关于学习型组织的文章中主张采用"系统思维法"来改进和提升组织内部工作。萨乔万尼[5]在其有关学习社区的著作中进一步扩展了这一理念。他认为，在一个理想的学习社区，社区内的家长、学生、教师和管理者都会拥有共同的价值观、目标和承诺，大家围绕一个共同的事业紧紧团结在一起。

想要对系统中的教与学进行改进，我们可以采取许多策略，学习社区的规范或期望是我们在选择策略时的主要衡量标准。在传统学校的组织结构中，典型的"自上而下"的领导行为一直存在，为了在学校内创造学习社区并促其发展，校长必须摒弃这种领导方式。对于社区规范的作用、领导和教师的角色而言，学习社区的规范为社区生活赋予了意义，这些规范会激励社区成员，并引导大家进行团队协作；领导者旨在促进沟通，引导成员接受一套价值观和理念；而教师反而成为领导者，向学生和家长灌输学习型组织的价值观。

促进学习社区的发展

学习社区无法凭借教职工而孤立存在，它必须以一种具有共同价值观、信仰、愿景和使命的文化形式不断成长,成长过程需要一定时间。此外,创设利于社区成长的环境亦可促进生态文化的发展,同样,促进社区学习型文化的发展也是有方法可寻的,而学校的组织方式就是加速或延缓该进程的重要因素。对此,杜富尔认为:"在专业学习社区中,工作的质量在很大程度上取决于学校组织的协作程度。"[6]

传统上,学校是以教室为单元对教职工进行管理的,每个单元的管理范围仅局限于一名教师、一群学生和一间教室。除了以教室为单元进行划分,有时按教学形式划分,有时按学科进行划分。

这种以教室为基本单元的理念也会被用于制定和修改职工安排计划,然而,这种理念实则会严重限制学习社区的发展。原因在于教学过程中,当教师想要将其课程与其他课程、教学内容和教学形式,抑或是过往章节的部分观点进行结合时,这种理念的限制尤为突出。考虑到专业学习社区发展的需要,相较于以教室为单元的管理模式,将教师组织成教学团队是更为理想的方式。

小学和中学的职工部署

小学或初中各校目标不同,对教职工的部署也有多种方式。在学习社区中,我们倾向于采用团队教学的方式对同一组学生进行授课,教师共同承担责任。大家群策群力,共同规划,在促进学生进步的同时也会获得自我提升,从而产生协同效应,这是传统模式无法比拟的。

人员安排的不同形式

对一定数量的学生群体来说,教学安排可从传统模式过渡到学习社区模式,从教师主导到多方参与(教学人员、专家、教辅人员、家长义工和学生助理)。那么,教职工安排也理应有多种方式。

让我们以厄本恩小学为例。该校有500多名学生,学校位于大城市边缘的一个工业小镇上。该校生源广泛,有的来自中产阶级家庭,其父母都在大城市工作;有的来自偏远地区家庭,父母多为农民;还有的来自拉美裔家庭,父母多为建筑工人或工厂工人,且此类学生规模愈加庞大,在校生就有 147 名;此外,还有 23 名学生来自非裔美国人家庭,父母多从事服务行业。在这所学校,学龄段从幼儿园到五年级不等,最近该校又招收了约 40 名幼托班的孩子,他们来自贫困家庭(此类学生有资格享受免费或午餐补助)。按照州法律和地方学区法规的规定,小学每班不得超过 20 人,初中不得超过 25 人,班级规模不得超过此上限的 10%。为此,学校一共配备了 27 名教师。

此外,学校还设有教学补充岗位。这所学校共招收了 52 名接受特殊教育学生,并为这些学生配备了两名特殊教育教师。学生中,大约 45% 的学生有资格享受免费或补助午餐,这意味着学校又需配备两个帮扶教师岗位。此外,英语学习者(English Language Learners,简称 ELLs)的学生入学数量也在逐年递增,学校因而又增添了一位教师。在这些学生中,既需要接受特殊教育也享受政府补贴的也是有的。而且,学区为该校提供体育教师、图书馆员或科技教师、美术教师和音乐教师各一名,学校也可以从特殊教育和扶贫基金中拨部分款项用于助教开支。最后,学校的管理层由一名校长和一名助理组成。

各年级招生人数如下:幼托班 38 人,幼儿园 75 人,一年级 80 人,二年级 95 人,三年级 85 人,四年级 100 人,五年级 90 人,即总招收人数为 563 人。人事安排或如表 11.1 所示。

表 11.1 厄本恩小学教师配置表

年级(部门)	招生人数	教师人数	平均班级规模
幼托班	38	2	19
幼儿园	75	4	19
一年级	80	4(或 5)	20(或 16)
二年级	95	5	19
三年级	85	5	17
四年级	100	5	20
五年级	90	4	23

(续表)

年级(部门)	招生人数	教师人数	平均班级规模
体育		1	
图书馆/技术人员		1	
艺术		1(或1/2)	
音乐		1(或1/2)	
特殊教育		2	
帮扶教师		2	
英语学习者(ELL)		1	
指导员		1	
行政管理人员		校长(1)	
		校长助理(1)	
总人数	563	41	

各年级学生人数各不相同,若我们按年级进行划分,则须尽可能地控制班级学生人数,使其人数较为均衡。如第七章所述,控制小学的班级规模十分重要,师生比例应保持在20∶1以下,最好接近15∶1。厄本恩小学拟为一年级配备5名教师,从而将学生与教师的比例降至16∶1。如果该年入学人数有所增加,该比例可略微调升。如果配备5名教师比较困难,学校将优先为一年级学生配置可用的教学助理。

所有学校的人事安排几乎都需要相互妥协。在厄本恩小学的案例中,教师们认为尽可能地控制一年级的教室大小十分重要,从而可以使所有孩子尽可能得到较多关注。为此,学校将音乐和美术教室规模都缩小到原来的一半,如此,一年级又多出了一间教室,学生与教师的总比例降至16∶1。

小学专家教师

厄本恩小学关注的另一个问题是,如何最有效地使用专家教师。对一些常规课程,个别学生会选择请假不来上课并接受特别辅导,学校要尽量减少这种情况,从而最大限度地提高专家教师的教学效率。学校决定以两种不同的方式对专家型教师加以利用。方法一,对于那些负责所有学生教学工作的专家教师(音乐、艺术、图书/科技、体育和指导教师),若此职位有空缺,学校将采取并行的方式,安排教师团队每天在同一时间对同一年级的学生进行集体辅导(详见第12章并行时间安排相关内容)。如此,专家教师在给学生上课的时候,年级组教师可以做一些每日时间规划。

师资安排——特殊教育学生、贫困生和英语学习者

方法二,对于专门分配给特殊学生(特殊教育学生、贫困生和英语学习者学生)的专家教师来说,遇到上述问题时,他们一般有两种选择:(1)调班法,即将这些学生从普通班级调到特殊班级。这种方案的最大缺点是,当这些学生与专家教师不在一起时,他们会错过普通课堂的教学。此外,教学人员一般须按学校规章行事,随意调班会打乱原有安排,即便是专家教师,我们也不建议这样做。(2)融合法,即试图将专家以一种协调的、有计划的、团队的方式融入普通课堂,充分发挥其在工作水平和专业能力方面的优势。

厄本恩小学采用的是第二种方法。该校每年级有4~5名教师,即使有助教的协助,仅凭两位特殊教育教师或帮扶教师(负责为贫困生提供帮助)都不太可能每天走访一至五年级的23个教室。因此,学校必须对学生以适当的方式进行组织和分组,以减少专家走访班级的数量。为此,无论哪个年级,所有教师(4~5名)必须像一个学习社区一样工作,要么共同承担责任,要么每人负责一部分学生。

以下是校长与各年级教师对学生进行分组的方法。首先,教师会遵循包容的教学原则,尽可能多把一些特殊教育的学生安排在常规班级里,时间越久越好。然而,他们认识到,为某些学生保留一个综合发展班或阅览室仍然是十分必要的。一至五年级共有52名特殊教育学生,每年级约10名(学生残障类型繁多)。学校将这10名学生分散安排到常规班级中,每年级安排2名。如此,特殊教育教师在每年级的两间教室内进行教学即可,不必兼顾整个年级。

从前,除了承担在阅览室的部分职责外,每位特殊教育教师和教学助理平均每天需要花一个半小时走访全校各个班级。作为学习社区开始运作后,学校各个年级的2名普通教师、特殊教育教师和教学助理协同工作,帮助特殊教育学生以最优的方式融入教学。

即使有额外的帮助,如果将10名特殊教育学生全部集中在两间教室中可能不利于包容式教学。如果遇到重度残障学生,学校就得拨出一位全职助理来照看他,其他学生大多待在普通教室和阅览室,这在一定程度上减少了学校对普通和特殊教育学生的招生。厄本恩小学的教师配置还有一处弊端,即所有贫困生(兼为特殊教育的学生除外)都被安排在其他年级剩下的2~3名教师那里,他们一起上基础阅读课,会有数学专家教师和教学助理为其辅导。学校大约有45%的贫困生,部分也属特殊教育学生,这使得每个年级大约有30~35名学生需要基础阅读和(或)数学辅导,他们也只在两间教室上课。如此,学校既能减少课表冲突,又能更加集中利用帮扶教师进行教学。

对于英语学习者的师资分配也是如此。厄本恩小学共有26名英语学习者学生(包括幼托班和幼儿园),这些学生(有些兼为特殊教育学生)都集中在各年级的一间教室中。因此,在贫困生班级中接受英语教师的教学对他们来说是最佳选择。

在厄本恩小学,为了集中利用专家教师资源,还有几点需要注意。首先,校长会主持召开一次会议,与特殊教育学生和在厄本恩小学任教的扶贫教师讨论该计划,以确保他们理解并同意该计划,并共同协助建立该计划的实施标准。其次,对非特殊教育学生或扶贫教育学生所在教室进行教师分配时必须十分谨慎,学校需要对每间教室内学生的总成绩进行重新评估,在确保评估结果具有差异性的同时,要兼顾平衡,尽量使成绩呈常态均衡分布。新学年开始后,一些年级组便会对部分学生所在班级进行调整,从而做出更好的安排。

在厄本恩小学此种师资安排下,特殊教育和帮扶教师能够集中精力教授所负责年级的两个班级,而非四到五个,各年级的学习社区也都能够集中精力进行课堂教学。在每个教学团队中(特教教师、帮扶教师、助教、英语学习者教师各一名),大家相互配合制定教学计划,当专家加入该教学团队时,教师们就会对课堂分组并对学生人数进行调整,使每位专家都加入一个指定小组。一般而言,专家每周会在组内召开一次计划会议。表11.2列出了这种师资分配情况。

表11.2 厄本恩小学教学专家教师工作责任安排(特殊教育、弱势学生、ELLs)

	教师(甲)	教师(乙)	教师(丙)	教师(丁)	教师(戊)
幼托班	学生(19人)				ELLs(19人)
幼儿园	学生(19人)	学生(19人)		学生(19人)	ELLs(19人)
一年级	特殊学生(5人) 普通学生(11人)	特殊学生(5人) 普通学生(11人)	普通学生(16人)	弱势学生 普通学生(16人)	弱势学生 普通学生 ELLs(16人)
二年级	特殊学生(5人) 普通学生(14人)	特殊学生(5人) 普通学生(14人)	普通学生(19人)	弱势学生 普通学生(19人)	弱势学生 普通学生 ELLs(19人)
三年级	特殊学生(5人) 普通学生(12人)	特殊学生(5人) 普通学生(12人)	普通学生(17人)	弱势学生 普通学生(17人)	弱势学生 普通学生 ELLs(17人)
四年级	特殊学生(5人) 普通学生(15人)	特殊学生(5人) 普通学生(15人)	普通学生(20人)	弱势学生 普通学生(20人)	弱势学生 普通学生 ELLs(20人)
五年级	特殊学生(5人) 普通学生(18人)	特殊学生(5人) 普通学生(18人)		弱势学生 普通学生(23人)	弱势学生 普通学生 ELLs(23人)

师资安排——多年龄段学生

循环教学。循环教学是一项多年制的教学任务,即教师会教授同一批学生长达一年以上,然后循环再去指导另一批学生,从而完成对各个年级的教学。循环模式通过将师生关系延长至两年或以上来推进学习社区的概念。在一项针对小学学习社区的研究中,有些人[7]认为,这种循环可提升归属感和自豪感,促进对个体优势及差异的认知,以及建立稳固的师生关系。循环教学的课程安排仍然依照年级教学标准,负责循环教学或普通教学的教师将伴随着学生的成长,按序承担两年的教学任务。

循环教学在小学中最为常见,即便一些学校的循环规模较小。例如,教学仅在幼儿园至一年级、二年级至三年级以及四年级至五年级中循环。参与循环教学的教师表示,有了前一年的经验,他们在第二年能更快地进入教学,对学生也会有更深的了解。在循环教学的第二年,教师一般需要与孩子们一起更换教室。有时,他们不愿意每年都这么折腾,更喜欢待在同一间教室上课,因此,他们仅会在必要时更换教学材料和教学设备。

多年龄段分组。循环教学的一种衍生模式是多年龄段分组,即学生会在同一群体中学习两年或两年以上,群体中的孩子由两个或多个年龄组构成(参见图11.1)。对于三年制的学生群体而言,每年将会有群组1/3数量的新成员加入,并跟随教师或团队学习三年,大家会形成亲切紧密的团体氛围。对于这三年的教学安排而言,第一年他们会被安排在初级组,第二年在中间组,第三年在高级组,每年都会接触不一样的学生和教师(见图11.1)。这种多年龄段分组的课程安排与循环模式略有不同。对于像阅读和数学这样的技能性科目,孩子们会先接受相关技能水平测试,教师根据测试结果对其进行分组。而且,不同年龄的儿童可能被分在同一组,分组情况取决于其技能发展水平。对于其他一些围绕某一主题或项目安排的科目,学校会根据学生年龄段的差异,两到三年轮换一次。例如,对于科学这门课的生物体章节,所有年龄段的学生在三年内只会学习一次。因此,有些学生可能会在8岁时学习这一章,有些在9岁,有些甚至要到10岁。相同的是,所有年龄段的学生都在同一间教室学习。

对于其他学校而言,他们严格按照孩子的年龄分组进行课程安排,目的在于维持这一顺序或与标准化考试保持一致。在这种教学环境中,教师需要充分备课以及仔细授课,而且不太允许将不同年龄段的学生混合在一起学习。

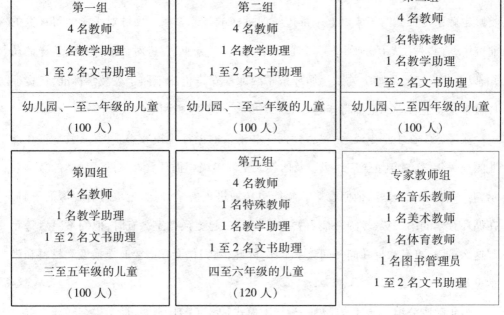

图 11.1　多年龄段分组模式下师生安排一览表

中学师资安排模式

在小学,教师一人将教授大部分核心课程。然而,由于中学的课程内容日趋复杂,教师往往每人只得专注负责一两门课。在中学,学校按科目为学生安排上课教师,首选师资配置模式要求教师团队共同负责同一个学生群体,视其为学习社区并协调其内部的教学活动。对此,我们将以诺里斯中学(Norris Middle School)为例。

在诺里斯中学,有六、七、八三个年级,共 671 名学生,学生主要来自大城市附近的郊区社区。尽管该校有 40 名拉美裔学生和 25 名非裔美国学生,但大多数学生都来自白人中产阶级家庭,父母双方都有工作。在这 671 名学生中,有 67 名特殊教育学生和 132 名贫困生。

学校教师队伍包括语言艺术教师、社会研究教师、数学教师和科学教师各 6 名,全职艺术教师、乐队指导教师、合唱教师、健康教师、科技教师、图书管理员和学校医护各 1 名,此外,还有体育教师和全职指导员各 2 名、1 名校长和 2 名校长助理、特殊教育助理和特殊教育教师各 3 名,以及 6 名常规教学助理(支出费用由扶贫基金承担)。具体安排如表 11.3 所示。

表11.3 诺里斯中学师资安排

科目	教师安排
语言艺术	6名教师
社会研究	6名教师
数学	6名教师
科学	6名教师
美术	1教师
音乐	1名乐队指导 1名合唱教师
体育	2名教师
健康	1名教师
科技	1名教师
指导	2名指导教师
图书馆	1名图书管理员
学校医护	1名
特殊教育	3名教师 3名教学助理
帮扶项目	6名教学助理
行政管理人员	1名校长 2名校长助理
认证教师总人数	41人
教学助理	9名

中等学校学习社区

诺里斯中学将每年级分为2个学习社区，共有6个学习社区，每个学习社区都有大约110名学生，语言艺术、数学、科学和社会研究教师各1名，每个小组都有1名教学助理。所有普通班级的特殊教育学生都被分配到各个年级的某个小组，大部分的贫困生（非特殊教育学生）则被分配到另一个年级。诺里斯中学的全部师资配置模式如表11.4所示。

表11.4　诺里斯中学师资安排

	团队（甲）	团队（乙）	特别小组
六年级	语言艺术教师	语言艺术教师	艺术
	数学教师	数学教师	体育（2名）
	科学教师	科学教师	科技
	社会学教师	社会学教师	教导员（班级）
	教学助理	教学助理	合唱团（非乐队学生）
	特殊全纳教育	贫困学生助理	乐队
	特殊全纳教育	学生人数：112名	图书管理员
	学生人数：114名（包括特殊教育）		以上团队教授六年级
七年级	语言艺术教师	语言艺术教师	
	数学教师	数学教师	
	科学教师	科学教师	
	社会学教师	社会学教师	
	教学助理	教学助理	
	特殊全纳教育	贫困学生助理	
	特殊全纳教育	学生人数：112名	
	学生人数：113名（包括特殊教育）	数学教师	以上团队教授七年级
八年级	语言艺术教师	语言艺术教师	
	数学教师	数学教师	
	科学教师	科学教师	
	社会学教师	社会学教师	
	特殊全纳教育	教学助理	
	教学助理	贫困学生助理	
	特殊教育助理	学生人数：111名	
	学生人数：109名（包括特殊教育）		以上团队教授八年级

中学顾问师资安排

诺里斯中学有一个顾问项目,该项目中的顾问教师每周会对一些学生咨询者进行指导。为了降低咨询者与顾问人数间的比例,学校会从专家和管理层中抽取2名工作人员作为补充,来支持这六个学习团队。从艺术、音乐、体育、卫生和科技科目选取的2位教师分别被分配到某年级的学习社区;特殊教育教师、图书管理员、指导顾问和管理人员也是每个社区的一部分。有了这些补充工作人员的帮助,每位顾问分配到的咨询者数量减少到20位(顾问系统的安排建议详见第12章)。

中学师资配置模式

如前文所述,我们已经了解了中小学师资安排、课程设置和教学策略的总体思路。对于那些按照传统模式运作的高中,它们应该如何开始转型才能良好应用这些策略,并从专业学习社区的模式中受益呢?让我们以一所高中为例,该校拥有67名专业人员和1260名学生,对于这种师生比例和规模,师资配置模式当然也有多种形式。然而,我们所提出每一种模式时,都会考虑前文中对课程、教学和学生分组章节中的一些理念和建议。第一个模式展示了学校如何在现有的传统部门员工组织基础上进行调整。

部门人员组织

图11.2显示了标准化部门师资配置,高中有9个部门,分别是语言艺术、社会研究、科学、数学、外语、体育、健康和驾驶、美术、职业教育、特殊教育。该校设有许多职业培养项目,称得上是一所综合性高中。在某种程度上,其特殊教育部也独具特色,包括若干名指导咨询人员、一名职业提升咨询员、一名特殊教育协调员、两名教学媒体专业人员,以及一名协调线上及远程学习和学分补修的人员。

在这所学校,三名校长助理共同参与学校的管理工作。一名助理负责教学楼、操场、食堂、交通、办公室管理和部分训导工作,其他助理主要负责对课程、教学计划及义工的协调工作。部门主管主要负责协调各领导小组成员的活动。图11.3列出了部门负责人的职责。

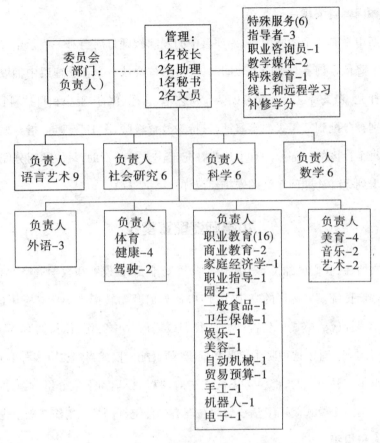

图11.2 高中标准化部门师资配置

工作描述——高中部门负责人

1. 协调教材和多媒体材料的库存。
2. 协调并制定该部门教学预算。
3. 为部门人员提供与学科热点相关的优质教学材料。
4. 整合与监管该部门学生辅导教师和见习教师的资源。
5. 在该部门教学人员所需的特殊资源和人力方面提供支持。
6. 负责所在部门人员的选拔,或为每门课程制定标准。
7. 在解决部门的特殊难题时向顾问或校长寻求建议。
8. 履行完成日常报告的职责。
9. 参与在职教师的培养发展计划。
10. 根据部门人事管理的教学要求观察教职工,并为其提供有利于改善教学的反馈。

11. 为新教师提供个性化帮助。
12. 促使部门人员承担起对学生学业成绩的责任。
13. 对其所在部门的教辅人员进行评价。
14. 参与所有校长领导委员会的会议。
15. 计划和主持部门会议。
16. 从多种渠道为部门教师提供信息。
17. 使用新的教学材料和教学程序为部门成员提供示范课。
18. 以个体目标为基础,协调部门评价和学生评价。
19. 与有关人员规划部门科研活动。
20. 安排部门会议以设置目标、解决难题并进行评估。
21. 协调学生分组前的性格测试活动。
22. 在协调校内设施和资源方面与其他部门的负责人合作。
23. 以非正式的形式,与部门人员讨论提高教学质量的方法。
24. 促进办公室负责人、咨询者与部门成员之间的交流。
25. 参与安排部门专业人员的选拔。
26. 参与安排部门专业人员的评价。

图 11.3　部门负责人职责介绍

学习社区人事安排模式

如图 11.4 所示,一般在高级中学,教师以团队的形式进行配置,配置形式有多种方式。无论如何,良好的团队必须能对既定课程方案、优秀的教学策略和有效的学生组织模式等进行协调与整合。为了满足对学生的教学需要(每组 75～150 名学生),需要协调的教职人员包括来自两个或多个学科的团队成员以及其他部门人员(团队领导、组员、教辅人员、文员)。此外,还需要对团队教学科目所需的最佳教学时长进行衡量。在课程整合、创造轻松学习氛围、灵活分组和学生管理方面,跨学科团队也会为此提供切实有效的方法。

跨学科团队有多种组织形式。在某高中,其跨学科团队包括两门学科、由四名教师组成的教学团队,每个团队里有语言艺术教师和社会研究教师各两名,在三个小时的学习单元里,组合方式自由多样。上午,每组教师教授约 120 名学生,下午则教授另一组学生。在其他时间,学生们可参加选修课程的学习。[8]

图11.4列出的师资配置采用了弹性模块设计法,从而对这种包含语言艺术、社会研究和科学等学科的教师团队进行组织。弹性模块设计法的主要优点在于,其包含传统教学、团队教学到自定进度实验教学[9]这三种基本的教学方式。因此,这些学科的教师需要愿意在这种组织的团队里工作。对于其他学科领域的教师来说,他们可以选择加入该团队,也可以采用自定进度实验法来安排自己的教学活动(计算机课、艺术课、外语课和某些数学课更适用于此类活动安排),也可以采用过去常用的传统方式进行教学。

专业学院或"校中校"高中

虽然大型中学具有能提供多样学科课程的优势,但小型学校在创造师生间的亲密关系方面更具优势。对于高中来说,想要提升该校的师生关系,就需要建立"校中校"。首先,学校需要为所有学生、工作人员和特殊课程提供一个共同的时间表,以及适合的教学场所。

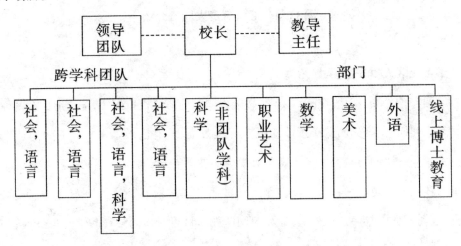

图11.4 弹性模块计划中的跨学科团队人事安排

这些"校中校"设计通常是围绕一个特定的主题或专业,这些主题或专业会体现在学校所教授的每门课程中。以哈丁谷学院(Hardin Valley Academy)为例,这所高中有1642名学生(九至十二年级),四个独立的学习社区,每个社区都有不同的学习领域,如科学技术、工程和数学学院、法律、商业和公共事务学院、卫生科学院和文科学院。由于有些学院比其他学院更受学生欢迎,因此学院间的招生人数并不相等。每个学院的课程都遵循国家课程标准,但是教师所提供的教学应用和案例会遵循该学院的专业领域标准。选修课会让学生对所选学院的主题有更为专业的认识。一般而言,学科相同的学生都会被分配到同一个学院,他们会在学院里学习几乎所有的核心科目,只有当要上的选修课是其他学院开设的时候,他们才会离开自己的学院。例如,世界语言只在文科学院教授,但其他学院的学生依然可以来听课。

一所学校在创设之初,会希望满足学生在高中阶段的所有学习需要。然而,在整个高中生涯,学生不一定仅仅局限于一个学院,他们可以在任何一个学期要求指导员将其调到另一个学院,而大多数学生仍然保留原来的选择。每个学院中 16~35 名教师共同负责学生四年的计划课程。如表 11.5 所示,各学院的学科团队和跨学科团队同时运作。

表 11.5 高中专业学院("校中校")

学术主题	教学专家	教学专家
科学技术、工程学、数学(九至十二年级)	英语、社会研究、数学、科学、商业/计算机、技术、工程学、英语、社会研究、数学、科学	除了对各个学科的教学,了解每个学科对主题的具体应用也十分重要。
法律、商业、公共事务	商业/计算机、刑事司法、领导力、演讲、金融/经济学	来自法律、金融、工程、医学、商业、平面设计、计算机等学科的诸多讲师,且具有应用专业经验。
健康、科学(九至十二年级)	英语、社会研究、数学、科学解剖学/生理学、健康科学、护理、法医学、医学治疗学	如果在特定的应用学科中找不到全职教师,则有时会雇佣实习伙伴与正式员工进行合作教学。
图书馆、艺术(九至十二年级)	世界语言、英语、社会研究、数学、科学、商业/计算机、世界语言、美术	他们可能是该领域的专业人员,如医生、法官、工程师、技术人员、作家、机械师、商人、艺术家等。

学习社区规划

学习社区能使教职工积极参加影响其负责领域的决策活动,这拓展了其在课程和教学决策、评价决策、日常组织及计划功能方面的角色,这些任务多以团队或学习型组织单元的形式完成。

想要团队成功运作,充足的时间规划和高时间利用率是关键因素。如果可能,团队对日常教学最好都能有所规划。计划安排要有周期,一个小时的教学单元至少需要每周花两个小时进行计划。所有团队成员都应有机会参与制订会议日程表,分享团队计划。一个较好的方法是在团队的中心位置贴上会议事项计划表,列出下次会议希望讨论的事项。有些负责人会事先准备好会议日程表,分发给团队成员和其他一些重要的工作人员,如图书管理员、特殊教育教师、校长,以及所有参会者。

每场会议要有一位主持人以及一位秘书(负责会议记录)。图11.5是一则会议日程计划的样例。

团队:4-A			会议日期:10/14
一、学生			
姓名	提出人员	关心的问题	预估所需时间
Bill Fox	Mary	出勤率	5分钟
Nancy York	Jane	未完成的作业	5分钟
二、项目发展			
议题	提出人员		预估所需时间
个体选举	Gary		20分钟
个体健康	Mary		下次会议再议
三、员工发展			
议题	提出人员		预估所需时间
重塑共同核心	Pat		20分钟
四、管理			
议题	提出人员		预估所需时间
午餐时间	Pat		5分钟
周五集会	Pat		5分钟

图11.5 会议日程计划样例

团队任务计划

每个团队需要执行诸多计划任务,或长期任务,或短期任务。一般而言,如果能在会议中聚焦讨论某个特定的目标,常常可以提高会议的效率。以下五种会议安排供各位参考,同时包含会议使用频率相关说明。

(1) 目标定位会议。在每个学期,学校必须举行一次目标定位会议来确定学校的宗旨、课程指导纲要以及所负责学生团队的发展目标,这种属于长期目标,需要花费一学期或一学年才能制定完毕。

(2) 设计会议。设计会议是一种有关选择教学主题、确定教学单元的计划会议,会上将考虑和讨论每个单元的原则、目标和总指导思想。确定教学主题后,将有一组人员负责该单元的文本草拟工作,然后团队再对该草案进行修改和确认。随后,团队成员将列出具体目标、成员职责,并制订完成每一事项的具体时间表。此外,大家也需要确定评价学生的方法。每进入一个新的教学单元都需要开一次这样的会议,或至少是每季度/阶段开一次。

(3) 分组会议或日程计划会议。在这种会议上,大家将列出下周或下两周的活动事项,确定具体教学计划,为学生安排到适当的教学小组以及编制周历和每日时间表。若每周召开一次这样的会议略有难度,那么至少应每两周召开一次。

(4) 情景会议。该类会议聚焦于个别学生。教学团队的每个成员都可以发起讨论,交流团队内学生的学习情况,以便形成有针对性的辅导计划。对于问题学生而言,教师需确定相关名单并为其分配一位特定教师,通过日常接触与鼓励来帮助此类学生,执行团队决策的职责由问题学生的教学顾问承担。这类会议以每周举行一次为宜,教学顾问将确定重点关注对象,并在大会上进行讨论。

(5) 评估会议。该类会议的重点是对教学计划和教学单元进行评估。讨论议题包括:我们是否已达到目标?我们的优势何在?我们的劣势何在?作为一个团队,我们运作得怎样?该类会议须在每个季度末或每个教学单元结束后立即举行。

团队会议日程安排

制订团队会议日程表,使得每个团队在为期六周的教学时间里能够举行两次计划会议。团队会议时间表或如图 11.6 所示。为了良好应对注册学生人数的波动,对于学生分组会议、日程安排会议和情景会议,学校应在学年初就已对相关事项做出妥善安排,以便在获取更多数据后进行更为有效的安排。

开学前	设定学期目标 一年级的单元设计 学生分组和教学日程安排
第一周	情景会议 分组和会议安排
第二周	情景会议 分组和会议安排
第三周	情景会议 分组和会议安排
第四周	情景会议 会议设计(计划下一阶段的会议)
第五周	情景会议 会议设计
第六周	情景会议 教学评估会议
第七周 (重复第一周)	情景会议 分组和会议安排

注:小组间会议每周举行两次为宜。

图 11.6　团队会议日程表

学校——专业学习社区

本章重点介绍了与学生和家长密切相关的群体,即教师和学校工作人员,他们是学习社区的核心。然而,在实践过程中,整个学校应被视为一个大型的专业学习社区,与部门间、年级间或跨学科团队的共同价值观、信念、愿景和目标紧紧联系在一起。杜富尔说:"在专业学习社区中,工作的质量在很大程度上取决于学校组织的协作程度。"[10]领导团队或校委员会要架起帮助彼此进行沟通的桥梁,以促进学校社区的发展。

一个学习社区若想要实现成功运作,需要工作人员积极参与学校决策。让教职工参与决策方法之一便是,组建领导团队以改进学校的课程和教学计划。如本章所述,若学校有多个学习社区,该校领导团队应由校长和每个学习社区的负责人共同组成(见图11.7)。此外,部门负责人或年级组长也可参与决策。领导团队需商议的话题涵盖专业领域内的重大决策,决策过程中需要所有教职工共同合作。

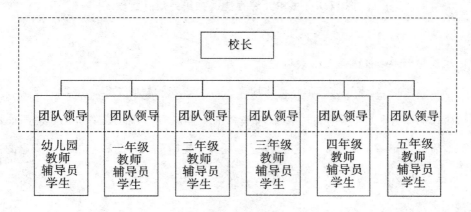

注:虚线框内人员组成领导团队。

图11.7　领导团队

矩阵管理

学校必须组建一种与领导小组形式类似的特殊协调委员会,以协调如阅读、数学、社会研究等课程或任何需跨单元合作的领域。从性质上来说,该类委员会可能是常设或临时的,随学校的组织安排进行调整。

如需进行跨单元合作,该类委员会最好从每个团队选一位教师代表(如图11.8),从而使得课程委员会了解每个团队的情况,并与其保持沟通。如此,每位团队成员齐心协力,共同推进学校的课程和教学计划。在矩阵结构中,每个团队(纵向)承担主要责任,课程委员会(横向)的作用只在于协调学校的各种课程计划,以及促进跨年级的合作。

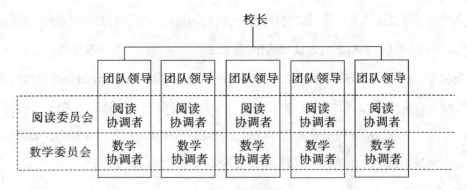

图 11.8　多单元课程协调委员会矩阵管理

家长参与学习社区

如果组织得当,家长或其他社区志愿者可以为学校的教职工提供宝贵的支持。大多数学校会妥善利用此种帮助,例如那些文书工作或教学辅助工作(听学生朗诵课文),这种任务不一定需要专业技能,但是会耗费一定时间。在此种学习社区概念的指导下,家长就可以参与其中,毕竟父母对子女教育的投入度是保障儿童教育有效性的关键因素。

例如,卡瓦雷塔(Cavarretta)[11]建议家长可以通过多种方式为学校提供帮助:调查和收集数据、参加专业会议、熟悉教育规划、在学校委员会工作、选择教科书、评估课程设计、创建技术项目,以及对家长会提出一些新展望。

在许多学校,家长们都愿意并且渴望参与到学校事务中,特别是在小学阶段和中产阶级社区。然而,对于许多初高中学校或在社会经济较落后的社区,当教师鼓励家长在空余时间来学校商讨事情或参与活动时往往受阻。皮纳(Pena)[12]就少数族裔父母参与学校事务程度进行了研究,研究显示,语言情况、父母所参与的组织、受教育情况、学校工作人员的态度、文化背景以及家庭问题都是决定父母是否会积极参与的因素。

对于家长参与度较低的学校社区,我们首先需要找到其成因,然后再鼓励家长积极参与沟通。每个社区及年级的问题和解决方案都会有所不同。在小学,家长参与度通常最高,我们仍然要加强和鼓励其对孩子学习的影响;在初高中,情况不容乐观,因为孩子们希望把校内外两个世界分开,并劝阻父母不要插手他们的学校生活。然而,在当今的时代,保持家校联系畅通比以往任何时候都重要,而且互联网和手机的使用为彼此间交流创造了机会(具体方法详见第 14 章)。

学生的表现是吸引家长参与学校事务的典型方式,但学校必须有适当的策略鼓励其积极参与,将学校中所有利益相关者组织成一个学习社区不失为一种很好的策略,社区中角色分明,大家各司其职。学校需要他们的协助,反过来,他们对学校也贡献颇多。此外,从幼儿园到高中三年级,学校中每个家庭,无论是否是专职父母,都应以多种方式参与学习社区。

父母对孩子的教育是需要不断学习的。有些父母树立了很好的榜样,但还有许多父母仍需努力,他们还发现很难与孩子相处。作为教育工作者,我们越是在帮助学生和家长培养良好的教育技能上多下功夫,就越能从孩子身上看到进步。正如我们为教师提供职工发展活动一样,我们也应该为家长提供家长发展活动。学习社区为此提供了天然的载体,在学校,当你为学生家长布置新任务时,一定要为其安排学习经历,以便其更有效地在学习社区中发挥作用。

小　　结

对于如何以最好的方式部署教职工,校长需要作出许多规划,这些规划大多取决于先前那些有关课程安排、教学形式和学生分组的决策。作为学习社区组织的教学团队,其为教学程序设计提供了最大的灵活性,但是这些团队在规划时要慎之又慎,以便良好地采用这种方法开展工作。此外,中小学要尤其注意妥善安排专家教师,而在中学对教职工进行部署时,相关人员应采取灵活多变的方式。对于那些有着教学团队或多种部门单位的学习社区来说,采用多种员工部署模式会促进其发展。对整个学校的学习社区的结构管理也应采取多种形式,例如学校管理委员会以及课程或年级委员会。

活　　动

1. 请描述目前你所在学校的师资配置结构。你将如何着手对其进行重组?为什么将教学和课程重组计划与员工重组计划结合起来很重要?

2. 请阅读附录 A 中的案例 7、13、15 和 17,应用本章中所提出的师资配置理念对这些案例进行分析。遇到这些问题时,你将如何解决呢? 思考帮助学校解决此类问题的策略,以及应对个别教师的方法。

3. 参考教育领导者职业标准,回顾标准 4、6、7 和 9 中列出的要素。依你所见,哪一个要素最能支持本章提出的学习社区的概念? 如何更好地去组织学校员工才能促进学习社区的发展呢?

尾注

1. J. Lloyd Trump, *Images of the Future*, Experimental Study of the Utilization of Staff in the Secondary Schools and the National Association of Secondary School Principals, 1959.

2. R. DuFour, R. DuFour, and R. Eaker, *Revisiting Professional Learning Communities at Work* (Bloomington, IN: Solution Tree Press, 2010).

3. Gene I. Maeroff, "A Blueprint for Empowering Teachers," *Phi Delta Kappan* 69, no. 7 (March 1988): 472 – 477.

4. Peter M. Senge, *The Fifth Discipline*: The Art and Practice of the Learning Organization (New York, NY: Doubleday/ Currency, 1990).

5. Thomas J. Sergiovanni, *Moral Leadership*: Getting to the Heart of School Improvement (San Francisco, CA: Jossey – Bass, 1992).

6. Richard DuFour, R. DuFour, R. Eaker, and T. Many, *Learning by Doing*: A Handbook for Professional LearningCommunities at Work (Bloomington, IN: Solution Tree Press, 2010), Chapter 5.

7. Thomas S. Little and L. Little, "Looping: Creating Elementary School Communities," *Phi Delta Kappa Fastbacks* no. 478 (2001).

8. Gerald C. Ubben, "A Fluid Block Schedule," NASSP *Bulletin* 60 (February 1976): 104 – 111.

9. 参见第 12 章"区块课程表"一节。

10. DuFour, DuFour, Eaker, and Many, *Learning by Doing*, Chapter 5.

11. J. Cavarretta, "Parents Are a School's Best Friend," *Educational Leadership* 55, no. 8 (1998): 12 – 15.

12. D. C. Pena, "Parent Involvement: Influencing Factors and Implications," *Journal of Educa-*

tional Research 94, no. 1 (2000): 45-54.

选读篇目

Barnes, P., "A Team Effort." *Teaching PreK* – 8 34 (2003): 18. Bracey, Gerald W., Going Loopy over Looping. 55 *Phi Delta Kappan* 81, no. 2 (October 1999): 169.

Chirichello, Michael, and Carol Chirichello, "A Standing Ovation for Looping: The Critics Respond." *Childhood Education* 78, no. 1 (Fall 2001): 2-9.

DuFour, R., "What Is a Professional Learning Community ?" *Educational Leadership* 61, no. 8 (2004): 6-11.

DuFour, R., "Functioning as a Learning Community Enables Schools to Focus on Student Achievement." *Journal of Staff Development* 18 (1997): 56-57.

Erb, Thomas O., "Meeting the Needs of Young Adolescents on Interdisciplinary Teams: The Growing Research Base." *Childhood Education* 73, no. 5 (1997): 309—311.

Fullan, M. (2005). *Leadership and Sustainability: System Thinkers in Action* (San Francisco, CA: Corwin Press, 2005).

Giangreco, M., "Working with Paraprofessionals." *Educational Leadership* 61, no. 2 (2003): 50-53.

Goleman, D., R. Boyatzis, and A. McKee, Primal Leadership: *Learning to Lead with Emotional Intelligence* (Boston MA: Harvard Business School Press, 2002).

Hackman, D. G., V. N. Petzko, J. W. Valentine, D. C. Clark, J R. Nori, and S. E. Lucas, "Beyond Interdisciplinary Teaming: Findings and Implications of the NASSP National Middle Level Study." *NASSP Bulletin* 86, no. 632 (2002): 33-47.

Henry, B., "Combating the Four-wall Syndrome." *Principal Leadership* 5 (2005): 30-34.

Hinkle, T., and P. Kinney, "Collective Wisdom." *Principal Leadership* (*Middle School Ed.*) 9, no. 2 (2008): 30-33.

Hord, S. M "Professional Learning Communities." *Journal of Staff Development* 30, no. 1 (2009): 40-43.

Hord, S. M., and S. A. Hirsh, "The Principal's Role in Supporting Learning Communities" [Electronic Version], *Educational Leadership* 66, no. 5 (2009): 22-23.

Knackendoffel, E. Ann, "Collaborative Teaming in the Secondary School." *Focus on Exceptional Children* 40, no. 4 (December 2007): 1-20.

Lencioni, P. Overcoming the five dysfunctions of a team: A field guide for leaders, managers, and facilitators. San Francisco, CA: Jossey – Bass, 2005).

McCowen, Claire, and Scott Sherman, "Looping for Better Performance in Middle School." *Middle School Journal* 33, no. 4 (March 2002): 17 – 21.

McGoogan, G., "The Bear Den: An Elementary Teaching Team." *Educational Leadership* 59 (2002): 30 – 32 Pandini, P., The Slowdown of the Multiage Classroom., *School Administrator* 62 (2005): 22 – 30.

Protheroe, N., "Professional Learning Communities." *Principal* 83, no. 5 (2004): 39 – 42.

Rea, P" and J. Connell, "A Guide to Coteaching." *Principal Leadership* 5 (2005): 36 – 41.

Senge, Peter M., *The Fifth Discipline: The Art and Practice of the Learning Organization* (New York, NY: Doubleday/Currency, 1990).

Sergiovanni, Thomas J., *Moral Leadership: Getting to the Heart of School Improvement* (San Francisco, CA: Jossey – Bass, 1992).

Taylor, R. T., "Shaping the Culture ofLearning Communities." *Principal Leadership* (High School Ed) 3, no. 4 (2002): 42 – 45.

Turk, R. L., K. Wolff, C. Waterbury, and J. Zumalt, "What Principals Should Know about Building and Maintaining Teams." *NASSP Bulletin* 86, no. 630 (2002): 15 – 23.

Wade, C., and B. Ferriter, "Will You Help Me Lead?" *Educational Leadership* 65, no. 1 (2007): 65 – 68.

Wild, M. D., A. S. Mayeaux, and K. P. Edmonds. "Collaborative Teaching: The Best Response to a Rigid Curriculum." *Education Week* (May 21, 2008): 26—27.

第十二章 时间调整

人们大多认为,制定校课程表属于校长的职责范畴。正是通过课程表,校长的构想能力、组织能力和执行具体规划的能力才得以显现。若设计得当,课程表将对学校教学和课程计划有所助益;若设计不当,将会阻碍学校课程的平衡性以及教学的灵活性。

——L. W. 休斯(L. W. Hughes)和 G. C. 厄本恩[1]

课程安排

课程安排指的是将师资、资源和课程整合在一起,对教学时间和教学地点进行安排。课程安排的目的在于对课程、教学、分组和师资配置等多种要素进行协调。

学校效能研究对于学校时间安排有一定启示作用。在前几章中,我们讨论过课程学习时间(ALT)的概念,在此概念中,计划时间被视为实际教学时间及师生参与教学活动时间的总和。因此,我们必须最大限度地利用计划时间,从而获得大量的教学时间和师生互动时间[2]。课程学习时间相关研究表明,个体在学习某一科目时,若花的时间越多,则理解就越深刻。例如,若你想提高学生的阅读成绩,就要在阅读教学上花更多的时间。当然,若一门科目占用学生的时间过多,则其他学科就需适当减少教学时间。

设计课程表前,我们需要厘清几个重要概念,这对每个学习阶段的课程表设计都很重要,小学、中学还是高中皆是如此。这些概念包括:课程表的灵活性、简明性和复杂性;课程表修订的决策层、时间利用率以及课程表的时效性;对课程和教学设计先前所做的决定、人员和分组模式以及教学场所的可用性及利用率。

课程灵活性

课程表应该在常规课程范围内根据不同的课程和教学要求灵活合理地调整。例如,在不影响学校整体课程安排的情况下,教师可以带着一群孩子到野外进行为期半天的考察。同样,对于要多花一个小时来完成某项目的小组而言,相关人员也能轻松为其安排出此时间。

简明性和复杂性

为避免课程表各因素之间的相互干扰,设计简单明了为宜,避免因牵一发而动全身。然而,课程表又需要满足每位学生多样的要求,这又不免造成复杂性。这两者之间的矛盾,恰恰体现了对松散耦合/紧密耦合组织概念的应用,这种类比关系是在模块化的电子产品中发现的,现代技术中的复杂电路图也是这种概念的典型应用。这种复杂的设计构造的理念是,如果电路发生故障或需修改,人们只需确认故障点或所需修改的部分就可以迅速拆卸和更换电路板,无须拆卸整个设备。同理,一个好的课程表就需要在保持简明性、灵活性的同时,兼顾学生个人需求,设计缜密。

效率以及时间的利用

学校效能研究指出了时间利用的重要性。提升课程表设计的效率有诸多方法,具体建议如下:

■减少在校自习的时间。这意味着减少甚至取消自习室。在高中阶段,若学生无法被安排进预定教室,则其往往被安排在自习室,这种现象反映了该校校长不能或不愿设计一个紧凑、高效的课程表。原因在于,好的课程表是不会设有自习时间的。在小学和中学阶段,教师必须精心设计活动课,只有这样,对于那些未能参与学习活动的学生,这些自习室才不会成为他们的等待区。同理,有的学校按照区块时间表进行授课,总时长90分钟,授课占60分钟,自主学习时间30分钟。这种时间安排方式也不妥当,我们建议教师使用多种教学策略,充分利用这90分钟的课堂时间。

■减少在教室间奔波的时间。学校应根据楼层布局和教学设计的具体情况,对学生作出妥善安排。具体而言,一次上课两到三个小时或者将教室和储物柜都集中归置,这些方式既避免了学生们都挤在教学大厅中,又可以减少他们在教室间奔波的时间。

■改进和实施有效的内部通信系统政策,以增加可用的教学时间。然而,我们并不建议在一天教学活动中的前几分钟和最后几分钟使用该系统,以免妨碍正常教学。

其他有效措施包括:(1)充分利用午餐时间(午餐时教师无须在旁边监督,使学生稍作放松);(2)有效利用学生们放学后的等待时间,如等公车和家长等。对学生而言,在校的每一分钟都很重要,高效利用在校时间便是重中之重。

课程表决策的及时性

及时性是灵活性的一部分。课程表需要能满足每天、每周的教学和课程需要。试看以下两个例子:一所中学有一组由五名教师构成的教学团队,该教师是其中一员,她发现,播放一段视频需要占用下节课五分钟,因此,她就请小组内其他教师多匀给她几分钟的上课时间;团队内另一位教师希望学生参加一个网络研讨会,该研讨会将占用若干课时,那么他就会与团队内其他教师对课程做出适当调整,以适应该网络研讨会的安排需要。

课程表决策层——松散耦合

决策层是组织层次结构中做出决策的层级。在大多数组织中,制定良好决策的基本原则在于,组织内部基层部门具备进行决策的充足信息(松散耦合)。若在课程表制定中应用该原则,则需要引导学生和教师最大限度地参与课程表决策。在制定课程表时,课程安排应尽量简化,以便在后期对个别课程进行适当调整时不会打乱整体安排。

此外，课程规划应在课程表制定中起到最大限度的控制作用，而不应受制于教育系统中其他学校的课程安排。一些常见的冲突则需高层共商决策，如协调学校间的公共汽车时刻表或共享专家授课。主要的冲突有，制定专家在校课程表、协调特殊教学场地课程(体育馆、音乐室等)，以及安排涉及全校的项目(午餐安排)。

设计课程表

想要制定一个良好的课程表可诉诸几种方法。尽管小学、初中和高中的课程表各不相同，但基本原则大同小异。杜富尔建议，在专业学习团队的工作中，教师团队应一起合作，并为共同的学生小组提供规划与指导。[3] 为此，教师应克服外部干扰，尽量为专业学习团队提供相对较大的时间块，用以制定详细的常规计划，从而满足课程和教学的需要。这样的课程表应包括一些特殊活动，如午餐、体育课或音乐课(见图12.1)。

团队 课时	团队 A	团队 B	团队 C	团队 D
上午	团队安排区	团队安排区	团队安排区 体育音乐	体育音乐 团队安排区
午餐	午餐	午餐	午餐	午餐
下午	团队安排区 体育音乐	体育音乐 团队安排区	团队安排区	团队安排区

备注：午餐、体育课或音乐课时间固定，其他时间团队可以自行安排。

图 12.1　团队安排区

在这些大块的时间内，教师和学生组成学习团队，共同规划所有的学习活动。而且，他们制定的规划会反映出其教学模式、课程、分组和师资的分配。因此，每天的内部课程表或略有不同。每个教学模块相对独立，教学模块的调整不会影响学校其他课程的安排,且只有体育课和音乐课的并行课程表是固定的。

课时	A组学生	B组学生	C组学生	D组学生
1	R	SS	SC	M
2	SS	SC	M	R
3	SC	M	R	SS
L	L	L	L	L
4	M	R	SS	SC
5	体育课	体育课	音乐课(隔周一次)	

R 代表阅读
SS 代表社会研究
SC 代表科学
L 代表午餐
M 代表数学　　　　A 到 D 每组学生由四位教师负责

图 12.2　区块循环课程表

图 12.2 展示了一种在限定时间块内的简易课程安排,由四名教师组成的教学团队可以循环使用这种课程安排形式。在半部门化的学校课程设计中,每位教师都能对每组学生有更深入的了解。虽然该课程表并不能满足上一章在课程、教学和分组方面所提出的全部要求,但其附加标准依然在不断完善。专业学习社区拥有高度的自主权,可以根据自己的需要来合理计划和修改课程表。

基于此,我们可以创建多种课程表,通过创建不同规模的小组并根据学生的特殊兴趣和技能模式进行分组。

在小学,教师团队可通过学生技能水平差异建立多层阅读教学小组。指导过程中,各位团队成员可以一起参加多种多样的学习活动。为了使阅读小组的规模更为合理,在四名教师组成的团队中,三名教师每人可以带领十名儿童参加阅读小组,而另一名教师则按既定安排进行其他教学指导(见表12.1)。在同一个课程安排小组中,教师共同承担责任,从而实现差异分组与合理教学。在其他课时,课程表可按需调整,从而使得教师对大规模组别进行直接指导,对小规模进行阅读技能指导。辅助教员可以对计算机工作站提供协助监督,提供介入反应模式支持,或在正式工作人员直接指导时进行独立研究活动。

表 12.1　小学阅读团队区块课程表

	教师 A	教师 B	教师 C	教师 D	辅助教员
9:30–10:00	阅读 1 * (10)	阅读 2 (10)	直接指导 (30)	阅读 3 (10)	在计算机工作站,介入反应模式方面提供协助(20)
10:00–10:30	阅读 4 (10)	直接指导 (30)	阅读 5 (10)	阅读 6 (10)	在计算机工作站,介入反应模式方面提供协助(20)
10:30–11:00	直接指导 (30)	阅读 7 (10)	阅读 8 (10)	阅读 9 (10)	在计算机工作站,介入反应模式方面提供协助(20)

*9 个小组接受 30 分钟的直接指导,括号内为学生人数。

分组模式可以保持灵活性。随着学习社区规划的发展,内部课程表可以根据需要经常进行更改,如调整数学课时,增加科学课、社会研究或语言艺术活动(包括独立研究工作)。此外,教师可对实地考察进行直接规划与安排,无需经由学校其他部门审批。只有当规划的活动需要特殊教师、设备和服务的支持时,团队教师才需请示校长,与其商议。

最后,分块课程表的使用方式取决于对课程、教学、分组和师资配备的相关决策。若想要使教师形成团队、课程具有广泛学科基础、教学计划注重因材施教、分组设计允许适时更改,分块课程表可以轻松满足这些需求。

学习社区的时间规划

对于有教师团队参与指导的学习社区来说,制定课程表时最重要的就是要给予团队充足的时间进行计划。杜富尔认为,对于专业学习社区而言,小到每天工作日,大到全年,每个社区必须能在需要时腾出时间开会交流。[4] 此外,每位教师至少每周有五个小时来执行计划和准备材料,在时间的投入度方面,团队内每位成员标准要一致。通常来说,教师们倾向于把时间分为几个大块,而不是许多小块,教师和助教会轮流监管,从而给团队成员时间安排计划或准备材料。然而,若专业学习社区内所有成员全数到会参与讨论,则我们有必要延长规划会议讨论的时长。

平行课程表

一般而言,在全校范围内采用平行课程表安排团队计划最为适当。平行课程表,即指专家教师(艺术、音乐、体育、图书馆工作教师)在给定时间内承担特定学习社区中所有学生的教学工作,这种方式也给了团队学生更多自由共同进行时间规划。

平行课程表可以通过充分利用专家教师来对大块时间进行规划。中小学教师队伍里必须有三到四名全职专家教师(音乐教师、美术教师、体育教师等),这些教师会被安排到其他普通课程的教师团队中,从而使专家教师接管普通学习团队,团队内原有教师在一定时间内从社区中脱离出来。随后,这些专家教师轮流对来自同一团队的学生进行为期一小时或多个小时的教学(见图12.3)。如果专家教师人数充足,或者有助教可以与其协作,抑或是通过扩大小组规模,专家教师就可以指导更多的学生。这些专家教师对每组学生进行指导,以便在一到两天内接管整个团队(此处所使用的团队组织如图12.3所示)。

	星期一	星期二	星期三	星期四	星期五
早上	专家教师接管团队A	接管团队C	接管团队E或实行专家教师计划	接管团队B	接管团队D
下午	接管团队B	接管团队D	接管团队A	接管团队C	接管团队E或实行专家教师计划*

*若学校团队每队五人,则为专家拟提供额外免费午餐。

图12.3 团队并行课程

引入专家教师参与教学,以及制作适合于学习社区内的所有学生的课程表需要考虑两个因素,即学生群体规模以及学校可提供专家的数量。例如,如果学校有一名音乐教师、一名美术教师、一名体育教师,每个小组大约有一百名学生,根据课程表,他们可能需要每周上两次体育课(30分钟),音乐课(90分钟)和艺术课(90分钟)各一次。详情请参见图12.4。

时长	第一天	第二天
30分钟	体育课(50名学生) 教师+助教	音乐(25名学生) 美术(25名学生)
30分钟	音乐(25名学生) 美术(25名学生)	体育(50名学生) 教师+助教

* 另一种安排是每周上一节体育课(60分钟),每隔一周或每学期上一节音乐课和美术课。

图12.4 专家课程表

这些例子只是为了集思广益,从而使大家从这些模式中设计出多种课程表。每个学校和团队都必须制定各自的课程表以满足需要。值得注意的是,课程表的设计需要符合课程和教学计划、学生分组和师资配置的要求,避免课程表支配计划的其他部分。

小学课程表

虽然一些小学已在各年级建立了课堂教学团队,但在"自我管理"的初级班和中级班中,由一名教师教授所有的核心课程仍然是其主要教学模式。在课堂上,最常见的方法是让专家教师多关注班级里有特殊需要的学生,而不是把他们从常规课堂中独立出来。专家教师一般更重视阅读课和特殊数学培训课、英语学习者学习项目,和介入反应模式学习项目。学习社区的存在是为了帮助教师规划和协调各式教学活动,并且促进其参与专业发展。平行课程表为他们共同规划从而完成任务提供了契机,特别是对于低年级的学生来说,控制小型班级的规模十分重要。[5]

中学课程表

在中学,我们在对学生和教职工进行安排时会遇到一些特有的问题。一般而言,中学教师的专业水平高于小学教师。然而,我们建议,每位学生尽量不要接触过多教师。这意味着每位教师需要负责几门课程的教学工作,这一点实施起来略有难度。此外,在"有教无类"理念的指引下,人们对中学教师在每门科目的"高质量"教学表现提出了更多要求。

与小学相比,中学生在学业水平上的差异更大。因此,为了满足学生在技能上的个人需求,教师们必须努力通过技能水平分组、合作学习、介入反应模式或其他方法来对教学进行区分。进行同质分组时需要注意,若过度使用同质分组将对学生的态度和成绩造成不利影响[6](请复习第7章中有关同质分组的内容)。

如图12.2所示,分块课程表可能是对中学全校教学的最佳安排。对于团队内部课程安排,以下建议供参考。

按成绩分组。由于中学阶段能力跨度较大,我们建议在阅读课和数学课中对学生的成绩进行分组,并根据学生能力差异进行课程设计,从而使这两门课程更适合学生。对于其他课程,我们建议使用异质分组,这也会为特殊教育和介入反应模式项目提供最佳课堂平台。

按成绩同质分组。按照成绩进行同质分组并做出课程调整会有效提高学生的学习能力。使用此种分组方式时,分组标准须与具体课程相匹配。例如,阅读分数用于阅读课分组,数学分数用于数学课分组。对于依据学年成绩测试对学生进行分组的方式我们并不赞成,因为这种成绩太过笼统,不具针对性。

从课程安排的角度来看,如果每位教师独立教授一门学科,想要按两门以上的学科成绩对学生进行分组几乎是不可能的。如图12.5所示,四名教师将同时教授阅读课并对学生进行同质分组,灵活为学生分配任务并对组内学生进行调整。此课程表中,在第二到第五课时,数学教师将学生的数学能力统一分为四个或八个等级。然而,该课程表无法满足社会研究课、科学课和语言艺术课的异质分组标准,因为数学分组超出此规范。按照该课程表,在学习的第三课时,数学成绩优秀的学生一起学习科学;第四课时,一起学习社会研究;第五课时,一起学习语言艺术。该课程表并没有打破原来的数学分组,可见,这类课程表的设置仍有缺漏。

	教师 A	教师 B	教师 C	教师 D
课时一	阅读组 A&E	阅读组 B&F	阅读组 C&G	阅读组 D&F
课时二	数学 1	科学	社会研究	语言艺术
课时三	数学 2	科学	社会研究	语言艺术
课时四	数学 3	科学	社会研究	语言艺术
课时五	数学 4	科学	社会研究	语言艺术

图 12.5 中学团队课程记录

对课程表的改进有利于解决同质分组问题。为了实现异质性,我们必须设计一个矩阵来排除依课程进行分组所带来的干扰,例如,排除与社会研究课、科学课和语言艺术课平行的数学课所带来的干扰,并通过矩阵对数学小组重新分配。首先,在每节数学课上,教师将为学生分配一系列课程编号,并将其分为四到五组(亦可称之为模块)。完成分组后,再将这些小组拆散,使其与其他课程中的小组有序组合。

在图 12.6 的第二列,教师为数学组(每组五名)的学生分配了一个数字编码。数字 1 分配给数学成绩排名前五的学生,而数字 24 给数学成绩为倒数五名的学生。根据在数学课上分配给学生的数字,我们得以对学生进行重新分组,从而使其在其他三门学科中实现异质分组。

本垒:异质组　每位教师教授两门课程
阅读:技能组——8 个小组
数学:技能组——每个模块有 5 名学生,共 120 名
其他学科:异质组

课时	本垒异质组	本垒异质组	本垒异质组	本垒异质组
1	异质组通过阅读课分数排名而建立,每隔四张卡片抽选一位进入本垒			
2	阅读技能 A,E	阅读技能 B,F	阅读技能组 C,G	阅读技能组 D,H
3	数学异质组 1　　　4 2　　　5 3　　　6	语言艺术 7　　　16 10　　19 13　　22	科学 8　　　17 11　　20 14　　23	社会研究 9　　　18 12　　21 15　　24
4	数学 7　　　10 8　　　11 9　　　12	语言艺术 15　　24 18　　3 21　　6	科学 8　　　17 11　　20 14　　23	社会研究 14　　23 17　　2 20　　5
5	数学 13　　16 14　　17 15　　18	语言艺术 20　　5 23　　8 2　　　11	科学 21　　6 24　　9 3　　　12	社会研究 19　　4 22　　7 1　　　10
6	数学 19　　22 20　　23 21　　24	语言艺术 1　　　12 4　　　15 9　　　17	科学 2　　　10 5　　　14 7　　　18	社会研究 3　　　11 6　　　13 8　　　16
7—8	午餐活动时间—美术—音乐—体育—健康—指导等			

注:这些数字是基于每组五个学生的数学分组,用于重新创建语言艺术、科学和社会研究课程分组的异质性。

图12.6　中学团队课程表:四人教师团队——同质和异质

以上分组有多种方式,对于由四名教师组成的中学教学团队而言,在制定课程表时有一定调整空间,但须注意下图的几点:

所有教师教授阅读——阅读技能分为八个层级	
一位教师教授数学——数学技能分为四个或更多层级	
一位教师教授社会研究	这三门课程将采用异质分组方式,皆不反映数学或阅读的分组情况。
一位教师教授科学	
一位教师教授语言艺术	

高中课程表

高中课程表虽更为复杂,但通常可被视为中小学课程表的延伸。接下来,我们将对以下不同类型的高中课程表展开讨论,即小组课程表、分块课程表和马赛克课程表,包括自助型课程表和基于学生要求的课程表。我们可以看出这些课程表设计中的变化,这些变化多少反映出学校先前对课程、教学、分组、师资配置和设施使用方面所做的决策。大多数精心设计的高中课程表非常复杂,设计时也可能耗费大量人力。因此,本节最后专门介绍了制作高质量课程表所需的步骤,以及可使用的计算机辅助工具。

小组课程表

在对选修相同学科的学生进行分组时,或当选修课的选择很少的情况下,我们常常用到分组课程表。作为同一个小组,一个班级大小的学生通常一整天都会待在一起。这种排课程序只需要两个步骤:(1)确定某学科的学生选修人数以及总课时量;(2)将分组后的班级排入课程表。按学科不同,依次循环此步骤(如图 12.2 所示)。此外,体育课、音乐课或其他选修课可能以隔日一次的方式循环。

这种课程表适用于学生人数在 100 到 150 人之间的小组,他们会一起上四到五节课。这是初中排课的典型特征,但近年来在各高中也颇为流行。

分块课程表——初中和高中

　　分块课程表是一种马赛克课程表的形式,其特征为延长课程时间,减少下课次数。对于大多数师生来说,传统的六到七个小时的学习时间安排会使其一整天都手忙脚乱,十分匆忙。此外,频繁更换上课科目也会减少可用的学习时间,相较而言,分块课程表不失为一个更好的选择。分块课程表通常会将一节课的时间延长一倍至90分钟或更长,并将学生和教师在一天所需上课的数量减半。为此,课程通常每隔一天开设一次,或者每学期开设一次。

　　与传统课程表相比,分块课程表有诸多显著优点。对教师而言,每天或每学期教授的学生数量变少了;对学生而言,课程变换次数,以及同时间段须完成或应对的作业、考试和项目也变少了,课时(每课时50分钟)之间固有的时间间隔也减少了。分块教学课程表为教师提供了大块时间去使用各种教学策略,也让学生们有了更多的学习时间。此外,分块教学有利于促进跨学科间的教学,这也是中学课程追求的目标。

　　使用分块课程表可以增加学科学习时间。在第七章,我们阐释了学习时间的概念,以及减少在课程开始和结束时所占用时间的重要性。这种不变换课堂、两节课连上的方式为师生节省了超过一半的时间。分块课程表操作起来也相对容易,它并没有对学生执行任务做出程序上的要求,这与传统课程表中固有的任务程序大有不同,分块课程表只需对上课时间和天数相对进行修改。

　　隔日课程表。对于那些采用六到八门课程安排模式的学校来说,隔日分块课程表可以满足学校的教学目标。在这些学校里,一半的课都是以隔日一次的形式教授的。基于此种课程表,某门课可能这周安排在周一、周三或周五,下周安排在周二、周四;或者周一只上一节课,周二、周三、周五上两节课。在七门课的分块课程表中,六门课两节连上,另一门课一次上一节。通常来说,单节课程会排在午餐时间附近。表12.2和表12.3列举了六节课和七节课的隔日分块课程表安排。

表12.2　隔日分块课程表(六节课)

课时	星期一	星期二	星期三	星期四	星期五
1	1	2	1	2	1
2	2	2	1	2	1
3	3	4	3	4	3
4	4	4	3	4	3
5	5	6	5	6	5
6	6	6	5	6	5

表12.3　隔日分块课程表(七节课)

课时	第一天	第二天	第三天	第四天	第五天	第六天
1	1	2	1	2	1	2
2	1	2	1	2	1	2
3	3	4	3	4	3	4
4	3	4	3	4	3	4
5*	5	5	5	5	5	5
6	7	6	7	6	7	6
7	7	6	7	6	7	6

*第5课时每天保持不变,便于安排午餐时间,并将其与偶数课时进行配对。

4/4学期计划。在学期计划中,一天被分为四个教学板块,每个板块大约90分钟。一学年有两个学期,每学期学生都需修习四门课程,每天各一节,每节90分钟。从前要花180天才能完成的教学内容,现在在90天内就能讲授完。将两节课合并可以大大提高学习时间的利用率,从而弥补有限的教学时间。事实上,有些人认为,相较于传统上两个学期的单节课教学,90分钟的课程可以为师生赢得更多的教学时间。[7] 表12.4展示了4/4的课程安排,一些支持者认为,这种安排具有以下优势:

■教师一次只需教授50到90名学生;

■教师只上三节课,准备工作轻松;

■学生只需学习三到四门课;

■某门课程考试未通过的学生有机会在下学期重修;

- 学生得以快速学习所需的专业知识；
- 高中生有更多的选修机会，在高中四年里，他们如今有多达 32 种选择；
- 如单节课课程表一样，在这种课程表中，可供安排的学习指导时间更长。

表 12.4　基本的 4/4 两学期区块课程表

课时	第一学期	第二学期
1	课程 1	课程 5
2	课程 1	课程 5
3	课程 2	课程 6
4	课程 2	课程 6
5	课程 3	课程 7
6	课程 3	课程 7
7	课程 4	课程 8
8	课程 4	课程 8

分块课程表有诸多影响因素，午餐时间以及单节课程的安排需要满足全年的需求，从学习到工作的整个职业规划都需要安排大块时间，所有这些都对课程表的制定产生了特殊的影响。篇幅所限，本章将不再对这些影响因素一一阐释，详情可参考坎内迪（Canady）和瑞汀（Rettig）[8] 的研究，他们提供了大量课程表调整案例，并对分块课程表进行了详细阐释。

在许多州，毕业附加要求迫使学校增加选修课的可用时间。许多学校已采用分块课程表，旨在为学生提供更多选修课程。分块课程表采用隔日制或学期制，一天通常有四节课，一年有八节课。在四年的学习生涯中，学生每年可选 8 门课，四年一共可选 32 门课，而不仅仅局限于 24 门课程（每天六节课）或 28 门课程（每天七节课）。按照这种课程安排，一天被划分为八个课时，在第一学期，上课时间为一到四节；在第二学期，上课时间为五到八节。如果使用隔日分块课程表，第一天的上课时间为一到四节，第二天的上课时间就为五到八节，依次循环。

马赛克课程表

在中学,马赛克课程表是最常用的课程表形式,适用于为大量学生安排选修课。"马赛克(Mosaic)"一词源于课程设计法。这种方法指的是,我们需要将学校可提供的各门课程写在一张小卡片或拼贴在一个可以移动的课程表板上,从而对某门课程的任课教师、上课时间和上课地点进行安排,同时保证不与课程表中的其他课程冲突。当课程表板上布满了这些课程小方块时,看起来就像一幅马赛克画。

分块课程表就是采用马赛克课程表的区块安排形式,即延长上课时间、减少下课次数。同样,校际课程表通常也是基于马赛克课程表设计的。如今,从拟建课程表以供审查到实际构建课程表,计算机程序能够给我们很大的帮助。

自助式马赛克课程表。在自助式课程表完全设计好后,学生即可自选课程,他们可以选择合适的上课时间,有时还可以选择任课教师。通常,新学年的课程表是在去年课程表的基础上设计的。课程表设计的一般流程如下:首先,根据所有待选课程可容纳的学生人数准备相应数量的选课登记卡,这些登记卡通常被放在一个大教室的桌子上,教室内会有几位课程顾问。学生要为其拟选修的每门课申请一张登记卡,登记卡申领从选修课开始,因此,我们称之为自助式课程表。当某节课的学生申请人数满额时,该课将不可再申请,学生就需要做出其他选择,或选择其他上课时间,或选择另一门课。对于排在最后的学生而言,他们可能很难选到自己需要的课程。

从管理的角度来看,自助式课程表的一大优势是易于构建。对课程构建进行决策需要基于诸多要素,如课程开设条件、总课时量、任课教师、教室安排和可用时间。在构建课程表时,我们需根据个别学生的具体要求进行适当调整。

自助式课程表其实也存在一定问题。由于课程取消或与自身课程表冲突,学生们不能选到自己需要的课程是常有之事。当他们想选的课程彼此时间冲突或者选课人数已满时,学生就只能被迫放弃其中一门课。即便是精心设计的自助式课程表,超过25%的学生在选课时都会遇到课程冲突,从而被迫做出第二和第三选择。因此,课程咨询顾问经常在开学第一周尝试在班级名单上做出课程取舍,以确保学生毕业前修完必选课程。

基于学生需求的马赛克课程表。我们建议,设计马赛克课程表时,先收集学生的选课数据,再设计课程表,同时兼顾学生需求。虽然这实施起来略有难度,但若正确使用此种课程表,将会大大减少课程安排中遇到的那些不可调和的矛盾,周密的设计可以减少这些矛盾,将需调整选课志愿的学生人数比重降低至2%。

在小型高中,可以根据学生对课程的需求人工创建课程表。然而,一般而言,这些课程表都是在计算机的辅助下进行创建的。在市场上,有许多计算机程序都可以协助我们根据学生的个人需求创建马赛克课程表。[9] 在第十四章,我们再就如何将课程表软件与学校信息系统集成进行讨论。然而,无论是人工操作还是借助计算机软件,课程表制作步骤基本相同。

创建高中马赛克课程表

虽然我们可以借助计算机软件程序来生成课程表,但许多校长还是倾向于使用人工设计课程表。原因在于,他们发现,在设计课程表的过程中有许多地方需要谨慎处理,仅仅依靠计算机的逻辑处理能力是不足以实现的。例如,琼斯先生屡屡迟到,于是我们把他的课排在第一节;为了给某些教练教师充分的时间准备课程以便尽早开始训练,我们会选择把他们的课排在最后一节;又比如史密斯和约翰逊一直在尝试团队教学,我们就尽量使二人的课程表保持一致。

在对主课程进行人工排课时,我们可以使用计算机软件将学生选课数据直接导出,以做参考,从而节省大量的办公时间。此外,我们还可以使用功能完善的课程表安排软件,来对主课程直接进行编排。[10] 使用计算机软件安排课程的独特优势为,课程设计者能够更好地掌控课程设计。在计算机的辅助下,课程设计者可以打印并试运行课程表以了解还未安排妥当的课程,检查课程冲突并进行修改,避免同样的问题反复出现。主课程表的初稿形成后才可以进行修改,在之前,任何学生的课程表都不得修改，课程冲突问题将在初稿形成后逐一查看且一并解决。

若主课程表设计得足够完善，学生调课比例将不超过2%，且每次更改后，都需要多次试运行重新修订的课程表，这将逐渐减少课程表中的冲突。

使用这种计算机软件时，我们需要确定自习室、共同课程（同一个学生的课程安排情况）、拟定课程表、调整课程表（因为课程冲突）、班级人数、学生名单等信息，并将相关信息导入系统从而产生主课程表。这些软件程序的成本从几百美元到几千美元不等，然而，人们普遍认为，使用软件程序所节省的办公和管理时间早已与其成本相抵消了，且完善的课程表构建软件包也可与学生信息系统直接关联在一起。

学生和教师的课程表每年都可以通过电子方式直接导入学校信息系统，这节省了录入数据所需的办公时间（见第十四章）。每位学生的课程表都可以打印在纸或卡片上，一份发给学生，一份给办公室，还有一份交由学校存档，用以记录出勤或咨询情况等。若需要，在打印个人课程表时也可以附上家庭住址，以便在夏季邮寄。此外，家长和学生也可通过移动设备下载电子版课程表（见图12.7）。

13939	威尔伯恩·安格利亚·然		10	女	01—05	马里维尔	
	学生姓名		年级	性别	号码	高中	
课时	学科编号	学科名称	教室	学期	教师	028	
1	121	英语2	014	3	014	家庭住址	电话
2	606	通用商务1/2	013	1	117		
2	605	个人计算机1/2	017	2	117		
3	925	体育1/2	025	1	106		
3	929	戏剧教育研讨2	105	2	105		
4	821	家政学2	001	3	001		
5	211	代数1	020	3	020		
6	311	生物	023	3	023		

13940 威尔伯恩·大卫·麦			10	男	01—05	马里维尔	
学生姓名			年级	性别	号码	高中	
课时	学科编号	学科名称	教室	学期	教师	028	
1	211	代数 1	020	3	020	家庭住址	电话
2	925	体育 1	025	1	025		
2	929	戏剧教育研讨 2	005	2	005		
3	121	英语 2	014	3	014		
4	311	生物	023	3	023		
5	491	拉丁 2	015	3	015		
6	021	乐队	026	3	026		

图 12.7 电脑生成的学生课程表

无论是人工还是计算机辅助来创建马赛克课程表,这一过程几乎都要花一年的时间。具体步骤如下:

1. 确定学校每年的教学课程(10/11 月)。为确定下学年的课程安排,学校每年都会进行课程需求评估。课程表制定者将回顾以往课程表,与学校员工和学习社区讨论可能需要的调整,或根据地区、州、学生及教职工的新需求设计新课程。初定课程表需列出那些学生所需且教师方便教授的课程。此外,在计算机课程表软件的辅助下,所有课程都应尽量在初定课程表中予以呈现。

2. 为学生和家长了解课程安排提供适当途径,安排教师和辅导员为学生选课提供适当指导(1 月)。可以在小册子或网站上列出所有课程并附上课程简介、课程要求和课程建议,以及每年为学生提供计划课程表,以便初步拟定三到四年的课程。图 12.8 给出了可用于独立高中的课程规划示例。辅导员和教师应该收集学生有关选课要求的回执单,以便统计。图 12.9 既可以用于人工设计课程表,也可以用于计算机辅助设计课程表。

使用说明:该表格用于对高中三年课程进行安排。请圈出高中三年你想要学习的课程,并在登记表上标出你明年想学的课程。勾画完毕后,请将此表上交给班主任。

高一	高二	高三
英语10(必修)	英语11(必修)	英语12(必修)
美国历史	世界历史(必修)	创新写作
世界地理	世界地理	社会研究(必修)
体育(必修)	初等代数	世界地理
初等代数	综合数学	人类学
综合数学	平面几何	初级代数
平面几何	高等代数	综合数学
生物	生物	平面几何
法语Ⅰ、Ⅱ、Ⅲ	化学	高等代数
德语Ⅰ、Ⅱ、Ⅲ	法语Ⅰ、Ⅱ、Ⅲ、Ⅳ	三角/高等代数
拉丁语Ⅰ、Ⅱ	德语Ⅰ、Ⅱ、Ⅲ	高等数学
俄语Ⅰ	拉丁语Ⅰ、Ⅱ、Ⅲ	生物
西班牙语Ⅰ、Ⅱ、Ⅲ	俄语Ⅰ、Ⅱ	化学
美术Ⅰ	应用物理科学	物理
商业美术	美术Ⅰ	法语Ⅱ、Ⅲ、Ⅳ
计算机课	美术Ⅱ	德语Ⅱ、Ⅲ、Ⅳ
创业	商业美术Ⅰ、Ⅱ	拉丁语Ⅱ、Ⅲ、Ⅳ
电学Ⅰ	计算机课	俄语Ⅱ、Ⅲ
通用金属	办公技能	西班牙语Ⅱ、Ⅲ、Ⅳ
力学Ⅰ	秘书技能	应用物理科学
木材Ⅰ	电脑Ⅰ	美术Ⅰ
一般图文学	簿记与统计	美术Ⅱ
家政Ⅰ、Ⅱ、Ⅲ、Ⅳ	建筑制图	商业美术Ⅰ、Ⅱ
新闻学	电力Ⅰ、Ⅱ	计算机课
演讲	通用金属	办公技能
体育/合唱(隔日)	一般图文学	秘书技能
体育/研究(隔日)	机器制图Ⅰ	商品销售Ⅱ
管弦乐队	机器车间Ⅰ	办公教育
	力学Ⅰ、Ⅱ	电脑Ⅱ
	木材Ⅰ、Ⅱ	簿记与统计
	家政Ⅰ、Ⅱ、Ⅲ、Ⅳ	法律/销售
	新闻	建筑制图
	演讲	电学Ⅱ、Ⅲ
	乐队	机器制图Ⅰ、Ⅱ
	合唱	机械车间Ⅰ、Ⅱ
	管弦乐队	力学Ⅱ
	体育(男生)	木材Ⅱ、Ⅲ
	体育(女生)	家政Ⅰ、Ⅱ、Ⅲ、Ⅳ
	商品销售Ⅰ	新闻学
		演讲
		戏剧
		乐队
		合唱
		管弦乐队
		体育(男生)
		体育(女生)

修完以下科目方可毕业：
1. 英语 10、11、12
2. 美国历史
3. 世界历史
4. 社会研究学
5. 两门数学课程
6. 两门科学课程
7. 通过十年级的物理课程考试
8. 修满 14 个学分，加上物理课的学分

图 12.8　高中课程指南

学生课程要求

学生姓名：

填写说明：请用红笔圈出科目编号，所选科目将被列入学生课程计划表。请反复核查勾选科目，对于可进行能力分组的科目，班主任尤其须仔细核对。

其他	数学	商务教育
_060 未定义	_321 代数 2R	_604 计算机课(1/2)
_065 驾驶训练	_330 解析 A	_605 业务实习
_067 馆员培训	_331 解析 R	_606 个人计算(1/2)
	_351 解析几何（1/2）	_608 办公教育——初级
工作时段	_352 概率(1/2)	_610 电脑 I
_071 第一	_354 计算机程序(1/2)	_611 电脑 II
_072 第二	_355 计算机程序（1）	_612 办公教育——实验室
_073 第三	_356 计算机软件(1/2)	_613 办公室工作——合作
_074 第四	_358 三角学（1/2）	_620 会计 1
_075 第五	_360 微积分	_621 高级会计
_076 第六	_361 预修微积分	_631 商业法律(1/2)
_077 第七		_632 图形设计（1/2）
	科学课程	_641 商务数学
特殊教育	_400 生物学特殊教育	_642 宪法教育（1/2）
_081 & 082 特殊教育	_430 生物科学课程研究 A(1/2)	_643 商业贸易
_083 个人进阶教育	_431 生物科学课程研究 B(1/2)	_099 办公室助理
	_435 植物学（1/2）	

协同职业培训	_440 生物学 2A (1/2)	家政
_091 未指定工作	_441 生物学 2B(1/2)	_681 家政 1A (1/2)
_092 远程教育(指定)	_445 放射生物学(1/2)	_682 家政 1B (1/2)
_093 个体合作(指定)	_430 生物科学课程研究 A(1/2)	_683 家政 2A (1/2)
_094 个体合作(G)	_450 化学 A(1/2)	_684 家政 2B (1/2)
	_451 化学 B(1/2)	_685 家政 3A (1/2)
	_454 化学 11A	_686 家政 3B (1/2)
	_455 化学 11B	_687 厨师课程 (1/2)
	_461 物理学 A	
	_462 物理学 B	

图 12.9 学生选课回执单(编码登记表/教师统计表)

3. 将学生选择的课程绘制成表格,将每门科目学生的选课人数作为课时安排的依据(2月)。 统计表可以先手动绘制到与登记表类似的纸上,再将学生相关数据资料录入电脑进行呈现。课程设计软件可以准确列出所有课程的信息以及学生申请的数量。

4. 确定每门学科的课时量(2月)。 每门课程先设置成大班课,根据学生选课情况再划分为人数较少的班级。若选课人数较少,则必须保证所有申请的课程都有足够教师教授。例如,如果法语四班只有六名学生,教师是否愿意去上课呢?在某些情况下,若一些选修课的申请人数较少,学校或取消这门课,或建议学生选修其他课程。在此过程中,校长会根据线上平台的反馈及时对课程安排作出判断。对于申请人数较少的课程,最终的开课数量取决于学校的师生比例。

5. 确定所需的教学人员与可用人员,须考虑专业认证、教师预期和学校预算等(3月)。

学校可以将每位全职教师教授的课程数量和兼职人员教授的课程数量加在一起,来粗略确定可用的教学人员,然后将计算结果与步骤四中的课时量进行比较。若学生申请的课时量共有350节,权衡师资力量后,学校只能提供335节。因此,计算课程量时,我们必须从学生申请表中删除部分课时,或另请三名教师教这多出来的15节课。

为使教师的课程需求、专业领域与学生的课程表相匹配,我们有必要进行以下更为详细的分析,分析时须考虑某门特定课程的课时量要求与可用教师之间的匹配度。当有教师可以替补或教师有流动时,学校也可以对其灵活分配。表 12.5 展示了教师专业和学生需求的匹配情况。

表 12.5　教师分配表

教师姓名	预期教授课程	专业认证领域	建议分配课程
贝莱斯·克里斯	英语(10-11)	法律	法律(3-10),(2-11)
布瑞·盖尔	社会研究(10)	社会研究,法律	5—10
布鲁尔·马克思	科学(11-12)	科学,数学	化学(2) 物理(1) 生物(1)
克劳克特·瑞巴	计算机课,簿记	商务教育	计算机课(4) 簿记(1)
迪茨·帕特	社会科学(10-11)	社会科学,体育	社会研究 (5-11)
爱迪生·弗雷达	代数	数学,西班牙语	代数(4) 西班牙语(1)

为了让每门课程有资质相当的教师授课,我们可能需要对教师任务进行调整。在某些情况下,若需调整任务分配,可将有逻辑联系的任务放在一起(即"数学—科学,社会研究—体育—教练"等),分配给尚未雇佣或聘用的员工。最终,可以根据这些数据来评估新教师。

6. 确定课时量、课时时长以及课外活动时间(3 月)。接下来,我们需要确定每天的课时量。马赛克课程表通常有六到七个课时,除了学生正常上课时间,多余课时会让学生上自习或提前下课。经验表明,学生除非正在执行某类学习任务,否则是不能有效地利用这段时间的。因此,我们建议每天安排的课时量与学生登记的课时量尽量接近,并且建立一个不设自习或是控制自习时间的课程表,这样虽然安排略有难度,但通常会提高其学习效率,所以,这种紧凑的课程安排值得一试。

先安排常规课程,再安排课外活动。若学生都是步行或骑车来学校,按这种顺序进行安排较为适宜;如果学生大都乘坐校车,这样的时间安排就会极大地限制学生课外活动的参与人数,于是一些学校就把课外活动时间安排在了下午早些时候。此外,我们建议所有学生都选择并参加社团组织或校内的活动,若实在没有合适的机会参与活动,他们也可以将这段时间用于学习。

7. 制作冲突表,使学生明白哪些课程不能同时选择(4月)。单节课程在课程表中往往被安排在同一时间段,从而限制学生只能选择一节这样的课程。因此,为了不使单节课程彼此发生冲突,学校应当把这些课安排在一天中不同的时间段或是不同学期。此外,双方冲突也时常发生,对于选修单节课程(两节)与选修双节课程而言,在课时和所需条件相一致时,二者就会出现冲突。当然,有时也会出现三方冲突,但概率相对较低(见表12.6)。

表12.6 冲突矩阵图

课程编号	107	111	121	142	451	455	621	697	704
107		3 *	2	78	17	17	2	9	0
111			1	0	2	0	12	22	0
121				1	2	7	9	4	0
142					8	0	0	1	
451						3	2	0	
455							54	14	
621								0	12
697									2
704									

* 有三名学生想选修107和111号课程。如表所示,对这三名学生而言,这两门课需要错开时间才能避免冲突。

一份成功的马赛克课程表背后蕴藏着哲学含义,即它应当可以消除所有冲突,满足所有学生的要求。对于课程表中出现的那些无法解决的冲突,若冲突越少,则代表这份课程表越接近完美。

一份精心设计的马赛克课程表应该能够将此类冲突减少到学生总数的2%左右。若课程表设计不当,无法满足诸多学生的课程需求,这就会造成难以调和的冲突。想解决此类冲突,唯有让学生重新选择一门或者多门课程,这样才得以完成最终的课程表。

冲突表建立了单节、双节和三节课程的矩阵,并显示了各种可能出现的课程组合的学生登记人数。如表12.6中的冲突矩阵所示,我们可以清晰看到有三名学生同时选修了编号为107和111的两门课程。

虽然冲突矩阵是马赛克课程表设计程序的重要部分,仅凭人工完成制作将十分耗时,对于一所大型学校而言更是如此。该程序收集了每位学生的课程要求,并将其与该同学的其他课程要求进行比较,然后通过在矩阵的平分点做一个计数标记来呈现比较后的结果。如果一名学生申请的六门课程都为单节课程,这可能需要进行多达15次的比较。此外,计算机辅助课程程序将为所有课程生成一个完整的冲突矩阵,其数据来源与确定学生选课人数的数据一致。

8. 根据冲突矩阵将各课程分配至主课程表(4月)。计算机课程软件运行一次将生成一个主课程表,多运行几次才能生成符合学校要求的课程表。因此,许多校长更喜欢手动构建课程表,逐步增加学生需求,再试运行课程表。除非需要生成电脑整合后的课程表,否则绘制课程表是一项必须由人工完成的任务。绘制课程表时,每门课、每个课时都需要准备一张大约一平方英寸的小卡片,我们最好把卡片按等级重要性进行编码,用颜色加以区分,并专门用一种颜色将选择人数较多的课程加以标注。马赛克卡片应包含课程标题和课程部分名称,如1—1、1—2或2—3;此外,该卡片也需包含课程教学内容的信息,如英语第十单元。接着,我们可以将马赛克卡片放在一个课程设计网格图上,将授课教师、上课地点和上课时间等信息一一列出。

一些课程软件程序可以提供电子数据表格。在表格中,行代表小时,列代表任课教师或上课教室。一些校长倾向于根据上课时间和地点在磁铁板上建立一个网格图，并在每个网格中注明课程信息和授课教师，此过程可被视为课程安排的准备工作。

按照以下顺序使用冲突矩阵图有助于降低课程表的冲突，帮助进行决策。

(1)按照年级顺序，从高到低安排课程，高三年级课程表先做安排。由于大多数单科课程都属于高三课程，因此，按这种顺序排课是可取的。此外，对于高中生来说，这是他们高中生涯的最后一年，为确保其课程没有冲突，也理应先行设计高三年级课程表。

(2)生成包含单课时和双课时的课程表。首先，应先分配单节课程，在上课日分配给学生以减少冲突。接着，使用冲突矩阵，将每个单节课程与该时段其他单节课进行对比，仔细检查以确保没有冲突。若存在冲突，调整其他单节课的上课时间，直至没有冲突。双节课程依旧按此方式处理。如此，方可确保各课型内部以及彼此间皆无冲突。

(3)请注意，不要在同一时段内将两门或多门课程都分配给同一位教师。

(4)接下来分配那些两到三个课时的课程，包括核心课程、职业课程、团队课程等。这些课程的课时较长，排课时可选择的空间较少，因此，我们需要尽早将它们列入课程表。

(5)接下来，需要安排仅有两个或三个课时的学科，并且根据冲突矩阵检查每个方格。此时，可能需要移动一些先前排好的课程，调整时，请务必根据冲突矩阵图的当前数据进行分析。

(6)最后，再分配那些有多个课时的科目，注意适当平衡教师工作。尽量确保教师的所有准备时间合理平衡，并确保教学人员充足。每次移动马赛克课程表中先前放置的课程后，请务必注意检查冲突矩阵上所引发的连带效应。此外，调整时还必须考虑当时可用的教学场所，如音乐教室、科学教室和计算机实验室等。

9. 对教室安排进行统计，防止两个或两个以上班级在同一时间被分配到同一间教室(4月)。 统计图表的使用很简单，用教室地点代替最上面一排任课教师10的名字，并在主课程表相应的马赛克方格上填上每间教室的安排情况。

10. **试运行主课程表,安排学生上课(5月)**。计算机软件将把每位同学分配到各自的课程中,同时控制班级人数。当学生被分配到一个班级时,他的信息就会被记录在学生的个人课表上,同时也记录在每个课程班级的记录表上,以平衡班级大小。排课时要兼顾到每位学生的要求。如果在之前操作时没有完全参照冲突矩阵中的信息或忽略了某些冲突,这些冲突现在可能会显现。

一个好的课程软件程序会显示主课程中存在的课程冲突的数量和来源。根据这些信息,校长得以调整课程安排以消除冲突,为大多数学生提供一个完善的课程表。在每次模拟将学生需求添加到课程表中并检查冲突之后,可以对课程表进行额外修改,直到生成较少冲突的方案。当校长做出最佳判断时、冲突最少的方案达成时,我们就可以进行最后一个步骤了。

11. **为学生、教师和授课教室打印最终的主课程表(6月)**。主课程表可能会在学校网站上进行公示,供所有人查看使用。个别教师和学生的课程表也可以在网上公布,但只能在一个受限制或安全性较高的网站上公布,从而每个人只能查询到自己的课程表。根据《家庭教育权和隐私法》中的规定,学生的课程表必须严格保密。

12. **寻求指导部门的帮助,立即联系课程表中冲突未解决的同学,并帮助其做出与最终课程表兼容的其他课程选择(6月)**。当做出必要的更改时,我们将再次检查课程安排,并按每位教师的课时安排确定最终的班级人数,编订学生花名册。

13. **为每个班级打印首日花名册或上传到网上供教师自行下载,开学前几天有必要随时关注可能出现的课程变化(6月)**。新生入学时,课程表还会出现一些变化。某些课程没有人选,或学生经辅导员批准调整了自己的课程表,这些都会导致课程表的变动。

14. **开学一周后,学校会将主课程表、学生课程表和教师安排上传至学校信息系统,在整个学年中供师生参考(8月或9月)**。时至此时,可开启新学年的循环。

全年制学校

学校时间安排的另一个维度与学年的长度和校历有关。传统上,美国学生一般有

180 到 200 天的在校学习时间,但依然有其他可供选择的校历。众所周知,学习时间与学生成绩有很大关系,大多数情况下,延长学年的总时长有助于提高考试成绩。然而,有限的预算和传统习惯阻碍了这一构想的实施。在一份关于全年制教育的出版物中,巴林杰认为:

全年制教育持续了百年之久或更长时间,若有人提议使用一个"新"的校历,让学生每年只接受九个月的教育,剩下三个月不用接受有组织的教育。对于这样的校历,美国民众会接受吗?恐怕他们根本都不会考虑的。[11]

延长学年会为学生提供更多学习时间、缩短暑假时间,这确实对学生的成绩有直接影响,还会帮助学生减少遗忘。每次刚开学,教师们都会在课上花大量时间对上一学年的教学内容进行复习,原因在于,暑假过后学生们以前学过的内容会有所遗忘。对于有些学校,他们不是通过增加上课天数来修改校历,他们选择的是缩短暑假时间,延长学年中的假期时间。

一种常见的时间安排是"45—15"天计划。在该计划中,学生上课的周期是 45 天,休息 15 天。如此,学生的暑假时间缩短为六周,而一些学校则选择延长常规休息日。此外,还有一些其他的校历安排,例如,"60—20"天计划和"90—30"天计划。

校历安排一经确定,学校必须确认所有学生是否会同时上下课,或者是否会错开上课时间。一般而言,在教室数量有限的学校会实行交错上课。在假期时,即便学生人数较多,实行该计划可以使得上课教室得以交错使用。

全年制课程有诸多的优点,如学习的连续性、良好的连贯性、学习的留存率、让学生得到更多指导或参与多种活动的机会、减少学生留级情况,以及缓解教师的压力或倦怠(因频繁的课间休息);其缺点包括家庭冲突(家庭中的孩子在不同学校学习,有不同的课程安排)、接受暑期教师培训受阻、影响暑期工作与夏令营,以及学校全年开放所带来的潜在高成本压力。

小　　结

　　安排课程表的基本目的是把课程、教职工和学生结合起来,以更好地实现教学目标。它必须有一定的灵活性,允许团队规模和教学时间的适当变化。课程表还必须为教职工提供适当规划,并允许团队对主课表作出重大课程决策。此外,分配给团队的分块课程表和用于团队规划的平行课程表可以良好满足课程安排需要。

　　在本章中,我们阐释了涉及高中课程表安排的若干概念,从简单的小组课程表到一些实验学校中复杂的模块化课程表。然而,复杂的并不总是最好的。传统的马赛克课程表,如果设计得当,其实是最实用的。学校组织涉及许多方面,如教师安排、学生分组、课程设置、教学安排、学生建议和掌控程度。权衡诸多因素之后,分块课程表可视为最佳选择。

　　在任何情况下,课程安排都属于学校计划实施的决定性因素。尽管学校不应对课程表控制过多,但课程表的设计应当促进实施教学计划,而非为其设限。

活动

　　1. 请反思你所在学校的时间利用方式和课程表的安排情况,你认为哪些领域需要进行重组? 为什么? 对课程、教学和师资配置的既定决策进行重新安排为何如此重要? 你将如何把本章中的概念应用到你们学校具体的日常操作中? 你将如何调整学校的时间利用方式?

　　2. 回顾附录 A 中的案例 1、17 和 29,请应用本章有关调整课程时间的概念分析案例中的问题。请思考,你将如何解决这些问题? 为了帮助学校走出困境,请你给出详细解决方案。

　　3. 根据教育职业领导者标准,回顾标准 4 和 9 中列出的内容。在你们学校中,有哪些组织目标与时间利用相关? 你们学校又是如何实现这些目标的?

　　4. 你们学校是否有利用计算机技术辅助编排课程表或管理学生档案? 如果有,你们是如何操作的? 使用了什么软件?

尾注

1. L. W. Hughes and G. C. Ubben. *The Secondary Principal's Handbook*(Boston, MA：Allyn &Bacon, 1980), p. 173.

2. J. Aronson, J. Zimmerman, and L. Carlos, "Improving Student Achievement by Extending School：Is It Just a Matter of Time?" Retrieved on June 21, 2014, from WestEd：http://www.wested.org/online_pubs/po－98－02.pdf.

3. R. DuFour, R. DuFour, and R. Baker, *Revisiting Professional Learning Communities at Work*(Bloomington, IN：Solution Tree Press, 2010).

4. DuFour, Richard, "What is a Professional Learning Community?" *Educational Leadership*(May 2004)：6－11.

5. Elizabeth Ward et al., "Student/Teacher Achievement Ratio (STAR)," *Tennessee's K－3 Class Size Study* 1985－1990(Nashville, TN：Tennessee State Department of Education, 1990).

6. R. E. Slavin, "Grouping for Instruction in the Elementary School," *School and Classroom Organization*(Hillsdale, NJ：Lawrence Erlbaum, 1989).

7. Robert Lynn Canady and Michael D. Rettig, Block Scheduling：*A Catalyst for Change in High School Scheduling*(Princeton, NJ：Eye On Education, 1995)。对此文的引用见于第二章。作者提出，相较于常规的50分钟课程，延长课程时间会使学生的学习时间提升两倍以上。

8. Ibid., p. 300.

9. "天空(Skyward)"网站上有一个综合的学校管理软件包,内含课程表编排软件并与学校信息系统相关联,网址：http://www.skyward.com/Page.ashx/Home。这是一个有关学校管理网址,能搜索到数百个课程表编排和管理的软件,网址：http://www.capterra.com/。

10. 谷歌搜索"high school scheduling（高中日程安排）",可找到诸多示例。

11. Charles Ballinger, "Specializing in Time and Learning," The National Association forYear－Round Education (1999). 网址：http://www.nayre.org。

选读篇目

Biesinger, K. D., K. J. Crippen, and K. R. Muis. "The Impact of Block Scheduling on Student Motivation and Classroom Practice in Mathematics" [Electronic Version]. *NASSP Bulletin* 92, no. 3 (2008)：191－2008.

Bloom, B. S., "Time and Learning". *American Psychologist* 29 (May 1974)：682－688.

Black, K., "Changing Time: The 4 + 1 School Week." *Catalyst for Change* 32 (2002): 8 – 9.

Bugaj, S., "Making Everything Fit." *Principal Leadership* 5, no. 5 (2005).

Canady, Robert Lynn, and Michael D. Rettig, *Block Scheduling: A Catalyst for Change in High School Scheduling* (Princeton, NJ: Eye On Education, 1995), p. 300.

Canady, Robert Lynn, and Michael D. Rettig, *Elementary School Scheduling: Enhancing Instruction for Student Achievement* (Florence, KY: Routledge, 2013).

DuFour, Richard, R. DuFour, and R. Eaker, *Revisiting Professional Learning Communities at Work* (Bloomington, IN: Solution Tree Press, 2010).

Flynn, L., F. Lawemz, and M. J. Schultz, "Block Scheduling and Mathematics: Enhancing Standards – Based Instruction?" *NASSP Bulletin* 89 (March 2005): 14 – 23.

Gullat, D. E., "Block Scheduling: The Effects on Curriculum and Student Productivity" [Electronic Version]. *NASSP Bulleting* 90, no. 3 (2006): 250 – 266.

Hackmann, D. G., Constructivism and Block Scheduling: Making the Connection. *Phi Delta Kappan* 85, no. 9 (2004): 697 – 702.

Haser, S. G., and I. Nasser, "Teacher Job Satisfaction in a Year Round School." *Educational Leadership* 60 (2003): 65 – 67.

Lewis, Chance W., James J. Dugan, Marc A. Winokur, and Brian Cobb, "The Effects of Block Scheduling on High School Academic Achievement." *NASSP Bulletin* 89 (December 2005): 72 – 87.

Lumsden, L., "After School Programs." *Clearing House on Educational Management* 20, no. 1 (2003).

McKinney, Regina, Beverly Titlow, and Geoerganne Young, "The Academic Enrichment Block." *NASSP Bulletin* 83 (May 1999): 79 – 81.

Murray, S., "FlexMod Scheduling Redux." *Principal Leadership* 8, no. 7 (2008): 42 – 46.

Myers, N., "Block Scheduling." *NAESP Principal* (November/December 2008): 20 – 23.

Regnier, P., "Turnaround Times Twenty." *Principal* 84 (2004): 24 – 26.

Retting, M, and R. Canady, "Block Scheduling's Missteps, Successes and Variables." *School Administrator* 60, no. 9 (2004): 26 – 31.

Veldman, R., "The Best of Both Schedules." *Principal Leadership* 3, no. 3 (2002): 36 – 38.

Wahlstrom, K., "Changing Times: Findings from the First Longitudinal Study of Later High School Start Times." *NASSP Bulletin* 86, no. 633 (2002): 3 – 2L.

Wolfson, A. R., and M. A. Carskadon, "A Survey of Factors Influencing High School Start Times." *NASSP Bulletin* 89 (March 2005): 47 – 66.

第十三章　会计核算、预算、建筑管理

一个繁忙的早晨。你坐在办公室里,准备在大楼里四处走走,这时,一个个管理人员轮流冲进你的办公室,似乎担心各有不同:

■管理员主任:"乔·戴维斯,下午的清理工请了假,他今天不能来上班了。这星期他是第二次请假了!"

■校长助理:"二楼的女生厕所又满了!"

■体育老师蒂娜·雷耶斯说:"我们明天有郊游活动,需要一辆大巴,但上星期我忘了领申请书。"

■两个互动部门主管:"为什么他的部门得到额外的钱?我的预算明明显示需要更多的钱!"

■一名区公所警司助理电话打来:"州审计员来了。他们在检查你方有关联邦项目的账簿,预计一小时后结束。"

建筑维修问题、工人缺席问题、未申购问题、资金申请被拒问题、有关使用可用资金的争论、从联邦项目中支出的资金的争论……以及其他与合理管理预算和建筑有关的问题——都会导致日常冲突,需要作出决策。

会计核算、预算教学经费和监督大楼综合管理是校长的职责。的确,许多与这些职责相关的行动可能委派给别人做。不过,合理预算,经得起审计的财政制度,以及一个干净、安全、设备齐全的建筑的最终拍板是校长的责任。

校长不能完全控制由谁来决定所有教学单位的财政需求,或者谁修理厕所,以及总体程序,这落入中央政府、州政府,有时是联邦政府的管辖范围。但是,校长的任务

是确保所有这些事情得到及时有效的处理。

校长面对的三大财务职能分别是预算、会计和审计。它们尽管可以单独审查,但相互联系。预算是确定所筹集的资金应该怎么花,会计是书面记录可用资金如何花,审计是检查这些资金是否用得合理。

预算。用哈特曼(Hartman)[1]的话来说,预算是学校财务运作的"工作工具"。用术语来说,预算可以说是"对某一特定单位的总体教育规划的说明,以及估计实施规划所需资金和涵盖这些花销所需总收入。"[2]

校长要十分重视"实地预算"。在分散的学区,学校的决策者要审查教育规划,并优先考虑这些规划相对需要的财政拨款。有时,规划的延续或人员配备都处于不确定状态。

多数地区的实地预算编制不同,而校长和员工可能有的自由度差异很大。不过,整个学区都是州和地方税收援助的受益方。所以,地方政策占优势。[3]

会计。会计系统暴露该地区是否有财政资源来满足其规划目标。本质上,会计系统规定一种结构,于是该地区——以及诸如各个学校甚至各个教学单位——的所有财政活动都可以分类、上报,更重要的是可以对其加以控制。收到工资,这些钱按照预算进行支付,分配到适当的地方("账户")。随着时间的推移,校长或任何财务主管对财政资源是否足以满足预算一目了然。

准确记录和账户分类是良性运转的根本所在,这样就可以得到关于预算是否充足的书面记录。

审计。审计就是对该单位会计实务准确性的审查。当挪用通过税收或其他来源的公共资金时,这些资金应按预定计划使用并适当记录,这一点很重要。年度审计是恰当的。此外,每当聘用一位新校长,该校长应坚持对由其负责的学校预算进行审计。

越早发现已犯的错误,学校的会计实务就会做得越好,这就是审计的目的。一笔钱是否就该这样花?如果不应该,那么原因是什么?

在这一章中,我们将讨论每一位校长面对的财务程序。

钱从哪里来？

资助学校的资金有五种来源：地方税；州政府拨款；联邦、社会和私人基金会；学校通过销售饮料、零食所得；其他学校赞助商（这些销售是"活动账户"的主要来源，大多数学校保留这些账户用于"额外开支"）。

地方和州是资金主要来源。所有的州都提供了一些运营资金用于建新楼和旧楼翻新。提供多少资金与各州不同的州立法行为和筹资方式有关。这里的基本原则是提供一种援助标准，以满足该州儿童所谓的基本需要，而不论他们住在该州的什么地方。政府资助永远不足以满足这一原则，地方税将取决于本地社区财产价值而各不相同。地方单位，有时但并不总是和某些如城市或乡镇之类的民事单位有同样的界限，是通过财产税为学校提供支持。一个州内所有社区都必须满足一个税收标准（得克萨斯等州有独立于其他民事单位的学校体系。这些"独立学区"有自己的税务机关）。

私人和公共基金将支持一些特殊项目，敏锐的校长和专业人员常常可以利用这些项目，从而为由基金会赞助的学校活动提供资金。中央办公室的个人或机构往往跟踪用于特殊地方、州和国家资金，这些资金可被用于特殊项目。有调研和拨款办公室的大学，以及一些州的部门或教育机构，可以在这里提供援助。学校的规模大小没有关系。至于"正确"项目，会因创新或补充计划给予教师和部门5000至50000美元甚至更多奖励。有些奖项特别针对确定的社会需求，在此举两个流行的项目，比如为低收入家庭学生提供课后辅导或周六大学预备研讨会。

活动基金有多种支持方式。这些都不是"稳定的"地区基金，在某些地区甚至可能不用审计。一些学校通过销售产品来支持各种各样的活动，可能说服家长、学生或其他人去购买的赞助物资很多：软饮料机、学校的教学用品商店、糖果和零食机、T恤——年轻人可能想要或需要购买的任何东西。由于人们越来越担心儿童肥胖和不良饮食习惯，学校销售零食和饮料受到了抨击。

校长还通常必须管理另一种资金来源账目，即由学校班级、支持者俱乐部和家长/教师组织产生的特别账户。这些钱与活动账户分开，通常由各集团的财务主管分别管理。但注意,这是现款,而且不管资金筹集的目的如何,这些组织都与学校有关。组织人员可能变化,一些出纳比其他人更能干。学校记账员和校长对此要警惕并以维持审计的方式监管资金。

各学校的可用筹资渠道和筹集资金多少有很大差别。[家长—教师协会(PTA)A和私营部门 A 可能与 PTA B 和私营部门 B 有很大不同。]更富裕的学校团队能够提供更多的支持。

> 萨拉的学校,有PTA资助,校长为每人付30美元准备教职工圣诞晚会,这事在这里永不会发生。她的 PTA 在秋季节日中赚了24000美元,我们赚了400美元。我寻找其他资源支付额外费用。我也可以乞求,但乞求学生有关的东西比乞求教师津贴更容易。[4]

建筑和场地[5]

关于一流学校的研究说明了资源和设施管理的两个方面。一流学校会最大限度地分配资源支持教学和改进课程,而且好学校一定干净、安全、内外都吸引人。学校可能不是新建或最近建成的,但维护得很好。良好的财务规划和预算清晰明了,并特别关注自然环境对学校成果的影响。

因此,校长面临两大任务:(1)确保从各种来源获得、用于各种产出的资金有恰当解释并正确使用。(2)确保楼层建筑的设备齐全,为师生员工提供一个愉快、安全无忧的场所。本章涉及这两项任务,共分为四个部分。第一部分讨论财务规划与预算的重要概念,重点是如何使员工参与对教学计划有影响的财政规划。在第二部分,考查良好的会计和记录实务。第三部分的焦点是供给和设备管理。结论部分是对学校设备的维护和安全,包括保管日程的检查。

计划和预算过程

预算编制和预算执行过程有四个步骤:方案规划和按类初步分配资源;分析和采

纳核定预算；管理和协调预算，包括记账；有关学校计划的教学目标，评审预算实施情况。预算过程是连续的、循环的过程，如图13.1所示。

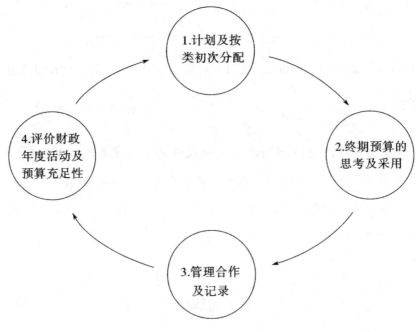

图13.1 预算编制的循环

可靠的财务策划依赖于良好的项目规划。它也需要有关全体学生性质的实质数据；预测学生数及其居住方式；估计需要人员数；以及平均每日出勤率(ADA)或平均每日成员数(ADM)的历史信息。这些信息都是国家报销计划的基础，以及对该计划的合理预测，并有助于确定下一个结账期的财政需求。

三种常见的预算程序

在实地决策中，预算程序具有至关重要的意义。近年来出现了三种主要的预算编制方法，其中任何一种都可以直接使用。其中两项显然有益于工作人员更多参与预算编制和执行。一种是采用"机械"方法，似乎员工参与最少。

增量预算编制。增量预算从本年度预算开始，其纯形式主要是一个"追加"(或"减去")过程。它假定一种静止状态：全体学生需求停滞，课程组织停滞，行式项目停滞。行式项目内部拟定的开支可能会有变动，由此产生的员工决策也会有变动。

然而,从根本上说,下一个学年与本学年非常相似。某些可预计的固定费用可能排除在建筑层面规划之外。也就是说,该地区可以对诸如水电费和统一维修等事项进行预估。这些费用可能由学区商务办公室集中计算。

然而,在学校现场,校长有望基于预期入学人数的公式来规划下一年的计划需求。这是预测所需教师人数、所需物资、允许的后勤人员以及伴随入学人数增加或减少而产生的其他费用的主要因素。在校学生数是基于平均每日出勤或当年的常住校学生,任何可能发生的变化都要考虑,如新住房开工。

特殊要求通常要分别考虑,比如必要的建筑维修或楼内为特殊项目或专门项目而定的特殊设备。例如,由联邦政府等外部来源资助的项目——"职称"项目、职业项目、午餐项目等——要分别处理。

总价计算出来后,对学校来年的拨款作出初步决定。这就是最简单的预算编制,也是最不完善的编制,因为它假定现有的运作很好。例如,增量预算不考虑享受服务的学生的任何变化或教学技术的变化。它是现状驱动的,结构、课程和教学的创新并没有得到应有的支持。支出也是有限度的,并取决于学校的分配。

零基预算。预算编制连续统的另一端是零基预算。这种方法是最纯粹的形式,认为每年都重新开始。学校组织分为项目或预算单位。一个在本年度或前几年获得过资助的项目,并不能保证它能在随后几年也获得资助。项目单位和最终的项目负责人应该证明他们的项目以及每年支持该项目所需的资金是合理的。在此之前,预算是"零"。

课程评估、人口现状、教学技术研究、改变优先顺序、确定需求、州考试成绩、既定的学校和项目目标,这些都是进行零基预算的理由。零基预算的一个重大优势是,它迫使对方按目标和所需资源不断进行重新评估,并建立新的优先事项或重建现有的优先事项。但其缺点是这一过程耗费时间,它没有意识到任何一所学校都有特定的基本要求,新任校长需要注意这一点。

规划、编制、预算系统。上述两种过程,有更好的选择。规划、编制、预算系统(PPBS)的最好情况是承认需要一个连续的支持基础,每个学生份额可能很好地提供一个基准。也就是说,该地区有足够实践表明,不考虑个别学习者的需要、人口状况、教学技术的变化、课程的修订,每个学生的教育成本是可以预测的。

然而,除此之外,PPBS 开始采用一些零基预算原理。大多数规划师和分析师在 B (预算)和 S(系统)之间插入 E(评估)。项目开支预算办法明确强调,用于实现这些的目标和过程必须经过评估。我们相信这在 PPBS 方法中是隐含的,但是如果它能进一步详细说明问题,那就更好了。

PPBS 技术需要建立特定的程序目的和过程来实现这些目标:预测需求——要服务的学生、新技术等;项目单位成本数据的生成、分析;预测实现目标的可替代流程;其他资金来源;以及所需的额外人员或额外设施及其费用。

落实规划、编制、预算系统

简单来说,PPBS 包括五个步骤:

1. 确定要实现的总体目标;

2. 确定有助实现总体目标的特定计划;

3. 开发能够实现目标的项目和流程;

4. 建立形成性和总结性评价实践;

5. 实施一个评审和循环过程,该项目和流程指示是否以及能在多大程度上使计划和目标实现,如果否,则确定其他流程和项目。

PPBS 方法用以帮助学校工作人员明确目标并如何实现。焦点是实现目标。明智合理使用,支出必然高效。

教育规划通常主要涉及教育"投入"。PPBS 与其他预算编制程序有很大差异,因为 PPBS 着重于努力的预期"产出"(目标和目的),然后考虑为达到预期目标所需的员工、书籍、设备和建筑等的数量。

不过,PPBS 计划还有其他价值。这一过程为感兴趣的人群及相关人员提供了大量参与和培训的机会。然而,在初期,各个部门、教学团队、各个年级会有序合理地进行一个"工作组"决策过程。当需要做出艰难决定时,校长将直接决定,并给出工作组建议。在这些情况下,校长充分利用工作人员的集体智慧和专业,达成所有人都愿努力去执行的预算。

此外,落实 PPBS 时,要收集项目中不同单位的生产率数据。随着校企日趋复杂和多元化,对公共资金、人员和时间投入的要求越来越高,人们对结果产生了焦虑。各方人士都迫切希望更确切地知道这种投资有何作用,应该在哪些方面作出改变。PPBS 技术有助于提供这方面重要信息,并为获得公众支持奠定坚实基础。这种预算编制流程的结果包括对未来的担忧和对目前课程和教学实践的持续评估。

第一步:五年计划

规划流程始于在下一财政年度的任何具体预算建议之前制定一项五年计划。这不是一个速成文件。这一进程的确为工作人员在职讨论会提供了良好的基础,并为整个学年中举办的教员会议和讲习班提供了实质性的重点。

这个过程可以从组织学前研讨会开始,集中讨论未来的计划。届时会举行几次全校和部门会议,其间常谈论的话题如:"六年级结束时学生应该学到了什么""这所学校所需要的是……""七至十二年级社会研究项目的结果应该是什么",或任何其他关注课程和学生成绩的主题。

收集想法之后,工作人员通过综合、小结、组合的过程,将这些会议的成果转化为一系列的目标。一旦工作人员改进了目标,他们就确定了在未来五年实现这些目标所需的过程、材料和人员。暂行五年计划包括四大内容:

1. 对学科现状的书面介绍。工作人员简要介绍目前所在的系、学科或课程领域与文献和研究所揭示的理想状态之间的关系。

2. 目标、对象和指标的陈述,这些是实现部门目标的证据。虽然建立客观指标很重要,但不一定要在这个时候建立,可以日后再进行。在基于较低层次认知成就制定一长列的绩效目标时,员工可能会陷入困境,感到疲倦。五年计划在展开时,将通过形成性评估进行修改。

3. 列出实现目标的过程。

4. 说明需要的设备、材料、人员和其他有助于该过程的资源。

第四部分是五年计划发展的高潮。该计划经过改进和修改,最终提交以供执行审查和讨论。目前它不包含任何美元数字。虽然要注意不要在这个过程中急于求成,但是必须有确定的时间线完成这个过程。否则,它可能成为一项永远无法完成的烦琐的智力练习。

第二步:一年计划

虽然五年计划为学校规划了一个总体方向,但一年的建设计划提供预算资产。"一年计划"是一项为实现"五年计划"而确定明年具体执行事项的建议。图 13.2 提供了一年期计划的建议。

部门(或级别):_____
财政年:_____
计划人:_____
请求数量_____
分配数量_____

要求(长远目标支持的每一项后表明出来)	预计开支	建议供应品	基金来源(联邦基金、本地基金、捐赠、国家实验基金等)
1. 所需人员			
2. 所需设备和材料			
3. 其他所需材料(如差旅费,咨询等) 按重要性优先顺序列出			
总体要求_____ _____			
4. 附上一份简要说明,介绍这项预算提案如何符合和支持五年计划。			

图 13.2 一年计划

一年计划介绍了设备需求、物资、补充材料、人员的即时变动或增补、改建和其他需要的资源。一年计划的文件中介绍了实施每一个具体项目的理由,但不必详细说明。这是一份关于预算提案如何与五年计划相一致的简短声明。一个额外特性是要求各部门或各年级按优先次序列出需求。如果由于资金不足需要削减预算,则这种削减从每一项提案中最不重要的项目开始。

后续步骤

下面的步骤涉及向校长和行政人员呈递部门或单位的预算和课程建议,或批准,或返回澄清,或修改。最后,由校长和教职员以摘要形式编制学校总预算,提交至中心办公室。之后,由校区的最终财政当局以某种形式对个别学校的预算进行谈判和批准。

最终,校长将批准的预算返还给每个部门或单位。全年申请的预算将提交给校长,并用来采购物资。每个月向该部门汇报迄今为止的重要采购情况。

期望和结果

教学人员参与预算编制没有让校长的工作更容易。事实上,经历最初的过程后,团队领导、部门主管和其他教学人员有望开发强大而周密的参数来保证预算进行。不必说,校长将会得到大量必要数据,从而向负责人或教育委员会证实充分预算。此外,中心办公室和学校董事会将充分了解支出情况及其原因。

预算筹建过程描述了要完成的三件事。首先,它给予相关人员在其教学专门知识领域编制初步预算方面很大权力。二是课程规划具有前瞻性。第三,它向中心办公室、学校董事会和团队提供证据,证明合理正当使用纳税人的钱。

财政资源和支出的会计核算

一旦预算编制好并被接受,就需要良好的管理,以确保资金使用合法合理,并保持审计。资金分配一般是三大类:资本支出、长期和短期债务支付和利息,以及日常费用。这些是单类，通常不能"混合"。例如，不能将债息用于一般业务费用，不管各自需求有多大。

虽然在资金支出账户内出现某些项目也需要考虑，但校长最关心后一类，即日常费用。那每个账户都包含什么呢？

■资本支出：超过一年的项目一般会进入资本支出账户。因此，该账户将包括设备、建筑物和学校场所的一切永久性扩建。这里没有记录设备和场地维护支出，只记录现有房屋设备和场地扩建的费用。相对持久性是关键决定因素。

■债息：所有要还的短期和长期贷款，包括利息支付，这些账户都有记载。

■日常费用：包括在一个财政年度内消耗品的所有开支。费用包括课本、物资和薪酬等，称为工作开支。通常，这些开支可以在地方预算中找到，分为四类：教育，包括所有常规课程、特殊课程及成人课程；辅助服务，包括交通、餐饮、学生服务及学生活动；编外费用，包括向其他政府机构支付服务费，比如租金；以及社区服务，包括娱乐项目和非公立学校服务。

学校场所财政资源核算

预算一经制定和获准，校长就有责任确保妥善管理预算费。学校是大企业。在许多社区，学校是最大的用人单位，也是资本流动最大的行业。一年里学区接收和支出大量资金用于各种服务和材料费。

各学校建筑也有类似情况。校长有责任管理庞大的财政资源，这些资金来自地方中心办公室，是地方、州和联邦政府支持项目，还有少量来自家长—教师组织（PTOs）、学校俱乐部和表演。管理财政资源是多数校长的主要职责。

所有学校体系都有规定的会计程序，校长需要熟悉这一程序，才能正确监督收支。图13.3显示了一个典型的中学账户数据组，图13.4类似地展现了小学账户数据组。

有限活动基金	
教学费	相关项目
毛巾费	辩论俱乐部
教学费:艺术	DECA
教学车间	法语俱乐部
汽车修理	德语俱乐部
机器车间	体育
木工工厂	家政学
其他教学策略	国际关系俱乐部
音乐	关键俱乐部
乐队服装	领导干部俱乐部
商品服务	狮子俱乐部
汽车票	文学
利润	杂志
可口可乐基金	蒙面者
特许权	音乐:乐队
特殊用途	音乐:合唱队
饭店	音乐制作
图书馆	国际荣誉社团
大学学分制课程	橡树叶
运动营	橡树原木
毕业旅行	活力俱乐部

奖学金	红十字会
科学	滑雪俱乐部
培训 & 科技	学生会
学生组织	网球俱乐部
桥梁俱乐部	VICA

图 13.3　中学典型账目概要

> 销售服务
>   汽车票
>   保险费
>   工作手册
> 利润
>   可口可乐机器
>   图片
>   学校商店
> 特殊目的
>   野外旅行
>   集会
>   饭店
>   教学供应品
> 组织
>   教师俱乐部
>   学生会
>   家长教师协会
>   校内节目
>   全校大合唱

图 13.4　小学典型内部分类账概要

总之,校长需要记录收支情况,并适当监督(见图 13.5)。校长也可能有联邦政府资助学校项目,并需对此保持适当记录。当然,校长也要确保物资和材料的安全,或者从中心仓库申请,或者使用转让凭证系统,或者直接从供应商那里获得。校长的主要核算责任是在预算的业务(用品、设备等)部分。图13.6显示了学校常用的采购申请流程图(校长通常不需说明收支,这些账户通常由中心办公室管理)。在大多数学校,会有一个职员负责管理这些账簿。在校长的指导下,这个职员一般会做分类账,并把记录整理好。然而,这并不免除执行责任的原则。要进行必要的定期审查,我们建议每年对所有记录进行独立审计。

收入与支出清单

报送_____ 20_____   预备人_____
                                                主要财务主管

账户	月初现存库存	月收益	总计	支付	月末收益
总计	$____	$____	$____	$____	$____

银行账单对账

银行存款余额_____ $_____
账单上未显示存款_____ $_____
其他_____ 总计 $_____
未兑现支票_____ $_____
账面余额_____ $_____

图13.5 月度报告单

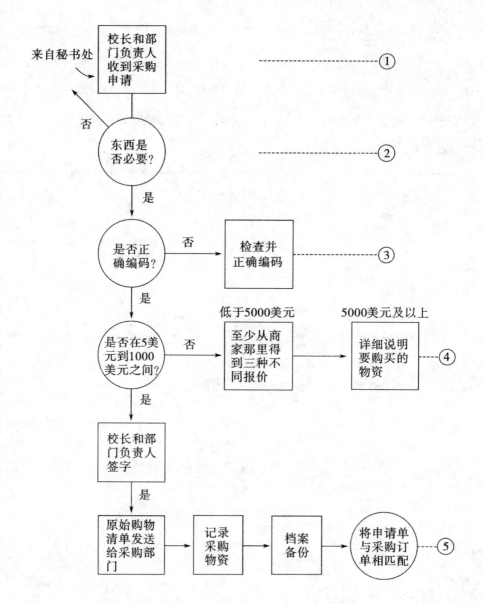

图13.6 校长及各部门负责人采购申请流程

在最初几个月的工作中,建议校长最好参与会计过程,深入了解学校的各个业务,适当的会计和预算对学校的良好管理必不可少。会计制度的存在是为了使学校能够按照预算文件中所含计划那样有效地使用资金。它还提供了历史支出记录,可用于评估预算如何运行文件中制定的计划。

财政资源总是供应不足,支持教学目标和学校目标的所有预算要求不可能在一年内全部实现。因此,对校长来说,最重要的是要仔细记录支出情况,确保支出与预算计划一致,并确保在整个学年中有足够的资金用于购买重点物资。令人遗憾的是,不当的会计程序常会造成4月份的资金不足,无法购买完成学年所需的日常用品。在这种情况下,教师往往会过度购买用品并囤积在房间里。在一所秩序井然的学校里,这些做法既不合理也没有必要。

大多数学区采用权责发生制,即订购订单一经发出或申请购买的物品获得批准,便会在账簿内押记。这样,校长立即就能知道任何特定账户上还需要花费多少。在这种制度下,债务不太可能超出实际可用资金。

不是所有的教职员工和非学术人员都能理解错综复杂的会计系统,有时教职员工个人可能会这把整个过程视为教学计划的障碍。因此,明智的校长一般会在教职员工会议上,花时间强调良好的记录和会计程序对教学计划的重要性。

除此之外,校长要确保采取有效措施,并且能够迅速向教室提供材料和其他服务。校长也有责任确保自己在支出方面的决策与预先制定的教学预算一致。

定期检查

会计程序一旦系统化,就不需要占用大量时间。相反,它们只需要校长定期监督,应注意是否收到订购材料并妥善清点。为地方基金备存一套独立账簿,使校长清楚核对各学校存放在营业中心账目上的开支。错误难免,一旦发生,校长要知道并加以纠正。

在许多学校体系中,营业中心将以分类账打印输出的形式向校长提供定期财务报告。这些可以很容易与学校账簿进行核对,保证准确。与学校的这些账簿核对后,这些打印出来的分类账将为学校提供足够的财务记录。

活动及其他基金

如前所述,大部分学校收到和分配的基金不是由学区办公室支付的。这些来源和账户通常包括 PTO 基金、教室账户、保险资金、糖果销售、运动基金、俱乐部债券、小额备用金、慈善活动和赠予资金。个别账户数目可能很小，但合在一起，数目可观。

学校应该为这些基金保留一套单独的账簿。与地方基金一样，这些基金也需要精确的簿记程序。许多州通过特别立法，要求建立一系列规程来管理学校的活动基金。一些州和当地学区制定了政策和规程，指导学校进行财务计算。然而，任何特定学区都不能把缺乏此类政策和指导作为借口，再粗心的校长也需要重视这些。

通常，必须建立特别规程，以控制各种活动基金的托收和支出。以下规程可做范例：

■所有筹集的资金应该出具正式收据。

■应该检查所有花费，除了用零花钱购买的商品。

■应该保留所记录支出的有用文件。

■每月准备银行对账单。

■准备月度和年度财务报表。

■每年都要审计，审计副本需由学校行政人员归档。

与良好的财务实践一致，拥有学校管理账户的每个团体应发送一份简化预算，说明预期收入、预期支出以及指定批准支出该账户资金的人员。此外，所有负责管理资金的学校员工都应担保，保额将由学校管理的资金总额决定。许多学区提供一种担保金，覆盖学校体系负责此类资金的所有员工。是否任何特定地区都这样，应由校长落实。

一些学区，校长每月要汇报学校内部资金状况。这种报告一般包含账户和支出的详细和总体情况。无论地方政策是否有此要求，这都是重要步骤，校长需要执行并妥善归档。它提供资金支出证据，并有助于年度审计。图 13.7 说明了活动账户的每月报告规程。

学校_____		报告月份_____
	银行对账单	

银行_____

银行账单余额_____ $_____

　　　　　　　日期

额外

　未达账单 _____

　其他(详细说明) _____

总计 $_____

扣除

　未兑现支票

　　　　　　　　　　　　　　　　　　　　　　　$_____

总分类账余额_____ $_____

　　　　　　日期

校长_____　　学校财务主管_____　　日期_____

图13.7　学校活动基金每月财务报告

审计

　　内部账簿应由外部会计师每年进行审计。审计结果应向区办公室备案。不要误解审计的目的——这样做不代表不信任他人。审计有两个主要目的：一是为改进会计程序提供良好的信息,二是保护所有负责管理学校资金的人员。

新校长接受职位之前,应坚持对所有资金进行审计,以了解目前做法,并在必要时加以改进。审计还会在有人对账户负责之前建立账户状况。审计取消账户,新校长从干净的财政环境开始,这是根本所在。

物资和设备管理

校长的主要职责之一是保护、清点和分配教育项目所需的用品和设备。必须在教育需求之前提供足量的布制品(物资)和适当种类的耐用品(设备),并以最节省的方式担保。建立一个不需要过多监督时间的管理体系也同样重要。

如果学校按照本章前面所述的预算发展体制运作,那么为支持教育目标而选择和购买所需物资和设备就很容易常规化。多数情况下,定期审查该任务,设法做到:如期满足预期的需要;估计成本在预算范围内;供应商同意适当折扣;库存充足;设备已恰当标记、记录、方便储存和使用。

存储和存货控制

教学人员的日常用品如一般教育用品(美术纸、粉笔等)的数量可以预估,并有足够储备,以满足几个月的需要。学校职员或其他指定人员要确保适当数量的日常用品可用,这是其职责所在。校长不需也不应对此过多关注。校长与指定人员共同建立的库存控制规程将允许定期补充物资。计划的特殊方面的独特教育材料和物资储备充足,可以由计划中该方面的负责人来维护。

东西会坏掉、磨损以及丢失。设备必须维修良好,要让工作人员知道他们有责任及时汇报设备的任何故障,以采取必要行动。要设定例行途径处理这些实际问题,以便教师能够教、学生能够学,而不受设备故障或丢失妨碍。了解图13.8展示的内容,可以帮助快速完成工作。

**嗨!
注意了,
维修人员来了!**

我的任务便是竭力维修教室内需要修理的东西。有哪些是需要我修理的呢?

沟通无障碍,
维修皆顺畅。

请填写这份表格,并交至负责人的
桌上以便日后尽快服务

教室号:_____
所需服务:_____
_____
_____
_____
_____

如需及时服务,请致电办公室。

白色:办公室
粉色:工作人员

图 13.8　维修表

中心仓库

学校体系的供给管理常常由中心办公室一级负责。即使校长对此方面负有相当大的责任,庞大(学校)体系会有一个中心仓库,保证多数物资和设备供给。这一点很有优势,因为体系可以研发具有规格严明的材料标准化列表。

某些教学材料也可以集中放在学区内。诸如胶卷、幻灯片、录音带、录像带和光盘等材料在整个体系中都有使用,但除了少数情况,不要求用于任何单个学习单元,常常被编入目录并集中在学区收藏。这种情况下,教师必须了解,申领课堂使用这些材料的周期更长。这并不是说不能在最后一刻提出请求。不能应答意外的"教学时刻",是一种不健康的学校体系,但总体上,工作人员应预测集中存放的教学材料的需求量。

安全与治安

每年似乎都有一场校园悲剧出现在关于学校暴力行为的新闻中。从科隆比纳(Columbine)和桑迪岬(Sandy Hook)发生国家新闻报道的大悲剧,到频频发生而未被公开的事件,如一名学生为逃避考试发出的炸弹威胁,又如一名无监护权的家长绑架孩子,我们的父母和社区成员越来越关心孩子们的安全保证。

虽然学校一直为火灾和与紧急天气情况做好准备,但今天,每一所学校都应该采取具体步骤,以确保孩子安全。然而,学校是公共大家庭,我们希望集体友好,欢迎家长和其他人进入学校的大门。二者如何兼得?这里有一些建议可以帮助你检查学校的安全情况。

学校安全评估。对于每一所学校和学校新任校长来说,第一步应该是学校安全评估。大楼入口在哪里?学校内部以及学校周围,哪些地方很隐蔽、轻易看不见?视频监控摄像头是否应该监控这些区域?白天访客通道能否限制在一处?

减少和控制进入。学校上课期间,明智的做法是只开一扇门进入学校,通常在办公室附近,并在确认访客身份后,使用蜂鸣器系统开门。一些学校只开直通办公室的门,限制其他所有入口。需要培训学生和教师不要向来访者打开侧门。一旦访客到了办公室,要求其出示访客通行证,可能还需快速调查访客背景,这一过程可借助互联网软件。[6]

应急预案。每所学校都应针对火灾和与天气有关的事件出台应急预案。但如果收到炸弹威胁,你怎么办?你有疏散计划吗?孩子们和老师们将去哪里躲避?你如何迅速有序地转移那么多孩子?如果武装分子入侵大楼,你怎么办?万一突发状况,你需要联系谁?消防、警察,还是中心办公室?哪些人?他们的电话号码是什么?紧急情况时,你应该如何与学校其他人沟通?这时停电了怎么办?这些问题以及更多的问题都要在预案中提出,并需要每年更新。

应急准备培训。一个应急预案的好坏取决于执行预案的人。学校内所有员工每年都需要培训,实习各种紧急情况场景,包括那些需要疏散撤离或封锁学生的情况。

每间教室都需要张贴应急预案,尤其是供不同成年人使用的教室。

向家长和媒体传递安全信息。如果学校出现安全危机,你有制定与家长和媒体沟通的计划吗?家长们一旦笃定他们的孩子处于危险中,就做不到宽容。现在做好与家长的沟通计划比发生危机时与他们沟通好得多。谁都不希望传播谣言和发生恐慌。

学校里应该有一份应急通信协议。谁是直接联系人?是校长你吗?是你的负责人?或者,你有地方媒体人来处理所有媒体?今天,社交媒体,如脸书或推特网,以闪电般的速度传播谣言,你要有准备。诸如此类的社交媒体工具应该是你首要的通信线。学校安全威胁的初始报文应该由你来发布。使用学校的社交媒体账号,迅速公开你如何应对危机,让父母对孩子的安全或情况放心。第十四章有关技术,会更深入探讨一些通信选择。

应对来自当地电视、广播或报纸等公共媒体的要求将是危机管理的另一方面。有时间的话,最好准备一份讲义,提供一些关于学校的人数统计资料,简要说明事件,并计划一份书面大纲或声明,用于采访。保持简短,切记,记者们通常只在晚间新闻中摘引片段。

校园驻警(SROs)。鉴于校园枪击造成学生死亡的悲剧暴力事件,许多学校的员工增加了武装警察。这些人的费用有时在学校预算之内,但通常由当地执法机构提供。人们认为SRO现身学校,对可能发生的事起到威慑作用。这个人在任何紧急预案中必不可少。此外,SRO可以成为学校员工不可或缺的一部分,成为安全耳目,关注学生健康及社区与安全事务相关的行动。[7]

爱护房屋设备

我一直做一件事来鼓励学生接受学习,即在大楼周围展示学生作品——艺术和学术作品。另一个好方法是让我们的主管参加员工会议。他是管理团队的重要一员,提出和收到许多建议,为师生员工提供了一个人道的自然环境[8]。

适当安置教育规划和为学校配备设施体现了校长的优先管理权。在传统设计的建筑中可以安置创新项目。无论这座建筑体现学校的最新设计,还是反映20世纪70年代的建筑理念,校长的责任未变,即确保最大化利用学校房屋设备。楼层建筑使用效率低下,维护不善,无趣的室内设计,或者场地维护不当,都会阻碍一个好的教育规划的发展。这些情况对教职员和学生的斗志和工作效率都会有负面影响。

校长有两个重要的支持小组:分配到大楼的各类员工(保管员、保洁人员、厨师、厨房人员等)和全学区维修部人员。与非教学人员共事,帮助他们更好地完成工作,需要有与教学人员共事的人际关系能力。

后勤人员,或至少不同员工小组成员代表参加大会意义重大。自愿出席专门会议也很重要。该想法在于这些人对学校的有效运作贡献巨大,他们往往给出重要的实质性建议,以改善输送系统。

维护与监管时间表

学校建筑和校园需要多加关注,从而给师生员工创造一个吸引人的安全学习—生活—工作环境。许多大地区有一名维修和业务主任,其总职责是雇用和部署技术人员,负责校内所有楼层建筑的翻新和重大维修需要。不过,校长有责任与监管人员一道,确定重大需要,并确保这些需要一一解决。即使在较大地区,日常保管和小的维修工作也将由大楼保管人员负责。

有效监督建筑维修项目,不需要花费过多时间,可以通过使用简单的检查表使之规范化。如图13.9所示:

校长和监管人员应特别关注建筑内部瑕疵,如照明灯具昏暗、屋顶或墙壁有缝、角落的尘土、窗户破碎、推拉窗框断裂等。全体员工,包括教师,应协助发现维修需要,并立即向办公室报告。很多时候,恼人的维修问题得不到解决,就在于教师或其他工作人员没有报告这些维修需要,而监管人员也没有注意到。"大声说出来"需要成为在用指令的一部分。

第十三章 ▶ 会计核算、预算、建筑管理

服务简介	服务频次											
学校：_____ 姓名：_____	7:00-8:45	8:45-9:00	9:00-9:15	9:15-10:00	10:00-10:15	10:15-10:30	10:30-11:00	11:00-1:30	13:30-2:00	14:00-2:15	14:15-3:30
开放教学楼及开关校铃	■										
打扫所有入口及铺上垫子	■										
巡查校层楼建筑	■										
巡查及冲洗厕所	■										
搬移食堂桌子		■									
打扫清洁食堂			■								
休息				■							
清洁玻璃					■						
准备午餐						■					
午餐前再次巡查厕所							■				
吃午餐								■			
食堂工作								■			
打扫清洁食堂									■		
再次巡查及清洁洗手池									■		
休息										■	
清洁楼下休息室											■
清洁楼上休息室											■
再次看管及清洁洗手池											■
清理食堂饮水机											■

图13.9 小学监管主任日程表

校园和操场。需要保持学校场所有吸引力。学校场地小、运动场地不够,往往反映出土地的高成本。尤其在城区,孩子们往往更需要开阔的空间玩耍和体验自然。不过,场地大小不一定会妨碍孩子需要。稍微动点心思,在弹丸之地,也可以做到漫步植物园和大自然。有效设计常常提供足够的玩耍空间。不过,这两种情况都要确保可用空间既有趣又安全。

经常检查很关键。校内不允许满地碎片残骸,使用不安全的设备违背良心,如果造成学生或员工受伤,要遭到起诉。

三类器材导致学生受伤人数占比很大:秋千、爬杆以及滑梯。孩子们精力充沛,喜欢在这些东西上表现他们的大胆。很多儿童受伤就是从这些器材上掉下来。解决办法?密切监督而且设备维护良好。

学校房屋场所外观评估

制定日常工作安排及充分了解大家期望对有效维护房屋设备非常重要。为完成重大维修项目而制定的时间轴和系统规划,需要每天和每周补充安排时间,以确保完成日常的保管和维护任务。

针对设备或旧建筑的创造性使用,我们每年都会请校长告知哪些需要翻新或新建。翻新资金可能由地方或校园承担,有时是二者共同承担费用。我们维修部有熟练技工,可以进行翻修;而且,通过债券基金,我们指定用于重大的新建设——无论是新的美术大楼侧面还是健身房的新地板。[9]

定期评估建筑物外观很重要。图13.10是一个地区评估调查的例子。这种调查表格最好与员工一起拟订,从而大家的期望一目了然,标准也能充分了解。

校长: 　　　　学校: 　　　　保管人: 　　　　日期:

入口	S	G	A	P
步道				
地板垫				
门面				
玻璃				

（续表）

入口	S	G	A	P
横梁				
门轨				
办公室				
门				
墙面				
墙壁地板				
家具				
窗户				
设备				
垃圾桶				
走廊				
地面				
墙壁				
灯光				
饮水机				
学习中心				
书架				
地板				
家具				
玻璃				
门				
教室				
门面				
墙壁				
灯光				
地板				
板墙				
窗户				
家具				
设备				
讲台				
食堂大厅				

(续表)

入口	S	G	A	P
地板				
窗户				
设备				
灯光				
供水处				
机器				
门				
设备				
仓库				
墙壁				
工具架				
供给				
装备				
卫生间				
地板				
墙壁				
隔离物				
窗户				
便桶				
小便池				
洗脸池				
镜子				
地面排水管				
通风设备				
灯光				
设备				
垃圾场				
焚化炉				

评价:S 代表优秀(Superior),G 代表良好(Good),A 代表一般(Average),P 代表差(Poor)

图 13.10 监管－维修调查:建筑检查清单

与各类员工合作

管理员、维修人员、厨师、助手和秘书等，都对发展有效学习环境发挥着重要作用。但这些人所做贡献往往没有得到充分认识。不注意这些后勤人员的需要和贡献，这些人员和专业人员之间充其量做到井水不犯河水。

这种情形在私人会议和不充分的服务中有显现，一方会针对另一方，方式并不高明。例如，纸巾自取盒里总是没有纸巾；食堂角落不打扫；无限等待分发设备或修理设备。本书读者可以读到许多类似例子——这些事件说明并非一切都很好。当然，在某些情况下，这些现象可能是由于技能不足，或缺乏系统了解。如果是这样的话，应及早给出解决方法——进行员工在职培训或调职。

为专业人员设计的有关制定目标以及解决问题的活动，有必要让后勤人员参加。用法令管理保管员和维修人员并不比管理专业工作人员好多少。每学年伊始，校长须与保管人员会面，制订全年建筑维修的长远目标，并制订一套系统的计划，以解决问题。当然，许多保管活动是每天或每周进行，但有些活动并非这样。而且，即使日常的保管功能，也会受到特殊情况甚至时间等因素的影响。提倡合作式工作时间表，这有助于更好地及时完成重要任务。

选择和保留各类人员

后勤人员的选拔、培训和考核是一项重要的管理工作。然而，这一点在专业文献中却很少提到。工人培训不恰当，或不明其责——无论是在食堂、锅炉房还是校长办公室——都是累赘。同样，不了解孩子，尤其是不喜欢孩子的非学术工作人员，尽管可能不常见，也是学校无法承担的累赘。

制订有关雇用人员、在职人员薪水增长和留住优秀非学术性人才的人事政策。对职位、薪酬和其他福利的介绍要反映出学校重视高质量的非学术工作人员。

就业标准不仅要体现对特定技能的需求，而且还要让他们认识到，多数教职工都将以某种方式与儿童相处。后者表明，友好对待孩子，以及理解孩子可能是最重要的就业标准之一。同时,业绩评价是必不可少的。

可获得电子商务平台帮助

学校的商务管理很复杂,但通过电子商务平台可以获得一些帮助。德尔学校数据系统、天空管理系统以及新格儿童教育是帮助学校管理系统的三个系统组织。[10]

这些组织有一系列软件包,学区或学校可由此选择各种组件,包括课程开发、学生档案、课程安排、预算编制以及人际关系辅助等。若有人要了解"学校管理软件",可通过其他管理系统搜索。

小　　结

本章主题分为三部分:财务支持、财务管理以及房屋和场地管理,包括与还未认定的工作人员的合作。无论来自联邦、州、地方还是基金会,财政的分配都要仔细规划。预算编制应考虑到全体工作人员和原定分配给某些领域的资金。

决定好如何使用可用资金后,校长有责任确保维持适当的会计管理。校长不仅要关注普通的地区基金,还要关注活动基金、各个学校团体私下筹集的资金,关注通过销售饮料、零食、日用品等其他商品所得收入,应该定期对所有基金进行独立审计。

学校的外观和设备如何极大地影响学生和教职员工的态度。校园的物理环境影响着教学氛围。学校可以不是新建的——多数学校都不是——但学校要干净,所有设备运行良好。必须清除涂鸦,每天检查操场。可以教孩子(和老师)捡垃圾。学校应尽一切可能去协助保管员及其他维护服务人员,一个好校长要做到这一点。如此一来,我们就能看到奇迹。

对于现场会计、报告和支出,校长可以做什么,不能做什么,各州各不相同。有关审计和预算的法律和地区规则也各不相同,校长们自己需要很好地了解。但是,不管你在哪个州或地区,都能学到一些有价值的技能和知识。这一章为校长提供了一些基本方法和有效操作学校会计和预算系统的应用软件。

活动

1. 附录 A 中的案例 3、6、9、20 和 29 涉及财务问题。选择其中两个案例，并以符合本章所述概念的方式阐述解决问题的过程。

2. 附录 A 中的案例 10 和 21 关于学校安全的问题，你建议采取什么行动来解决短期和长期的问题？

3. 你不断收到来自专业人员对学校维护保养的投诉。这些投诉问题包括教室脏乱、厕所故障等等。保管员抱怨教师们下班后把房间弄得乱七八糟。解决这些问题。你会采取什么步骤减少这些投诉的影响？为避免被这些事情弄得措手不及，你能做些什么呢？

4. 许多国家都采用或推荐特定的电子数据系统如戴尔、胜科金仕达、天空，或其他协助学校金融和课程管理的公司。在你们国家选用何种电子系统？是否存在全国范围内的首选系统或必需系统？你们学校的要求是什么？

5. 你们国家在校本部会计方面提供了哪些帮助？是否有可用手册或指南？如果有的话，你如何设法得到一份呢？

6. 回顾教育领导者职业标准及其内容，尤其是标准 9 中列出的内容。哪些标准项目与本章介绍的有关？确定一个直接与本章中表达的概念有关的原理。

尾注

1. William T., Hartman. *School District Budgeting* (Reston, VA: Association of School Business Officials, 1999).

1. Gage Encyclopedia of Education, "Public School Budgeting, Accounting and Auditing". (New York, NY: Macmillan, 2004).

3. 大多数州的管理机构在学校会计实务中提供规章和指导。通常提供财务手册。例如，得克萨斯州的德州教育局出版了《学校财务手册》，最新一版于 2012—2013 年出版。其他州也有类似手册。

4. 玛莎·珍·布拉顿博士，田纳西州诺克斯维尔市克里斯蒂安·贝小学校长。

5 了解学校的资金管理详细过程，请登录：http://answers.com/topic/public-school-budgeting-accounting-and-auditing。

6. 网站http://www.keepntrack.com/有一种软件,可以用于对匿名访客进行快速安全检查,并打印访客胸卡,与大楼里的志愿者和其他人保持联系。

7. 国家学校安全服务机构提供了许多关于应急计划的信息。网址是:http:// www.school-security.org

8. 苏珊·韦博士,原小学校长,现为本德堡(得州)独立学区中心办公室主任。

9. 詹姆斯·凯恩博士,克莱因(得州)独立学区负责人。

10. 互联网址:http://www.Dell.com; http://Skyward.com/page.ashx/products; http://Sungard.com/plus360

选读书目

Kennedy, M. "Maintenance". *American School &University* 80, no. 6 (2008): 16.

Mabry, V., "The Principal's Role in School Fundraising." *Principal* 84 (2005): 51-54.

McNeil, M., "Budgeting, Tax Trims in Conflict." *Education Week* 27, no. 22 (2008): 1.

Owing, W. A., and L. S. Kaplan, "School Finance as Investment in Human Capital." *NASSP Bulletin* 88, no. 640 (2004): 12—28.

Reyes, Augustina, and Gloria M. Rodriguez, "School Finance: The Russian Novel," in *Current Issues in School Leadership*, ed. Larry W. Hughes (Mahwah, NJ: Erlbaum, 2005).

Snider, J., "Democratize School Budget Data." *Education Week* 28, no. 32 (2009): 22-23.

Sorenson, Richardson D., and Lloyd M. Goldsmith, *The Principal's Guide to School Budgeting* (Los Angeles, CA: Corwin Press, 2010).

Thompson, David C., and Craig R. Wood., *Money and Schools* (Larchmont, NY: Eye on Education, 2001).

第十四章 技术在学校管理中的应用

在技术驱动的社会里,万物前所未有地瞬息万变。教育者身处其中,利用技术追赶快节奏、变化莫测的教育世界。

——汤姆·威特比(Tom Witby)[1]

吉姆通常早上6点半开始上班,在孩子们到达之前完成一些工作。他坐在办公桌前,触摸电脑键盘激活屏幕。除了电脑待机时和周末,如每天都会开灯一样,他一定会打开电脑。吉姆首先查看他的电子邮件,并回复一些重要来信。虽然信件来自专业社群,但是邮件程序中的过滤器会自动将它们归档,所以他收到的电子邮件是条理有序的。他回顾了来自中心办公室的邮件,标记出第二年的预算提案须于当天发出,并查看是否有工作人员联系他,然后给秘书发了几条公告,其中包括给教师们的日常邮件。将发给学生的公告贴在学校网页日历上,这样做的优点是学生和家长可以在家里的媒体设备上查看。

接着,吉姆打开学校的网站和Facebook页面,并从智能手机上添加他前一天拍摄的四年级演出的照片。他试图每天添加一个年级的照片材料。当前,学校的Facebook页面每天拥有的"点击率"远远超过网页。当孩子们开始进校时,吉姆把智能手机塞到口袋里,走到公交车和汽车所在的车道上迎接学生和家长。他的智能手机可以通过发送短信或语音消息告知他一切必须即刻解决的关键问题。

学生进校后,吉姆回到他的办公桌电脑旁,一个按键便显示他的日常会面,他注意到8:30有一场与丹·霍格伦德父母的会面。他还需要审查丹的情况,他回到电脑旁,进入学生信息系统，输入密码并要求系统显示霍格伦德的纪律文件。他将过去一年丹的纪律档案的记录日期，以及几天前丹被停学时辅导员输入的详细报告都打印了出来。

在等待8：30会面的余下几分钟里，吉姆在电脑上做了几次编辑，信件草稿是秘书前一天做好发给他的。他发现一些较短信件，在键盘上写比他原来在"便签纸"上写得更快，于是他便放弃了原先的做法。

后来，与霍格伦德的会面结束后，吉姆回到他的计算机旁，就纪律记录做一个简短的说明，并提交会面结果。吉姆将电子表格添加到他已经准备好的新预算中。他在检测发生的变化，检查更新的汇总表，并打印一份修改后的预算文件给下午将要见面的部门领导过目。

他继续准备下午的部门负责人会议，吉姆加载出他的演示图表和数据表程序。他很快制作了四张带有项目符号的幻灯片以概述他的观点，并找到了含有所需数据的电子表格，这些表格中的数据可以支撑他的立场。他强调标注了关键数字且生成了几个图表来说明调查结果，并把它们保存在一个文件里，以便可以用学校的计算机无线网络从会议室的电子白板访问数据。

初步完成任务后，吉姆开始查看新版学生手册的最后版本。此版本将以网络文档发布，节省纸张印刷的成本，使得手册在任何时间都可供学生、家长和工作人员等阅览，需要时也能时常更新。打印机会打印出所需份数的复印件。

接着吉姆进行教师观察，他拿起平板电脑，向着大厅走去。由于教师评估软件已经下载到他的平板电脑上，吉姆检查了几个对话框来设置课程，然后直接在他的屏幕上编写课程手稿，同时对观后会议的草稿进行分类，并报告到教师文件中。

吉姆的活动是否超出了一个教师或管理员所做的工作范围？在吉姆忙碌的早晨中出现的所有电子功能都是如今管理员都会使用的。电子邮件、文字处理系统、桌面出版系统、基于智能手机的日常提醒和日历、学生信息记录系统、电子表格和网络应用程序、教师评估软件以及更多有用的应用程序，都可供学校校长使用。这可能节省的时间是很可观的，并且极可能获取更多信息以获得更高效的管理。

国家教育技术标准

国际教育技术学会于2009年发布了针对管理员的新版国家教育技术标准。这些标准旨在指导教育领导者做出有关技术的明智决策以及在学校中施行该标准。标准所涉广泛,并有效地列出了五个值得关注的方面:

1. 愿景式领导。激励并领导发展,施行共同的标准,以实现技术的全面整合,以促进整个组织的卓越表现和转变。

2. 数字时代的学习文化。创建并维持一个充满活力的数字时代学习文化,竭力为所有学生提供严格的相关教育。

3. 卓越的专业实践。营造专业学习和创新的环境,使教育者能够通过使用当代技术和数字资源来增强学生的学习能力。

4. 系统性转型。通过有效利用信息和技术资源,不断提升组织水平,实现领导与管理。

5. 数字公民。塑造并促进对不断发展的数字文化中的社会、道德、法律问题及责任的理解。[2]

本章思考了作为行动框架的这些技术标准,并对学校管理者需要考虑的行动及注意事项提出了相关建议。

技术计划

作为一个有远见的教育领导者,你作为校长的职责之一是与你的员工和社区制定技术发展计划。该计划应最大限度地利用技术来满足学校的行政需求以及课程和教学需求。

技术计划必须是学校整体改进计划的一部分,它不是一个孤立的领域。它应该立足于学校所在社区对学校未来的愿景,并包括教职员工商定的一系列基本理念。基于技术计划,图14.1显示了一所小学从幼儿园到八年级的技术计划中的一些基本理念。

制定的计划的范围应该跨越多年。按年更新的五年计划是常用的时间范围。主题可能包括:

■ 将技术用于指导；

■ 将技术融入学校管理；

■ 对教师、学生和员工在技术使用方面的培训；

■ 预期达到的学生技术能力。

技术文化

你的学校在技术使用方面的文化是什么？你学校的教师通过使用技术传达了哪些价值观和理念？技术是否受到几乎所有教员的热烈欢迎？也许并没有。技术的使用是否被大多数教师抵制或忽视？但愿不是这样。

为实现"提供学生学会在一个快速变化且日益复杂的多元文化社会中生存的不同机会"的目标，必须利用技术资源。学生必须学习如何使用当前的工具有效地参与到未来的经济活动中。学校务必确定什么是重要的技术技能，并确保我们的课程和教学让学生学习和练习这些技能，同时学习和操练传统学术知识。技术为人们的工作、创新和沟通提供了当前工具。皮·贝塔·费的职责是将这些工具整合到更大的关于数学、语言艺术、科学、社会研究、视觉艺术、音乐、健康和体育教育的网络中。

- 这个过程的第一步是开发高效地利用技术教授其余课程的方法。
- 第二步是确定实现该目标所必需的资源。在选择和运用这些资源时，可以用以下理念指导我们。

——必须持续评估课程和教学。

——能够为学生取得重大成就提供技术支撑。

——所有教师和学生都拥有访问计算机工作站的权限。

——所有学生必须锻炼运用技术的能力。

——所有教师都需要运用适当的技术进行管理和教学。

——学生和教师要学会以不同的节奏适应变化。

——根据评估的个人需求和兴趣以及学校的要求开展技术培训。

——有效利用全球教育资源需要适当运用现有的技术。

- 预期的教职员工运用技术的能力。
- 硬件采购的规范。
- 软件采购的规范。
- 购买计算机的资金来源。

图 14.1　皮·贝塔·费的关于技术的五年计划：基本理念

国家教育技术标准给你的第二个工作建议是在学校创建"数字时代的学习文化"。

影响文化的方法之一是塑造你希望采用的理想行为和价值观。教育管理员需要在员工面前使用最新技术,鼓励他们用恰当的方法使用技术。对于不擅长技术的校长来说,应向学校或该区的技术协调员请求帮助。让教师,或在某些情况下让学生成为你的技术指导员。与介绍本章的方案一样,学会使用你希望教师会使用的技术。在此过程中,你将在任务管理中发现更高效的操作方式。

以下是一些建议:学校管理者必须鼓励学校行政办公室运用高效技术。办公室职员以及教师需要有大量发展机会,能运用最新技术。这就意味着,为所有管理员、办公室职员和教师提供最新的计算机模型非常重要,这些模型能够通过共同的服务器或网络电脑[3]联网,便于文件共享和传输。所有用户都应该拥有一套好的办公软件,如微软办公软件(MicrosoftOffice)[4]或网络电脑软件,谷歌文档(GoogleDocs)或其他同类软件。这些办公软件的功能包括文字处理、演示图片和制作电子表格。像微软电子记事本(OneNote)[5]这样的程序是帮助校长和教师有条理的工具。

使用技术交流

技术极大地改变了我们彼此沟通的能力。作为学校管理者,我们从未像如今这样有机会与父母、学生、社区和其他专业教育工作者保持联系。本节明确了使用许多可能的工具,如电子邮件、网页、电话留言系统、短信、社交网络、博客和电视广播来加强校长与教师、学生、家长和社区的沟通。

学校网站

学校网站为学校向当地社区呈现学校的积极形象提供了平台,也为学生的父母获取信息提供了可靠桥梁。这是学校对外界的形象展示,见图14.2。

一个好的学校网站包含各种半永久性的项目,例如学校的任务声明,学校的政策、规章和条例,以及建筑管理员和职工的姓名,还包括电子邮件地址和电话号码。关键的区域管理员还能获得其他类似的信息,且列出的信息还有有关学校社团和其他与学

图14.2 格林维尔高中的网站。经授权使用。

校相关的组织信息,因此可以鼓励家长通过电子邮件与教师和管理员沟通。每周在网站上发布的校长信息是校长让家长和学生了解最新消息的绝佳方式。[6] 但需要了解的是,并非所有家庭都可以访问网络,因此还必须使用其他沟通方式。

网站中的以下部分应该时常更改:每周、每月和每年的学校活动日程;班级新闻和公告,包括各班级的计划活动和家庭作业;特别的学校或班级计划;早餐和午餐的菜单;为在家里的学生和家长提供教育资源的链接;专门列出网页展示并祝贺学校和学生的成功;请务必在学校的技术政策中仔细考虑对儿童获得某些网络出版物进行必要限制。

某位教师或技术协调员应负责开发和维护网页。他通常被称为网站管理员。但所有教师都应学习创建网页,以便他们能在自己班级的课堂、社团或活动中展示风采。教师或技术协调员制作的任何材料都可以转发给网站管理员,网站管理员整合后发布在学校网站,在此过程中,可以借助特殊软件制作多网页的网站。

学校网站也可以由专门从事学校网站设计和维护的本地服务提供商维护。使用标准的学校模板，许多公司只收取少量费用来设计和维护学校网站。这些服务还包含博客、博客管理、翻译服务和其他功能。学校职工只需提供网页的内容。

虽然编辑学校网站在目前相对容易，但网站并不能很好地为学校保存历史数据，因为每当添加新信息时，旧的资料就被删除了。对于相对固定的内容，每所学校都应该有一个网站，因为这是主要的与公众取得沟通的方式。然而，若想以更便捷的方式呈现学校每日或每周的大事小事，可以通过包括诸如 Facebook 之类的社交媒体网站，且你所建的网站内应包含通往学校 Facebook 页面的链接。

社交媒介

虽然最初学校管理员拒绝将 Facebook 作为沟通媒介，但如今它早已成为学校与家庭联络的主流工具。今天学校通过 Facebook 与外界取得的联系多于他们通过学校网站取得的。可以轻松设置不同年级和特殊兴趣小组的页面，例如六年级页面或戏剧社团页面。然后，使用你其他的通信工具，向所有六年级家长发送手机通知，提醒他们前往 Facebook 查看感兴趣的特定页面。家长总是想了解自己的孩子本周是否在学校的 Facebook 页面上出现。当然，家长在关注发布的其他信息时，你与家长也建立了新的联系方式。

但是，这里有几点需要注意：由于 Facebook 允许任何人参与其中，请务必将页面的编辑权限交给学校指定的管理员。Facebook 博客可能被某些人进行不当评论，每次有新评论添加或有不当评论被删除时，Facebook 的指定管理员都会收到电子邮件通知。但是，校长们没有报告多少不当评论现象，因为评论非匿名添加，而是附带着发件人姓名或 Facebook 账户名一起发布。

除了学校网站，使用的其他社交媒体通信工具包括 YouTube、Twitter，使用学校账户，让家长和或教师使用他们的手机号码登录以接收学校事务的提醒短信（140 个字符或更少）。比如学校放假，学生野炊乘汽车晚归，建议接收者在学校 Facebook 页面上查看学校活动的新照片。

在网站上使用儿童的图片必须遵循一些特殊规则。所在学校或学区应制定恰当的有关学生的互联网使用政策,[7] 在将孩子的照片放在任何公开印刷或网络页面之前,必须获得家长的同意。处理此问题的一个好方法是在每学年开始时,把需要每个父母签署授权的标准化的发布儿童照片的表格寄到家里。通常你可以从大多数父母那里收回这些签过名的说明书,只有少数人会拒绝,这意味着你只需要在张贴图片时留意那些拒绝签字的家长。

在你的网页、Facebook 或其他公共互联网点发布儿童图片时,我们建议你不要将带有儿童姓名的任何照片贴在网上,而只是使用课堂、特殊小组(例如合唱队)或教师来区分他们。当然,如果在发布照片时,指出儿童的姓名是重要的,比如获得特殊奖励,则应提前从父母那里获得使用孩子姓名的授权书。图14.3 是允许在网上使用儿童照片的综合授权使用书的示例。

数字公民

需要教授学生和职工一些在学校和个人生活中使用社交媒体的恰当方法。许多学校通过屏蔽学校网络或禁止学生在校内用网的方法,禁止学生使用 Facebook 等社交媒体软件。但这并不能阻止学生在家使用,或者在学校通过手机提供商直接使用网络。

网络使用协议

我已阅读并同意遵守(你方学校的)网络使用协议。我深刻明白任何违反协议规定的行为都是不道德的,且可能构成犯罪。若我违反协议,则取消我的使用权,并接受学校相应的纪律处分或其他适当的法律制裁,我也了解我的照片可能因此被放在网络上(例如网页、视频会议以及电子邮件)。

学生签名:_____   日期:_____

学生姓名(打印版):_____

学校:_____

给学生用户的父母或者监护人

作为该名学生的父母或监护人,我已阅读网络使用协议,我明白照片的使用是出于教育的目的,你方学校已预先采取措施移除有争议的材料,我也承认对你方学校来说,限制他人获取一切有争议的材料是不可能的,我也将不会对他人在网络上获取有争议的材料追究法律责任。同时当我的孩子照片不在学校范围内被使用,我将履行我的监督职责。

特此准许校方使用我孩子的照片,兹证明本表所有内容属实。

是_____   否_____

父母或监护人姓名(打印版):_____

教师姓名(打印版):_____

签字:_____   日期:_____

给学生用户的协助教师

我已阅读网络使用协议并同意与学生共同遵守协议,由于学生可能因个人作业或与其他班级交流之需而使用网络,我个人无法就学生使用网络负责。作为协助教师,我同意指导学生合理使用网络,以及教授一些网络礼仪。

协助教师姓名(打印版):_____

签名:_____   日期:_____

来源:经劳登郡中学授权使用。

图14.3　在网上发布儿童照片的授权表格

对社交媒体的误用,不论是否仅仅提供很多个人信息,或是与陌生人交流,或是对你不了解的人表现"友好",或者发送色情短信、网上欺凌,都是不恰当的行为。需要让孩子了解误用网络的危害,以及什么是恰当的行为,什么是不恰当的行为。因此,从小学阶段开始,每年在学校给各年级学生教授如何做好数字公民及使用社交媒体是十分有必要的。

当谈到学生使用网络和社交媒体,以及辅助课程材料的时候,有许多可供参考的网站[8],最好的网站之一就是常识媒体(Common Sense Media)[9]。他们已经为从幼儿园到十二年级设计出了免费的课程材料,还为家长设计出对孩子在数字公民方面教育的绝佳材料,还有为提升教师教学数位素养的技能而设计出优质的专业图书馆。

电子邮件

电子邮件是实现校内外个人以及一大群人之间沟通的一个非常方便的通信工具,学校的许多公告可以通过邮件用户清单服务(该服务有一个选定的电子邮件地址列表,可以同时向清单上的地址发送消息)快速高效地传达给教师和职工。学校的成员间应该互相发送邮件,如果可能的话,邮件地址需要保密,并且从外部无法进入。另外,每位教师和管理员需要有一个家长和学校成员可进入的公共邮箱地址。

对于学校发送给一部分或所有学校成员的邮件信息,学校信息系统(在本章的后面会介绍)应该将所有利益相关方的邮箱地址列举出来,一个经过精心设计的、校内的电子邮件程序能告知系统将信息发送给某中学所有教师或三年级所有家长,而系统确切地知道哪些人应该收到信息。

学校管理者需要有权限可以在任何必要时刻都能终止用户访问学校目录,学校还应当合理选择显示在学校目录中的信息,如果学校信息系统不包含学生的电子邮件,那么可用独立的学生电子邮件系统,该系统有一批过滤和监控设置以便监视内容。

电话信息发送系统

除了电子邮件,电话信息发送系统是一种很有价值的工具,因为它可以快速地将学校的信息传达给家长,让所有家长能通过电话获取重要信息。这种系统能够保证家长对学校事务的知情权,甚至还会影响到孩子的教育,例如提升孩子出勤率和成绩。电话信息发送系统满足了学校的许多沟通需求:

- ■学校放假;
- ■校车延迟公告;
- ■志愿者机会;
- ■出勤信息;
- ■自定义信息;
- ■紧急信息,例如下雪天气;
- ■成绩单送上门提醒;
- ■标准化测试日期提醒;
- ■体育运动事件公告;
- ■家庭教师协会/家庭教师组织会议的公告;

- 当晚返校公告；
- 谣言辟除；
- 实地考察许可单；
- 免费或降价的午餐提醒；
- 家长和教师的开会提醒；
- 家长对学校 Facebook 网页上新材料的建议。

在一些学校，家长不上网，或者即使上网，也不会操作。所以即使互联网、学校的网络、社交媒体是获取信息的快速简便的方式，他们也需要以其他的沟通方式作为补充，以便让每个人获取信息。电话信息发送系统能确保每个人都获得信息，它们与网络建立了一个通信链接，并将打印的材料送到家长那里。因此，不论家长个人情况如何，都会收到信息。

有许多公司作为应用服务提供商，向学校推销电话信息发送系统，然而其中联网的那些似乎能够提供更好服务。这些服务能够通过其计算机化的呼叫中心和多条手机线路，在几分钟之内拨打数千个电话，他们提供的部分服务包括以下这些：

- 根据学校方面提供的信息，选择特定对象发送信息（例如琼斯所带的五年级班级，或者足球队男生的家人）；
- 根据学校提供的语言信息，为多种语言的信息传送进行信息翻译服务；
- 通过为教职员工提供答复信息箱，实现双向交流；
- 自定义通过电话按键回应来进行调查；
- 基于家长选定时间与日程表，与信息难以送达的家长联系；
- 使用多种方式尝试与无人接听或设备自动回复信息的家长联系。

即时通信（发信息）

使用手机发送文字信息而不是语音信息已逐渐被人们接受，短信是发送简短信息，或不合适与人进行语音交谈时的快速而有效的交流方式，年轻人对发信息着迷，以至于乱发短信已经成为很多学校的一个纪律问题。本章稍后会就学生对手机的使用与限制进行讨论。

作为一个通信工具,信息为个别父母对孩子在学校发生的事情提供一种合法的了解渠道。通常情况下,当你十分想与某人交流时,那人却往往不在你的身边,或当你想发送一个表格或照片时,发信息正是这种一对一的快速沟通的好方法。

电话和网上学校调查

每所学校的管理者都需要了解家长对各种学校事务的看法,可能是有关校历的修改提议,可能是关于成绩单的修改建议,可能是提问八年级家长对学校旅游计划的看法。若干软件产品和服务可以用来快速询问和接收回答。有一些是通过例如在前一节里描述的使用电话留言服务自动发出电话调查。调查可以发送给大众,由学校管理员从家长或其他学校成员的电话号码数据库中选择发送对象。通过按通话键上的某一个数字回答问题,将答复记录并整理好。很显然,电话调查必须问题简单,回答也要简单。多数电话服务公司为他们的留言服务提供调查选项。

基于网络的调查提供了一种收集信息的方式。使用目标受众的电子邮件地址,诸如"即时调查(Instant Survey)","调查猴子(Survey Monkey)""凤凌(Phonelink)"的软件,或者使用你自己的学校信息系统,可以播送、接收和列表显示调查数据。[11]

社会和职业网络

专业和学校网络的发展也有助于每个学校管理者的成功。传统上,管理员通过收集名片和设置通讯录做到这一点,但今天有更好的方法。Facebook、Twitter、Instagram、Pinterest 和 LinkedIn 等电子社交网络向学校管理员提供个人工具,以从未有过的方式获取信息和支持。这些网络,通过全球或当地的成员,为学校管理员提供可以与职业朋友保持联系的方法,若非如此,这种联系的获得并非易事。与我们之前讨论的不同,社交媒体有着不同的目的。这是一个专门用于职业发展的个人账户。例如,最受欢迎的 LinkedIn,它主要定位是一个专业人才网络,工作原理就是如此。加入时,你可以创建一个描述你专业知识和成就的简介。下一步是通过邀请可信任的联系人加入 LinkedIn

并与你联系,以此建立联系。你的关系网不仅有你自己认识的人,还有他们认识的人,还有他们所认识的人的关系网,都将把你与大量符合资格的专才和专家连接起来。Facebook 的工作方式与 LinkedIn 类似,而 Twitter 的功能更像是在手机或计算机上同时向所有朋友发信息。

管理员教育博客

博客(网络日志的简称)是一种网站,或网站的一部分,一般由个人定期发布评论、事件描述或其他内容(如图片或视频)并维护。记录通常按照由近到远的时间顺序显示。许多管理员选择博客这种形式与其利益相关者进行沟通:在校长—教师的博客下面向教师发布每日公告,在校长—学生的博客下面向学生发布每日公告,在校长—家长博客下面向家长和其他学校成员发布公告。可以在某天将这些博客发布在学校网页上,并存档以供将来参考。博客可以借用已发布的活动超链接来链接校长想要人们关注的内容。例如,校长可能希望人们看到以博客形式发布在学校官网上的有关学校活动的音频或视频记录,或他可以在博客中加入超链接。许多网站都提供设置和管理博客的软件。[14]

博客作为信息和专业发展的来源,对管理员非常有益。每天浏览几个主要的教育博客将使校长保持对日常新闻和讨论的了解。一些主要的教育新闻来源会给出教育博客的列表,每个博客专注于教育者当下感兴趣的某一特定主题。正在运行的博客的两个来源是监督和课程发展协会(ASCD)以及本周教育(This Week in Education)。[15]让人印象特别深刻的一个校长的博客,是由新米尔福德的高中校长艾瑞克·什涅格在新泽西州卑尔根县维护的。[16]

Twitter

Twitter[17]正在成为学校的联络工具,既可以作为家长、教师或学校联系人的工具,也可以作为教师和管理人员的专业发展资源。对于家长,Twitter 账户以学校名义开设,并在学校网页上公布。鼓励家长以朋友的身份加入(类似于加入 Facebook 等社交网络),家长将在手机或计算机上收到所有的学校公告(即 Twitter 上的推文)。消息以文本形式发送,长度不超过 140 个字符,但通常会附上网址或 Facebook 页面以获取更多信息。Twitter 能以一种快速而又自由的方式向所有加入的人发送简短公告和紧急消息,这种方式与前面讨论过的发送语音消息服务类似。可以打开多个账户以访问特殊组。例如,开设一个成员只有教师和员工的账户,用作发布学校紧急通告或校长的专业发展信息。明智的做法是你的学校 Twitter 账户仅用于发送消息,而不接受任何外来的 Twitter 消息,从而避免使沟通复杂化。

作为教师或校长,Twitter 也是一种保持自身消息灵通的方式。正如上一篇关于博客的内容一样,有许多 Twitter 标签或 Twitter 话题[18],你可以使用该功能,如短信博客或聊天室,重点关注你作为校长或你工作的特定方面。事实上,选择有许多,选择一些帮助组织的软件可以帮助你追踪那些你选择关注的网站。[19]

Pinterest

Pinterest 是一个在线公告栏。它是书面博客或社交媒体网站的图片版本。作为一种专业开发工具它非常出色,允许教师或管理员发布课程创意,显示他们为孩子的课堂或其他内容展示的任何视觉效果。对于管理员来说,可以像用 Facebook 一样来发布学校活动的图片以及学校活动的生活片段。父母总是喜欢看自己的孩子在学校的样子。[20]

视频广播(博客)

视频广播(博客)可以查看或收听发布在网络上供下载的音频记录或音频/视频记录(视频播客)。网上有数以千计的教育视频可供下载。许多视频播放对于教师的教学都很有用,各年级各科目视频几乎都可以找到。此外,许多视频广播可视为员工培养的工具,有助于改善教学技巧。[21]

本地制作的视频与其他地方制作的视频相比,通常具有相同或更大的价值。在学校或教师的网站上发布时,它们有诸多用途。课堂使用的录像可能包括供学生课后复习的课堂录像,供其他学生或家长观看的学生演讲,面向某班级之后供所有人观看的客座演讲的录像。

在管理方面,视频题材可能包括对家长和其他人可见的学生小组表演;校长发布给教师的通知;与其他教师分享的优秀教师的教学经验;供以后参考的专业发展活动记录。以上都是本地录制的活动示例,均可以放在网站上供以后观看或收听。

对于预先计划好的活动,只需要摄像机、三脚架以及视频编辑软件。如果临时有需要,智能手机通常具有较好的视频录制功能。[22]

教育电子时事通讯

专业教育组织每周数次发送的电子时事通讯是学校管理员获取有用的最新信息的重要来源。这些时事通讯通常会借鉴美国以及世界上其他英语国家的主要教育新闻来源。其中的文章选自这些来源,并以内容简要总结的方式展现,超链接为你提供原发布文章的出处。这些服务的例子有监督和课程发展协会智能简介(ASCD SmartBriefs)、教育周更新(Education Week Update)和全美中学校长联合会(NASSP Principal's Update)。[23]

手　机

管理员智能手机

智能手机已成为忙碌的管理员时刻需要的工具,既是数据的来源,又是为管理员节省时间的便利工具,它的功能几乎是其他任何电子设备都无法比拟的。除了作为移动电话之外,智能手机还能够为经常走动的、活动范围不仅限于办公桌的管理员处理更多的事情。接下来讨论的几个学校信息系统带有移动应用程序,允许用户访问学校大多数学生的信息系统以及基本的学校信息。例如,校长应可以立即获取学校日历和他(或她)的个人日历。记录着员工和学生信息的数据库,以及里面学生的照片,都可以在智能手机上查看。因为联网,沟通可以立即用电子邮件实现。

自带工具(Bring Your Own Device，BYOD)学生手机、平板电脑、上网本等

学校的发展趋势是每个学生都可以使用学校的计算机设备。实际上,第三代、第四代甚至更高版本的移动通信技术的手机拥有比大多数笔记本电脑更强的功能,相当于小型计算机。平板电脑,如苹果平板电脑甚至拥有更强大的功能。现在的问题是,我们如何对待这些移动电子设备？我们是将它们视为机遇还是可能会带来问题的挑战呢？实际上,学生对这些设备的使用需要得到适当控制,但同时它们也是很好的教学工具。目前可以利用软件,让这些不同的计算机平台通过学校共同的无线网络实现互通。每所学校都应制定关于手机或设备使用政策,以便为在学校范围内以及周围使用它们制定大致的框架。[24] 图14.4 说明了一所高中学生的手机使用政策。

手机使用须知

1. 学生从抵达学校到下午2点40分期间,不得使用或持有手机。
2. 除非学校另有特别用途,学生可以在下午2:40后使用手机在教学楼内外合理通信。
3. 严禁通过手机或任何其他设备,在涉及个人隐私的地方拍摄照片或录制视频,该种性质的事件可能会引发性骚扰。
4. 禁止使用手机拍摄校园或学校活动中的争执行为。在这种情况下,手机可能会被作为证据没收。
5. 学生只能出于教育目的在课堂上使用手机,并且必须在当堂老师的直接监督下进行。
6. 在每节课开始时,手机要在教师指导下以"关机"或"静音"的模式放置在学生桌上。

违反手机使用政策的后果

1. 若学生违反上述政策,其手机将被没收7天。
2. 学生可以选择在被没收手机的7天内,在学校放学时去主楼的办公室支付20美元(仅限现金)罚款并拿回手机。
3. 如果学生拒绝上交因违规而被没收的手机,或者学生上交"假"手机,学校将联系管理员。学生若不服从管理员管理,将被视为双重违规处理。

来源:格林维尔高中网址授权使用。

图14.4　格林维尔高中手机政策

注意图14.4 中的项目5和6。这所学校积极鼓励师生在大多数课堂中适当使用手机

作为学习的辅助工具。请记住,手机可用于拨打电话、发送文本、发送电子邮件、连接互联网、拍照和制作视频,这些都具有教学价值。一些学校正在转向电子教科书,主张取代纸质教科书。格林维尔高中的尾注列出了一些有价值的网站——从谷歌搜索和查查搜索的移动搜索服务到手机应用程序,都允许个人组成的群体使用手机短信功能和活跃的网站发布结果对用户生成的民意调查进行投票。手机成为受众响应系统(ARS),并扮演着遥控装置的角色。[25]对于没有个人手机的学生,一些学校已经与学区员工手机提供商协商,为学校的数个教室提供几套最新的手机技术,这样一来在教室可为了课堂用途使用手机。越来越多的学校在选定的教室或学校为所有学生提供平板电脑。

学校信息系统

对多数学校而言,他们很少会整合学生数据。来自学校组织不同部门的信息通常会被保存在单独的文件中,冗余且难以共享。学校通常会在如下方面保存大量信息:学生档案、教师任务信息、学生评估数据、交通信息、食品服务记录、图书馆记录、学校财务数据和特殊教育记录。用于管理这些数据的技术通常是不兼容的,即使在同一所学校或同一个学区也是如此。这使得任何人无法查看学校所拥有的数据集的"整体情况"。已经出现了支持文件存储和文件共享概念的新软件,被称为"数据仓库",软件被设计用来把所有信息和技术联系在一起,以整合来自单独的数据系统先前储存的数据。学校运用这种新方法以及学校信息系统,能够从几个数据库中提取出新分析和报告。

精心设计的学生信息系统为管理员、教师、学生和家长整合了广泛的信息需求和来源。系统包括以下特色:学校的日程安排、校历、电子邮件、文件管理、教师档案、医疗诊所记录、成绩单和自定义报告。学生信息系统软件的范围覆盖从非常复杂的大型学校商业系统,到非常低廉甚至免费的开放式独立系统。[26]

学生信息系统应该为学校管理员提供对当前数据访问的权限,且应易于管理。它还应该为用户提供自我管理数据和任务的方法,从而减轻学校管理员和信息技术人员的负担。一个好的系统应该能够通过自动化和加快重复性操作来消除冗余数据条目和其他任务。

通过对日常性任务的自动化执行、提供工具使学生在教育过程中参与度更高等方式,能够让教师的生活更简便。年级书本项目与其他学校记录的融合,能够缩减年级任务,从而消除冗余。可选项应该还包括教师的博客、讨论板、自定义测试生成器以及在线创建和跟踪作业的能力。可以创立例程,以此来简化并鼓励教师与学生和家长的沟通。

大多数学生喜欢新技术。学生信息系统的某些部分可以专门设计成学生可以直接访问,通过允许学生监督自己的进度,保持条理性,跟踪作业和访问课堂资源,让学生对自己的教学产生兴趣并参与其中。还可以通过课堂博客和讨论组的方式扩大教师和其他学生的沟通。

教育工作者了解,父母的参与是学生成功的一个重要因素。为父母提供一个简单的途径,让他们能够积极主动地加入孩子的教育并参与学校活动,将有助于提高学生的学习效果。学生信息系统可以创造机会让父母更新个人账户,包括沟通信息、在线填写许可单和其他表格,这也减轻了学校的管理负担。家长可以注册参加志愿者活动,查看孩子的保证和作业,与老师沟通以及接收进度报告。

学生信息系统应该包括为高效管理学校数据而设计的特别模块,一些重点领域的简要描述如下:

应用程序名称	家庭访问		学生访问	
	启用	显示信息	启用	显示信息
学术史	否	否	否	否
活动	是	无数据	是	无数据
出勤	是	无数据	是	无数据
纪律	是	无数据	是	无数据
教育里程碑	否	否	否	否
电子邮件通知	是	无数据	是	无数据
餐饮服务	否	否	否	否
梯度书	是	无数据	无数据	无数据
毕业要求	否	否	否	否
指导教室	否	否	否	否

(续表)

应用程序名称	家庭访问		学生访问	
	启用	显示信息	启用	显示信息
信息中心	是	无数据	是	无数据
我的日历	是	无数据	是	无数据
笔记	否	否	否	否
文件夹	否	否	否	否
家庭变化	是	无数据	无数据	无数据
成绩单	是	无数据	是	无数据
报表目录	否	否	否	否
Rtl 信息	否	否	无数据	无数据
地铁列车时刻表	是	无数据	是	无数据
斯凯勒特	是	无数据	无数据	无数据
学生信息	是	无数据	是	无数据
学生服务	否	否	无数据	无数据
教师会议	否	否	无数据	无数据
考试成绩	是	无数据	是	无数据

来源:来自天空软件的劳登郡学校。

图 14.5 家庭和学生对学生数据的访问

日历

学生信息系统必须能够创建、管理和共享多个日历和事件,同时耗费最低人力物力。作为学校管理员,你可能希望保留各种与学校相关的不同日历。以下是五条建议:

■个人日历,包括你专门负责的所有会面和事件。也许如本章开头场景中的主人公一样,你可能希望在智能手机上保存此日历。

■一个学校的主日历,包括与学校相关的所有特殊活动(见图14.6)。

11月 November

星期一	星期二	星期三	星期四	星期五	星期六	星期日
			1	2	3	4
5 3:20 教师会议	6 选举日 学生假期	7	8	9	10	11
12 3:20 教师会议	13 营养日 工作间 3:20 领导团队会议	14 为图片的化妆日	15 学生来自小世界和K-5谈谈 9:30-12:00	16	17	18
19 9:15-K&1 计划 马蒂·西尔弗环保主义者 3:20 教师会议	20	21 六周后 9:15-2&3 计划 马蒂·西尔弗环保主义者 10:30 名歌手加特林堡 2:00 歌手计划在加特林堡	22 感恩节假期	23	24	25
26	27 线索是变成蓝色 10:00-K,1档,2档 10:30-3档,4档和5档 3:20 教师会议	28 发布进度报告 8:30-11:30 Bledsoe ljani 公园 比文斯机场	29	30 幼儿园- "胡桃夹子"		

图14.6 学校主日历

■校内教学楼使用日历,记录所有公共场所,如礼堂、体育馆、自助餐厅、会议室的预约。

■人事日历,显示某人不在校内的所有时间。当需要雇用替代人员或重新分配人员时,这种类型的日历很有价值,显示内容包括教师即将参会或请求个人日期的时间,外出中的管理员需参加会议的时间等。

■学生个人日历,显示家庭作业、考试日、特殊活动等。见图14.7。

日历创建后,应该与个人或预定义的组共享整个日历或特殊事件。可以将与学校相关的活动设置为自动出现在相关方的日历上。例如,一旦教师发布信息,学生的家庭作业和考试就会立即出现在他们自己的日历上。教师的日历可以显示全校范围内的活动,以及显示教师必须跟进的多个日期。父母可以很容易地看到孩子的保证。所有用户都应能阅览任何特定组的日历,并确定需要将哪些事件添加到自己的主日历中。进度计划总表中的提醒可以在任何预定事件之前发送。

文件管理

学生信息系统应该允许管理员创建共同文件夹,并向单个用户或用户组开放只读或编辑的权限,或基于用户角色给使用者特权。应该可以轻松地与系统中的任何人共享文件,从而避免同一文件的多个副本出现。在开放对学生数据的访问权限时,牢记《家庭教育权和隐私权法》所规定的限制。密码设定系统仅为有资格查看指定学生文档的人开放。

诊所记录

学生的健康信息和就诊记录是保存的学生相关信息中的重要部分。这些记录往往在学校诊所存档,但实际上,这些记录在紧急情况发生时是必不可少的。学校护士需要管理各种诊疗信息:过敏记录、免疫接种、药方记录、紧急联系人信息、保险费用以及药物分发日志,一个良好的学生信息系统的一部分就是一份可检索的学生信息文件,当然记录内容必须保密,并且仅对有权限使用密码保护系统的员工开放。

学生：Sharon Yarbrough
上个月　2014年9月

星期日	星期一	星期二	星期三	星期四	星期五
1	2 未到校	3 P. 167(1-21;2c(83) 11-19 第 64 页和第 1(55) 页记录工作(100)	4 第 2 章试验(100)	5 投进布克(83) 乘法 Fa(100) 刻度梯形 B-f	6 开篇段落 1-2 Revi
8	9 WB 4-6(100) 折叠式复习(100) 刻度梯形 E-f(S)	10 p. 226 (6-23) (100) 剖面图 3-4 Egyi(87)	11 能量流 Wo(95)1-4 pg 115 和 1-(50)	12 加法事实 Q(99) 投进布克(83) P.230(15-23)(98) 押韵广告(100) 1-17 页 92 和 1-(70) 打开书本(83)	13 词汇测验 累计 第三章试验
15	16 TCAP教练,p. (100) 介词(100)	17 BR 介词(100) 第 1-2 节偶数(87)	18 加减法(97) 第一节生态系：(73)	19 加法测验 B(99) 投进布特(85) 7个生物群落图；(100) 第三节安提尔(80)	20 文学图书音乐会 Bb 音阶
22	23 P.252(9-24);32(80) 议论文 第 4-5 复习(80)	24 WB 5-8 (95) 第 42-43 页 Wc(100) 1-9 页 53 和 1-7(70)	25 WB 5-9(100) 参数(85) 第五章印度(93)	26 加法事实 Q(96) 投进布克(89) 1-14 页 122&1(71) WB 第 45-46 页 Aq(80) 参与 c(S)	27 开卷测验
29	30				

○ 显示缺勤/迟到
○ 显示 MC 消息
○ 显示 ST 学生测试
○ 显示成绩册作业（成绩）
○ 显示 AC 活动事件
○ 显示午餐菜单

来源：来自天空软件的劳登县学校。此家庭报告的目的是通知家长他们孩子前几个月的作业和测试，括号中显示了每人每日作业的数字分数。本月的报告可能看起来很相似，但考试和作业成绩尚未记录。

图14.7　家庭访问报告

报告生成器

学生信息系统需要能够从任一模块中提取数据，以便生成、发布、共享能够准确传达一系列学生和学校信息的报告。系统应该能够对个别学生、整个学校、全体人员内部次级小组的统计数据进行趋势追踪并查看统计数据。它还应根据特定的标准将检索到的数据过滤，例如根据日期、时间、性别、年级、年龄等条件。如果一份报告符合某个监管机构的某一要求，则可以按指定要求制作报告以使其符合特定国家报告的要求，且记住保存格式，下次再需要相同的报告时便可以重复使用。

接下来列出管理员可能希望生成的报告的示例：

1. 学校家长简介。这是学校所有孩子父母的简介，显示了不同教育水平所占百分比、单亲家庭的数量、职业类型、起初来自其他地区的百分比、家庭中的儿童数量等等。分析此类信息有助于更好地了解学生群体及其需求。

2. 新入学学生分析。该报告包括每一年中每个月新入学的学生列表，显示每个学生以前所在的学校、转学情况以及通过平均积分点（GPA）或测验分数的对比所得出的学生在校取得的成绩。

3. 毕业生分析。这与新入学学生分析类似。

4. 超额缺勤名单。这是所有超过某个一定天数的缺勤学生名单，显示入学的总天数和缺勤天数。此外，还会显示缺勤所在周的天数和日期。该报告可能会指出哪些缺勤无法被赦免，以及纪律处分文件，特别是有关逃课的文件，是否对学生执行了处分。也可以对学生兄弟姐妹出勤进行交叉检查。如果将该列表通知发给父母，则要增添父母的姓名、电话号码和地址，以加快后续进程。

5. 超时晚归报告。该报告可能类似于超额缺勤报告。它也可能是使用文字处理器的合并功能，基于报告将通知发送各家（保证父母知情权也是良好信息管理的一部分）。

6. 特殊学生报告。这是一个按年级和教师划分的、在每个打分阶段结束时测评的，对象为 GPA 大于 3.5、3.0 到 3.5 之间和小于 1.5 的所有学生的报告。对于前一个打分阶段绩点不位于当前所在区间的学生，可以用特殊符号标记出来。

7. 水平测试报告。这是按照年级、教师、学科，未能通过水平测试的某些项目的学生名单。

8. 学生纪律报告。学生纪律报告是以学生违规为内容的近期违纪清单,也可能是表明违规数量、说明违规类别、处理违规情况的摘要报告。

9. 成绩测试分析。该报告将显示那些测试分数高于之前测试与预期分数的学生的名单,它也是显示按照学科和教师,测试分数低于之前测试与预期分数的学生名单。

安排

虽然学校的主要时间表在第十二章中有详细的论述,但它们是学生信息系统的一部分。制定主要时间表所需的大多数信息都来自学生信息系统数据库。好的计划安排程序能够分析已有信息并确定最佳学习时间,以将潜在的时间冲突最小化,同时,还应考虑到课程类型、班级规模的限制、学生或家长的要求、注册持有数、课程先决条件。一个好的计划安排还会考虑不规律的时间间隔,班会、假期或早退等安排。程序应该能够创建几乎没有冲突的时间表,关于教室、指导员、学生的限制条件应是灵活的,并可由用户定义。教师和学生应能阅览和打印他们的日常安排表。

学生记录

学生信息系统中的学生记录部分能够跟踪各种个人履历、学术成就和个人信息,以便深入了解学校里每个学生的长处、短处和性格。该系统应对学生的学术成就和个人信息进行详细记录,使学校能够保存管理历史记录和当前记录。重要信息应每年都能追踪。要严格限制访问权限,设置为管理员才能进入,以此确保敏感信息的保密性。人口统计数据,包括民族背景、所使用的语言、有关法定监护人和兄弟姐妹的信息、紧急联系人和就诊记录,这些都是全方位反映学生情况的必要记录。

成绩单

成绩单程序在被整合到更大的学生信息系统时最有用。可以将学生信息系统设定为提供机会以审查、批准、发布学生的报告单、进度报告和成绩单。该软件应在管理员、教师和家长之间建立流畅的工作流程。教师准备最终报告,添加个性化或预定义的评论,并将其直接发送给管理员进行审核和批准。经批准后,报告能以纸质版或电子版的方式发送给家长。一个好的程序具有安全性,并将通过确定谁可以查看成绩,以及指定教师可以访问的年级来限制对敏感信息的访问。

课程管理系统

管理教师记录的另一种方法是使用课程管理系统,该系统通常包括成绩簿程序的大部分记录部分。课程管理系统通常是基于互联网的软件,可以创造和传播课程内容,让教师能够使课堂不受限于传统的时空范围。通过提供由教师直接发布的基于网络的材料,或其他基于网络信息的超链接,该系统可以对传统课程进行补充。课程管理系统完全可以帮助组织传统课程,包括管理出勤、接收完成的作业、管理考试;为学生与学生之间的远程沟通、学生与老师之间通过讨论板、聊天室、电子邮件等沟通提供机会。由于学生能够借助家用电脑、教室计算机以及便携式设备(如笔记本电脑或手机)更直接地访问互联网,直接在互联网上组织教学是可以实现的。随着"翻转课堂"的教学模式越来越受欢迎,课程管理系统对于好的课堂管理来说将变得更为重要。

虽然市场上有许多优秀的独立课程管理系统程序,但迫切需要一个能与学生信息系统直接连接的程序。课程管理系统程序为教师提供了一系列旨在减轻工作量的工具。它应该为教师监督每个学生学业的进度提供现成资料。事实上,课程管理系统要像一个代表着教师的小型学生信息系统。该程序应能够帮助教师输入和保存学生成绩,布置和管理学生作业,记录出勤率和追踪纪律问题。它还应能够生成图表,帮助教师识别特定类型的学生或追踪班级的整体表现,并且能够在线发布可供下载的学生作业,完成后能够以电子版或纸质版的方式给予教师反馈。

可以购买一些专为幼儿园到十二年级的学校设计的商业课程管理系统软件包,例如毕博教学平台(Blackboard Learning System),而且还有越来越多的免费软件,也是资源开放且可替代毕博的软件,例如魔灯(Moodle)、课廊(Claroline)、萨开(Sakai Project)。尽管这些课程在某种意义上是免费的,但它们需要一定程度的专业知识的支持,而当地的学校并不总是有这些。因此,许多软件支持服务公司提供有偿帮助培训教师以及掌握操作课程管理系统产品。谷歌搜索可以提供此类服务的列表。

管理员使用的其他软件应用程序

教室监督

教师监督可以使用的技术里有几个强大的应用程序。使用专为手持设备(如平板电脑或智能手机)设计的软件可以极大地增强课堂观察效果,还可以完全自定义规则,以达到各个学区的标准。基于对教师课堂教学的观察、评估课堂的学习时间、完成任务时间、教师说话时间、等待时间、对不同性别分配注意力、发散和非发散性疑问时间,以及基于布鲁姆分类理论的疑问时间,这些通过轻松生成的报告都能得到评价。这些数据便于管理员创建观察结果数据库,以此为个别教师评估特定变量,并进行层次渐进的分析。市场上有各种各样的软件产品可以满足校长的不同需求。

财务计算系统

财务计算是计算机最常见的应用程序之一。随着对高度详细计算的需求不断增加,计算机自然成为一种高准确度的省力工具。大多电脑商店都会提供会计专用软件包,这些软件包通常是为企业用途而设计的。大多数情况下,学校核算只需要总账组件,许多案例中,它可以作为单独组件购买。简单的计算程序也可以在数据库管理系统中创建,或在电子表格上制定(见图14.8)。许多学区在一个共同的财务会计系统上将自己所有学校的核算系统标准化。互联网搜索可以查到许多当下的产品。

2014年度部门预算 数学系 东南小学				10月
预算范围及项目	可免税的 (美元)	本月预算 (美元)	到期日预算 (美元)	余额 (美元)
文本(B-4)				
现代数学	900.00	497.00	497.00	403.00
数学软件	400.00			400.00
黏合剂21@10.5美元	220.50		220.50	—

（续表）

预算范围及项目	可免税的（美元）	本月预算（美元）	到期日预算（美元）	余额（美元）
补充文本	450.00			175.00
设备（D-4）				
音量分配装置（1）	90.00		90.00	—
图形板（多功能）（1）	65.00			65.00
干擦除标记组件（6）	60.00	10.00	10.00	50.00
罗盘架	32.00		12.00	20.00
量角器架	35.00	15.00	15.00	20.00
补充（B-6）				—
通用数学百科全书（2）	40.00	40.00	40.00	
其他参考文献	50.00			50.00
技术（D-7）				—
智能板	1750.00		1745.00	5.00
酌情供应品	100.00		65.00	35.00
小计	4192.50	562.00	2969.50	1223.00
人员（A-3）				
2名顾问，每人2天在职费用	2000.00	1000.00	1000.00	1000.00
小计	2000.00			
总计	6192.50	1562.00	3969.50	2223.00

图 14.8　预算数据表

学校在线表格下载

许多学校的表格和记录可以通过电子方式进行保存。所有学校都会提供出于各种目的所需的学校表格的文件专区：特殊教育文件、职业项目、零售计划、维护要求、技术维修、采购订单、迟到单、课程计划等，列表还包括很多其他内容。学校可以使用多种级别的记录管理。最基本的是通过创建所有利益相关者可用的主要学校表格文件，和一个大家可用的包括所有基本空白表格的 PDF 文件。可以将所有表格下载到本地打印机，以便随时使用。如果需要，可以在文件上设置访问限制，使表格仅供特定分组使用。

电子反馈表格。电子系统允许操作人在屏幕上制作特定的学校表格、打印已完成的表格，以及将完成的表格以电子文档的形式返回至适当位置。工作申请表、实地考察同意书、父母审查和更新儿童的个人信息，包括地址、电话、健康状况等，均属于此类表格。

记录进度跟踪器。当教师、学生或家长以电子方式反馈记录时，有时很难确定哪些记录是已完成的，哪些是仍在进行中的。可以将追踪系统添加到电子记录反馈程序中，用以追踪完成的、仍在进行中和未被激活的记录。

文件管理系统

文件成像和管理系统以及文档扫描硬件允许学校创建以硬拷贝形式接收记录的计算机文档文件，并在计算机屏幕上检索该文件。医疗记录、家长来信、证书甚至学生的艺术作品，都可以存储在这样的系统中。输入文档描述可以检索、排序或选择文档，就像使用常规电子数据库检索一样。借助现有的云技术将记录远程存储，以提供安全可靠的备份。务必使用加密技术确保这些数据的保密性。

安　全

硬件安全

计算机设备昂贵但相对轻便易携带，极容易被盗，特别是在学校这种公共环境中，需要特别谨慎地减少这种风险。建议采取以下措施以降低损失：

1. 记录计算机和相关设备上的所有序列号。如果设备被盗，此举将协助警方进行调查。序列号有助于警方将被盗财物列表录入国家犯罪信息中心。

2. 在计算机机箱外部明显处标明学校名称和地点，且在隐蔽处也要打上识别标志。

3. 请在购买桌面设备时从供应商处拿到安全锚垫(如果供应商有的话),注意此举会使在移动设备时花费时间和精力。这样可以防止设备白天在公共场所如办公室或教室里丢失。

4. 注意安全,但要注意不要过分拘束,以免为设备的使用带来不便。

学校计算机网络安全

在一堂社会研究课上,五个中学男生被分到一组。他们将合作完成一项主题为内战的作业,并就该主题写一份集体报告。他们决定使用他们中的一个男孩的登录名和密码,这样他们可以共同完成一份报告。他们其中的两个男孩决定给一个他们讨厌的同班女孩发送一封非常不礼貌的电子邮件。他们使用团体中一名自愿给出登录名和密码的成员的账户发出了这封邮件。几天后,女孩的父母来到学校要求了解谁发的信,并且认为发信者应受到惩罚。这五个男孩中无人承认发信。其中一个男孩说学校里的其他人也有这个账户的密码。

你如何处理校内互联网不当使用的问题?虽然这可能部分是你所在学区信息技术部门的责任,但作为学校主要负责人,你也应负有责任。以下是一些基本准则:

■每个学生都应该有一个能访问学校网络的用户身份和密码。

■学校应该教导学生,登录信息应只有学生自己知晓。

■应有程序设定在当年内修改密码,每年都应该设置新的密码以减少误用。

■教师不应置学生于登录名或密码共享的环境中。

如果使用流氓账户,信息技术部门可以提供识别同一账户的多个登录状态、时间和位置信息的软件。[30]

多渠道无线互联网

随着移动设备日益广泛的使用,无线互联网连接已成为学校计算机互通的标准,同时互联网安全成为一个重大问题。学校通过使用多个为不同客户所用的无线频道,且每个无线频道都具有唯一的密码保护去解决部分问题。举一些例子,师生通常上课会使用普通频道,员工和管理员沟通使用密码保护频道,以及游客使用另一个频道。给予学生、员工和其他合适人员使用密码的权限,以便他们在登录系统时使用。

建筑安全

视频监控系统是监控校舍的绝佳技术工具。它们有助于全天候监控学校场地以帮助保护学校财产,并且可以帮助监督控制学生在校期间的行为。然而,这两个目的是不同的,并且通常需要极为不同的安装和区域布置。最重要的是,为保护学生和员工的隐私,可将摄像机放置在室内公共场所(如自助餐厅、办公室和体育馆)以及操场和运动场所等户外场所。较新的视频系统会直接传送到一个互联网站点,学校职员可以通过移动设备远程访问该站点。这允许学校职员和安保人员可以在走动于学校间时,甚至在家中也可进行学校夜间或周末的活动监测。现在一般的做法是向当地警察和应急管理系统机构提供登录信息,以便他们可以在移动设备上访问系统。

在学校设置安全系统时需要考虑许多因素。设置安全摄像头时,请考虑以下问题和因素:

■你正在监控哪些类型设施?

■你认为什么是最紧迫的安全威胁?

■你目前拥有哪种安保?你所在学区是否有必须遵守的安全协议?

■你周围地区是否存在犯罪和暴力问题?

■你有没有希望通过摄像头上监测到特殊情况?

■你学校的学生聚集区域是否发生过问题(例如,有关运动场或储物柜的故意破坏行为)?

■安装在主要入口和办公室附近的摄像头可以帮助你记录进入和离开学校的访客。出口附近的摄像头也可以帮助减少逃学现象。

■固定摄像机可以采取一定的策略妥善放置,以保护贵重物品,如计算机、音响设备、奖杯和书籍。

■停车场的室外监控摄像头,能够在年龄较大的学生和员工迟到或早退时起到保护作用。这些摄像头还可以阻止在校期间的无端闯入和破坏行为。

小　　结

本章介绍了许多当前技术在学校管理中的运用。一些应用程序只是对现有实践的扩展和改进,例如基于计算机的日程安排或学生记录系统。其他方面,例如向学生发放移动设备,或使用社交网络作为沟通工具,对学校管理者来说都是相对新的现象。在教育领域,没有什么比技术的可得性和使用改变更快了。几乎每天都有最新的和改良的软件及硬件产品流入市场。它们价格持续下跌,功能不断改进。

有些新思想与教育实践完美地结合在一起,有些则经不起时间的考验而逐渐消失。作为学校管理者的任务是明智地做出选择,选择那些能最大限度地运用你的时间和精力,并为每个学校的孩子创造最大益处的解决方案。

活动

1.阅读本书结尾附录部分 A 中的案例研究 3、6 和 9,分析提出问题并应用本章提出的计算机使用的概念。如果已经有一个好的计算机系统存在,如何预防这些问题?你将采用什么方法去解决这些案例中发现的问题?请制定一项策略攻克学校在每个案例中面临的难题。

2.学校全面计算机化的最大障碍是什么?运用第四章中提出的策略规划概念以及第九章中概述人力资源发展的理念,概述你的实施方案。

3.采用教育领导者职业标准并审查所有技术相关的标准。你学校的技术和管理的表现怎样?用技术改善学校管理的方法是什么?

尾注

1.汤姆·怀特比是纽约圣约瑟夫学院的兼职教育教授。他之前在公立学校体制内担任了 34 年的中学英语教师。他获得了教育博客最具影响力教育系列 Twitter 奖,#教育漫谈是他与别人共同创立的。详情见他的博客 http://smartblogs.com/education/2013/10/01/do-we-really-need-connected-educators-/?utm_source=brief.

2. 国际教育技术学会国家教育技术标准(2009 年):https://www.iste.org/standards/standards-for-administrators.

3. 网络电脑是一种需要联网而不是离线的计算机上的操作系统。网络电脑也可以是在线工作区,可以通过带有网络连接和能够启用网络的设备上的任何位置进行访问。你所有的软件、文件等都准备就绪,所以不管你使用什么计算机,都拥有相同的体验,你的需要都能被同样的满足。无需购买任何东西的最新版本,因为它以云存储为依托,供应商会为你处理好这些。此外,许多网络电脑支持各种类型的智能手机,因此你几乎可以从任何地方进行访问。当你购买新计算机时,通常是当你需要通过软件来完成某事时,可能需要你花费数千美元。大多数网络电脑都安装了该软件并准备就绪。全部实行在线管理,因此你无需为购买最新版本而担忧。大多数网络电脑都可以在较廉价的计算机上运行,而且多数都装有可用的流行办公软件;你所要做的就是选择自己喜欢的软件,然后使用它。最佳的一点在于你永远不会受限于一款软件,因为你可以随时切换到另一个软件。

4. 微软办公软件是微软公司的产品。

5. 微软笔记本(OneNote)允许你记笔记,还会帮助你保存、组织、检索笔记和信息。它包括搜索工具和共享笔记本,使合作更加容易。

6. 学校时事通讯的一个很好的例子是伊顿火箭人(Eaton Rocketeer),详情见 http://eaton-school.org/.

7. 因特网使用策略的示例可以在以下网址找到:http://boardpolicy.net/documents/detail.asp?iFile=7137&itype=4&jboard=21.

8. http://www.staysafeonline.org/data-privacy-day/teen-and-young-adult-resources 和 http://www.intel.com/content/www/us/en/it-management/intel-it-best-practices/technology-tips-teen-privacy.html.

9. http://www.commonsensemedia.org/educators.

10. parentlink.net、alertnow.com、schoolreach.com、Connect-ED 等网络公司均是为数不多的 2014 年的应用服务提供商。谷歌搜索可以找出更多。

11. http://twitter.com/;http://www.instantsurvey.com/;http://www.surveymonkey.com/;http://www.parentlink.net.

12. http://www.facebook.com;http://www.teachertube.com/;http://www.linkedin.com/.

13. http://en.wikipedia.org/wiki/blog.

14. Edublogs.org 是一个专门为教育机构提供有限免费服务的博客网站。其他博客服务网站包括:Blogger;TypePad;WordPress 以及 LiveJournal.

15. http://www.smartbrief.com;http://scholasticadministrator.typepad.com/.

16. http://ericsheninger.com/.

17. Twitter 是一个免费的社交网络和微博服务，它使用户能够发送和阅读其他用户的"推文"的更新。

18. 进入 Twitter.com 网址并搜索教育。它将为你提供一长串的人员、组织或出版物。将你从其他地方找到的资源添加到其中。

19. Diigo.com，Symbaloo.com，TweetDeck.com 等公司都提供帮助你追踪推文和你关注网站的免费软件。

20. http://www.pinterest.com/ceducators/how–to–pinterest/.

21. YouTube.com 或 Teachertube.com 网址已经成为发布视频的标准网站，其网站地址发布在相应的网站上。

22. http://viewer.zmags.com/publication/bl 24b 13d#/bl 24b 13d/ 36? ps = 86886 – 0013000000jOL2a – 0033000000q5fbF.

23. http://www.principals.org/update；http://www.smartbrief.com/news/ascd；http://www.edweek.org.

24. 手机使用政策 http://ghs.gcschools.net/? PageName = Latest News&Section = Highlights&ItemID = 40259&ISrc = School &Itype = Highlights&SchoolID = 3092.

25. 登录 http://images.pcmac.org/SiSFiles/Schools/TN/ GreenevilleCity/GreenevilleHigh/Uploads/Documents Categories/Documents/cell%20phones%20activities.pdf.

26. 皮尔森软件产品是一家为任何规模的学校打造其超级学校（PowerSchool）和超级教师（PowerTeacher）产品的大型供应商的学生信息系统软件，网址 http://www.pearsonschoolsystems.com/products/ powerschool/. 另一家知名的产品是天空：http://www.skyward.com/Page.ashx/Home.

27. http://www.blackboard.com/.

28. http://moodle.org/；http://www.claroline.net/；http://sakaiproject.org/.

29. 推荐几个好用的教师观察软件网址：http://www.ecove.net；http://www.pes–sports.com.

30. 有许多软件产品可供选择，例如用户锁（Userlock）：http://www.isdecisions.com/blog/it–management/. stop – users – sharing – windows – network – login/.

31. 有许多视频监控系统供应商，技术的发展也是日新月异。根据你的特定需求进行谷歌搜索将为供应商提供许多潜在客户。

选读篇目

Ash, Katie. "Building a District Culture to Foster Innovation". *Education Week* (September 30,

2013）：http://www.edweek.org/ew/articles/2013/10/02/06el－culture.h33.html？tkn＝RVCCDf2WA86z0jshtr6iFv7fE0YlIKUdJy3W&cmp＝clp－sb－ascd&intc＝es

Buck, F., "Saving Time and Paper with Basic Technology." *Principal* (January/February 2007): 18–21.

Devaney, Laura, "Leveraging Pinterest for Administrators," *eSchool News* (November 1, 2013): http://www.eschoolnews.com/2013/ll/01/leveraging－pinterest－administrators－145/?

Garland, Virginia, and Chester Tadeja, *Educational Leadership and Technology. Preparing School Administrators for a Digital Age* (New York, NY: Routledge, 2013).

Hines, C., S. Edmundson, and G. W. Moore, "The Impact of Technology on High School Principals." *NASSP Bulletin* 92, no. 4 (2008): 276–291.

Hollins-Alexander, Sonja, *Online Professional Development Through Virtual Learning Communities* (Thousand Oaks, CA: Insight Education Group, Inc., Corwin, a Sage Company, 2013).

"How To: Pinterest," http://www.pinterest.com/ceducators/how－to－pinterest/

"Moodle MOOC 2: Week 3 Challenges & Best Practices in Moodle Activities," http://connect-ededucators.org/cem2013/moodle－mooc－2－week－3－challenges－best－practices－in－moodle－activities/

Richardson, W.. *Blogs, Wikis, Podcasts, and Other Powerful Web Looks for Classrooms* (Thousand Oaks, CA: Carwia Press, 2006).

Richardson, W., and R. Mancabelli, "The Ready Write Web: New Tools for a New Generation of Technology". *Principal* (January/February 2007): 12–17.

Shoaf, Michael, and Dianna R. Foley, "Crafting a Successful BYOD Policy." *eSchool News* (October 15, 2013): http://www.eschoolnews.com/2013/10/15/byod－policy－construction－175/2/

Stansbury, Meris, "10 Must-Watch Videos for flipped Learning." *eSchool News* (October 24, 2013): http://www.eschoolnews.com/2013/10/24/flipped－videos－learning－190/? ps＝86886－0013000000jOL2a－0033000000q5fbF

"U.S. School District Monitors Kids' Social Media." *eSchool News* (September 20, 2013): http://www.eschoolnews.com/2013/09/20/district－monitor－use－126/2/

Vanderlinde, R., J. van Braak, V. De Windt, J. Tondeur, R. Hermans, and I. Sinnaever, "Technology Curriculum and Planning for Technology in Schools: The Flemish Case." *Tech Trends: Linking Research and Practice to Improve Learning* 52, no. 2 (2008): 23–26. (ERIC Document Reproduction Service No. EJ798648).

第四部分

与校外环境互动

21世纪的学校领导必须知道并理解那些可能对学校社区产生影响的新问题和趋势,了解多元化学校社区的条件和发展动态、社区资源、社区关系和市场战略与流程,以及学校、家庭、企业、社区、政府和高等教育合作伙伴关系的成功模式。他们也应该坚信、重视并致力于学校作为社区主要组成部分的运作与发展,与家庭进行有效沟通与合作,使家庭以及其他利益相关者参与到学校决策之中,主张学校的多样性发展,使得学校与家长充分参与到学生的教育中来;主张家长一切为子女着想,充分调动家庭、社区的资源以支持学生的教育,并受公众监督。第四部分具体涉及的教育领导者职业标准(2015年)包括:

标准3:平等与文化响应。

标准8:家庭和社区有意义的参与。

第十五章　学校营销

学校和社区

校长需要明白一点：学校是为广大公众服务的，并非所有学校社区都千篇一律。即使规模较小的小学所服务的社区都比想象得更复杂。换句话说，并非所有学校服务对象都是相同的，而且所服务对象本身由个人和群体组成，他们的情况各不相同，接收和理解信息的方式不同，其反应模式也各不相同。

学校社区没有单个的服务对象。社区成员可能是各类公众成员，包括父母、工会成员、教会观众、狮子会成员、祖父母、各领域的专业人士——他们都是纳税人。

此外，不同学校社区接收信息的方式也不尽相同。通常情况下，个人和集体所需的信息不同，如果人们需要消化这些信息并采取行动，就需要以不同的方式来接收这些信息。

每个学校的校长或公关主任需要确定几个学校活动的受众群体。请参考以下列表：

■父母；

■非父母；

■老年人；

■教师；

■学生；

■商业领袖；

■专业社区；

■工会；

■特殊利益集体(任何组织的积极分子、宗教领袖等)。

■对生活失去希望的、道德缺失的社会底层群体,上述列表(其他与之相关的个人和群体也可添加其中,这取决于社区具体情况)暗示制定一个实用营销方案的难度。

此外,除了那些极度混乱的群体外,在大多数社区中,都存在正式和非正式的决策结构。正式与否会因学校事务的不同而不同。但在一些公立和私立学校,如果没有其他因素,只要是能获取和支出大量资金的事务就会引起注意。以税收为例,在公立学校,税收收入的获取和支出也会引起那些孩子不在本校就读的家长的注意。

本章的主题是学校营销。当提及"营销"这一词时,我们并不是在说"销售产品"。我们说的是帮助人们了解学校所付出的努力和取得的成果,以及它能为社会群体做些什么。一般情况下,只有营销好产品才能有效地做到这一点。

我们会提供分析社区的基础,并提出有效传达学校价值的实践。下面我们将探讨各种群体环境中解决学校问题的方法。

特定学区是如何构成的?

通过研究"特定学区",我们正在调查关于居住在学区内群体的构成。在一些小城镇,居住在学区内的群体就代表着整个城镇人口。在城市中,它意味着特定学区。如果学区是开放式招生区,那么"学区"会很复杂。同样,如果该地区有磁校,"学区"也将会越来越复杂。

建议校长首先对学区和学生的住所进行走访。当然,如果学生都集中在一个地区,走访工作就会轻松得多。但是,即使学生住所分布在不同区域,或者是有磁校或开放式学校,走访工作也是有必要的。为什么学生不在校时也需要知道他们住哪里呢?仅仅是因为信息传递和交流模式会因群体不同而不同,而居住方式往往会揭示有学生的家庭的特质。一些学校有着不同的族群,不同的收入水平,不同的家庭语言,不同社会群体成员的期望和集体智慧也各不相同。

此外，并非所有住在学区内的家庭都有孩子在学校读书。那些不同年龄的社会群体、商会、基瓦尼斯俱乐部和其他类似性质的俱乐部——劳工组织和宗教团体以及非父母群体，他们的态度、定位和关注点也很重要。

采用不同的方式来宣传学校至关重要。不是所有人都会阅读报纸或者浏览网上的新闻，也不是每个人都会参加社区的各种会议，也不是每个人都是家长教师会或激励俱乐部的成员。即使有些人符合上述条件，他们也不一定会了解学校的安排，就算他们了解，也不一定会赞同学校的安排。因此，交流和营销系统必须多样化，并有一些反馈机制。

世俗社会

为了更清楚地理解学区内交流的复杂性，可类比"礼俗社会"与"法理社会"的概念。[1] 礼俗社会指的是较小社区内的简单文化，法理社会则指的是反映了一个国家人民和理念的多样性的文化集合，即使他们属于同一个国家。

我们生活在城市社会。美国超过三分之二的人口居住在城市。然而，"城市化"这一术语不仅仅意味着人口流动，它还意味着截然不同的生活模式、交互模式和交流模式。社会可以被视为存在于"神圣"到"世俗"的连续统一体。[2]

人们可以把神圣的社会描述为"古老的方法就是最好的方法"的社会——在这一社会中，意识形态一致，行为模式确定又易于理解，社会机构和机构内成员拥有共同的期望。因此，老师要"做这些事而不是那些事""父母的角色是……""年轻人要……""婚前两人不应该住在一起"。依据大家公认的行为准则，这些信念会一直持续下去。这是一种群体文化。

在世俗社会，在连续体的另一端，人们确实已经准备好接受新的行为方式，并接受其他人行为的不同方式。古老的美德可能被视为虚伪或盲目随大流。角色没有明确阐述，扮演不同角色的人有着不同的期望。这就是所谓的社会文化。图15.1 和图15.2 描述了这两种社会文化的不同。

- 社区内人与人之间的亲密关系
- 劳动分工少
- 不存在特殊利益群体
- 了解自己的邻居
- 自给自足
- 强烈的社区认同感

图 15.1　群体文化的特点

- 多数人都是以公民单位统一而非亲密关系
- 劳动分工和职能细化明确
- 每个组织都有其特殊的成员体系和宗旨
- 不了解社区内自己的同伴
- 法律规定并由民间机构执行的规范化社会制约
- 与其他社区相互依赖,即便是基本必需品
- 匿名,虽置于群体中,但并不属于该群体

图 15.2　社会文化的特点

不管是从神圣—世俗范围内还是从世俗社会的另一端看,人们对美国地位的描述是一样清晰的。问题是,在城市化、世俗化的社会,不同群体和个人也会对神圣—世俗规模持有不同观点,并对服务于社区的那些机构应该是什么样子持有不同的看法。学校和其他社会机构陷入政治对抗和冲突中只是其中的一种表现形式。

读者会发现考虑他们自己的社区或学区并将其置于神圣—世俗连续体中是有用的。随着连续统一体不断接近末端,学校营销的影响也会呈现各种各样的方式。

在神圣的社会(礼俗社会)中,人们对很多风俗和礼仪都达成了一致,社会实现高度融合,受外部的影响很小。

这样的礼俗社会(文化)现在可能在偏远的农村依然存在。然而,通常在城市地区,人们可以在某特定种族或种族群体的贫民窟或社区找到代表这个社会文化特性的东西。唐人街、小意大利、第四病房等就是很好的例子。

保证公众知情并普遍支持正规学校教育是一个持久性问题,在当今文化多元化、

多民族和宗教、道德分裂的社会中也是一个困难的问题。难道不是这样吗？去读读当地报纸：首页部分和第二部分，专栏页面和给编辑的信，你会发现这种情况随处可见。一个对于你来说很简单的问题其实在其他人看来充满了不确定性和争议。

将"public"写成复数，就是我们所表达的意思。学校任何新的或一直进行的实践活动、改革、新的教科书或阅读清单、啦啦队选拔、雇用或解雇人员或任务的改变、学校的选址、搬迁或关闭都需要得到公众多方面的回应，而大多数回应都是高声喊叫并带着愤懑。

不同社会文化对学校营销有什么影响呢？显然，如果是与礼俗文化社区或邻居打交道，这个过程就很简单。找到几个关键人物，比如社区领导，和他们商讨问题，并希望通过他们来解决问题。只要领导接受了这个学校，学校就会博得社区的支持。而在法理文化社区，有必要采用不同的方法。我们生活在法理文化社会，所以这本书中提出的大多数营销策略是为了体现这种多样性。

本章分为三个部分。第一部分描述了学校领导可能面临的一些主要问题。第二部分主要商讨了社区的复杂性以及会引起争议的或大家各持己见的问题。第三部分重点关注了维持良好公众关系的策略和技巧。

热点问题

在学校和公众之间保持一个良好的积极互动过程是完全有可能的，也是非常有必要的。尽管记录很重要，但是也不都是坏消息和潜在的冲突。社区里大多数人对学校的运作很满意，并且普遍积极关注教师和正规教育政策。然而，有时发生的事情或者做出的决策会激起一些公众的负面反应。这些负面反应可能是由于教育工作者缺乏有效的沟通所造成的，也可能是一直存在的社会问题的结果或者是信仰体系中差异所造成的结果。

有些问题在一些社区会引起争论和混乱，这是可以预见的。认识到这一点并建立恰当的机制来解决争议会减少痛苦和干扰。这些潜在的破坏性问题是什么？它们并不总是互不相同的，有些事情在特定情况和争议中是相互融合的。让我们一起看一下引起这些不满与不和谐的普遍原因。

宗教信仰

没有任何一个组织团体能像宗教团体或公民组织有这般恶意或破坏性的指责,这些组织团体指责学校的运作方式与某些信仰不一致或违反了普通法和法院裁决,第一种指控即宗教团体的指控是最难处理的,第二种指控即公民组织指控是最耗时和最痛苦的,因为法律基础存在争议。

你可以参加圣经俱乐部吗?你可以在学校分发与宗教信仰相关的东西吗?进化论是真实的吗?此外,在公立学校内,有时候一个宗教团体会为另一所公立学校内的宗教团体受到关注而有意见。大多数公立学校已经取消了圣诞节的庆祝活动。许多学校也不允许开万圣节晚会了,因为他们认为撒旦带有恐怖色彩。社区中很多人都关心这些问题。面对这种争端,你需要随时能联络到律师,不过尊重这些观点似乎是最好的方式。

书籍和教育材料

"污秽书籍"就是一种指控,不恰当地定位教育材料是另一种方式的指控。如那些认为《哈克贝利·费恩历险记》是种族主义!《哈利·波特》是邪恶的!《人鼠之间》的语言是冒犯的!《完全正常》讲述的是同性恋关系,涉及与性有关的内容"。有时候会因为老师布置的阅读作业,或者使用了不适合这个年纪的某本书,或某些书籍可供图书馆里任何人使用而引起抗议。

这种现象的结果是将会形成新团体,或父母十分激进,或社区成员开始抱怨。如果一群父母或街坊代表站在你的办公室外面,你该怎么办?以下是一些需要考虑的事项:你是否参考了相关的政策来指导如何选择教育材料?你是否审查了美国图书馆协会的图书列表和相关政策?[3] 学校里有上诉委员会吗?是否有上诉政策?是否遵循了这些政策?

图15.3列出了知识自由办公室报告并由美国图书馆协会出版的2012年最受质疑

的书籍。对于许多书籍来说,年龄适宜性是个问题。宗教和性露骨也是主要问题。这些问题最好由一个咨询委员会来解决,该委员会由部分父母、一名图书馆员、一名管理员和一两个对应适当年级或科目水平的代表教师组成。

美国图书馆协会主办一年一度的"禁书周"来庆祝阅读自由。相反,应一些市民要求,以下书目已从一些图书馆或学校移除。这些书被称为危险书目,原因在书名后给出:

1. 《内裤超人》(系列),戴夫·皮尔奇 原因:攻击性语言,不适合适龄群体
2. 《一个印第安少年的超真实日记》,谢尔曼·阿勒克西 原因:攻击性语言,种族主义,色情,不适合适龄群体
3. 《汉娜的遗言》,杰·艾雪 原因:内容涉及药物/酒精/吸烟,色情,自杀,不适合适龄群体
4. 《五十度灰》,E. L. 詹姆斯 原因:攻击性语言,色情
5. 《三口之家》,贾斯汀·理查森、彼得·帕内尔 原因:同性恋,不适合适龄群体
6. 《追风筝的人》,卡勒德·胡赛尼 原因:同性恋,攻击性语言,宗教观点,色情
7. 《寻找阿拉斯加》,约翰·格林 原因:冒犯性语言,色情,不适合适龄群体
8. 《在黑暗中讲述的恐怖故事》(系列),阿尔文·施瓦茨 原因:不适合适龄群体,暴力
9. 《玻璃城堡》,珍妮特·沃尔斯 原因:冒犯性语言,色情
10. 《宠儿》,托妮·莫里森 原因:色情,宗教观点,暴力

图 15.3 危险读物?

但是,这种禁止的情况不仅仅涉及那些新书和流行书籍,还包括美国图书馆协会(ALA)所发现的一些历史悠久的经典作品,这些经典作品受到争议,并且在许多情况下被禁止放入书架,列入阅读清单。图 15.4 列出了这类书籍。

> 《了不起的盖茨比》，弗·司各特·菲茨杰拉德
> 《麦田里的守望者》，杰罗姆·大卫·塞林格
> 《愤怒的葡萄》，约翰·斯坦贝克
> 《杀死一只知更鸟》，哈珀·李
> 《尤利西斯》，詹姆斯·乔伊斯
> 《宠儿》，托妮·莫里森
> 《蝇王》，威廉·戈尔丁
> 《1984》，乔治·奥威尔
> 《洛丽塔》，弗拉基米尔·纳博科夫
> 《人鼠之间》，约翰·斯坦贝克
> 《第二十二条军规》，约瑟夫·海勒
> 《美好新世界》，阿道司·赫胥黎
> 《动物庄园》，乔治·奥威尔
> 《太阳照常升起》，欧内斯特·海明威
> 《在我弥留之际》，威廉·福克纳
> 《永别了，武器》，欧内斯特·海明威
> 《哈克贝利·费恩历险记》，马克·吐温

图 15.4　常受质疑的经典

有时候，一些经典作品或其他一些作品虽不会被禁止，但因不适合一些年龄层孩子阅读的缘故，都会受到限制，这都是由咨询委员会做出的最佳判断。但是，大多数情况下，它与所使用的内容和词汇有关，而不是与年龄的适当性有关。

从图 15.4 所列出的书目可以看出有的社区中的人或群体可能对多元化社会中所谓的"适宜性"不太适应。在某些情况下，"经典"作品涉及某些敏感话题，或者有些侵犯宗教和文化信仰，还有一些所描述的社会场景是人们不想让年轻人阅读或思考的。显然，这与教育系统的目的完全相反。列表中的书籍都是一些很好的文学读本，尽管其中一些作品可能需要高水平的阅读和推理能力。

学校关闭和改建

无论出于何种原因（入学率低、办学地点不佳、维修和改造费用过高）关闭学校，都会引起学校社区的强烈抗议，但这一点是不可避免的。结果并不总是令所有人满意，但最终唯一的方法是让学校领导确定事实，并预想不同的意见。学校的关闭导致校友们都很困扰，难道是他们的原因导致学校关闭的？附近的邻居也会受到影响。他们的孩子上学会不方便，生活方式也会因此而改变。学校是否已做出妥善安排来解决这些不便之处？关闭学校真的有必要吗？入学人数增加或学校的改造有希望吗？小型规模的学校是否有存在的必要？

对于新学校而言，地理位置始终是一个问题，但组建焦点小组，并探索各种可能性会引起对学校前景的不同见解。最近人们发现，在某个地方，一间学校计划在一片历史悠久的土地上新建校舍；在其他的某个城市，人们发现古老的印第安人墓地也可能遭到破坏。这些一系列的担忧通常会在相关程序的安排下，顺利交由有关当局，并及时得到处理。

课程策略与教学课程

即使那些文化程度不高的人也会关心如何指导儿童和青少年以及他们被指导的内容。正在教授的内容以及如何教授这些内容，似乎永远是所有群体中极具争议的问题。性教育？是否恰当？何时教育？所有的人都要上体育课？有些人因宗教或其他原因对此提出的异议如何处理？对于患有注意力缺陷、多动障碍的孩子，采用何种特殊教育？教育他们时应该采用"全语言方法"还是"拼读法"，还是两者都用？或采用其他的方法？共同的核心理念是什么？这真的是联邦化学校课程的尝试吗？还有一系列其他问题。在这过程中最好是要熟悉法律，采取恰当的教育手段。

校园暴力

这是一个令人担忧的社会。在学校发生的枪击事件、大规模谋杀和吸毒成为报纸的头条新闻，也是电视新闻最常见的报道。学校领导采取零容忍政策，并为学校的保卫力量、门卫和违犯者候审室的建设支出大量预算资金。校园暴力是新的问题吗？卡塞拉(Casella)写道：

> 校园暴力由来已久。19世纪的第一所普通学校的发展部分是为了遏制青少年犯罪，以及控制"新移民"和"美国印第安人"。在20世纪60年代和70年代后期，随着越来越多的学生反抗不公正和权威，关于学校暴力的讨论变得更加激烈，最终于1977年在美国国会授权的《安全学校研究》(国家教育学院，1997)中达到高潮。[4]

《安全学校研究》发现，暴力是一个重要的问题，并且不一致的规范会助长暴力。然而，除了建立反毒品计划，十年时间里并没有采取其他任何措施。直到20世纪90年代，1990年的《犯罪控制法》等法律才获得通过。

在此立法和后来立法的基础上，学校制定了诸如零容忍政策，以解决暴力问题，有时成功，但有时会以失败告终。学校安保力量、保护设备、特许学校和零容忍政策也许是帮助建立安全的学校环境的必要环节，但每一环节必须要有正确的判断。我们在第五章中写到了如何实现对学生进行有效管理，但我们对良好的判断力也需要给予重视。零容忍意味着不会忍受不可接受的行为。这并不意味着一刀切的惩罚。零容忍政策可以视为是为了管理便利，而不是为了公平正义。而不考虑成熟与否只是一味地以相同方式惩罚人，这是一种不明智的做法。

高风险测试

在某些地方，高风险测试成为一个问题，它激怒了教学专业人士、公众和立法者。高风险测试运动始于改革运动，以改善年轻人的教学和教育。前总统乔治·沃克·布什签署了《不让一个孩子掉队法》(NCLB；2001)。该模式类似于布什在得克萨斯州当州长时开发的项目。测试运动成为学校问责运动的标志。

许多批评者认为测试运动过分强调数字，这一限制性过程影响了教师的创造力。

（在某些地方，为了努力表现良好，一些教师和管理员不惜作弊以提高分数。）家长和教师团体也抵制这一运动，因为其干扰了正常的教学。

《不让一个孩子掉队法》要求所有的州都建立自己的高风险测试计划。对此有各种各样的方法。有些州创建了一个适用于不同年级的测试列表。第三、第五和第八条是常见的。2011年，全国48%的学校未达到这一法律的基准。应各州和学校的要求，教育办公室给予了许多豁免政策。《不让一个孩子掉队法》于2014年在数学和阅读成绩上取得100%成功的目标并未实现。

大多数学校都处于困境，管理人员和教师清楚地记得几年前学生们花了一个下午的时间参加加州成就测试，或在全国大多数学校进行类似测试，以实现诊断的目的。现在，在某些州测试需要两天时间，比教师为学生准备考试需要更多的时间。该评估现已成为一个目标，即对教师和管理人员的评估和学校评估。专业教育和家长都受到学校教育中断和对测试的重视的困扰。许多家长群体、专业协会以及立法者提出的问题是："这有什么好处？"[5] 这个问题仍然没有答案。

直升机式父母

学校领导经常对学校发生的事情未能引发父母或看护人的兴趣感到遗憾。然而，这个遗憾有一个相反的极端例子，那就是直升机式父母——他们不会释怀，他们似乎永远在办公室抱怨所做的事情对孩子的影响。如果他们的孩子卷入其中，不管是小的悲剧或复杂的问题，妈妈或爸爸都会要求学校纠正！像这类父母他们大多家庭贫困，过度紧张，有的时候纯属无事生非，因此各级学校必须找到有效的方法来处理这些问题。这些家长通常发信息给自己在中学上学的孩子，对手机也是绝不离手，并且他们为成绩一事，还敢直接进到二年级教室里对老师破口大骂，且毫无悔意。

对于直升机式父母，我们可以做些什么？积极倾听和检查学校的做法和政策似乎是最好的行动方案。如果学校所做的一切都是正确的，那么只需放松一下，尽最大努力与这些愤怒的父母打交道。不过与直升机父母打交道确实需要时间，宝贵的时间。但是，做好你该做的事情就可以。只要确保学校的政策和程序合理并被恰当应用。一些学校在校长和警报辅导员的领导下,正在开展有关如何与直升机式父母互动的研讨会。凤凰城的学校开设了一场名为"管理千禧年父母"的研讨会,讨论如何应对这些微管理的父母,他们会照顾孩子生活的每一个细节,以至于限制了孩子独立的能力。

复杂的社区

多民族和文化的多元化是当代社会的特征。许多群体和个人构成了一个社区,而社区和城市的群体或个人所持有的观点不同,并对其提供而建立的几个机构持有不同的观点。[6]

一个优秀的学校需要广泛的社区支持,而这些支持将来自充分了解并参与学校教育过程的社区。这种支持不会自发形成。

家长与其他民众、企业、健康和社会护理机构、多级政府、教师、行政人员和学生之间的沟通至关重要,是学校社区的黏合剂。

建立良好的沟通关系是校长的重要任务,但这并不简单。社区是多元化的,每个人所持的态度各不相同,通常会有各种正式和非正式的力量来争夺注意力,并对学校提出矛盾且目的不一致的要求。若一个国家国情复杂,则该学校社区公共关系和学校营销计划也一定相对较为复杂。

学校存在的目的就是服务社会。他们得到了"外部"世界、制定政策的人和允许校外人员制定政策人的支持。不可避免和阻挡的是,那些团体或个人试图使在学校制定的政策以及办事程序与他们的价值观、信仰和理想是一致的——事实上是促进和支持。

现在是基于学校的个人自治的时代,并且在某些地方强制使用诸如在学校一级的公民和教师咨询委员会等决策机制。校长作为社区关系专家的角色的功能已经扩大,并且因需建立更多有效的方式与构成学校社区的"公众"沟通,其压力更大。与此同时,老师的压力也会不断增大。

校长和老师要扮演好这一角色不仅要了解学校社区的构成,还要了解如何有效地和社区成员沟通。越来越明显的是,学校最强大的支持基础是大自然的草根,但在许多学校社区的草坪上可以看到杂草满地。此外,不仅父母觉得他们对学校的教育实践活动很感兴趣,其他社区的成员也非常感兴趣。

此外,不需要成为专业的社会学家就能意识到技术统治、城市化和社会关系日益复杂等现象对学校与社区之间互动性质的影响。越来越复杂的专业教育实践扩大了学校与社区之间的差距。过去几年中小型的、紧密结合的社区的解散使学校和该地区的人们彼此生疏。医疗和法律专业以及其他福利发放机构也存在同样的情况,这些机构试图解决社区成员的各种复杂需求。

无论是字面意义还是比喻,学校是最接近居民的社区机构,在地理位置上,学校"近在咫尺",并且经常扮演服务区域的一线沟通员。它比市长办公室更近;在大多数情况下,它也比消防站更近。此外,学校极大地影响了社区最珍贵的财产——社区成员的孩子的教育和经济来源。因此,学校经常成为人们追寻和随后批评的对象也就不足为奇了,有时候追寻的结果更具有感性而非理性色彩。

非正式的社区力量

影响力和权力在整个社区中分布不均。此外,必须将非正式权力与正式权力区分开来。例如,正式权力体现在社区的选举和政府部门领导(市长、市议会、警察局长、学监和董事会委托人)的任命。非正式权力是指个人或团体以某种方式完成某些事情并让个人或群体满意的能力。该个体可能指的是处于或接近其各自社会或职业等级的顶层的人,也可以指由各个特殊利益集团的成员组成的团体或代表他们的个人,以及在任何特定问题上动员大部分人口以特定方式给予回应的人。

影响力取决于两个要素:大量资源和承诺。大量资源并不一定意味着控制大笔资金,它可能仅仅意味着控制一大群人。人也是一种资源。相对而言,大多数早期的民权成功都以展示潜在力量为特征,相对来说也没有巨额资金支持。承诺是指对所提出的任何内容的基本正确性的唯一信念(即无论如何,该群体都"联结在一起"),并且当与某些控制的资源相结合时,就会出现强大的力量。

邻里影响系统

随着社区变得越来越复杂,邻里影响系统变得越来越重要。这种影响系统通常反映种族、民族、宗教或经济同质性。

邻里影响系统在主要的互动领域内尤为重要。早些时候我们注意到,在大多数地方,个别学校建筑在地理位置上仍然是最近的社区机构。因此,如果没有其他情况,对于邻近地区的成员来说,表达自己的意见很方便。此外,学校工作人员,特别是校长,能够感受到周围地区的活力,并与该群体直接互动。

个别学校需要建立有效的机制,以便从邻里领导层获取信息并向其传达信息。研究表明,个别社区成员是否支持任何特定社区议题的决定往往基于朋友和邻居的影响,而不是基于任何外部客观数据。学校校长必须熟悉个别学校可能服务的社区的领导层结构。

除了极度混乱的社区,其他社区都会有领导层结构。这一结构关系可以通过名誉性调查来确认,如调查临街的或知名的教堂、当地福利机构、大大小小的社交俱乐部以及当地的工会成员。如果一个社区所反映出来的特点是种族、民族或社会结构的异质性,那么一般的努力是不够的,因为众所周知的组织可能无法反映这种异质性。此外,社区领导结构可能不包含或只包含很少的那些在校学生的父母。

传统社区通常没有由任何近似于社区或学校服务的社区的真实性质组成的成员资格。此外,可能存在尚未得到承认但对学校有重要意义的领导层结构。检查当地正式的家长—教师组织的成员资格,并将这些人的某些特征与学校学生的特征进行比较,可能会发现缺少某些群体。如果缺少不同类型的人,就可以确定学校没有接触到社区里许多重要的具有影响力的人。

社区群体

最激烈的群体可归为"血与土"*。这些群体的亲属关系和领土关系植根于某些民

---

* "血与土"是近代德国的种族意识形态之一,指民族生存依靠民族血统与农业生产所需的土地。(摘自 Niki)

族、种族或历史关系。

共同的语言、共同的饮食习惯、共同的社区、与外人的共同经历、共同的历史,会使人们感到彼此更舒服、更放心。他们互相理解,互相学习,他们之间没有秘密。他们觉得他们可以依靠彼此寻求支持。他们组成一个集体,其他人都在集体之外。

将人们聚集在一起的纽带也将他们与其他人分开;一条隐形线保护它们与外人之间的界线。[7]

此外,社区里的人通常也可能是影响学校的各种正式和非正式群体的成员。他们是俱乐部和协会的成员,有些是自然意义上的"血与土"群体,例如美国印第安人运动、美国拉丁美洲公民联盟、全国有色人种协会(NAACP)等自助团体,或全国妇女组织。他们也属于工会和专业协会、政党和社区改善联盟的成员。所有这些组织都要求其成员忠诚,并可能不时反对学校系统的某些程序、政策和做法。他们有时也可能成为敌对团体的成员,是社区和学校之间发生冲突的根源。

压力群体

压力群体不同于寻常的社区决策系统,因为他们的活动相对短暂,并且他们倾向于围绕问题或原因的形成和再形成。通常情况下,学校领导做出的具体决定会形成一个群体,这一决定会对群体的生活空间或信仰体系产生影响。

当公民认为学校未能做出正确的事情时,显然公民有权抗议。冲突可能不是必然的,但事实上,这一情况在任何社会都很常见。然而,冲突不一定是破坏性的或消极的。通常情况下,如果事情具有开放性,双方愿意妥协,还有易于理解和商定的解决方案,那就会有好的结果,不会引起冲突。

但是,一个压力群体也可能由父母组成,他们会极力去说服重新开设艺术类课程。这可能是一群公民提出的重要的公平问题,或在教科书中频繁报道的少数群体的贡献。这也可能是一个群体,他们提出了有关地区就业实践或缺乏双语计划的问题,以及其他公平问题。大多数立法机构和法院指令都是确保或扩大地方、州和国家层面的权利，早期时候，一小群与此有关的公民会组织起来去呼吁人们关注社会不良情况。

与压力群体的沟通。所有学校管理人员都会不时地面对有组织人群的请求，他们代表了学校相关问题的特定观点。这些压力群体经常在学校的校长办公室开始询问。他们问的问题可能涉及的范围很广，从关于教师、教科书或特定课程的投诉到所谓的机构种族主义，以及对更公平的人员配置或学生作业决定的要求。他们所关注的一般是合理的问题，但无论合理与否，学校都必须敏感而明智地处理。以下方法可能会帮助困扰的校长：

1. 识别。应尽早确定反对学校某些课程安排的群体。他们是谁？更重要的是，谁是这些群体的领导者？

2. 商讨。可以与他们的领导交谈吗？一旦确定了反对组织和他们的领导者，就应该参加闭门会议以探讨问题的要点。校长可能会获得一个更加明确的概念，即什么正在困扰该组织。如果原因合理，这次会议或一系列会议可能会促成学校帮助小组实现其目标。这需要很好的洞察力才能找出真正的问题所在，因为反对学校这个或那个问题的"理由"往往与根源因素不一致。（此时，向中心办公室通报潜在的反对情况并寻求咨询也很重要。）

3. 分析。在非正式会议之后，做出决定很重要。这时候必须考虑一些重要的观点，包括反对者的反对意愿究竟有多强烈。这些人是否有机会以目前的情况"战胜"学校？最重要的是，他们是否有一个与学校不同的坚实的观点？此时必须决定是否根据双方的初始立场，或是否可能达成协议来解决问题。

在任何情况下，重要的是确定真正的目标是什么，以及实现该目标可以获得什么样的结果或收获。换句话说，学校的地位或学校管理者的地位是否站得住脚？如果是这样，必须有证据证明其为何站得住脚。由于拒绝谈判或妥协，或者由于不愿放弃不相关的争论点，许多学校管理人员陷入了极大的困境。

4. 谈判。有妥协的余地吗？民主的政治制度在妥协方面会发挥作用。政治是妥协的微妙艺术。通常可以在不损害原则和不损失完整性的情况下实现理想的变更。

当然,妥协可能没有必要。或许只要与压力群体的成员坐下来解释学校的立场和事实就可能会阻止该团体采取进一步行动。但是,多年来参与社区冲突情况的管理员可能会建议,谈判和妥协是更为可能的方法。压力群体的动机可能非常复杂。它的需求和目标对于其成员来说与所讨论的特定管理员或学校系统的需求和目标一样重要。

在任何影响或实现妥协的努力中,时机都很重要。人们的确可以等到组织完备的活动启动、影响妥协或改变观点后,再采取行动。影响压力群体的时间是在特定小组启动其最初的反对和学校人员完全公开承诺之前。常识表明,在有人在场的情况下改变某人或某些团体越来越困难。这样做,无论是真实的还是想象的,都会失去面子。

5. 整理资源。寻求其他社区成员的帮助。假设所做的与反对者的谈判努力都没取得成效,那么管理员接下来会做什么呢?第一步是找出支持学校一方的人员或是那些看起来像支持学校的人。即使在这个阶段也可以进行一些社区分析,并且可能证明该分析是富有成效的。除了学校,谁又真的失败了?校长不应该忘记人员较少的社区群体,虽然他们看似没有什么权力,但在特定问题上可能具有很高的团结力,可以让他们提供咨询和帮助。

评估批评者的合理性。尽管在这种情况下定义合法这一词有点难度,社区成员有权对学校提出合理质疑和批评。判断合法性的最佳基准之一是观察特定群体所表现出的行为。该团体是否愿意在媒体的聚光灯下或没有报纸言论的帮助下与相应的教育系统人员会面?该团体是否愿意考虑问题的其他方面?批评是理性的还是感性的?批评者会接受可证实的事实吗?如果不满足这些条件,那么人们可能会质疑批评者的"合理性"并为斗争做准备。图 15.5 介绍了判断压力群体合法性的方法。[8]

---

1. 概括:批评者是否从一个或几个事件中概括出包罗万象的陈述呢?
2. 数据接受:评论家是否接受可证实的事实?
3. 结论:批评者是否承认一个即使不太明确,但仍然表明现有证据的重要性的结论?
4. 诚实:批评者是否歪曲证据和事实?
5. 接受逻辑推理规则:批评者是否愿意在作出结论之前检查其他可能的条件解释?
6. 情感距离:批评者能够区分证据和情感?

图 15.5　判断群体的合法性[9]

预测明显的热门问题。当某些家长担忧书中存在他们认为不恰当主题或语言时[10]，或者担心要求着装统一的校规时，为什么学校领导会感到惊讶呢？当具有多元文化或多种族群体的学校有不和谐、偏见或"不公平"的指控时，为什么会感到意外？或者有人担心全州或全区的测试表现不佳？

这些问题在历史上已经出现并经常发生。人们想知道为什么有人会对这种情况毫无准备。当然，解决方案是要意识到事件发生的爆发点，并制定政策和程序来公平地处理这些问题。

提供完善的政策。如果在教育问题上可以预见冲突的发生，如果意识形态的统一不是许多复杂社区的特征，如果批评可以被视为任何公共机构管理者正常生活的一部分，那么如何改变这些行动的分裂效应，利用各种观点和意见来改善学校？最重要的是在学区和学校层面提供完善的政策，并建立一个框架，在这个框架内，可以定期系统地听取不同意见。这样的框架实际上提供了正当程序，社区中持不同政见的派别可以表达其关切点。

图15.6是一些地区为反对使用某些教育材料的个人提供的样本表格。这种投诉形式也适用于其他问题，如果正确使用，可以为公民提供一种工具，使其能够以合理和系统的方式表达自己的观点。

与审查委员会合作。个别明智的校长会建立某种审查机构，校长可以依赖该机构提供建议、咨询和制定判断潜在的有争议的教学材料的标准。让合适的人员参与制定预测问题的政策，为信息共享和正确的决策奠定了基础。不能指望校长知道每件事。学校工作人员以及社区的意见和建议，以及广泛的政策和政策审查委员会的发展，可以为社区中的团体或个人提出有效的决策和明智的回应。

与其他社区机构合作。除了学校之外，许多社区机构和组织都会或可能会影响儿童的生活质量。校长在协调这些机构方面处于非常有利的地位。

```
媒介的名称:_____
媒介的类型:(画圈)
  图书    电影    胶片    录音_____
                              (其他)
作者/歌手/作曲家/其他:_____
出版商/制片人(如果知道的话)_____
请求发起人:_____电话:_____
地址:_____
投诉人代表:_____
自己:_____
_____(机构名称):_____
```

1. 阅读/观看/听过有问题的媒体材料后,你反对什么?为什么反对?(请具体说明;引用页面,框架,其他)
2. 你认为这个媒体材料的主题是什么?
3. 你认为学生阅读/观看/收听此媒体材料会有什么样的结果?
4. 你会将这个媒体材料推荐给哪个年龄层的人?
5. 其他的建议

时间:_____   投诉人签名:_____

图 15.6 公民要求重新考虑教育媒介

通常情况下校长只是作为协调人员,因为小学通常是最接近赞助人的社会机构,赞助商们向他们的学校寻求各种各样的帮助,这些帮助与他们的家庭幸福有关。对学校的"亲近,对于许多人来说,就像物理上的接近一样很大程度上是一种心理亲近"。许多社区成员向学校寻求的帮助,既不是学校导致,也不在学校管辖范围,仅仅是因为他们只能求助于学校。

沮丧的是,在复杂的社会中,重要且多样化的福利机构往往以最不协调的方式运作。校长经常发现自己在处理法院指令、儿童保护服务、警察局、城市和州卫生和人类服务部门、企业和商业工作,为的是帮助一个特定的孩子或家庭。有时,这些机构甚至在其工作和政策中相互冲突。

我们不知晓有哪个管理人员培训项目会专门为校长准备这种社区中附加角色的培训。但它的确存在,虽然它可能不是工作职责的一部分,但负责任的校长会认识到与外部机构建立良好联系的重要性,并为可能有需要的赞助人提供转介和后续服务。

与警察局建立密切关系很有意义。个人与其他福利机构的儿童保护服务董事和顾问建立联系将获得丰厚的回报。商业合作,诸如赞助学校,可以提供丰富的教育产品,并能够使私营部门充分参与社区服务,形成重要的支持基础。

当学校问题关乎利益时,当地选举产生的立法者通常会提供有用的关系。在政治问题和即将生效的法案下对学校产生影响时,了解了这些人是谁以及通过演讲嘉宾和学习小组成员发展关系可能会提供很多帮助。

正式的社区力量

> 学校面临的最大问题是支离破碎和超负荷……这也是学校正在承受着的……从外部层级官僚体系中涌入不必要的、不协调的政策和创新的负担。[11]

所有三级政府机构都对正规教育系统施加影响和控制,通常采用直接规范的监管方式。根据法律规定,即便由当地估定税额本土管理和充分支持,公立学校也是国家机构,而学校教育委员会成员是国家官员。事实上,在这个国家,对公立学校系统的支持和控制归属联邦、州、中级和地方政府。因此尽管各州合作伙伴的性质和作用各不相同,也存在着一种合作关系。

在美国政府联邦制度中,教育是各州的一项职能。当然,任何州都不可能提供侵犯公民宪法权利的学校体制。美国宪法本身对教育体系不太重视。通过颁布宪法第十修正案,国家有权在其境内运作和控制公共教育。[12]因此,教育系统是在各州保留权力的基础上建立的,维持体制的方式是国家公民的全体责任。私立、教区和特许学校也在各州的支持下运作。

所有州宪法都会专门规定公立学校教育系统。学校的法律依据可以在国家宪法和成文法以及司法判决所确立的普通法体系中找到。州法律主任撰写的意见,在被法规或司法机关搁置之前,也会对学校运作产生影响。

地方教育委员会

学区的决策机构是教育委员会,这是一个公司和政治机构,具有法规明示或暗示的权力。在许多社区,教育委员会的成员由他们所服务的社区人民选举产生,其他社区也任命了相应的教育委员会。选择私立和公立学校的非专业理事会成员的方法大相径庭。

无论如何选择成员,学校董事会的职责都是立法和准司法。当地学校董事会在学校的日常运作方面有很大的自由度,当然,这一直受限于宪法和法规。

董事会的规模在州内以及各州之间差别很大。一些当地学校董事会有多达17名成员,但这并不常见。成为学校董事会成员的法律要求很少,通常只包括在该地区是登记选民、被提名担任该职位并当选这些先决条件。年龄无特殊要求,如果某些人担任可能有利益冲突的政府职位,他们往往不会在教育委员会任职。

地方教育委员会的职权受限于一系列州和联邦法律、两级法院、两级律师意见以及当地社区期望(见图15.7)。

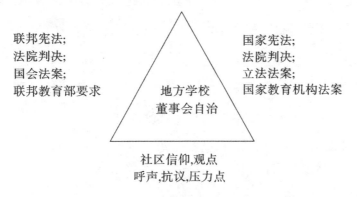

图15.7 受限制的地方学校权力

州教育机构

在特定州宪法的限制范围内,州立法机构有广泛的权力来确定教育层级下级的目的和程序。然而,通常来说,州立法机关颁布的法律涉及一般权力和宗旨,将具体执行措施留给国家教育机构和各种中间和地方学校系统。国家教育机构或国家教育部门本身就是立法机关的派生物,并且拥有特定自由裁量权。

为了贯彻教育的各种立法和宪法规定,存在许多其他控制委员会,掌控包括高等教育、职业教育、任期、退休和其他类似活动。这些都是为了补充州教育委员会,该委员会的存在是为了确保政策由州教育机构实施。除了控制委员会,还有各种机构涉及预算、会计、建筑标准、健康、学校午餐、图书馆服务、民防以及学校参与的许多其他活动。简而言之,虽然当地学校通常被视为一个自治单位,但它受到许多其他合法社区和州机构的控制和冲击。

所有州都有一名州立学校首席官员,他可能被称为教育局长、州学校负责人或类似的头衔。州教育委员会成员的数量、任期和选拔方式各不相同。同样,选择州教育官员的方法也各不相同。

联邦制度对教育的影响

尽管美国宪法对公共教育系统不太关注,但即使是一个外行旁观者也很清楚,联邦政府的角色已经从一个"沉默"政府发展到积极的、责任共享的、能掌控全局的政府。美国宪法的一般福利条款通常被引用为允许联邦援助公共教育的宪法条款。联邦计划往往是明确的,也就是说,它有特殊目的而不是一种普遍的援助。

分类援助和专门计划会产生相当大的联邦影响力,当然,也会有限制。很少有人会对 PL94-142、《全美残疾儿童教育法案》或者《职业安全与健康条例》(OSHA)[13]立法背后的意图有异议。而且,我们已经提过 2001 年《不让一个孩子掉队法》引起的纠纷问题。

这些立法在实施过程中并非没有行政上的障碍。有时候,积极的立法意图会陷入迷宫般的规则中,这似乎会抑制而不是促进立法的实施。然而,学校管理者的任务是使其按照预期的方式运行。

联邦利益也导致学校成为重大社会改革的工具。1954 年最高法院对"布朗诉托皮卡教育委员会案"的判决就是最好的例证,最高法院裁定"隔离但平等"的国家规定和美国隔离教育制度是违宪的。

联邦利益是普遍存在的,虽然它的多寡取决于政府行政和立法部门的哲学立场,但它仍然极大地影响了地方系统立法的方向。

级别层面

每个级别的政府都有自己的责任和自治领域。然而,所有级别都互相依赖,互有义务。国会已授权许多对国家利益有至关重要的教育计划。美国宪法赋予各州提供公共教育的责任。反过来,各州已将其许多权力下放到当地学区,同时对学校运作的各个方面,特别是财政和计划事项,保持大力监管控制。

前面的部分为学校和社区关系建立了一个背景基础。现在我们转向公众与他们特定学校的关系这部分,将重点放在学校的公共关系实践和营销技巧,主题是校长如何建立一个坚实的公民支持基础,并与学校客户进行有效沟通。

有效的营销技巧:处理正式和非正式的力量

除了校长和建筑工作人员之外,没有人能对学校系统与社区之间的关系产生更积极的影响。除了校长,没有一个学区的成员能够与更多的社区成员亲自互动。一个地区可能会花费大量资金购买书籍和一个运作良好并由一名公共信息官员领导的市中心社区关系办公室,但是在日常工作中,校长还是对个别学校的赞助人更有影响力。即使在这种大众传媒环境中,面对面交流依旧是相互理解的基础,并且在塑造公众舆论方面最具影响力。

影响社区或让社区信服,听到和感受到社区脉搏的最好机会是在建设层面,并且可能发生在更亲密且面对面交流的环境中。虽然本章的下一部分将侧重于建设层面的营销,但也会对区域营销活动给予一些关注。

可能有几种"学校—社区"沟通的形式,每一种形式都有局限性。一个有效的"学校—社区"关系计划会利用各种媒体,一个有心的校长会量身打造特定的信息传达给合适的媒体。

传达信息：单向营销技巧

有很多方法可以从学校传播信息，包括印刷和电子媒体、建立或系统开发的新闻通讯和小册子，甚至常规发送的报告卡都可以有效使用。然而，这些都是单向设备，很少或很难知道消息是否被接收或理解。

印刷和电子媒体

周报为很多社区服务，大部分社区也都享有互联网、广播和电视服务。这些大众媒体通常用于传递为社区服务的各种机构信息。

报纸不同于每周或每两周一次的广告，可能有几个专栏报告高度本地化的活动，有几个专栏是城市日报。根据报纸的种类，校长的角色会有所不同。校长可以撰写新闻稿，这些新闻稿将全文出版或通过与新闻记者会面，记者再将其重述。无论如何，与工作媒体建立良好关系至关重要。记者或编辑会向校长询问有关发展的新闻报道或新闻项目的信息，而不是关于学校里的琐事这样的普通信息。

新闻媒体也存在问题。报纸和电视台是商业公司，需要出售广告、支付账单和满足订阅用户。有些人惊讶地发现，25%或更少的报纸空间用于报道，75%及以上用于广告。这样的数据会影响将要印刷的学校新闻数量。此外，新闻编辑与许多其他机构和压力群体打交道，每个机构和压力群体都支持"公共利益"事业或事项，因此会存在可用空间的竞争。

记者经常抱怨学校往往只参与例行公事的写作。有人指责许多学校管理人员仅仅是热切地公开宣传颇具溢美之词的新闻，但会对合法却不利的批评不予理睬或感到不安。比如一则对校方不利的新闻，虽然合法，但是一旦披露，校方和报纸都只有一个工作要做，那就是掩盖弱点或拒绝回应可能造成尴尬情况的合理调查，这样做只会导致糟糕的新闻关系，减少可信度，并且导致经常性的不利信息报道。

处理大众传媒的技巧。应以符合不同媒体要求的方式开发新闻稿。通过广播和电视发行的新闻必须更简短且更具反复性，并且风格上比报纸新闻更具对话性。

与各种媒体代表以及地区政策的关系将决定发布新闻的人是集中于撰写和发布新闻,还是集中于向记者提供建议和信息,让记者自己编写材料。在有大型日报和"直播"电视的城市环境中,记者都能写新闻,但他们确实需要有人提供准确的消息来源、即刻发生的新闻、即将发生的事情和政策变化。他们还需要有人提供良好的背景材料。

在小城镇或郊区和农村地区,本地新闻通常会通过每日、每两周和每周一次的报纸传播,报纸的类型包括大型城市日报的分册加上四页广告。在许多这样的地方,学校领导经常在编辑的帮助下写一整个新闻报道。

关于预定活动的文章和故事应该提前准备好,并在活动开始之前向新闻媒体提供发言人或参与该计划的其他人的照片。通常,在政策上,报纸不会刊登过去事件的信息。在活动结束后,应尽快为媒体准备后续的报道。校长应该去了解媒体的截稿日期,错过截止日期意味着新闻报道可能永远不会刊登出来。

即使是小型学校系统也在雇用公共信息官员来促进和协调信息从学校到社区流动。(公共信息官员)职责各不相同,在某些学校系统中可能只是兼职。即使是全职工作且公共关系计划也很完善,校长仍然是突发新闻也是危机时期的主要(信息)来源。图 15.8 包含八种能促进与媒体代表建立良好工作关系的做法。

■给记者提供新闻报道想法和信息,但要记住应由编辑和新闻主管决定应该涵盖哪些内容。
■了解记者的截止日期。
■提前准备有关预定活动文章同时提交照片。
■使广播和电视播报的发行版更短,并且比印刷媒体更具会话风格。
■避免以"无评论"声明激怒记者。通过提供完整的信息和背景,帮助记者撰写潜在的反面的新闻报道。
■预测记者的需求,并提前编写背景信息以便发行(不要相信水平一般的记者能对学校教育了解多少)。
■避免使用行话和内部语言,记者可能无法理解,尤其是水平一般的记者。
■邀请新闻记者及编辑一起到学校享用午餐并定期游览,而不是嘴上说说。让他们熟悉学校的环境。

图 15.8　与媒体共事

地区政策考虑因素。校长对新闻界的自由度在很大程度上取决于学区的新闻政策。然而,新闻媒体工作人员对他们所认为的审查制度最为敏感,但他们却通常反对这类建议——每一则报道或采访必须经过中心办公室批准。政策需要所有学校工作人员将记者和编辑推荐到中心办公室,而非回答问题或将新闻媒体发送到中心办公室以获取所有信息,如果强制如此执行,将会严重损害媒体新闻关系。显然,具有潜在爆炸性的突发新闻需要校长一方酌情决定(是否曝光)。但是,在一个明显的危机情况下,一位负责人说"我什么都不知道"或者"你得打给公共信息办公室",这也是毫无益处的。

公共信息计划需要持续评估。如果信息使用率低,发送大量新闻稿确实没有很大价值,而且不加选择地提交过多的材料可能会导致只有少量报道被发布。经验明确告诉我们:新闻媒体更青睐那些及时且有价值信息的文章,这些才最有可能被报道出来。

学校新闻报道档案。很多人错失了以积极的方式向公众展示学校的机会。典型的学校就像一个忙碌的蜂巢,其中大部分是对一个部门或对公众的另一个部分感兴趣。问题是许多学校没有一个核心地点记录正在进行的活动。因此,当记者致电或编辑要求报道时,学校往往无法充分满足需求。

一种特别有效的做法是利用学校新闻报道档案,如图15.9所示。学校里的许多活动都可能有新闻价值,但如果没有鼓励和促进,这些活动就不会被报道出来。每个工作人员都应该提供新闻表格,记下可能特别有趣的项目,并且应定期将这些表格发送到校长办公室。然后校长可以将报告存档在标记项目类型的文件夹中,新闻记者只需要查看档案,选择要跟进的任何特定项目。这种做法不仅有助于记者寻找新闻,而且能帮助校长在没必要撰写的情况下提供新闻。

通讯和公告。校长和学校工作人员一般通过新闻通讯和公告与家庭和外部机构沟通。如果能妥善利用,这些可能是有用的。但是,当一份新闻通讯蜷缩在一个学生的口袋回到家里、晦涩难懂、信息过时,这就是传达了一个不好的信息。如果要使用新闻通讯和公告,格式应该简单,信息也应该简明扼要,没有教育术语,并且应该通过邮件或电子邮件发送这些信息。让孩子带回家的通讯往往效果一般,反而会造成小区的

```
                    这是一则新闻。请报道!
        新闻类型:
        _____  课程项目
        _____  人员活动
        _____  学校奖项
        _____  学生活动(实地考察、特别表彰等)
        _____  新的或有趣的教学技巧
        _____  现存问题
        _____  其他

        项目名称:

        项目描述:

        参与人信息:(人数、姓名、地址、职称等)

        涉及的金额及款项来源:

        如需更多信息,请联系:
```

图15.9　学校新闻报道档案

垃圾问题。如果没有精心制作新闻通讯,草草印刷,那新闻通讯不如不做。此外,还应注意认识到多语言的社区特点。

现在准备(看上去)专业化的新闻通讯和公告很容易。桌面出版程序制作了一款具有吸引力的产品,包括图形。

报告卡。报告卡往往被忽视,认为它是公共关系机制,但它们是学校向家庭传播信息的最常规方式。教师和父母都喜欢不复杂的方式。然而,考虑到我们无法用字母等级来总结学生所有成长、发展和学习的进步,因此,制定适当的报告程序需要工作人员仔细研究,其中就包括一个教职员工委员会一起制定一个易于理解的报告表格,其中包含与学生进步有关的重要信息。

如果报告系统的目的是与父母建立有效的沟通联系,如果父母重视高度书面报告,那么学校应该使用某种形式的书面报告卡。然而,仅仅写有成绩的书面报告是不够的,应该增加其他更私人的交流联系,例如教师在成绩单或家长会议上写下其他评语。

为了有效地报告孩子的进步,报告卡应该提供三种信息。首先,成绩单应该评估与同龄的其他孩子相比之下的孩子的整体能力。这可以通过标准化测试或教师根据诊断和观察判断孩子的能力来完成。其次,成绩单应指出孩子的个人进步。在小学和中学阶段,这应该基于(教师)估计的学生能力和衡量孩子自上一阶段以来在课堂上的成就。这个陈述不是与其他孩子做比较,相反,这是教师对孩子是否尽可能达成目标的评估。最后,成绩单应描述孩子在学校的行为。行为可以用打钩来表示令人满意的行为,或者用标记表示出色的公民责任感、令人满意或不满意的行为。

互联网计划。越来越多的学校选择使用互联网作为学校与家庭共享信息的有效方式,如网站,像 Facebook 或 Twitter 等社交服务媒体。使用这个方法的好处是,学生夹克口袋里不会到处塞满皱巴巴的纸。诸如"sdioolloop.com"[14]等程序向学生和家长提供有关成绩、阅读清单、出勤表和学校作业的信息,还会提供大量材料旨在让家长和学生了解正在发生的事情、学校的期望以及家长和孩子需要做的事情。如需了解更多合适的通信工具,请查阅第十四章内容。

迷雾指数

优秀的写作需要仔细考虑接收信息人的身份。我们已经注意到需要考虑许多学校社区的多语言性质,但是有效地传达书面信息需要的不仅仅是使用预期接收者的母语,也要求有意义地使用该语言。这就要求使用直截了当的句子、简单易懂的名词和动词,以及平实的语言,同时语言要简单、整齐,避免使用行话和教学用语。语言足够让大家都能理解,不用口头交谈。

每天的报纸就是使用这样的语言,让没有接受高中教育的人也能理解这些信息。消息用语越接近六年级或七年级阅读水平越好。许多文字处理程序具有可读性统计功能,例如 Microsoft Word 会对任何选定的段落进行难度级数和易读性指数评估。

传达信息:双向营销技巧

信息传播不是沟通的同义词。许多公共关系失败的原因就是未能对二者作出区分。在本章的最后一部分中,我们重点关注已验证过的通信技术。

邮件已发送——效果如何?

共同通信暗示了一个闭环。也就是说,该消息不仅被发送,而且还暗示以一种被理解的方式接收和响应。在检查信息设备的质量时,我们需要了解五个问题:

1. 如果消息被接收,它是否已被阅读(听到)?
2. 如果被阅读(听到),它是否被理解?
3. 如果被理解,它是否以正确的方式被解读?
4. 如果以正确的方式被解读,会起到积极作用吗?
5. 何以见得?

第五个问题是评估问题。在所有可用的通信技术和结构中,有些方法似乎最适合校长使用。

社区咨询委员会

随着在学校建设层面的自治权越来越大,校长和社区咨询委员会也会更加充分运用这一权力。在一些州,立法规定增强了学校自治权,并且随着校长问责制的增强,社区咨询委员会也被委任。这些委员会成员包括家长、教师,有时还有学生。

关于什么是政策建议以及什么是政策制定经常出现问题。显然,咨询委员会会让社区和员工代表与校长分享信息,并提出解决学校问题的替代方法,它建立的理由就是让这些方法正式确立。理想情况下,理事会为校长提供补充性的专业知识和有用的见解,从而让校长做出最可行的决策。但是请注意,"建议"与"决策"不同。然而,如果校长的决策总与理事会的建议背道而驰,那这还是个明智的校长吗?

咨询委员会成员。州法律或地方政策可以规定理事会挑选成员的方式。如果缺少相关法律或政策,无论是校长挑选或任命,成员都应该代表当地社区的典型,这一点很重要。

实现咨询委员会的最大产出。对理事会成员的作用以及帮助制定政策和政策实施之间的差异缺乏明确性,这可能成为冲突的根源。当人们心有期望但也意识到局限时,工作效果最佳。为了建立咨询委员会活动的框架,学校校长应遵循以下准则:

1. 建立任何解决方案,行动计划或政策必须满足如下基本条件:如果可以接受的话,是否必须将财务、法律或地区政策考量纳入考虑范围?是否存在不符合学习者最佳利益的活动?校长是否会不愿开展那些积极的活动呢?提前明确国家限制,以便每个人都了解它们。

2. 帮助组建立特定的时间线,并为任务完成设定日期。

3. 确定该组可用的资源。

4. 详述预期结果。

5. 对手头问题建立小组权力限制。也就是说,校长是要求做出最终决定,还是给予备选方案,抑或只是提提建议?

焦点小组

研究机构、专业协会和广告代理商以及其他组织多年来一直使用焦点小组来定义问题、预测问题、探索潜在问题的反应、制定可替代方案,并计划未来的发展。焦点小组是非概率抽样技术的一个典型例子。该技术采用定向(数据)而非定量数据,可有效用于学校公共关系技术和创造性问题解决技术。然而,焦点小组不是决策机构,也不是咨询机构,相反,他们是社区小组成员,他们对委托人想要学习的问题持有意见,其目的在于问题感知和问题解决,但问题的"感知者"和"解决者"都不是焦点小组。焦点小组提供的是感受、态度和相关信息。

焦点小组由少数人组成,一般建议8到10人。每个小组代表学校/社区人口的一部分。与焦点小组会面的目的是评估人们对学校重大议题、难题或预期问题的态度。通常情况下,会议时间不超过一小时,并且对该小组提出的问题不超过四个。主持人记录讨论内容,注意关键概念、密集程度和新信息。在没有编辑的情况下,尽可能逐字记录信息。小组没必要非在学校会面。工会大厅、教堂地下室或公寓大楼的招待室可能是更方便和舒适的选择。

商业和其他社区伙伴关系

组织良好的商业/行业/教育合作伙伴关系大有裨益,以下就是一些成功的实践案例:

■一家领先企业的高管已经制定了道德培训计划,并让他们的高级职员空出时间在这个计划中与孩子一起工作。

■精神病医院为其"对接学校"提供免费咨询服务。

■一家业内领先的计算机制造商让其工作人员与教师和学生合作,更有效地使用计算机技术(不仅仅是使用制造商自己的计算机)。

■企业将校长纳入其高管培训计划。

■企业在夏季时间和其他时间在其研发部门雇用科学教师。

■公司提供在职课程和辅导服务。

■公司为需要经济帮助勤工俭学的学生提供工作机会。

■小学学校帮助社区领导加强理解教育儿童的复杂性,培养他们鉴别问题和寓教于乐的能力。

■高中学校利用社区提供的技术专业知识进行员工更新,以及项目分析和学生辅导。

为了最大限度地发挥作用并避免损失严重的误解,合作计划必须协调完善。虽然校长不需要管理该计划,但他/她有责任确保该计划得到良好的实施和监督。

关键沟通者

许多校长利用他们对社区影响力结构的了解制定了一份"关键沟通者"名单。当需要快速传播学校信息时,就需要联系这些人。主要的沟通者是即时社区中颇具影响力的人,他们对学校有着浓厚的兴趣。这些人很有影响力,因为他们与大量的人互动并且受到他们的信任。这种个体的松散组织很容易形成。该组织可能会不时与大楼内的校长和其他专业人士会面研讨与社区利益相关的学校问题。在初次会议之后,"关键沟通者"会持续了解学校预算、新课程、教师流动和新建筑等事宜。该组织作为涵盖个人和集体反馈的部门,也使校长了解到了社区中的"不实谣言"。

与往常一样,应该看到学校社区的所有方面都被挖掘出来。"关键沟通者"的概念利用了传播研究,这也表明,即使在这个大众传媒时代,社区成员也是靠口口相传形成的态度和理念得到大部分信息的。

校长组织的互动会议

在优秀的学校,校长会定期主持"校长座谈会"。为了与学生和家长建立和保持良好关系,校长会主持两种座谈会议。第一种定期会议对象是学生,沟通地点一般在校长办公室或在学校餐厅内较幽静的地方。出席人数限制为8或10名学生,参会学生须具代表性。在这些公开会议中,学生表达兴趣,讨论不满,并就学校的总体改进提出建议。

可以为父母和其他社区成员安排相似的会谈,还可邀请十几名具有代表性的赞助商参与会谈。会议的规则是最重要的,除了个人对教师的投诉(这些需要私下讨论),两到三个小时的会议可以给大家提供非正式思想交流机会。对于校长来说,这种座谈会是一个很好的感知机制,可以找出赞助人所关心的问题,并发现即将可能发生的问题。对于赞助人来说,这也是一个了解学校运作并提出教育实践问题的好机会。

获得社区支持的困难之一是学校与家庭之间的信息交流不足。有组织但非正式的家校论坛很奏效。一般的单向公告或新闻报道难以表达出复杂的提议,但这些报道经常作为父母和其他社区成员的主要信息来源。面对面交流才最能充分了解复杂的提议。

家长—教师座谈会

有计划的家长—教师座谈会可以成为学校—社区关系计划的重要组成部分。校长需要考虑例如家长工作、单亲家庭、家长职业是否会使其在预约开会当天无法出席,所使用的语言以及交通困难等因素,这些都有可能影响成败。但通过学校工作人员的努力,这些和其他限制因素都可以克服。

互联网程序经常被有效地用于教师与家长的信息共享。通过互联网,双方随时可以获得出勤报告、纪律处分、家庭作业以及与学习相关的其他信息。(更多细节见第十四章。)

家长—教师组织

从历史上看,家长—教师协会或家校组织有时在组织学校的外出计划中发挥重要作用。校长应使用任何可用的设备来促进双向信息流动。就家校组织来说,[15]全国各地的有效性有很大差异。

好事不会因为一个组织被贴上与学校建立正式关系的标签就会凭空出现。如果组织会议用来提供正式和非正式互动的机会,并且组织被赋予执行重要任务,家校组织可以为学校和社区之间的互动提供有用的途径,关键是要积极参与任务。与其他社区组织一样,上级组织正在争夺其成员的时间。家长或教师是否选择在周四晚上参加家长—教师会议将取决于该时间是否被视为有效占用。

考虑到要在学校和社区中执行的重要任务,一个好的家校小组会花费更少的时间在正式会议上,同时更多时间在下级小组中。为学校的职业发展计划组织工商业日,为社区儿童和成人制定课后计划,招募和培训辅助专业人员以及开设课程审查小组,这些活动离不开家校组织的有效参与。

对家校组织而言,阻碍其切实发挥交流作用的一个常见问题就是成员构成的不均衡性。尽管学校可能为不同种族人口服务,但积极的组织成员几乎通常只来自社会结构中的某一类种族。因此,校长应仔细审查上级组织的成员资格。如果要将该组织用作有效的交流手段并且学校社区拥有不同种族人口,则最大程度反映出整个学校社区的组织成员变得最为重要。如果组织成员没有反映整个学校人口结构,那么很可能错过重要意见,组织也没有做到促进与更广泛的社区进行信息交流。

有些学校像"磁铁"一样吸引大批来自全国各地的学生,即使做了最大的努力,传统的家校组织也可能难以维持。在这种情况下,可以考虑其他有效参与手段,例如特殊的社团和激励组织,或者使用任何可用的网络程序和服务。

社区调查

调查社区的态度和意见可能是有效的,特别是当学区进入评估阶段以努力建立或反思教育目的、目标和优先事项时。这样的调查能指向社区委员会,让社区参与制定教育政策,实现教育复兴。

教育调查可以以多种方式进行。最常见的方法是邮寄问卷,随机将其寄往生活在就学地区的家庭。如果时间和人力可行,更好的方式是采用结构化面试进行逐户访谈,并注意(人口)抽样的随机性,确保社区的所有部分都包括在样本中。电话调查也可能是一种不错的选择。

然而,合适的调查开展成本很高。通常情况下,若样本很小或者说没有代表性,结果也是不可靠和令人失望的。然而,定期调查社区成员的想法非常重要。人口结构变化、公众舆论不稳定以及准确的信息对良好的行政决策至关重要。至少,校长不希望盲目调查。极少有危机是没有任何早期迹象、不安或不满就发生的。

小　　结

对校长而言,发展与社区和学区人群的良好关系属于非常重要的任务。人们生活在一个高度多样化的社会中,受教育的学生就属于这样的社会。即使在偏远地区,因为接触到了互联网、电视、书籍和杂志,人们的态度也有所不同。社会中人们的分歧往往体现在其与公共机构的关系中,譬如学校。

学校领导人面临着近期发生的无数社会变革。由于这些变化包括社会构成、经济构成、技术变革以及全球互动,学校人员的态度和方向有时令人困惑并且总是具有挑战性。

本章兼顾宏观与微观层面。学校作为社会和文化的一小部分而存在,但学校也存在于较小的城市、郊区、城镇、村庄,以及更重要的是存在于邻里社区中。在邻里层面,学校会与公众开展最大互动,并形成其态度。学校校长在这里发挥着重要作用,可以预测某些热点问题并就地处理,学校董事会的政策可以在邻里社区解释清楚。公民监督团体在邻里中行事高效,易于执行。鉴于以上原因,校长的参与至关重要。

我们已经确定了一些社区力量,这些力量比其他的更具地方性质,并且已经提出了与这些社区力量合作的战略。双向信息传播手段似乎是最有效的,然而,这些公共关系过程也是最复杂的。从没有人郑重其事地承认过当校长是一件易事。

国家学校公共关系协会[16]报告了学校有效营销的四个步骤。[17]我们借此总结本章内容:

1. 研究。分析学校立场和公共期待的一致性。

2. 行动计划。制定符合地区总体使命和目标的公共关系目标、目的和战略。

3. 交流和执行程序。执行实现总目标和小目标所需的策略。

4. 评估。检查为确定相对有效性所采取的措施,并决定未来可能需要做出哪些改变。

活动

1. 对附录 A 中的案例 2、25 和 28 进行反思。你将如何应对这些情况?

2. 附录 A 中的案例研究 27 侧重于零容忍。你将如何应对案例中的不同情况?你可以预见哪些公共关系问题?你会寻求哪些其他信息?

3. 附录 A 中的案例研究 5 将有争议的书籍作为一个中心主题,并将受干扰的社区群体作为消息持有者。鉴于本章的概念,你的处理方法是什么?

4. 调查学校项目中单向和双向信息处理的种类。目前关于这些计划的有效性有何评估方法?你有什么意见?

5. 请在你的社区收集一些有关学校社区的人口统计数据。从种族和民族数据开始着手,同时调查住房模式、公共服务和商业发展。检查人口普查区信息,深入研究并且标记地点。然后,检查一下重要的学校—社区团体:咨询委员会、激励俱乐部,家长—教师协会/家长—教师组织(PTA／PTO)等。在确定的群体中,活跃成员在多大程度上代表了成年人群和学生群体的性质?该组成有什么不同吗?哪种公共关系设备可以更好地应用,有什么不同之处?

6. 代表你学区的立法者是谁?他们在一些学校有关议题上的立场是什么?他们

曾经访问你的学校吗？（你是否有邀请过他们？）

7. 参照美国"教育领导者专业标准"并回顾标准3中的要素以及标准中哪些项目与本章中的概念相关,将每条标准中的一个元素与本章中表达的概念相关联。

尾注

1. 这些不是新术语。125年前,德国社会学家 Ferdinand Tönies 在1887年写了一本书,书中就写道"礼俗社会"（Gemeinschaft）和"法理社会"（Gesellschaft）的区别。参见 C. T. Loomis, and his section translated and supplemented from *Gemeinschaft and Gesellschaft*（first edition 1887）in *Fundamental Concepts of Sociology*（New York, NY：American Book Co., 1940）.

2. 大约一世纪前,社会学家 Howard Becker 提出假设,认为社会可被看作沿神圣—世俗连续体移动的。（Howard Becker, *Systematic Sociology*［New York, NY：Wiley, 1932］, pp. 223–226）.

3. 关于最受质疑的书目,详情见美国图书馆协会网址：http://www.ala.org

4. Ronnie Casella, "Violence and Threats of Violence," in *Current Issues in School Leadership*, ed. Larry W. Hughes（Mahwah, NJ：Erlbaum, 2005）, p. 21.

5. 关于此处有一个有趣的分析,参见 Nate Blakeslee's article in *Texas Monthly*, May, 2013, pp. 125+。这篇文章主要写的是得克萨斯州的《不让一个孩子掉队法》的回应。

6. Larry W. Hughes, "Politics, Pressure Groups, and School Change," in *Current Issues in School Leadership*, ed. Larry W. Hughes（Mahwah, NJ：Erlbaum, 2005）, p. 5.

7. Jesse Bernard, *Community Behavior*（New York, NY：Holt, Rinehart and Winston）, p. 358.

8. Revised from Larry W. Hughes and Don W. Hooper, *Public Relations for School Leaders*（Boston, MA：Allyn & Bacon, 2000）, p. 14.

9. Ibid.

10. 图书馆的资料以及指定出版资料的教室,经常引起家长和社区的抱怨。比如,J. K. 罗琳的哈利波特系列在一些地方受到了来自"宗教右翼"的抨击。"撒旦主义"和"巫术"的战斗的口号。这些书其实提倡友谊、忠诚、善恶相等和高尚的伦理原则,并利用伟大的冒险活动来吸引读者的注意力。

11. M. Fullen, *Change Forces：The Sequel*（Philadelphia, PA：Falmer Press, 1999）, p. 328.

12. 宪法未授予美国、各州也未被禁止授予的权力属于各州或人民。

13. 和许多法律一样,这两项法案的产生是社会非正规部门——团体和个人采取协调一致行动的结果,他们对联邦行动施加了很大压力。

14. 就是这样一个项目。有大量的学校管理系统可用。搜索"学校管理系统"。以下是一些代表：Skyward；Schoolfront for K-12；SchoolBrains；School-wide Management System；and Administrator's Plus.

15. 我们会用 PTO 这一缩写指代所有家长—教师团体。

16. National School Public Relations Association，15948 Derwood Rd.，Rockville，MD 20855，or on Internet at http://nspra.org

17. http://www.nspra.org/node/49（May 12, 2013）.

选读篇目

Blakeslee, Nate. "Crash Test". *Texas Monthly* (May 2013), pp. 124+.

Blank, M.. "Community Schools: Engaging Parents and Families". *Principal* 83 (2004): 65.

Jaksec, Charles M., *The Difficult Parent: Handling Aggressive Behavior* (Thousand Oaks, CA: Corwin Press, 2005).

Kowalski, Theodore, *Public Relations in Schools* (Upper Saddle River, NJ: Prentice Hall, 2010).

McConnell, S., "Exercising the Power of Grassroots Advocacy." *Principal* 84, no. 3 (2005): 34-37.

Moore, Edward H., *School Public Relations for Student Success* (Thousand Oaks CA: Corwin Press, 2009).

Sanders, Mavis., *Building School-Community Partnerships* (Thousand Oaks, CA: Corwin Press, 2005).

Wayson, William W., Charles M. Achilles, Gay Su Pinnell, M. Nan Lintz, Lila N. Carol, and Lavern Cunningham, *Handbook for Developing Public Confidence in Schools* (Bloomington, IN: Phi Delta Kappa Educational Foundation, 1988). Do not let the copyright date fool you. This is still the best single guidebook around. It is practical, penetrating, and current.

Wooleyhand, C. D., D. Swietik, L. K. Winter, and Mark W. Mitchell, "Family Power," *Educational Leadership* 65, no. 7 (2008).

附 录

附录 A　学校领导与管理案例研究

问题分析、决策过程与决策制定：案例介绍

学校领导每天见一位又一位教职工、学生、家长、社区成员、政客及无数形形色色的个人和子群体成员。校长从办公室走到大厅去食堂解决问题，就可能会不下六次遇到当事教师、监护人、家长或孩子。校长可能会匆忙地吼出解决方案。

校长事务大多时候都极度混乱。会面时间、紧张程度以及问题持续时间都不同。设定时间往往很短，收集的情况和数据往往太少。

为了做出最佳决策，首先需要正确找出问题，之后要考虑解决问题的流程。执行者有许多解决方法。选择正确的方法将决定问题是否会解决或至少缓解，抑或是否会导致更大的问题。预测任何过程或行为的结果不仅仅是脑力工作。

目前没什么问题需要解决。尽管时间不多，但总是有时间反思问题的性质以及可能产生令人满意结果的决策过程。校长要问自己以下这些基本问题：

- 我是否具有解决问题所需的信息？
- 实现长期解决方案需要谁的支持？
- 如果开始解决问题，自己做决定，那么获得这种支持的可能性有多大？
- 需要立即关注这个问题吗？
- 我的决定基于什么原理、价值观或理论？
- 本文哪些具体或隐含的参考文献或引言可以指导你分析和/或解决这个问题？

接下来是学校内部及相关问题的案例研究——学生问题、愤怒的当事人、预算不

足、维护问题、员工评估困难、课程困境、众多问题间的冲突——大多都不容易解决。在各案例中，你可以选择自己认为最合适的分析过程。

鉴于提供的事实数量有限，你分析这些案例时只需做出合理假设。但请记住，领导人是你，而非他人。这是你的问题，但是你并不需要去解决问题。你的任务是分析问题并提出你认为的良好解决流程。确定你认为的主要问题，并指出次要问题。教育领导者职业标准及其在每个案例中所体现的功能可能会有助于你抓住重点。

案例研究：主要问题和决策水平

案例	教育领导者职业标准	课程	员工	学生	公众	财政
1	标准6		×			
2	标准3、标准8		×	×	×	
3	标准9	×				×
4	标准3、标准5、标准8		×		×	
5	标准2、标准4、标准8	×			×	
6	标准8、标准9					×
7	标准3、标准4、标准10	×	×			
8	标准7、标准9		×	×	×	
9	标准7、标准9、标准10					×
10	标准7		×	×	×	
11	标准4、标准6		×		×	
12	标准2、标准8、标准9			×		
13	标准4、标准9	×	×		×	
14	标准4、标准6		×	×	×	
15	标准2、标准4、标准9		×		×	
16	标准3	×		×	×	
17	标准7		×			
18	标准2、标准4、标准6、标准9		×	×	×	

(续表)

案例	教育领导者职业标准	课程	员工	学生	公众	财政
19	标准2、标准5			×		
20	标准9		×			×
21	标准5、标准9			×	×	
22	标准2、标准7、标准9		×	×	×	
23	标准6		×		×	
24	标准9			×		
25	标准9			×	×	
26	标准5、标准7		×	×	×	
27	标准2、标准5、标准9			×		
28	标准2、标准4、标准6、标准9	×	×		×	
29	标准2、标准7、标准9		×			×
30	标准3、标准4、标准6、标准9		×		×	
31	标准3、标准5、标准9	×		×	×	
32	标准3、标准9		×	×	×	
33	标准9		×		×	
34	标准9			×	×	
35	标准3、标准4、标准8、标准9	×	×		×	
36	标准1、标准10	×	×	×	×	×

案例研究列表

案例研究 1	与众不同的申请人
案例研究 2	撒旦教!
案例研究 3	别扰乱我的预算
案例研究 4	斯科特·拉里中学的麻烦事
案例研究 5	图书馆守护者
案例研究 6	钱从哪里来?
案例研究 7	选哪本教科书?
案例研究 8	赛事?考试?或是二者兼得?
案例研究 9	新复印机
案例研究 10	学校有多安全?
案例研究 11	戴维斯夫人是坏老师
案例研究 12	违反着装规范
案例研究 13	回归基础学科
案例研究 14	父母抱怨,老师不回应
案例研究 15	欢迎你:请更换詹妮的老师
案例研究 16	我们反对!
案例研究 17	迈克是最好的教师
案例研究 18	写给立法者
案例研究 19	我希望去死
案例研究 20	谁得到钱?
案例研究 21	校园枪支
案例研究 22	晚间训练
案例研究 23	选择哪位教师?
案例研究 24	打架斗殴事件
案例研究 25	学生在商店里"闲逛"
案例研究 26	格雷西拉为什么不能上大学?
案例研究 27	零容忍
案例研究 28	测试闹剧

案例研究 29　　　钱该怎么用？

案例研究 30　　　如果解雇她，我就诉诸董事会！

案例研究 31　　　比利接下来怎么办？

案例研究 32　　　为什么我不能打球？

案例研究 33　　　手机

案例研究 34　　　违反着装要求

案例研究 35　　　越界？

案例研究 36　　　我们希望学校变成什么样子？

案例研究

案例研究 1：与众不同的申请人

招聘活动正在进行。你身为一所大型中学的校长，几乎招满了要空缺的职位，但仍在寻找一位至少可以教三个数学补习班的教师。通常很难找这种班的教师，因为这种班上的学生一般学习不好，有时还很难管理。

候选人艾琳·杜瓦尔（Eileen Duvall）似乎做好了充分准备。她此前就是国家监狱负责的犯人教育课程的教师。她还没有和教师选拔委员会见面，但你刚好今天有时间，决定在委员会选拔的前一天与她进行面谈。

秘书陪着杜瓦尔女士进入你的办公室，你就被她的外表吓一跳。她仪容整洁、穿着职业化，但身高不足四英尺，步履蹒跚。她爬上面试者的椅子，面试开始。

从简历来看，杜瓦尔女士完全有资格。她文凭好，举止大方。她解释了离开上一份工作的原因：她接受的是公立学校教师培训，但找不到工作。现在她厌倦了犯人的制度化生活，希望与年轻人在一起，所以再次寻求公立学校职位。

其他两位应征者在学术上都不如杜瓦尔女士资质过硬或经验丰富。但是，你知道杜瓦尔女士要教学校里"最差"的学生——大多数是男生，还有几个女生。他们要么至少留过一级，要么就是有因为严重的行为问题而转校。

那么，你会怎么做？

案例2：撒旦教！

你在一所有550人的小学当校长。一小群家长聚集在你的办公室。他们是附近一个教派的成员。你让他们围着一张小桌子就座。

发言者说，问题出在一位六年级老师身上。她要组织万圣节派对，孩子们可以想怎么穿就怎么穿。"我们反对！万圣节只不过是异教徒节日，有悖于我们的教义。这节日应该在学校消失。"你的学校没有庆祝节日的规定。

你如何回应这些父母？

你会采取什么其他行动？

案例3：别扰乱我的预算

你是校长。审核学校科学课程时，你注意到以下情况：

1. 学生在学术能力评估测试（SAT）或类似考试中表现不佳，抱怨无法进入名牌大学。

2. 高级科学课程的选课人数过去五年一直持续下降。

3. 很多科学教师非科学专业出身，科学并不是他们的优先教学领域。

4. 一些社区成员一直要求"更好的科学课程"。

5. 学校负责人和区教学处处长努力说服教育委员会投入更多学校阅读课程资金。

6. 学区各校校长在制定和实施教学预算方面拥有相当大的自由度。

7. 你的教学预算金额由基本配额及另一因素决定。该因素主要是上一年平均每日出勤率。

8. 各学科对预算问题颇有微词。

9. 最近，一条新的高速公路迫使几百个家庭搬离，学区界限发生了变化。这对你的学校产生的影响是：非英语母语学生增加了15%。

10. 预计明年的预算整体不会增加。每年的平均每日出勤人数也大致相同。

你将如何分配下一年的预算？

案例4：斯科特·拉里中学的麻烦事

你是斯科特·拉里中学（Scott Larry Middle School）的新校长。在过去五年里，该校换了三个校长。今天是8月1日，学校即将开学。你掌握的情况是：

1. 五至八年级学生共1200人，学校位于市区。

2. 尽管学校总人数相对稳定，但变化很多。每年大约35%的学生会"周转"，还有人离校或返校，很多刚毕业或刚入校。

3. 30%的学生是非洲裔美国人；35%为西班牙裔；约10%亚裔，主要是越南裔。预计白人学生会逐渐减少。学区的许多白人父母把孩子送进学区的两所私立学校，其中一所是教区学校。

4. 略多于$\frac{1}{4}$的学生家住公租房。

5. 学区一些中学保留了课后辅导课程，所以大约$\frac{1}{4}$的学生由校车接送。

6. 贵校服务的学区，成人白人占65%、黑人占12%、西班牙裔占13%，亚裔占5%。社会经济状况指标显示学区内经济状况参差不齐。住房有中上层水平，也有劣质房屋。最近，一些未生育的年轻夫妇利用住房优惠住进其中一个社区，而且迁入人数众多。

7. 师资队伍年流失率为20%。教学经验呈双峰分布，一大部分教师教学不满3年，另一大部分超过15年。只有少数教师处于在这二者之间。

8. 家长教师委员会（PTO）不是很活跃。

9. 上一任校长未规划每学年的员工3天在职方案。

案例5：图书馆守护者

你是大卫·托马斯八年制学校（David Thomas Elementary School）的校长。学生共840人。学校服务的社区是新兴的郊区，人口日益多样化。有人组成了一个新组织，自称"图书馆守护者"。该组织并未正式隶属于学校。事实上，你都没有听说过这一组织。该组织针对组员认为不合适学校学生年龄段阅读的图书，向你发了一份文件，要求成立公民委员会，制定"合适年龄的政策，挑选和分配有关性、同性恋和毒品主题的的三年级班。过去的几周里,我们在与丽贝卡的谈话中发现戴维斯夫人与学生的互动有些令人不安。丽贝卡说,任何学生不乖的话,那整个班级都不能休息。戴维斯夫人屡次骂学生"笨蛋""愚蛋""无知的傻瓜",还说他们的行为"比她两岁时"还糟。

我们承认,8岁孩子的看法与成年人的看法大不相同。毕竟,因为自己没做过的事情错过休息时间,这对于一个8岁的孩子来说是非常苦恼的。但是,我去过戴维斯老师的班上,观察过她在教室的行为。有一次,她和全班同学吃完午饭回来,一些孩子正在聊天和四处走动。我认为这很正常,但她却大声嚷着要孩子们坐下来,还挥动手臂大声嚷嚷。每个学生都坐了下来。作为一个成年人,我被吓得不轻。您能想象一个8岁的孩子的感受吗?如果戴维斯老师的行为一直和我在场时表现出的一样,我简直无法想象她单独和孩子们在一起时会怎么样。我们还有她给分不公平的证据。

我们请求立即将丽贝卡转出戴维斯夫人的班级。当然,这并不是全部的解决方案——它不能解决班上其他人的问题。班上完全没有积极的学习氛围。

言语虐待与身体虐待同样具有破坏性。我们一直非常尊重学区,但像戴维斯夫人这样的人居然还可以当老师,我们感到十分震惊。当然,其他人肯定也都抱怨过。

期待您的立刻回复!

大卫和洛瑞·休斯 谨上

案例12:违反着装规范

你是一所郊区高中的校长,该校共有十至十二年级在校学生1300名。学生会和教职工顾问组批准了学校着装规范。

9月的一个早上,4名新生由班主任送到你的办公室。3名女生穿着长"裙"和伊斯兰罩袍。一名男生留着浅色胡须,是刚长出来的。他还戴着一顶"帽子"。学校不允许学生留胡须,上学也不允许戴帽子。

学生们因穿着和外表被送到办公室,非常不高兴。他们抱怨着装规范有违穆斯林习俗,他们受到了歧视。

现在你明白,桌上让你回电的字条就是其中一个学生的父母留下的。

所以,你和4个闷闷不乐的学生坐那儿。教师和多数学生支持的着装规范被控诉成宗教不容忍。

你会马上怎么做?下一步的计划是什么?

案例13:回归基础学科

你是一所大型初中的校长。在几位董事会成员和社区成员直言不讳的批判后,学校采用了回归基础学科模式。加之州议会通过了一项新的教育改革法案,这些都对贵区非常成功的职前教育计划以及在很大程度上对美术课程都产生了负面影响。你们学校在这两方面的努力和成就都获得了本州的特别认可。然而,学校董事会已经决定取消职前教育,并将全区美术学科的预算减少到最低。

你现在面对学校辅导员、教师和家长,他们都非常担心职前教育和体育课程的取消。辅导员则担心职业咨询的负担会落到他们身上。

如何处理当前全职职业顾问使问题进一步复杂化。这位顾问和孩子们关系很好,能"让顽固的孩子转性",家长也很支持她。她是历史和拉丁语教师。拉丁语在学校已经取消了好些年,历史系已经饱和,但你不想失去这位好老师。

家长的不满有好几个方面,最主要不满学校不够关注美术和体育课程。

你的主管正在等待下一年的人员配置计划和预算提案。这些需要在两周内完成。

案例14:父母抱怨,老师不回应

你是约翰·哈里森小学(John Harrison Elementary School)的校长,学校有700名学生。一位家长的电话转到了你这里,内容如下:

她的三年级儿子科学考试不及格。她想知道如何帮助儿子,尽管给他的老师留了两次字条,但还没有收到任何回复。她该怎么办?你建议她再联系一下。今天,这位家长正在学校做义工,你问她是否收到了老师的回复。她说没有。于是,你就在老师的学校邮箱里留下了一封询问相关情况的信件。

第二天,老师冲进你的办公室。"上周我生病了,没来学校,现在才刚好。现在,你给我写字条说我不回复家长。新年第一天,我就给所有家长发了公告,说明我可以参加家长讨论会的日期和时间段。让她在那段时间过来或打电话给我!我不可能每次都回复家长的留言。"

你现在怎么做?

案例15:欢迎你:请更换詹妮的老师

你是塞尔特小学(Selter Elementary School)的新校长。今天是开学第三天,开局顺利。塞尔特是一所大型小学(平均每日出勤率有790人),包含一至五年级。前任校长在该地区工作了30年后退休。她在任期间非常成功,硕果累累。她正在环游世界,之后她将搬去一个很远的小镇。

你正在查收邮件,发现了一封来自家长教师委员会(PTO)主席的信。你曾在一次开学前的欢迎会上见过她。她在邮件开头欢迎了你的到来,然后又转向另一个话题。最后一段写道:

"还有,我对詹妮的课堂作业不满意。你给她安排了一位一级教师——伯克特老师。她很好,年轻又善良。但是詹妮需要特别的帮助,因为我相信你已经从她的档案中看到了。新手肯定没有为此做好准备。我知道学校有许多二级教师,但我特别看好诺里斯博士,她是三级'骨干教师'。詹妮和我都因为她没有被分配到想去的班级而感到失望。前任校长也曾承诺会给予帮助。你能安排詹妮到诺里斯博士班上去吗?非常感谢你。"

案例16:我们反对!

你是一所高中(九至十二年级)的校长,学生1500人。现在是11月中旬。过去三天,你参加了全州的专业会议,现在刚回到办公室。下面这封信是收件箱里的一封一级邮件。这封信周一到的,而今天已经周四了。

尊敬的校长:

我们是约翰和格蕾丝·迈克尔,我们要求取消我们的女儿希瑟在本学期接下来的第五节课——卫生课。我们做出这样的决定是因为:课堂材料和教学方法与我们家建立的价值观和信仰完全不一致。孩子现在处在脆弱阶段,坚定家庭教给他们的信仰,克服同侪压力是很困难的。但是,今天的年轻人每天都会面临这样的问题。我们做父母的希望并祈祷年轻人做出正确的选择,从选择中培养出更强大的性格。

但是,当能直接影响孩子的成年老师通过教学推行与家庭价值观相悖的价值体系时,可以想象这对我们的孩子(或对任何其他人)影响有多大,将如何影响年轻人再次面对同侪压力时的决策过程。

最近我与布莱克·斯通老师和韦弗老师谈话时,我们都对一种说法感兴趣——老师不能告诉学生什么是对的,什么是错的,学生必须自己选择。然而,在谈话中我们还得知,因为许多学生发生过性行为,还有许多学生喝酒,所以学校可以教授"安全性行为"和"负责任饮酒"。如果这不仅仅是一个矛盾,那么您一定会认为这是价值观的妥协。我们不过是不同意现行的和被教授的准则,您也需要明白这一点。所以,我们认为希瑟不应该上卫生课。

约翰和格蕾丝·迈克尔 谨上

案例17:迈克是最好的教师

迈克·弗林是学校最好的数学老师。他的学生出类拔萃,但一开始,学生并不是优等生。他的课程范围包括代数1以及超过微积分和微分方程的特殊进阶组。所有的学生家长都非常支持弗林。此外,学区经常任命他为在职培训负责人。

大家都知道,迈克的第一节课就是计划期。他每天早上因为养玫瑰花和杂交园艺的爱好都很晚来学校。他说："一日之计在于晨,尤其适合浇水、修剪和施肥。"

你是迈克的新校长。过去几天有两位老师来找你,抱怨你对弗林老师的偏袒。他们都问,凭什么他们不能在计划期离开学校处理私事?此外,他们还进一步建议,所有人都应该享受第一节课休假的权利。他们说："其他人都没有这一权利。"

案例18:写给立法者

你是詹姆斯·伯克特中学(James Burket Middle School)的校长,该校有1225名学生。今早三个电话主题都类似。一个来自学区教育长,一个来自学校董事会成员,还有一个来自当地的州立法人员。这三个人都在投诉或报告一个社会研究教师的作业。作业是让每个学生都给指定的州立法者或州长写一封措辞强烈的信。这封信是关于削减州学校财政的提议,包括削减医疗福利和教师工资的补助。

你通过调查发现,实际上教师确实布置了这一作业。进一步调查表明,教师安排了邮寄,但没有阅读信件,教师早已"教导"学生如何写信件。立法者复印了收到的信件。这些信写得并不算糟,但写信人措辞坚定,认为减少资金将造成不公正的情况。许多学生恳请立法者不必进行实地考察,而是增加教材资金且维持教师工资水平。

有学校董事会成员坚持认为教师违反了学校制度中的职业操守标准。董事会的其他人也同意这一说法。立法人员似乎并不太在意这一方面,用他自己的话说,他只是"好奇现在的社会研究到底教些什么"。当地报纸已经了解了这件事,并刊登在"城市新鲜事"专栏中。

到目前为止,这位教师的职业生涯并没有污点,两年前还获得了全学区最佳教师奖。他的年度工作评估结果也突出。

一些董事会成员最终表示,他们认为由于教师的不专业行为,应该解雇这位教师。

学区教育长征求你的建议。你的建议是什么?原因又是为何?

案例19:我希望去死

你是一所包括从学前教育到五年级学制的学校校长,学生共有530人。现在是上午10点,你刚从教学楼巡视回来。你正在查看昨天晚些时候去中心办公室参加全区校长会议后累积的邮件、备忘录和各种工作人员的便条。

其中,一位五年级老师在昨天下午留了一个简短的便条。上面写着:"我认为你应该看看这个。"纸条上钉着一张便笺纸,上面是学生提米的文章结尾。给定的作文主题是"我最喜欢的东西"。提米的文章写道:"……但我永远不会有这些东西。有时候,我甚至希望去死。我常常想自杀。"

案例20:谁得到钱?

你是凯文·亚瑟学校(Kevin Arthur School)的校长。该学校招收了950名五至八年级的学生。大多数学生是英国裔(86%),有一些是非洲裔美国人和一些亚裔学生。尽管你有一个训练有素的会计,但校长才是学校的首席财务官。现在要制定预算,学区办公室已要求你在两周内提交下一年的预算提案。正如往常一样,各学科部门的请求不切实际。而如果请求符合实际,你会很失望,因为不切实际的要求表明员工有雄心壮志。但是校长要在学科部门之间做出艰难的选择,关乎数千美元的预算,还有一些教师会不高兴。

英语和科学学科正在申请价格高昂的新型计算机程序。体育学科部坚持认为,由于新一轮校际曲棍球比赛和六年级足球运动的扩展,体育学科需要添置新装备。这会影响人员配备和装备。预算提案的第四个方面是图书馆。图书馆认为还需要招募两位辅助性专业人员,购书计划比去年翻了一番。需求增长的一个原因是学校更加强调多元文化作品。

你有两周的时间来完成提案。你决定……

案例21:校园枪支

你是乌本高中(Ubben High School)的助理校长。中学共有1500名学生。乌本位于一个小城市,由多民族学生组成。今天是星期五。

两个学生在第二节课找到你,说一位女生持枪上学,吓唬一个持续骚扰她的男孩。

这个女孩在二楼的一个班上,一直骚扰她的学生据称不在那个班。上课铃将在15分钟后响起。

案例22:晚间训练

你是一所初中的校长。一位家长进来讨论她13岁女儿阿什莉·简的问题。她在抱怨女儿的篮球教练。篮球教练一直在为她女儿和其他两个九年级女学生提供特别的练习,虽然指导时间不在同一天。训练结束后,他会去单独和学生见面。

这位母亲说阿什莉·简好几次很晚回家吃晚饭。她说:"教练总是开车送她回家,但她通常都是在我们开始吃饭后半小时到。昨晚她又晚回,但一直在哭。"

女儿不说发生了什么,只说:"我还不够好。"家长以为她指的是打球,只是安慰了一两句就作罢。

后来,母亲注意到女儿的T恤衫被撕烂了,怀疑更加强烈。"他和这些女生到底在做什么?"她问道。女儿两个朋友的父母也帮不上忙,因为这两个朋友即使晚上练习,也都能在晚饭前到家。

作为校长,你决定……

你会采取什么其他行动?

案例23:选择哪位教师?

你是惠斯勒小学(Whisler Elementary School)的校长。这是一所有学前教育班和课后辅导班的六年制学校。现在是四月,你刚刚完成了明年秋季岗位教师的面试工作。你所采访的每一位应聘教师都已经与教师委员会见过面,委员会推荐这些教师供学校进一步考虑。委员会在共事意愿名单上给应聘教师打了4分或5分(评分为1—5分量表,5分为最高分)。五年级只有一个空缺,但有三个合格候选人。其中两个获得了许多4分或5分,评级很高。所有教师给第三个候选人的评分均为5分。

在你看来,最佳候选人是一位年轻的单身母亲,两个孩子在上小学。她在教师中评价最高。但令人不安的是,她将孩子送入当地一所某教会赞助的学校。她坚决不愿意把孩子转到惠斯勒或学区的任何公立学校。你还了解到,其他管理人员和教师都不看好两个孩子所在学校的质量。此外,社区还普遍期望教师和行政人员让自己的孩子就读于当地公立学校。

你必须在本周末前向中心办公室提交人士推荐。现在已是周二。

案例24:打架斗殴事件

"他骂我'黑鬼'。"一个12岁的男孩嚷道。"我没有。"另一个男孩说。他是一位英裔少年,比那个黑人男孩大一岁,高几英寸:"你老是找茬,说别人歧视你,老师都受不了了。"两人争来争去,但被阻止了。留在教室里的两位老师把他们带到了办公室。

"发生了什么事?"你问老师们。"打架开始后我们才到那里,所以我们不清楚。"

初中生之间可不止这一场吵架,甚至女生也在互相争吵,而且大多数情况下还带有种族或民族色彩。

你是乔伊·菲利普斯初中(Joy Phillips Junior High)的新校长。这是郡里新成立的学校,大约有半数学生都参加磁校计划。学生人数在经济和种族上都呈现多样化。

你在考虑下一步的措施:首先是解决学生问题,其次解决学校在学生群体方面面临的问题。

案例25:学生在商店里"闲逛"

你是巴顿·赫尔舍尔高中(Barton Herrscher High School)的校长。该校有十到十二年级,共有1350名学生。学生们大多来自"富裕"的社区里的中产阶级和上层中产阶级家庭。现在是傍晚时分,你正在看今天的邮件。你刚读完一封来自当地商会分支机构主席的信。内容如下:

尊敬的校长:

我们的公关委员会要我写信给你,讨论贵校的一些学生的问题。在过去的几个月里,我们了解到许多青少年聚集在各种商场。虽然其他商家也表示过担忧,但剧院和两个停车购物一体商店业主深受其扰。警察已经接到过几次吵闹行为的投诉,有人甚至举报青少年喝了含酒精的饮料(我们认为还涉及毒品)。警方一直在帮助驱赶这些学生,但他们没过多久又回来了。最近,一些商家还报告说有人偷东西。

现在,我们不知道这些年轻人是否都是您的学生。有些人可能来自其他社区,但我们确实需要您的帮助,因为很多孩子都是赫尔舍尔高中的学生。他们穿着高中棒球服和其他标志性的服装。

问题很严重。我们一直非常支持学校活动,但事态已经失控。您能帮助我们吗?您有什么建议?我们很乐意尽快与你见面。

此致,

帕特里夏·霍兰

温斯特德商会会长

你将采取什么行动?

案例 26:格雷西拉为什么不能上大学?

学年刚刚开始。今年是你当威尔福特·韦伯高中(Wilford Weber Senior High School)校长的第一年。该校有 1465 名学生,其中 70% 为英裔、20% 是非洲裔美国人、近 10% 是拉丁裔——大部分是中美洲国家的移民。亚裔也有一小部分。英裔收入水平高低不一,非裔也是如此,而拉丁裔大多在低成本公共住房中的挣扎度日。现在是星期五傍晚,你终于可以查看邮件了。一封手写信引起了你的注意。

尊敬的校长:

我们初来乍到韦伯高中和这个社区。到目前为止,我们对韦伯高中和教师都很满意,但我们的女儿格雷西拉现在遇到了困难。韦伯高中是她两年内转学的第三所高中。但现在看来,我们不会再转学了,格雷西拉将在韦伯高中毕业。

几天前，她到家时非常沮丧。因为在和辅导员福西先生的谈话中，福西先生告诉她，由于平均学分绩点很低，她需要放弃上大学的念头。可能因为转学，格雷西拉在学习上有困难。她上小学时我们也经常搬家。但她决心提高自己，也喜欢每一个老师。她很有动力！或者至少在和福西先生谈话前她都是如此。

我们认为像福西先生这样的人不应该给学生泼冷水。我们觉得这是很糟糕的辅导态度，特别是对于新生。你能告诉我们，你会如何处理这种糟糕的情况？

卡罗尔·巴里塔 谨上

你会采取什么行动？

案例27：零容忍

背景： 你是霍华德·L. 琼斯高中（Howard L. Jones High School）的校长，在校学生共1475人。学生中，55%为英裔，20%为非裔，20%为拉丁裔和5%为亚裔。这与去年相比是一个很大的变化，因为学校新建了教学楼，学区范围还重新划分了。你的同事在学年第一周说，"我们是真正的混合体"。去年，90%的学生是英裔。

你所在学区采取毒品、武器和暴力零容忍政策。其中部分内容是："学生不得在任何学校或任何学校活动中持有任何违禁武器。"

"武器"的（部分）定义为："违禁武器的定义如下：(1)枪械（政策规定为枪械的物品）；(2)法律规定（5英寸或更长的刀，或设计目的为砍或刺伤另一人的手持工具）或地方政策规定的非法刀具（援引本州刑法）。"此外，定义还包括四个列出各种武器和尺寸的条目。定义的结尾为"或以威胁或伤害他人的方式使用的任何其他物体"。

零容忍政策中"毒品"的定义是："如果某学生(1)在学校场地或在学校组织的校内外活动中，向他人出售、给予或交付《美国法典》第21卷第801条及本州安全规范规定的任何数量的大麻或管制药物或本州安全规范另有定义的危险药物……那么学生将被开除或至少送至行为管制高中教育一个学期。"以上内容只是其中的一部分。处罚是立即将学生转入行为管制高中进行为期一个学期的教育。

学区政策明确规定了对残疾学生的纪律处分程序："残疾学生的纪律处分方式可以与非残疾学生的纪律处分方式相同。"此外，该政策还描述了管理者可以使用的处分方式。这些措施包括问题学生停课和将他们转去特殊学校。在你所在的学区，特殊学校指行为管制高中。

情境：两个学生坐在办公室外。是两位老师把他们送过来的。一个学生是非洲裔高年级学生，被发现在服药。她声称服用的是过敏药物。药物放在一个普通的金属药丸盒里。她的档案并没有说明她要遵照医嘱服药。另一个学生是16岁的英裔男孩，来自学校的多动症学生班级。他的老师发现他裤子前口袋里有一个细长的指甲锉，大约五英寸长，已经磨得很尖。

你会采取什么行动？

案例28：测试闹剧

你正在办公室准备在学校顾问委员会和社区会议发言的讲稿。发言关于本州的测试课程。该课程是由美国国会通过的《不让一个孩子掉队法》提出。学生在年度考试中的进步情况决定本州是否认定学校达标。十一年级的考试定于下周举行。

今天的地方报纸刊登了一位著名政治记者的专栏报道。他刚刚访问了学区的其他学校。报道中，他批评了老师帮助考生所做的备考工作。他还给出了一份历史老师使用的复习单（是一位教学生备考的代课老师留下的）。

其中，复习单的前三项说明为："如果是问题关于美国独立战争，答案是乔治·华盛顿（George Washington）或托马斯·杰斐逊（Thomas Jefferson）。如果问题关于妇女权利运动，答案是苏珊·B.安东尼（Susan B. Anthony）。如果关于民权领袖，答案很可能是马丁·路德·金（Martin Luther King）。"复习材料的另外三页详细列出了各事件的日期和定义。作者在文章结尾说，这些复习单"生动地呈现了1厘米深、200年宽的肮脏美国历史水池"。作者在专栏结尾发出了对教育本质的疑问——"我们到底在对这些孩子做什么？"他问道。

校顾问委员会主席刚刚到访，和你讨论了这篇文章。"请在今晚向委员会和各位来宾的讲话中谈谈这一问题。老师们肯定不会做这种事,对吧?"然后他离开了你的办公室和学校。

你询问历史老师关于复习单的事情。他说:"事实上,我讨厌梳理八年级的复习资料做成复习单的感觉。这并不能反映我的教学,但这确实可以帮助临时抱佛脚的学生。此次测试对学校和本人教学效果评估有着重要影响。"接着,他感慨国家依赖测试评估学校效果所产生的负面影响。你问他,每个人都这么做的吗?他回答说:"我认识的每个人都是这样。"

你接着准备今晚的讲稿。你的讲稿如下……

案例29:钱该怎么用?

你是布克·T.华盛顿中学(Booker T. Washington High School)的校长。这一中学几乎可以说是种族歧视的遗留产物。2800名学生大多得益于附近的课程计划入校。尽管学校的美术课程实施磁校计划,但鲜有英裔、拉丁裔学生选择这一课程。亚裔学生也不选这一课程。因此,即使在磁校计划中,许多学生都是非洲裔美国人。然而,你现在面临的问题不是学生种族平衡,而是教师分配。

学校每年新增50位学生,磁校计划协调员不断努力招生,成果显著。现在有足够的人事资金开设三个新职位,但对于具体的岗位规划,大家意见不一。美术学科部坚持要增加一名工作人员。科学学科部需要一位物理专家。音乐学科部想招一名有弦乐经验的人。英语学科有两位教师即将退休,很明显需要再招两人。校足球队已经取得了成功,但除非再增加两名教练,否则体育部主管就威胁要辞职(教练只有中场休息时才需要教学)。

问题来了。预算提案会议即将召开。学区办公室希望你在三周内给出提案。人事委员会职能松散,成员很少达成一致。你确实可以在一定程度上自由发挥。你全部或部分人事预算可以用于教学助理。助理的工资大约是有资质教师的一半。

你该如何处理这个问题?

案例30：如果解雇她，我就诉诸董事会！

你所在的城市初中有两名助理校长，你是其中之一。学校共有学生1100人，来自不同的种族和族群。你在这个学区工作了四年，刚刚申请了本学区一所新初中的校长职位。你是候选人之一。

你目前的职责之一是监督教学助理。监督包括系统评估和手写年度表现评估情况。你刚刚建议解雇一名辅助七年级多动症学生替代课程的教学助理。在过去的两周里，招聘推荐通知已经发送给所有员工。该助理对你的不称职指控提出异议，并上诉至校长。校长以你在档案中提供的证据驳回了上诉。这些证据包括，你在学年刚开始时和课堂教师三次讨论教学助理出勤率低和无法处理学生不良行为的谈话报告。与助理一起工作的老师对你没有太大帮助，校长也已推荐他明年调去另一个学校。

这位助理是一名英裔女性，在学区工作了四年，但在你的学校只工作了一年。她之前的评价并不高，但今年之前没人建议她离职过。

今天，另一个班的学生家长拜访了你。她不满意解雇该教学助理的决定。这位家长是学校社区的领导，也是积极帮助两名学校董事会成员当选的非洲裔美国人。当你告诉她校长驳回了该助理的上诉时，这名家长很生气，她说你"太不公平了"。

你有时间撤回你的建议。董事会还没有开会。校长已经表示会支持你的决定。校长似乎没有因此事而困扰。显然，如果助理再回来工作一年，她也不会感到困扰。助理很难找，而且工资也不高。

因此，你有几天时间来考虑这个问题。你决定做些什么？

案例31：比利接下来怎么办？

你是一所初中的助理校长，该校共有1100名在校生。你的一部分职责是在残疾学生教育课程和活动成立时，要根据法律要求主持特殊教育入学、审核和解除（ARD）会议。残疾学生还包括情绪紊乱的学生。

比利是今天问题的当事人。比利一直在学校调皮捣蛋，再一次引起你的注意。他服用一种治疗多动症的药物，但是近来疗效减弱。任课老师说他的行为越来越恶劣。

现在，比利每天都在单独的教室上课。

学校参加常规课程的多数学生都是"正常"青少年，他们去的是普通班。所以，比利和其他情绪紊乱的同学有机会与普通学生接触，一起上课——通常是体育、美术课。同样，他们在课余活动和在食堂吃午饭时也会相遇。

尽管如此，比利就是难以相处。他和同学打架，撕咬抓伤同学，还冲老师和其他同学大吼大叫。

学区隶属的中间服务单位恰好为情绪紊乱的学生建立了集中教学点。你向比利的父母提出送到这一教学点的建议，他们强烈反对。"你要把比利变成无赖！他只会越来越差。为什么你不能在校内处理这事？"父母双方都希望比利能回到普通课程中。他们说，"这是残疾人教育法的规定"，还威胁要起诉学校。之后，家长还说比利的老师"讨厌"比利，坚持要立刻把孩子转出目前的班级。

中期入学、审核和解除（ARD）会议将于下周举行，届时将对比利进行中期考核。

你将采取哪些措施？

法律依据是什么？

案例32：为什么我不能打球？

学校有两个助理校长，你是其中之一。你的一项职责是管理一、二年级班级共700多名学生的活动。另一项职责是管理学校的运动课程。你每天都很忙。

结束了漫长的一天，你坐在办公桌前，新来的橄榄球教练走进来说："你得帮帮我。今天下午第一次训练来了俩女孩，问我要头盔和球服。"他继续说道："我不想橄榄球队有女生。我打发她们回家了。"

教练离开办公室后，你的电话响了。是其中一个女孩的家长打来的。他很生气，很想知道为什么他的女儿不能打橄榄球。

■你告诉这位家长……

■你告诉教练……

你行为的依据是什么？

案例33：手机

一位盛怒的家长不顾秘书阻拦，直接闯进了你的办公室。

她不满一位教师的行为。"他！把它拿走了！"她吼道，"他拿着我女儿的手机，还说要明年才还给她。"家长让女儿带手机是为了在足球训练后好接女儿回家，重要的是紧急情况下也可以联系。你让这个家长从抗议中平息下来。

你保证要立刻调查此事。

老师告诉你，该女生在上学时间用手机发短信和其他同学聊天。她因为发短信，经常注意力不集中。她在上课时就收发短信。

所以老师就没收了手机。老师不愿意有人在课上发短信，也不愿手机或其他电子设备干扰她上课。

你要跟这位母亲说什么？你要跟这位老师说什么？学校的政策是什么？学校的政策应该是什么？

案例34：违反着装要求

你是一所郊区高中的校长，该校共有十至十二年级在校学生1300名。学生会和教职工顾问组批准了学校着装规范。

9月的一个早上，四名新生由班主任送到你的办公室。三名女生穿着长"裙"和伊斯兰罩袍。一名男生留着浅色胡须，是刚长出来的。他还戴着一顶"帽子"。学校不允许学生留胡须，上学也不允许戴帽子。

学生们因穿着和外表被送到办公室，非常不高兴。他们抱怨着装规范有违穆斯林习俗，他们受到了歧视。

现在你明白，桌上让你回电的字条就是其中一个学生的父母留下的。

所以，你和四个闷闷不乐的学生坐那儿。教师和多数学生支持的着装规范被控诉成宗教不容忍。

你立刻……

接着……

案例35：越界？

贵校十至十二年级学生1400人。其中一门选修课有关宗教研究。你注意到课程重点是基督教圣经。四个市民和你在办公室讨论他们对该主题的担忧。他们指出，最近的讨论围绕关于基督教徒何时"被提"入"天堂"的不同理论的正反方面、起源于诺亚三子的种族、上帝因犹太人拒绝耶稣而切断与犹太人的关系等类似话题。

与家长沟通的总结：

家长们说，他们并不排斥研究世界不同宗教的课程，但他们认为这门课的教师在宣扬基督教义，没有探索不同宗教团体的异同。还有一位家长强调："这可是一所公立学校。"

1. 你如何回应关于教师在宗教教学中"越界"的指控？
2. 你对"宗教研究"课程持有什么立场？
3. 你认为家长在决定课程方面起什么作用？

案例36：我们希望学校变成什么样子？

案例4的斯科特·拉里中学迎来了深秋。你挺过了开学，甚至去年夏天你一入职便组织的教职工三天在职服务活动获得了好评。教师们很感激你给了他们时间去熟悉彼此，组成教学团队。

现在学区教育长又抛给你一个新挑战。他从州外一个小型学区来到本学区，已经工作了两年。他很有想法，希望改善学区的所有学校。他现在要求该区二十所学校的校长为各自学校制定计划，审查和/或制定新愿景和新任务文件。他表示自己希望收到完整的行动方案，方案要包括校长如何在秋季学期结束前准备好审查（步骤1）以及在学年结束时完成新的愿景/使命/目标（步骤2）。校长们一直没有机会聚在一起分享观点。

你查找上一任校长留下的卷宗，只找到七年前学校申请认证时的使命和目标声明。现在只有几位老师记得这份文件。鉴于你学校的学生族群（案例4），你将如何继续下去？怎么让社区参与进来？如何让教职员工参与？如何制定有意义的文件？

制定行动计划（步骤1），制定愿景/使命/目标方案，呈递给学区教育长。

附录 B 教育领导职业标准
(Professional Standards for Educational Leaders)(2015)

标准 1　任务、愿景与核心价值观

有效教育领导者培养、倡导和贯彻为每个学生提供高质量教育、助力学术成就与幸福的共同的任务、愿景和核心价值观。

标准 2　伦理与职业标准

有效教育领导者按伦理道德行事,遵守职业标准,促进每个学生的学业成功和康乐。

标准 3　平等与文化响应

有效教育领导者为公平的教育机会和文化方面的回应措施而努力,促进每个学生学业成功和康乐。

标准 4　课程、教学与评估

有效教育领导者开发和支持理性严谨、连贯的课程、教学和评估系统,促进每个学生学业成功和康乐。

标准 5　社区关怀和学生支持

有效教育领导者培养包容、关怀和支持的社区,促进每个学生的学业成功和康乐。

标准 6　学校员工的职业能力

有效教育领导者培养学校员工的职业能力和实践,促进每个学生学业成功和康乐。

标准 7　教职员工的职业共同体

有效教育领导者会培养教师和其他专业人员组成的专业社区,促进每个学生学业成功和康乐。

标准 8　家庭和社区有意义的参与

有效教育领导者以有意义、互惠互利的方式帮助家庭和社区参与,促进每个学生的学业成功和康乐。

标准 9　运行与管理

有效教育领导者管理学校运作和资源,促进每个学生的学业成功和康乐。

标准 10　学校改进

有效教育领导者充当学校持续改善的代理人,促进每个学生的学业成功和康乐。

来源:国家教育行政政策委员会(2015 年)。

Professional Standards for Educational Leaders 2015. Reston, VA: Author.

详述为符合标准所必需的工作要素等的 PSEL 副本,可以从国家教育行政政策委员会(NPBEA)成员组织的网站或直接从国家教育行政政策委员会(NPBEA)网站 http://www.npbea.org 获得。

后　记

　　翻译一本书并不容易。外语要熟悉，中文要流畅，专业要了解。从某种意义上说，翻译一本书并不比编著一本书省力。《校长创新领导力：引领学校走向卓越》第8版的中译稿终于完成，就要交华东师范大学出版社了，按理说应该松口气才对，而事实上繁重的党务行政工作让我重任在肩，正在进行的国家重大社科项目仍然在脑际萦绕，就连手中的这本书的译稿也显得沉甸甸的。这本书内容涉及美国中小学校管理的具体流程，与我国学校的情况无法逐一对照，作者的引文和用词也比较讲究、含蓄，这给翻译带来一定挑战。为此，译者认真阅读分析原文，努力领会作者用意，考虑我国读者习惯，力求做到信、达、雅。在翻译过程中，得到很多同志支持。北京外国语大学任文教授、刘博然副教授参与了组织与校对。上海师范大学宋佳博士初译第二章、北京外国语大学郑大鹏同志初译第三章。任文教授的博士生李艳、谢芮等同学实质性参加相关章节翻译。我的博士生高雅茹、徐墨同学也参与了一定的翻译工作。在此，谨致由衷谢意。

　　愿本书对我国教育研究工作者、教育行政工作者和广大中小学校的书记、校长、教师有所启发。

王定华

2020 年端午于北京外国语大学